RACIOCÍNIO LÓGICO
Simplificado

Volume 1

"Oxalá a bondade e a fidelidade não se afastem de ti!
Ata-as ao teu pescoço, grava-as em teu coração!"
Provérbios 3,3

**Sérgio Carvalho
Weber Campos**

RACIOCÍNIO LÓGICO
Simplificado

Volume 1

3ª edição • Revista, atualizada e ampliada

Inclui
- Gráficos, tabelas e outros elementos visuais para melhor aprendizado
- Exercícios resolvidos passo a passo (questões comentadas)
- Questões de concursos públicos selecionadas para praticar
- Destaques coloridos para facilitar a compreensão

2021

www.editorajuspodivm.com.br

www.editorajuspodivm.com.br

Rua Território Rio Branco, 87 – Pituba – CEP: 41830-530 – Salvador – Bahia
Tel: (71) 3045.9051
• Contato: https://www.editorajuspodivm.com.br/sac

Copyright: Edições *Jus*PODIVM

Conselho Editorial: Eduardo Viana Portela Neves, Dirley da Cunha Jr., Leonardo de Medeiros Garcia, Fredie Didier Jr., José Henrique Mouta, José Marcelo Vigliar, Marcos Ehrhardt Júnior, Nestor Távora, Robério Nunes Filho, Roberval Rocha Ferreira Filho, Rodolfo Pamplona Filho, Rodrigo Reis Mazzei e Rogério Sanches Cunha.

Diagramação: SBNigri Artes e Textos Ltda. *(sbnigri@centroin.com.br)*

Capa: Marcelo S. Brandão *(santibrando@gmail.com)*

• A Editora *Jus*PODIVM passou a publicar esta obra a partir da 2.ª edição.

C328r
v.1   Carvalho, Sérgio.
            Raciocínio lógico simplificado, volume 1 / Sérgio Carvalho, Weber Campos. 3. ed. rev. ampl. e atual. – Salvador: JusPODIVM, 2021.
            480 p.

            Bibliografia
            ISBN 978-65-5680-242-8.

            1. Lógica simbólica e matemática. 2. Matemática. 3. Serviço público – Brasil – Concursos. I. Campos, Weber. II. Título. III. Série.

10-0616.   CDD: 511.3
                                                   CDU: 510.6

Todos os direitos desta edição reservados a Edições *Jus*PODIVM.

É terminantemente proibida a reprodução total ou parcial desta obra, por qualquer meio ou processo, sem a expressa autorização do autor e das Edições *Jus*PODIVM. A violação dos direitos autorais caracteriza crime descrito na legislação em vigor, sem prejuízo das sanções civis cabíveis.

Dedicatórias

À Sílvia, meu amor, e à Maria Clara e Ana Carolina, nossas princesinhas, que me fazem acreditar, dia após dia, que há felicidade neste mundo!
À Marilúcia, minha mãe querida, eterna professora das lições mais belas que há nesta vida!
A Sérgio, meu pai querido, meu modelo de otimismo, fé e doação.

Sérgio Carvalho

À Regina Célia, minha amada esposa, que me faz muito feliz.
À Beatriz, minha filha adorável, maior alegria da minha vida.
Aos meus pais, Campos e Terezinha, pela dedicação na criação dos filhos e pela educação cristã.
Às minhas irmãs, Mary Anne, Magda e Mirislândia, e ao meu irmão Railson, pelo carinho e amizade.

Weber Campos

Agradecimentos

A Deus, Nosso Senhor, por seu amor, por sua fidelidade, pelo dom da vida e pelas oportunidades todas que nos concede!

À Editora JusPodivm, que abriu as portas para o nosso trabalho!

Aos nossos alunos presenciais e virtuais, razão especialíssima da nossa dedicação e do nosso empenho em fazer sempre o melhor!

A todos os nossos familiares, pela inestimável compreensão, em face de tantas horas de ausência, dedicadas à confecção desta obra!

Os Autores

Os Autores

SÉRGIO CARVALHO é Auditor-Fiscal da Receita Federal do Brasil. Leciona Matemática (Básica e Financeira), Estatística (Descritiva e Inferencial) e Raciocínio Lógico em cursos preparatórios para concursos de diversas capitais do País. É também fundador do site Olá Amigos (www.olaamigos.com.br) e autor das obras *Matemática Financeira Simplificada* e *Estatística Básica Simplificada*, pela Editora JusPodivm.

WEBER CAMPOS é Engenheiro de Telecomunicações, com graduação e mestrado concluídos no IME – Instituto Militar de Engenharia. É professor de Raciocínio Lógico, Matemática Financeira, Estatística Descritiva e Inferencial, ministrando aulas em várias capitais do Brasil, e também no site Olá Amigos (www.olaamigos.com.br). É autor, em parceria com o Prof. Sérgio Carvalho, das obras *Matemática Financeira Simplificada* e *Estatística Básica Simplificada*, pela Editora JusPodivm.

Nota dos Autores

Amigo leitor,

Aqui estamos novamente, apresentando-lhes novo fruto de nosso trabalho cotidiano de sala de aula.

Fruto amadurecido ao longo dos anos, mediante debates, discussões, estudos, reflexões e muito aprendizado!

Apresentamos, enfim, o **Raciocínio Lógico Simplificado**, deixando desde já explicado a todos que a *simplificação* a que nos referimos diz respeito à forma com que você, nosso leitor, entenderá cada assunto aqui abordado.

Como é praxe em nossas obras, também nesta usamos de uma linguagem simples, tornando os temas perfeitamente compreensíveis para quem os estuda.

Nosso desafio – e por isso a demora na feitura do livro – era demonstrar que todos os que se propuserem a aprender o Raciocínio Lógico poderão fazê-lo de forma segura, tranquila e definitiva.

Temas aparentemente "complexos" revelam-se fáceis de ser compreendidos e trabalhados, uma vez que se tornem conhecidas as técnicas adequadas de resolução de exercícios.

Nosso objetivo é, senão outro, abrir as portas dessa disciplina para você, tornando-o apto a enfrentar, com segurança, quaisquer provas de concurso que exijam conhecimentos de Raciocínio Lógico, e fazendo de você – *por que não?* – mais um admirador e entusiasta dessa matéria tão fascinante!

Um forte abraço a todos!

Os Autores

Prefácio

A Editora JusPodivm, em sua incessante busca pelo melhor material para preparação para concursos públicos, com grande satisfação apresenta os mais novos autores da casa, os professores Sérgio Carvalho e Weber Campos.

Os professores Sérgio Carvalho e Weber Campos possuem larga experiência em preparação para concursos públicos, sendo professores de cursos especializados na preparação de candidatos às carreiras públicas, nos quais mantêm contato estreito com a realidade diária do aluno que se prepara para os certames mais concorridos do país.

Além da sua experiência na docência, os autores possuem sólida formação e carreiras profissionais. Sérgio Carvalho é Auditor-Fiscal da Receita Federal do Brasil. Weber Campos é Engenheiro de Telecomunicações, com graduação e mestrado concluídos no Instituto Militar de Engenharia.

Sérgio e Weber formaram uma parceria editorial de grande sucesso. Juntos produziram as grandes obras de referência para concursos em Raciocínio Lógico, Estatística e Matemática Financeira.

A aceitação maciça dos leitores, estudantes, se deve em grande parte à capacidade e à maestria dos autores, balizadas pelos anos de magistério, em transformar temas complexos e difíceis em simples e, até fáceis. Como o próprio nome revela, os autores conseguem *simplificar* a matéria.

Nesta primeira etapa, estamos lançando as novas edições das obras **Raciocínio Lógico Simplificado**, volume 1 e volume 2.

No Volume 1, são tratados os seguintes temas:

Fundamentos de Lógica; Equivalência Lógica e Negação de Proposições; Diagramas Lógicos; Lógica de Argumentação; Implicação Lógica; Verdades e Mentiras; Associação Lógica; Conjuntos; e Quantificadores.

Enquanto no Volume 2 são tratados os temas que seguem:

Análise Combinatória; Probabilidade; Sequências Lógicas de Números, Letras, Palavras e Figuras; Problemas Lógicos com Dados, Figuras e Palitos; Problemas Lógicos; Raciocínio Matemático – Matemática Básica; Matrizes, Determinantes e Sistemas Lineares; Geometria Básica; Trigonometria.

As obras, a fim de se tornarem mais didáticas, apresentam: gráficos, tabelas e outros elementos, como os destaques coloridos, para facilitar a compreensão e melhor aprendizado.

Apresentam, também, baterias de exercícios resolvidos passo a passo e questões de concursos públicos.

Sem qualquer dúvida, temos que os autores chegaram ao melhor material para o estudo e aprendizado de Raciocínio Lógico para fins de concursos públicos. Esta obra vai, definitivamente, simplificar os estudos envolvendo a matéria Raciocínio Lógico.

Prepare-se!

Lembre-se: A sorte não resiste a uma boa preparação!

Bons estudos!

Vauledir Ribeiro Santos

Sumário

Capítulo 1   **Fundamentos de Lógica** 1
     1.1. Introdução 1
     1.2. Proposição 1
     1.3. Operadores lógicos 5
         1.3.1. Conectivo e (conjunção) 5
         1.3.2. Conectivo ou (disjunção) 8
         1.3.3. Conectivo "ou exclusivo" (disjunção exclusiva) 11
         1.3.4. Conectivo "*Se... então*" (condicional) 12
         1.3.5. Conectivo "*se e somente se*" (bicondicional) 16
         1.3.6. Operador *não* (negação) 18
         1.3.7. Revisão dos conectivos 20
             1.3.7.1. Exercícios Resolvidos 20
     1.4. Tabelas-Verdade 41
         1.4.1. Tabelas-Verdade para duas proposições (p e q) 41
         1.4.2. Tabelas-Verdade para três proposições (p, q e r) 45
     1.5. Tautologia, Contradição e Contingência 48
         1.5.1. Tautologia 48
         1.5.2. Contradição 50
         1.5.3. Contingência 50
     1.6. Exercícios Resolvidos 56
     1.7. Exercícios Propostos 69

Capítulo 2   **Equivalência Lógica e Negação de Proposições** 85
     2.1. Introdução 85
     2.2. Proposições logicamente equivalentes 85
         2.2.1. Equivalências da condicional 87
         2.2.2. Equivalência entre "nenhum" e "todo" 93
         2.2.3. Lei da dupla negação 94
         2.2.4. "É não" é equivalente a "não é" 94
         2.2.5. Propriedades Idempotente e de Absorção 95
         2.2.6. Leis comutativas, associativas e distributivas 95
     2.3. Negativa de uma proposição composta 96

2.3.1. Negação de uma proposição conjuntiva: ~(p e q) 96
2.3.2. Negação de uma proposição disjuntiva: ~(p ou q) 99
2.3.3. Negação de uma proposição condicional: ~(p → q)... 102
2.3.4. Negação de uma proposição bicondicional:
~(p ↔ q) 104
2.3.5. Negação dos termos todo, nenhum e algum 105
2.3.6. Proposições Contraditórias x Proposições Contrárias... 109
2.4. Exercícios Resolvidos 109
2.5. Exercícios Propostos 125

Capítulo 3 — Diagramas Lógicos 143
3.1. Introdução 143
3.2. Definições das proposições categóricas 143
    3.2.1. Todo A é B 143
    3.2.2. Nenhum A é B 143
    3.2.3. Algum A é B 144
    3.2.4. Algum A não é B 144
3.3. Relações entre as proposições categóricas 144
3.4. Representação das proposições categóricas 144
    3.4.1. Representação gráfica de "Todo A é B" 145
    3.4.2. Representação gráfica de "Nenhum A é B" 145
    3.4.3. Representação gráfica de "Algum A é B" 146
    3.4.4. Representação gráfica de "Algum A não é B" 146
3.5. Exercícios Resolvidos 147
3.6. Exercícios Propostos 180

Capítulo 4 — Lógica de Argumentação 187
4.1. Conceito 187
4.2. Validade do argumento 188
    4.2.1. Argumento válido 188
    4.2.2. Argumento inválido 190
4.3. Métodos de verificação da validade de um argumento 193
    4.3.1. 1º Método: Diagramas de Conjuntos 193
    4.3.2. 2º Método: Premissas verdadeiras 193
    4.3.3. 3º Método: Tabela-verdade do argumento 196
    4.3.4. 4º Método: Conclusão falsa 198
4.4. Tabela comparativa dos métodos de verificação da validade de um argumento 200
4.5. Compreensão da estrutura de um argumento 203
4.6. Exercícios Resolvidos 204
4.7. Exercícios Propostos 217

Sumário

Capítulo 5   **Implicação Lógica** 227
     5.1. Introdução 227
     5.2. Métodos de resolução 228
         5.2.1. Resolução de implicação lógica do tipo 1 228
         5.2.2. Resolução de implicação lógica do tipo 2 270
     5.3. Exercícios Propostos 295

Capítulo 6   **Verdades e Mentiras** 307
     6.1. Introdução 307
     6.2. Exercícios Resolvidos 308
     6.3. Exercícios Propostos 356

Capítulo 7   **Associação Lógica** 363
     7.1. Introdução 363
     7.2. Exercícios Resolvidos 363
     7.3. Exercícios Propostos 391

Capítulo 8   **Conjuntos** 403
     8.1. Introdução 403
     8.2. Teoria dos conjuntos 403
         8.2.1. Relações de pertinência 403
         8.2.2. Relações de inclusão 403
         8.2.3. Subconjunto 404
         8.2.4. Conjunto das Partes de um Conjunto 404
         8.2.5. Operações com Conjuntos 404
             8.2.5.1. União ($\cup$) 404
             8.2.5.2. Interseção ($\cap$) 405
             8.2.5.3. Diferença (–) 405
             8.2.5.4. Complementar ($\overline{A}$) 405
             8.2.5.5. Diferença simétrica entre dois
                       conjuntos (Δ) 405
             8.2.5.6. Fórmula da União 406
     8.3. Exercícios Resolvidos 407
     8.4. Exercícios Propostos 433

Capítulo 9   **Quantificadores** 443
     9.1. Introdução 443
     9.2. Sentenças Abertas 443
     9.3. Quantificadores 444
         9.3.1. O Quantificador Universal 444
         9.3.2. O Quantificador Existencial 445

9.4. Negação de Proposições Quantificadas...................................446
    9.4.1. Negação do Quantificador Universal 446
    9.4.2. Negação do Quantificador Existencial 447
9.5. Representação Simbólica das Proposições Categóricas............447
9.6. Exercícios Resolvidos 448
9.7. Exercícios Propostos 452

GABARITOS DOS EXERCÍCIOS PROPOSTOS..457
    Gabarito do Capítulo 01..457
    Gabarito do Capítulo 02..458
    Gabarito do Capítulo 03..458
    Gabarito do Capítulo 04..458
    Gabarito do Capítulo 05..459
    Gabarito do Capítulo 06..459
    Gabarito do Capítulo 07..459
    Gabarito do Capítulo 08..459
    Gabarito do Capítulo 09..460

BIBLIOGRAFIA 461

Capítulo 1

Fundamentos de Lógica

1.1. Introdução

A Lógica advém da Filosofia, sendo-lhe um de seus infindáveis campos de conhecimento. Atribui-se a Aristóteles (384-322 a.C.) – considerado o pai das ciências – a fundação de mais este ramo do saber.

Preocupa-se a Lógica com raciocínio, pensamento, certeza proposicional, formas de estruturar os encadeamentos racionais, regras do procedimento racional, inferências, deduções, induções, entre outros aspectos.

Ao se falar em Raciocínio Lógico, está a se referenciar gênero, donde se originam espécies diversas, a exemplo da lógica matemática, quantitativa, numérica, analítica, argumentativa, crítica etc.

É comum a ideia de que Lógica e Matemática se confundem. De fato, no dizer do filósofo austríaco Karl Poppev (1902-1994), "as fronteiras entre a Matemática e a Lógica nunca foram demarcadas. Não sabemos onde termina a Matemática e começa a Lógica, e reciprocamente". Também o grande pensador Bertrand Russell (1872-1970) afirmou que "hoje, Matemática é Lógica, Lógica é Matemática".

Em que pese a esta tendência, fato é que a Lógica é de uso de quem calcula, tanto quanto o é de quem fala. Assim, sobressai-se o aluno que lhe conhece os caminhos numéricos, bem como o causídico que domina a lógica da argumentação.

Na sucinta definição de Malba Tahan, "a Lógica é a ciência do raciocínio".

Neste capítulo introdutório, traçaremos a base conceitual do nosso estudo, trazendo à luz conceitos que nos acompanharão ao longo desta Obra.

1.2. Proposição

O conceito mais elementar no estudo da Lógica e, portanto, o primeiro a ser visto, é o de **Proposição**.

Trata-se apenas de uma **sentença declarativa** – que será expressa por meio de palavras ou de símbolos.

Toda proposição exprime um juízo ao qual podemos considerar como **verdadeiro (V)** ou **falso (F)**. Então, se afirmarmos que "o Sol é maior que a Terra", estamos diante de uma **proposição**, cujo **valor lógico** é verdadeiro.

Daí, claro está que quando falarmos em **valor lógico**, estaremos nos referindo a um dos dois possíveis juízos que atribuiremos a uma proposição: Verdade ou Falso.

Mais exemplos de proposições:
- Todo homem é mortal. (Verdade!)
- O computador é uma máquina. (Verdade!)
- O ano não tem doze meses. (Falso!)
- 10 > 100 (Falso!)
- Alguns elefantes voam. (Falso!)

Não precisava ser gênio, muito menos que isso, para identificar o valor lógico das proposições acima. Contudo, nem sempre será assim. Analisando o seguinte exemplo, extraído de prova de concurso, vemos que às vezes se fará necessário deter conhecimentos outros, possivelmente exigidos no edital, a fim de concluir sobre o valor lógico de uma proposição. Senão, vejamos:

(Cespe-UnB) Considere as proposições simples e compostas apresentadas abaixo, denotadas por A, B e C, que podem ou não estar de acordo com o art. 5º da Constituição Federal.
- A: A prática do racismo é crime afiançável.
- B: A defesa do consumidor deve ser promovida pelo Estado.
- C: Todo cidadão estrangeiro que cometer crime político em território brasileiro será extraditado.

Transcrevemos acima somente uma parte da questão. Para julgar os itens subsequentes, era necessário identificar os valores lógicos das proposições A, B e C. Quais são esses valores lógicos? De acordo com a Constituição Federal, temos os seguintes valores lógicos para as proposições A, B e C:

A é Falso, B é Verdade e C é Falso.

Ainda veremos proposições como estas abaixo:
- Railson é dentista.
- Não choveu ontem.
- A Bíblia está em cima da mesa.

Tais frases são proposições, porque são sentenças declarativas. Contudo, precisamos de mais informações para que possamos determinar o valor lógico de cada uma delas.

E se alguém disser: "Feliz ano novo!", será esta uma proposição verdadeira ou falsa? Nenhuma, pois não se trata de uma sentença declarativa, a qual poderíamos atribuir um valor lógico. Concluímos, pois, que...
- sentenças exclamativas: "Quão linda é essa moça!; Meu Deus!"
- sentenças interrogativas: "Como é o seu nome?; O jogo foi de quanto?"
- sentenças imperativas: "Estude mais.; Leia aquele livro."

... não são consideradas proposições. Somente aquelas primeiras – **sentenças declarativas** – o são, pois a elas podemos atribuir um valor lógico: verdadeiro ou falso.

Importante: Sentenças sem verbo não são consideradas declarativas, e, consequentemente, não são proposições. Por exemplo: a sentença "a sopa é de cebola" é uma proposição, mas se estiver escrito somente "a sopa de cebola", então não será proposição, pois falta o verbo.

Também não são proposições as sentenças do tipo:
- $x + 3 = 9$
- A cidade y é a mais populosa do Brasil.
- Em 2004 foram registradas 800 + z acidentes de trânsito em São Paulo.
- Ele é o juiz do TRT da 5ª Região.
- No ano de 2007, o índice de criminalidade da cidade caiu pela metade em relação ao ano de 2006.

As sentenças acima são chamadas **sentenças abertas**, porque seu valor lógico (V ou F) depende do valor atribuído à variável (x, z,...) ou a quem a frase se refere.

Por exemplo, na frase "$x + 3 = 9$", a sentença será verdadeira se atribuirmos a x o valor 6. Do contrário, ela será falsa. Na frase "A cidade y é a mais populosa do Brasil", se nos referirmos a São Paulo a sentença é verdadeira. Senão, falsa.

Pode-se passar de uma sentença aberta a uma proposição por meio de **quantificadores**, como **todo**, **algum** e **nenhum**. Veremos isso com detalhes em capítulo posterior.

Passemos a exercício da lavra da FCC (Fundação Carlos Chagas) a respeito do conceito de proposição.

A banca examinadora CESPE (Centro de Seleção e de Promoção de Eventos) é praticamente a única banca que costuma cobrar em suas provas de Raciocínio Lógico questões relacionadas à classificação de uma proposição como simples ou composta. E no entendimento dessa banca, a proposição composta deve possuir pelo menos duas orações, ou seja, pelo menos dois verbos. Veja os exemplos a seguir:

A proposição "Sérgio e Weber são professores" possui apenas um verbo, então para o CESPE trata-se de uma proposição simples. Já a proposição "Sérgio é professor e Weber é professor" há dois verbos (embora iguais, aparecem duas vezes), aí o CESPE considera como proposição composta.

Exemplo 1. (FCC) Das cinco frases abaixo, quatro delas têm uma mesma característica lógica em comum, enquanto uma delas não tem essa característica.
   I. Que belo dia!
   II. Um excelente livro de raciocínio lógico.
   III. O jogo terminou empatado?
   IV. Existe vida em outros planetas do Universo.
   V. Escreva uma poesia.
A frase que não possui essa característica comum é a:
   a) I;
   b) II;
   c) III;
   d) IV;
   e) V.

Solução:
Devemos descobrir que tal característica lógica é essa. Para tanto, vamos analisar as cinco frases. Por esta análise, é fácil concluir que:
- a frase **I** é exclamativa;
- a frase **III** é interrogativa; e
- a frase **V** é imperativa.

Viram?
Dissemos anteriormente que sentenças exclamativas, interrogativas e imperativas não são proposições. Daí, as frases **I**, **III** e **V** não são proposições.

Será esse o objeto da questão: diferenciar sentenças que são proposições das que não são? A presença de sentença interrogativa, exclamativa e imperativa evidencia que é isso mesmo o que se deseja. Assim, a característica lógica que se comenta na leitura da questão está associada ao conceito de **proposição**.

Segundo o enunciado, quatro delas têm uma mesma característica lógica em comum, que, como nos parece, é o fato de **não ser proposição**. Como já encontramos este atributo em três delas, ainda resta uma.

A frase **II** é uma sentença declarativa? A resposta é NÃO! Para que uma frase seja declarativa, faz-se necessário a presença de um verbo. E não há verbo na frase II! Daí, ela não é declarativa e, portanto, não é proposição. Se a frase fosse a seguinte: "O livro do Sérgio e do Weber é um excelente livro de raciocínio lógico", aí sim, teríamos uma proposição.

E a frase **IV** é uma sentença declarativa? Obviamente que sim! Portanto, a frase IV é uma proposição.

Em suma: as frases I, II, III e V têm uma mesma característica lógica em comum – **não são proposições**. Ao contrário da frase IV que é uma proposição. Portanto, a alternativa correta é a **alternativa D**.

Finalizada a solução da questão, voltemos a mais alguns fundamentos da Lógica!
As proposições são representadas por letras minúsculas (p, q, r, s etc.) ou por letras maiúsculas (A, B, C, D etc.). São outros exemplos de **proposições**, as seguintes:

p: Gabriel é médico
q: $5 > 8$
r: Beatriz foi ao cinema ontem à noite

Na linguagem do raciocínio lógico, ao afirmarmos que é **verdade** que "Gabriel é médico" (proposição **p** acima), representaremos assim: **VL (p) = V**, ou seja, o **valor lógico de p é verdadeiro**. No caso da proposição **q**, que é falsa, diremos **VL (q) = F**.

Haverá alguma proposição que possa, ao mesmo tempo, ser verdadeira e falsa? Não! Jamais! E por que não? Porque o Raciocínio Lógico, como um todo, está sedimentado sobre alguns **princípios**, de fácil entendimento, e que deverão ser sempre obedecidos. São os seguintes:
- Uma proposição verdadeira é verdadeira; uma proposição falsa é falsa. (Princípio da Identidade.)
- Nenhuma proposição poderá ser verdadeira e falsa ao mesmo tempo. (Princípio da Não Contradição.)
- Uma proposição ou será verdadeira, ou será falsa: não há outra possibilidade. (Princípio do Terceiro Excluído.)

Proposições podem ser ditas **simples** ou **compostas**.

Serão **proposições simples** aquelas que vêm sozinhas, desacompanhadas de outras proposições. Nada mais fácil de ser entendido.

Exemplos:
- Algum carro é azul.
- O novo papa é alemão.

Todavia, se duas (ou mais) proposições vêm **conectadas** entre si, formando uma só sentença, estaremos diante de uma **proposição composta**. Exemplos:
- Maria Clara é médica **e** Ana Carolina é dentista.
- Letícia vai ao cinema **ou** Paulo vai ao circo.
- **Ou** Luís é baiano, **ou** é paulista.
- **Se** chover amanhã de manhã, **então** não irei à praia.
- Comprarei um iate **se e somente se** eu ganhar na loteria.

Nas sentenças acima, vimos em destaque os vários tipos de conectivos – ditos **conectivos lógicos** – que poderão estar presentes em uma proposição composta. Estudaremos cada um deles a seguir, uma vez que é de nosso interesse conhecer o **valor lógico** das **proposições compostas**.

Veremos que, para dizer que uma **proposição composta** é verdadeira ou falsa, isso dependerá de duas coisas: 1º) do valor lógico das proposições componentes; e 2º) do tipo de conectivo que as une.

1.3. Operadores lógicos

1.3.1. Conectivo e (conjunção)

Proposições compostas em que está presente o conectivo **e** são ditas **conjunções**. Simbolicamente, esse conectivo pode ser representado por $\wedge$. Então, se temos as proposições simples:

p = Marcos é médico.
q = Maria é estudante.

A conjunção de p e q é:

p $\wedge$ q = "Marcos é médico **e** Maria é estudante."

Como se revela o **valor lógico** de uma **proposição conjuntiva**? Da seguinte forma: uma **conjunção** só será verdadeira, se ambas as proposições componentes forem também verdadeiras.

Então, diante da sentença "Marcos é médico e Maria é estudante", só poderemos concluir que esta proposição composta é **verdadeira** se for verdade, ao mesmo tempo, que "Marcos é médico e que Maria é estudante".

Pensando pelo caminho inverso, teremos que basta que uma das proposições componentes seja falsa, e a conjunção será – toda ela – falsa. Obviamente que o resultado **falso** também ocorrerá quando ambas as proposições componentes forem falsas.

Essas conclusões às quais acabamos de chegar podem ser resumidas em uma pequena tabela. Trata-se da **tabela-verdade**, de fácil construção e de fácil entendimento.

Retomemos as nossas proposições:

p = Marcos é médico e **q = Maria é estudante**.

Se tivermos que ambas são verdadeiras, a conjunção formada por elas (Marcos é médico e Maria é estudante) será também verdadeira. Teremos:

Marcos é médico	Maria é estudante	Marcos é médico e Maria é estudante
p	q	p ∧ q
V	V	V

Se for verdade apenas que **Marcos é médico**, mas falso que **Maria é estudante**, teremos:

Marcos é médico	Maria é estudante	Marcos é médico e Maria é estudante
p	q	p ∧ q
V	F	F

Por outro lado, se for verdadeiro que **Maria é estudante**, e falso que **Marcos é médico**, teremos:

Marcos é médico	Maria é estudante	Marcos é médico e Maria é estudante
p	q	p ∧ q
F	V	F

Enfim, se ambas as sentenças simples forem falsas, teremos que:

Marcos é médico	Maria é estudante	Marcos é médico e Maria é estudante
p	q	p ∧ q
F	F	F

Ora, as quatro situações acima esgotam todas as possibilidades para uma conjunção. Fora disso não há! Criamos, portanto, a **tabela-verdade** que representa uma **conjunção**, ou seja, a tabela-verdade para uma proposição composta com a presença do conectivo **e**. Teremos:

p	q	p e q
V	V	V
V	F	F
F	V	F
F	F	F

É preciso que a informação constante da terceira coluna (em destaque) fique guardada em nossa memória: uma conjunção só será verdadeira, quando ambas as partes que a compõem também forem verdadeiras. E falsa nos demais casos.

Uma maneira de assimilar bem essa informação seria pensarmos nas sentenças simples como promessas de um pai a um filho:

"Eu te darei uma bola e te darei uma bicicleta."

Ora, pergunte a qualquer criança! Ela vai entender que a promessa é para os dois presentes. Caso o pai não dê nenhum presente, ou dê apenas um deles, a promessa não terá sido cumprida. Terá sido falsa! No entanto, a promessa será verdadeira se as duas partes forem também verdadeiras.

Capítulo I – Fundamentos de Lógica

Na hora de formar uma **tabela-verdade** para **duas** proposições componentes (**p** e **q**), saberemos, de antemão, que essa tabela terá quatro linhas. Começaremos, então, fazendo a seguinte estrutura:

p	q

Daí, a coluna da primeira proposição terá **sempre** a seguinte disposição: dois **vês** seguidos de dois **efes**. Assim:

p	q
V	
V	
F	
F	

Enquanto a variação das letras (V e F) para a premissa **p** ocorre de duas em duas linhas, para a premissa **q** é diferente: **vês** e **efes** se alternando a cada linha, começando com um V. Assim:

p	q
V	V
V	F
F	V
F	F

Essa estrutura inicial é **sempre assim**, para tabelas-verdade de duas proposições. A terceira coluna dependerá do **conectivo** que as une, e que está sendo analisado. No caso do conectivo **e**, ou seja, no caso da **conjunção**, já aprendemos a completar a nossa tabela-verdade:

p	q	p e q
V	V	V
V	F	F
F	V	F
F	F	F

Podemos afirmar que na **conjunção** quem **manda** é o F, e o V é **elemento neutro**. Daí, numa conjunção com dois ou mais termos, se um dos termos tiver valor lógico F, então a conjunção será Falsa. Por exemplo:
- V e V e V e V e F e V e V = Falsa

Na conjunção, podemos trocar os termos de posição, que o sentido da frase não muda (nem o valor lógico). Por exemplo, dizer que "André é rico e carioca" é o mesmo que dizer que "André é carioca e rico".

A Teoria dos Conjuntos tem relação com a Lógica, podendo ser usada em representações de proposições compostas e no entendimento de certas regras lógicas. Também ela é essencial na resolução de diversas questões de provas. Ao longo desta obra, mostraremos o uso dos Conjuntos na Lógica, e também dedicaremos um capítulo para tratar sobre eles.

Vejamos agora a representação gráfica de uma **conjunção**:

Se as proposições **p** e **q** forem representadas como conjuntos, por meio de um diagrama, a conjunção **p e q** corresponderá à **intersecção** do conjunto **p** com o conjunto **q**, isto é (**p ∩ q**). A intersecção é representada pela área reticulada no desenho abaixo.

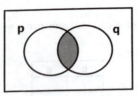

Explicaremos isso por meio da seguinte conjunção: "Ana é alta e magra."

Considerando que essa conjunção é verdadeira, ao construirmos o círculo do conjunto das altas e o círculo do conjunto das magras, em que local dos círculos estará Ana? Ora, uma conjunção é verdadeira quando ambos os seus termos são verdade, assim "Ana é alta" é verdade e "Ana é magra" é verdade. Ou seja, Ana pertence ao conjunto das altas e também pertence ao conjunto das magras. Pertencendo aos dois conjuntos, então Ana deve ser posta na parte comum (intersecção) dos dois conjuntos. Teremos:

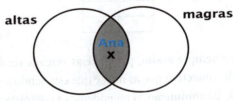

Passemos ao segundo conectivo.

1.3.2. Conectivo ou (disjunção)

Recebe o nome de **disjunção** toda proposição composta em que as partes estejam unidas pelo conectivo **ou**. Simbolicamente, representaremos esse conectivo por ∨. Portanto, se temos as proposições simples:

p = Marcos é médico.
q = Maria é estudante.
A disjunção formada pelas preposições p e q é:
p ∨ q = "Marcos é médico ou Maria é estudante."

Seremos capazes de criar uma tabela-verdade para uma **proposição disjuntiva**? Claro! Basta nos lembrarmos daquela promessa do pai para seu filho! Vejamos:
"Eu te darei uma bola ou te darei uma bicicleta."

Neste caso, ganhando de presente apenas a bola, a promessa do pai é cumprida. Ganhando de presente apenas a bicicleta, a promessa do pai também é cumprida. E se o pai for *abastado* e resolver dar os dois presentes? Pense no rosto do menino! Feliz ou triste? Felicíssimo! A promessa foi mais que cumprida.

Na Lógica, na Matemática, o OU não tem sentido exclusivo. Assim, quando o pai diz que "dará uma bola OU uma bicicleta", isso não significa necessariamente que ele dará apenas um presente; ele também poderá dar os dois.

Só haverá um caso, todavia, em que a bendita promessa não se cumprirá: se o pai esquecer o presente, e não der nem a bola e nem a bicicleta. Terá sido falsa toda a **disjunção**.

Daí, concluímos: **uma disjunção será falsa quando as duas partes que a compõem forem ambas falsas! E nos demais casos, a disjunção será verdadeira!** Teremos as possíveis situações:

1ª) O menino recebe os dois presentes:

Te darei uma bola	Te darei uma bicicleta	Te darei uma bola **ou** te darei uma bicicleta
p	q	p ∨ q
V	V	V

2ª) O menino ganha somente a bola:

Te darei uma bola	Te darei uma bicicleta	Te darei uma bola **ou** te darei uma bicicleta
p	q	p ∨ q
V	F	V

3ª) O menino ganha somente a bicicleta:

Te darei uma bola	Te darei uma bicicleta	Te darei uma bola **ou** te darei uma bicicleta
p	q	p ∨ q
F	V	V

4ª) O menino nem recebe a bola nem a bicicleta:

Te darei uma bola	Te darei uma bicicleta	Te darei uma bola **ou** te darei uma bicicleta
p	q	p ∨ q
F	F	F

Juntando tudo, teremos:

p	q	p ou q
V	V	V
V	F	V
F	V	V
F	F	F

A promessa inteira só é falsa se as duas partes forem descumpridas!

Observem que as duas primeiras colunas da tabela-verdade anterior – as colunas do **p** e do **q** – são exatamente iguais às da tabela-verdade da **conjunção** (**p e q**). Muda apenas a terceira coluna, que agora representa um **ou**, a disjunção.

Podemos afirmar que na **disjunção** quem **manda** é o V, e o F é **elemento neutro**. Daí, numa disjunção com dois ou mais termos, se um dos termos tiver valor lógico V, então a disjunção será verdadeira. Por exemplo:

- F ou F ou F ou F ou V ou F ou F = Verdade

Da mesma forma que na conjunção, também na disjunção podemos trocar os termos de posição, que o sentindo da frase não muda (nem o valor lógico). Por exemplo, dizer que "André é rico ou carioca" é o mesmo que dizer que "André é carioca ou rico."

Se as proposições **p** e **q** forem representadas como conjuntos por meio de um diagrama, a disjunção **p ou q** corresponderá à **união** do conjunto **p** com o conjunto **q**, isto é (**p ∪ q**). A união é representada pela área reticulada no desenho abaixo.

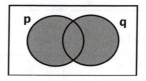

Explicaremos isso por meio da seguinte disjunção: "Ana é alta ou magra."

Considerando que essa disjunção é verdadeira, ao construirmos o círculo do conjunto das altas e o círculo do conjunto das magras, em que local dos círculos Ana estará? Ora, uma disjunção é verdadeira quando pelo menos um dos seus termos é verdade. Assim, teremos três situações possíveis, descritas a seguir:

1ª) "Ana é alta" é verdade e "Ana é magra" é verdade.
Logo, Ana está presente nos dois conjuntos. Daí, ela deve estar na intersecção deles.

2ª) "Ana é alta" é verdade e "Ana é magra" é falso.
Logo, Ana pertence **somente** ao conjunto das altas. Portanto, ela deve estar dentro do círculo das altas e fora do círculo das magras.

3ª) "Ana é alta" é falso e "Ana é magra" é verdade.
Logo, Ana pertence **somente** ao conjunto das magras. Portanto, ela deve estar dentro do círculo das magras e fora do círculo das altas.

Concluímos, desse modo, que Ana pode se encontrar em três locais diferentes no desenho dos círculos, conforme mostramos a seguir:

1.3.3. Conectivo "ou exclusivo" (disjunção exclusiva)

Há um terceiro tipo de proposição composta, bem parecido com a disjunção que acabamos de ver, mas com uma pequena diferença. Comparemos as duas sentenças abaixo:
1ª) "Te darei uma bola ou te darei uma bicicleta";
2ª) "**ou** Te darei uma bola **ou** te darei uma bicicleta, mas não ambas".

A diferença é sutil, mas importante. Reparemos que na primeira sentença vê-se facilmente que se a primeira parte for **verdade** (**te darei uma bola**), isso não impedirá que a segunda parte (**te darei uma bicicleta**) também o seja.

Já na segunda sentença, se for verdade que "te darei uma bola", então teremos que não será dada a bicicleta. E vice-versa: se for verdade que "te darei uma bicicleta", então teremos que não será dada a bola.

Ou seja, a última estrutura apresenta duas **situações mutuamente excludentes**, de sorte que apenas uma delas pode ser verdadeira, e a restante será necessariamente falsa.

Ambas nunca poderão ser, ao mesmo tempo, verdadeiras; ambas nunca poderão ser, ao mesmo tempo, falsas.

Na segunda sentença acima, este tipo de construção chama-se **disjunção exclusiva**.

E como fica sua tabela-verdade? Ora, uma **disjunção exclusiva** só será verdadeira se obedecer à mútua exclusão das partes. Em outras palavras: só será verdadeira se houver uma das sentenças verdadeira e a outra falsa. Nos demais casos, a **disjunção exclusiva** será falsa.

O símbolo que designa a **disjunção exclusiva** é o **v**, ou ainda: **ou**. E a tabela-verdade será, pois, a seguinte:

p	q	p v q
V	V	F
V	F	V
F	V	V
F	F	F

Importante: Devemos considerar a proposição "Ou o carro é preto ou o carro é importado" como uma disjunção **inclusiva**, uma vez que o carro pode ser ao mesmo tempo preto e importado. Para que esta proposição seja disjunção **exclusiva**, é necessário que se diga "ou o carro é preto ou o carro é importado, mas não ambos".

Assim, a representação simbólica para a primeira proposição do parágrafo anterior é **p ∨ q**, e para a última é **p ⊻ q**.

Obviamente que na sentença "ou o Flamengo empatou ou venceu o jogo" não precisamos acrescentar o termo "mas não ambos" para que ela seja uma disjunção exclusiva, pois não há como um time empatar e ganhar o mesmo jogo. Assim, a representação desta proposição é: **p ⊻ q**.

E como podemos classificar a disjunção "Ou Heitor é culpado ou Aquiles é culpado, ou ambos"? Não há dúvidas que é uma disjunção inclusiva, uma vez que a própria sentença afirma que ambos podem ser culpados. Assim, a representação desta proposição é: **p ∨ q**.

Se as proposições **p** e **q** forem representadas como conjuntos por meio de diagramas, a disjunção exclusiva **ou p ou q, mas não ambos** corresponderá à união do conjunto **p** com o conjunto **q**, excluindo apenas a parte relativa à intersecção:

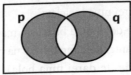

Na disjunção: "ou Ana é alta ou magra, mas não ambos", a Ana pode ser apenas magra; a Ana pode ser apenas alta; mas não magra e alta simultaneamente. Por isso é que se exclui a intersecção no desenho acima.

1.3.4. Conectivo "Se... então" (condicional)

Estamos agora falando de proposições como as que se seguem:
- "Se Pedro é médico, então Maria é dentista."
- "Se amanhã chover, então não irei à praia."

A proposição composta formada com o conectivo **se... então** é chamada de **condicional**; e, simbolicamente, esse conectivo pode ser representado por →. Então, a primeira proposição pode ser simbolizada como:

$$p \to q$$

Onde: **p** = "Pedro é médico."
q = "Maria é dentista."

Na proposição **p → q**, a primeira parte (p) é chamada de **antecedente** e a segunda parte (q), de **consequente**.

Convém, para facilitar o entendimento desta estrutura, que trabalhemos novamente com a promessa de um pai a um filho. Considere a promessa:
- **Se amanhã fizer sol, então iremos à praia.**

Teremos as possíveis situações:
1ª) Amanhã faz sol e vão à praia:

Capítulo I – Fundamentos de Lógica

A promessa foi cumprida! O pai não faltou com a verdade! Daí, o valor lógico de **p → q** é **V**.

amanhã fizer sol	iremos à praia	Se amanhã fizer sol, então iremos à praia.
p	q	p → q
V	V	V

2ª) Amanhã faz sol e não vão à praia:

A promessa não foi cumprida! O pai faltou com a verdade! Daí, o valor lógico de **p → q** é **F**.

amanhã fizer sol	iremos à praia	Se amanhã fizer sol, então iremos à praia.
p	q	p → q
V	F	F

3ª) Amanhã não faz sol e vão à praia:

Apesar de não ter feito sol, o pai levou a criança à praia. Isso não contraria a promessa, então podemos afirmar que o pai não faltou com a verdade! Daí, o valor lógico de **p → q** não é **F**, portanto é **V**.

amanhã fizer sol	iremos à praia	Se amanhã fizer sol, então iremos à praia.
p	q	p → q
F	V	V

4ª) Amanhã não faz sol e não vão à praia:

Segundo a promessa "se amanhã fizer sol, então iremos à praia", o pai tem a obrigação de ir à praia caso faça sol. E se o sol não aparecer, a obrigação não subsistirá: sem sol, o pai está desobrigado do passeio.

Assim, como não fizesse sol, o pai não faltou com a verdade nesta situação. Logo a condicional não é **F**, portanto é **V**.

amanhã fizer sol	iremos à praia	Se amanhã fizer sol, então iremos à praia
p	q	p → q
F	F	V

Pois bem! Como ficará nossa tabela-verdade, no caso da *proposição condicional*? Pensaremos aqui pela via de exceção: **só será falsa esta estrutura quando a primeira parte for verdadeira, e a segunda for falsa**. Nos demais casos, a condicional será verdadeira.

Teremos:

p	q	p → q
V	V	V
V	F	F
F	V	V
F	F	V

É imprescindível que fique bem guardada a seguinte conclusão:

> **A condicional somente será FALSA quando o antecedente for VERDADEIRO e o consequente for FALSO!**

Esta é a informação crucial. Mesmo que a compreensão da estrutura não tenha, neste primeiro momento, ficado inteiramente clara para alguém, o mais importante, por ora, é guardar bem a conclusão acima. Ok? Ao longo desta obra, certamente alguns pontos irão se esclarecendo mais e mais.

Se as proposições **p** e **q** forem representadas como conjuntos, por meio de diagramas, a proposição condicional **Se p então q** corresponderá à **inclusão** do conjunto **p** no conjunto **q** (p está contido em q):

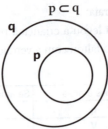

Por exemplo, a condicional **Se é curitibano, então é paranaense** pode ser representada conforme desenho abaixo.

Também é imprescindível conhecer expressões que podem ser empregadas como **equivalentes** de **Se p, então q**, são as seguintes:

Se p, q.   p **implica** q.
q, **se** p.   p é **condição suficiente** para q.
Quando p, q.   q é **condição necessária** para p.
Todo p é q.   p **somente se** q.

Daí, a proposição condicional: **Se** chove, **então** fico molhado poderá também ser escrita das seguintes maneiras:
- **Se** chove, fico molhado.
- Fico molhado, **se** chove.

- **Quando** chove, fico molhado.
- **Sempre que** chove, fico molhado.
- **Toda** vez que chove, fico molhado.
- Chover **implica** eu ficar molhado.
- Chover é **condição suficiente** para eu ficar molhado.
- Eu ficar molhado é **condição necessária** para chover.
- Chove **somente se** fico molhado.

Percebam, pois, que se alguém disser: "Pedro ser rico é condição suficiente para Maria ser médica", então podemos reescrever essa sentença, usando o **formato** da condicional. Teremos:

"Se Pedro for rico, então Maria é médica."

Por outro lado, se ocorrer de alguém disser que: "Maria ser médica é condição necessária para que Pedro seja rico", também poderemos traduzir isso na forma:

"Se Pedro for rico, então Maria é médica."

E qual é a condicional correspondente à frase: "Uma condição necessária para que Pedro seja rico é Maria ser médica"?

Ora, a frase acima tem o mesmo sentido da frase: "Maria ser médica é condição necessária para que Pedro seja rico". Certo? Então a condicional é a mesma anterior:

"Se Pedro for rico, então Maria é médica"

O conhecimento de como se faz essa **tradução** das palavras **suficiente** e **necessário** para o formato da **proposição condicional** já foi bastante exigido em questões de concursos.

Uma coisa tem que ficar perfeitamente clara: os exemplos com os quais trabalhamos acima foram escolhidos exclusivamente para efeitos didáticos! Na realidade, não é preciso que exista qualquer conexão de sentido entre o conteúdo das proposições componentes da condicional.

Por exemplo, poderemos ter a seguinte sentença:

"Se a baleia é um mamífero, então o papa é alemão."

Viram? O que interessa é apenas uma coisa: a primeira parte da condicional é uma **condição suficiente** para a obtenção da segunda parte. E esta uma **condição necessária** para a primeira.

Exemplo 2. (FCC) Sejam as proposições:
p: atuação compradora de dólares por parte do Banco Central;
q: fazer frente ao fluxo positivo.
Se p implica q, então,
  a) a atuação compradora de dólares por parte do Banco Central é condição necessária para fazer frente ao fluxo positivo;
  b) fazer frente ao fluxo positivo é condição suficiente para a atuação compradora de dólares por parte do Banco Central;
  c) a atuação compradora de dólares por parte do Banco Central é condição suficiente para fazer frente ao fluxo positivo;

d) fazer frente ao fluxo positivo é condição necessária e suficiente para a atuação compradora de dólares por parte do Banco Central;
e) a atuação compradora de dólares por parte do Banco Central não é condição suficiente e nem necessária para fazer frente ao fluxo positivo.

Solução:
Como p implica q, então temos a condicional p → q. Daí sabemos que:
I) p é condição suficiente para q; e
II) q é condição necessária para p.
Substituindo as proposições simples **p** e **q** pelos seus respectivos significados, teremos:
I) atuação compradora de dólares por parte do Banco Central é condição suficiente para fazer frente ao fluxo positivo; e
II) fazer frente ao fluxo positivo é condição necessária para atuação compradora de dólares por parte do Banco Central.
As duas situações acima (I e II) são corretas! Mas é claro que apenas uma delas deve aparecer entre as opções de resposta. A situação I aparece na alternativa C.
Resposta: Alternativa C.

Exemplo 3. (Cespe) Julgue o seguinte item:
Item 1. Considerando que A e B simbolizem, respectivamente, as proposições "A publicação usa e cita documentos do Itamaraty" e "O autor envia duas cópias de sua publicação de pesquisa para a Biblioteca do Itamaraty", então a proposição B → A é uma simbolização correta para a proposição "Uma condição necessária para que o autor envie duas cópias de sua publicação de pesquisa para a Biblioteca do Itamaraty é que a publicação use e cite documentos do Itamaraty."

Solução:
Na condicional, sabemos que o consequente é uma condição necessária para o antecedente; daí, na condicional B → A, temos que:

A é uma condição necessária para B.

Sem alterar o sentido da frase, podemos reescrever como:

Uma condição necessária para B é A.

Substituindo B e A pelas proposições definidas na questão, teremos:
Uma condição necessária para que o autor envie duas cópias de sua publicação de pesquisa para a Biblioteca do Itamaraty **é que** a publicação use e cite documentos do Itamaraty.
Comparando a sentença acima com a que vem no item 1, verifica-se que elas são iguais. Daí, o item está **CERTO**!

1.3.5. Conectivo *"se e somente se"* (bicondicional)

A proposição composta dita **bicondicional** apresenta o conectivo **se e somente se** unindo duas proposições.

Trata-se de uma proposição de fácil entendimento. Se alguém disser:
"Eduardo fica alegre **se e somente se** Mariana sorri."

É o mesmo que fazer a conjunção entre as duas proposições condicionais: "**Se** Eduardo fica alegre, **então** Mariana sorri e **Se** Mariana sorri, **então** Eduardo fica alegre."

O conectivo **se e somente se** é representado simbolicamente por ↔. Então, a primeira proposição supracitada pode ser simbolizada como:

$$p \leftrightarrow q$$

Onde: **p** = Eduardo fica alegre.
         q = Mariana sorri.

A bicondicional equivale a uma conjunção de duas condicionais. Em termos simbólicos, teremos:

$$p \leftrightarrow q = (p \rightarrow q) \text{ e } (q \rightarrow p)$$

Na representação de conjuntos, a condicional $p \rightarrow q$ significa $p \subset q$, e a condicional $q \rightarrow p$ significa $q \subset p$. Portanto, na bicondicional teremos $p \subset q$ e $q \subset p$. Para que p esteja contido em q e q esteja contido em p, é preciso que p seja igual a q. Daí, o nosso diagrama será:

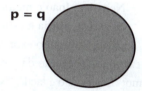

Assim, a bicondicional é **verdadeira** quando os valores lógicos de **p** e **q** são **iguais**, e é **falsa** quando **diferentes**.

Nossa tabela-verdade será a seguinte:

p	q	p ↔ q
V	V	V
V	F	F
F	V	F
F	F	V

São também **equivalentes** à bicondicional **p se e somente se q** as seguintes expressões:
- p **se e só se** q.
- **Se** p **então** q e **se** q **então** p.
- p **somente se** q e q **somente se** p.
- **Todo** p é q e **todo** q é p.
- p é **condição suficiente e necessária** para q.
- q é **condição suficiente e necessária** para p.

Percebam, pois, que se alguém disser que: **O cavalo correr é condição suficiente e necessária para Alice chorar**, então nós podemos reescrever essa sentença, usando o **formato** da bicondicional. Teremos:

"O cavalo corre se e somente se Alice chora."

A bicondicional também possui a propriedade comutativa, então dizer:

"O cavalo corre se e somente se Alice chora" é igual a:

"Alice chora se e somente se o cavalo corre."

1.3.6. Operador *não* (negação)

Veremos algo de suma importância: como negar uma proposição.

No caso de uma proposição simples, não poderia ser mais fácil: basta pôr a palavra **não** na sentença, e já a tornamos uma negativa. Exemplos:

- João é médico.   **Negativa:** João **não** é médico.
- Maria é estudante.   **Negativa:** Maria **não** é estudante.

Reparemos que, caso a sentença original já seja uma negativa (já traga a palavra **não**), então para negar-lhe, teremos que excluir a palavra **não**. Assim:

- João **não** é médico.   **Negativa: João é médico.**
- Maria **não** é estudante.   **Negativa: Maria é estudante.**

Há outras formas de efetuar a negação, utilizando expressões como: **não é verdade que**, **é falso que**, e assemelhadas. Por exemplo, a negação da proposição "Lógica é fácil" pode ser enunciada de diversas formas, como: "Lógica não é fácil", "Não é verdade que Lógica é fácil", "É falso que Lógica é fácil".

O símbolo que representa a negação é uma pequena **cantoneira** (¬) ou um sinal de til (~). (Adotaremos o **til**). Indicando uma proposição por **p**, sua negação será representada por **~p**, que se lê: **não p**.

A tabela-verdade da **negação** é mais simplificada que as outras já vistas. Teremos:

p	~p
V	F
F	V

Portanto, a negação inverte o valor lógico: ~V = F e ~F = V.

Uma dupla negação não altera o valor lógico de uma proposição, ou seja: ~~F = F e ~~V = V.

E se tivermos várias negações seguidas, por exemplo:

~~~~~~~~F

Como uma negação anula a outra, então se tivermos uma quantidade par de negações, o valor lógico fica inalterado. No exemplo anterior, havia oito ~, ou seja, um número par! Daí o valor lógico continua sendo **F**.

Se o número de negações for ímpar, o valor lógico é invertido. Por exemplo:

~~~~~F

Temos cinco ~, um número ímpar! Daí, devemos inverter o valor lógico. Teremos:

~~~~~F = ~F = V

Há muitas questões de concurso em que o enunciado traz uma proposição falsa (ou declaração falsa, mentirosa) e temos que encontrar a verdade. Para tanto, basta que neguemos a proposição falsa. Por exemplo:
- "O carro é cinza" é uma proposição falsa. Qual é a verdade? É: "O carro não é cinza."
- "Joana não é inocente" é uma declaração falsa. Qual é a verdade? É: "Joana é inocente."
- "Choveu ontem" é uma mentira. Qual é a verdade? É: "Não choveu ontem."
- "Não é verdade que Gabriel é poliglota" é uma proposição falsa. Qual é a verdade? Ora, a proposição "Não é verdade que Gabriel é poliglota" é equivalente a proposição "Gabriel não é poliglota." Como esta proposição é falsa, basta negarmos para encontrar a verdade. A negação daquela proposição é "Gabriel é poliglota"; logo, encontramos a verdade!

Vale a pena ressaltar alguns casos que, por vezes, podem causar certa confusão. Seria correto dizer que a negação de "o Palmeiras ganhou o jogo" é "o Palmeiras perdeu o jogo?" A resposta é não, pois o Palmeiras poderia ter empatado. A forma correta é "o Palmeiras não ganhou o jogo", o que significa que o Palmeiras pode ter perdido ou empatado o jogo.

Um caso mais sutil: seria correto dizer que a negação de "X é um número positivo" é "X é um número negativo"? A resposta também é negativa, pois existe um número que não é positivo nem negativo: o número zero. Por isso, também aqui, teríamos que expressar a negação da seguinte forma: "X não é um número positivo", o que significa que X pode ser negativo ou ser zero.

Diferente é o caso da proposição: "A porta está aberta." A negação desta proposição pode ser expressa como "A porta está fechada." Pois só há duas possibilidades para aquela porta: estar aberta ou fechada. Mesmo caso para a proposição: "Denise é inocente." A negação desta proposição pode ser expressa como "Denise é culpada." Pois também em se tratando de culpa, só há duas possibilidades para Denise: ser inocente ou ser culpada.

Vejamos mais algumas negações:
- Negação de $x > y$ é $x \leq y$;
- Negação de $x < y$ é $x \geq y$;
- Negação de $x \geq y$ é $x < y$;
- Negação de $x = y$ é $x \neq y$, ou ainda: ($x < y$ ou $x > y$);
- Negação de $x \neq y$ é $x = y$.

Se a proposição **A** for representada como conjunto, a negação **não A** corresponderá ao conjunto **complementar** de A (tudo que está fora de A), simbolizado por $\overline{A}$

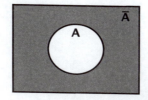

1.3.7. Revisão dos conectivos

Na resolução de várias questões de Lógica, devemos conhecer as tabelas-verdade dos conectivos, para isso apresentamos abaixo uma tabela-verdade única, contendo todos eles. Compare os valores lógicos de cada conectivo, pois isso vai ajudá-lo a memorizar cada um deles.

p	q	p e q	p ou q	p ou q	p → q	p ↔ q
V	V	V	V	F	V	V
V	F	F	V	V	F	F
F	V	F	V	V	V	F
F	F	F	F	F	V	V

No quadro abaixo, apresentamos uma tabela muito interessante a respeito dos conectivos, mostrando as condições em que o valor lógico é **verdade** e em que é **falso**.

Estrutura lógica	É verdade quando	É falso quando
p ∧ q	p e q são, ambos, verdade	um dos dois for falso, ou ambos
p ∨ q	um dos dois for verdade, ou ambos	p e q, ambos, são falsos
p $\veebar$ q	p e q tiverem valores lógicos diferentes	p e q tiverem valores lógicos iguais
p → q	nos demais casos	p é verdade e q é falso
p ↔ q	p e q tiverem valores lógicos iguais	p e q tiverem valores lógicos diferentes

Como aplicação dos conceitos que vimos até o momento, faremos a resolução de diversas questões de concurso.

1.3.7.1. Exercícios Resolvidos

1. (FCC) Sabe-se que sentenças são orações com sujeito (o termo a respeito do qual se declara algo) e predicado (o que se declara sobre o sujeito). Na relação seguinte há expressões e sentenças:
   1. Três mais nove é igual a doze.
   2. Pelé é brasileiro.
   3. O jogador de futebol.
   4. A idade de Maria.
   5. A metade de um número.
   6. O triplo de 15 é maior do que 10.

   É correto afirmar que, na relação dada, são sentenças apenas os itens de números:
   a) 1, 2 e 6;
   b) 2, 3 e 4;
   c) 3, 4 e 5;
   d) 1, 2, 5 e 6;
   e) 2, 3, 4 e 5.

Solução:

A questão nos apresenta a definição de **sentença**, e pede que as identifiquemos entre os itens do enunciado.

A referida definição nos fala em **oração**, **sujeito** e **predicado**, remetendo-nos, assim, a conceitos ensinados na disciplina de Português.

Toda oração com sujeito e predicado tem necessariamente que possuir um verbo. Baseando-se nesse raciocínio, descartaremos os itens que não possuem verbo.

Observando os itens dados no enunciado, facilmente se constata que os itens 3, 4 e 5 não têm verbo, e, portanto, não são sentenças. Restando-nos somente os itens 1, 2 e 6. A opção correta é a **alternativa A**.

2. (FCC) Considere a proposição "Paula estuda, mas não passa no concurso." Nessa proposição, o conectivo lógico é:
    a) disjunção inclusiva;
    b) conjunção;
    c) disjunção exclusiva;
    d) condicional;
    e) bicondicional.

Solução:

O enunciado traz a seguinte proposição composta:

"Paula estuda, **mas** não passa no concurso."

Ela é formada por duas proposições simples: 1ª) "Paula estuda"; e 2ª) "Paula não passa no concurso." Sabemos que quem une as proposições simples para formar uma proposição composta são os conectivos. E os tipos de conectivos existentes são: **e**, **ou**, **ou... ou**, **se... então**, **se e somente se**. Qual desses conectivos poderia substituir a palavra **mas** na proposição acima?

Observe que a proposição informa dois aspectos sobre Paula: que **ela estuda** e que **ela não passa no concurso**. Portanto, o conectivo que melhor substitui a palavra **mas** é o conectivo **e**. Efetuando a substituição, teremos:

"Paula estuda **e** não passa no concurso."

Podemos tomar como regra geral que a palavra **mas** (e as demais conjunções adversativas: porém, entretanto, contudo etc.) escrita em uma sentença pode ser substituída pelo conectivo **e**.

A proposição composta que usa o conectivo **e** para interligar os seus termos é chamada de **conjunção**. Daí, a resposta é a **alternativa B**.

3. (Cespe-UnB) Suponha que P representa a proposição *Hoje choveu*, Q represente a proposição *José foi à praia* e R represente a proposição *Maria foi ao comércio*. Com base nessas informações e no texto, julgue os itens a seguir:

Item 1. A sentença "Hoje não choveu então Maria não foi ao comércio e José não foi à praia" pode ser corretamente representada por $\sim P \rightarrow (\sim R \wedge \sim Q)$.

Solução:
Usemos o artifício seguinte: tomemos a sentença em simbologia e façamos sua tradução. Sabendo que:

P = Hoje choveu
Q = José foi à praia
R = Maria foi ao comércio

Teremos:
~P → (~R ∧ ~Q) = Se não P, então não R e não Q
= Se hoje não choveu, então Maria não foi ao comércio e José não foi à praia.

Conclusão: O item está correto!

Item 2. A sentença "Hoje choveu e José não foi à praia" pode ser corretamente representada por P ∧ ~Q.

Solução:
Tomando a sentença P ∧ ~Q, teremos que sua **tradução** será a seguinte:
- Hoje choveu e José não foi à praia.

Conclusão: O item está correto!

Item 3. Se a proposição "Hoje não choveu" for valorada como F e a proposição José foi à praia for valorada como V, então a sentença representada por ~P → Q é falsa.

Solução:
Primeiramente, observemos que a questão atribuiu valores lógicos às seguintes sentenças:
- Hoje não choveu = (~P) = **F**; e
- José foi à praia = Q = **V**

Substituindo os valores lógicos na proposição: ~P → Q
Teremos: F → V

Ora, sabemos que a única situação que torna a **condicional** falsa é **Verdadeiro na primeira parte e Falso na segunda**. Como isso não está ocorrendo, teremos que:

(F → V) = V

Conclusão: O item está errado!

Item 4. O número de valorações possíveis para (Q ∧ ~R) → P é inferior a 9.

Solução:
Observem que se trata de uma proposição composta, formada por três proposições simples (P, Q e R). Daí, se fôssemos formar uma **tabela-verdade** para esta sentença composta, quantas linhas ela teria?

Teremos que nos lembrar que:

Nº de Linhas da Tabela-Verdade = $2^{n^o \text{ de proposições}}$

Daí, se há 3 proposições, teremos que:
Nº de Linhas da Tabela-Verdade = 2^3 = 8
Finalmente, para **matar** essa questão, só precisaríamos saber que **o número de valorações possíveis de uma proposição composta** corresponde justamente ao número de linhas da sua tabela-verdade!
Conclusão: O item está correto!

4. **(Cespe-UnB) Texto para os itens de 1 a 8.**
   Considere que as letras P, Q, R e T representem proposições e que os símbolos ¬, ∧, ∨ e → sejam operadores lógicos que constroem novas proposições e significam não, e, ou e então, respectivamente. Na lógica proposicional, cada proposição assume um único valor (valor-verdade), que pode ser verdadeiro (V) ou falso (F), mas nunca ambos.
   Com base nas informações apresentadas no texto acima, julgue os itens a seguir.
   Item 1. Se as proposições P e Q são ambas verdadeiras, então a proposição (¬ P) ∨ (¬ Q) também é verdadeira.
   Item 2. Se a proposição T é verdadeira e a proposição R é falsa, então a proposição R → (¬ T) é falsa.
   Item 3. Se as proposições P e Q são verdadeiras e a proposição R é falsa, então a proposição (P ∧ R) → (¬ Q) é verdadeira.

   Considere as sentenças abaixo.
   I. Fumar deve ser proibido, mas muitos europeus fumam.
   II. Fumar não deve ser proibido e fumar faz bem à saúde.
   III. Se fumar não faz bem à saúde, deve ser proibido.
   IV. Se fumar não faz bem à saúde e não é verdade que muitos europeus fumam, então fumar deve ser proibido.
   V. Tanto é falso que fumar não faz bem à saúde como é falso que fumar deve ser proibido; consequentemente, muitos europeus fumam.

   Considere também que P, Q, R e T representem as sentenças listadas na tabela a seguir.

P	Fumar deve ser proibido.
Q	Fumar deve ser encorajado.
R	Fumar não faz bem à saúde.
T	Muitos europeus fumam.

   Com base nas informações acima e considerando a notação introduzida no texto, julgue os itens seguintes.
   Item 4. A sentença I pode ser corretamente representada por P ∧ (¬ T).
   Item 5. A sentença II pode ser corretamente representada por (¬ P) ∧ (¬ R).
   Item 6. A sentença III pode ser corretamente representada por R → P.
   Item 7. A sentença IV pode ser corretamente representada por (R ∧ (¬ T)) → P.
   Item 8. A sentença V pode ser corretamente representada por T → ((¬ R) ∧ (¬ P)).

Soluções:

Item 1. Se as proposições P e Q são ambas verdadeiras, então a proposição (¬ P) ∨ (¬ Q) também é verdadeira.

Solução:
Para este tipo de questão, um artifício útil é o de substituir a letra que representa a proposição pelo seu respectivo valor lógico. Neste caso, vemos que o enunciado definiu que as proposições (P e Q) são ambas verdadeiras! Daí, em lugar de P e de Q, usaremos o valor lógico V.
Teremos:
(~P) ∨ (~Q)
(~V) ∨ (~V)
Ora, a negação (~) do Verdadeiro é o Falso (~V = F) e vice-versa (~F = V). Daí, teremos:
F ∨ F
Estamos diante de uma **disjunção** (conectivo OU), a qual já conhecemos bem: basta que uma das partes seja verdadeira, que a **disjunção** será verdadeira. Mas, se as duas partes forem falsas, como neste caso, então, a **disjunção** é FALSA. Teremos, finalmente, que:
(F ∨ F) = F → **Resposta!** → O item 1 disse que era V, logo está **errado!**

Item 2. Se a proposição T é verdadeira e a proposição R é falsa, então a proposição R → (¬ T) é falsa.

Solução:
Usaremos o mesmo artifício adotado acima. Teremos:
R → (~T)
F → (~V)
F → F
Redundamos numa **condicional**. Conforme sabemos, a **condicional** só é falsa quando a primeira parte é verdadeira e a segunda é falsa. Lembrados? Daí, como não é o caso, teremos:
F → F = V → **Resposta!** → O item 2 disse que era F, logo está **errado!**

Item 3. Se as proposições P e Q são verdadeiras e a proposição R é falsa, então a proposição (P ∧ R) → (¬Q) é verdadeira.

Solução:
Mais uma vez, a resolução seguirá o mesmo caminho já utilizado acima. Teremos:
(P ∧ R) → (~Q)
(V ∧ F) → (~V)
Trabalhemos o primeiro parêntese, observando que se trata de uma **conjunção**. Como já se sabe, somente se as duas partes forem verdadeiras é que a **conjunção** também o será! Não é o nosso caso. Assim, teremos:
F → (~V)

Ora, sabemos que ~V = F. Daí: F → F

E agora? O que dizer desta **condicional**? Teremos:

F → F = V → **Resposta!** → O item 3 está correto!

Item 4. A sentença I pode ser corretamente representada por P ∧ (¬T).

Solução:

Façamos o caminho inverso: partindo da simbologia, construiremos a frase.

Ora, P ∧ (~T) = P e não T

= Fumar deve ser proibido e não é verdade que muitos europeus fumam.

Conclusão: O item 4 está errado!

A representação correta para a sentença I é **P ∧ T**.

Item 5. A sentença II pode ser corretamente representada por (¬P) ∧ (¬R).

Solução:

Tomemos a representação simbólica e façamos sua *tradução*. Teremos:

(~P) ∧ (~R) = não P e não R

= Fumar não deve ser proibido e fumar faz bem à saúde.

Conclusão: O item 5 está correto!

Item 6. A sentença III pode ser corretamente representada por R → P.

Solução:

Temos que R → P = Se R, então P. Daí:

= Se fumar não faz bem à saúde, então fumar deve ser proibido.

Conclusão: O item 6 está correto!

Item 7. A sentença IV pode ser corretamente representada por (R ∧ (¬ T)) → P.

Solução:

Temos que (R ∧ (~T)) → P

= Se R e não T, então P

= Se fumar não faz bem à saúde e não é verdade que muitos europeus fumam, então fumar deve ser proibido.

Conclusão: O item 7 está correto!

Item 8. A sentença V pode ser corretamente representada por T → ((¬ R) ∧ (¬ P)).

Solução:

Temos que: $T \to ((\sim R) \land (\sim P))$

= Se T, então não R e não P

= Se muitos europeus fumam, então é falso que fumar não faz bem à saúde e é falso que fumar deve ser proibido.

Percebam que a sentença V inverte a ordem da **condicional** acima.

Ora, sabemos que $p \to q$ não é equivalente a $q \to p$.

Daí, o item 8 está errado!

A representação correta para a sentença V é $((\sim R) \land (\sim P)) \to T$.

Passemos à solução de outra questão de concurso.

5. (FCC) Dadas as proposições compostas:
   I. $3 + 4 = 7 \leftrightarrow 5^3 = 125$
   II. $3 + 2 = 6 \to 4 + 4 = 9$
   III. $\sqrt{3} > 1 \lor (\pi$ não é um número real$)$
   IV. $\sqrt{2} > 1 \to 2^0 = 2$
   V. $-2 > 0 \leftrightarrow \pi^2 < 0$
   A que tem valor lógico falso é a:
   a) I;
   b) II;
   c) III;
   d) V;
   e) IV.

Solução:

Encontraremos o valor lógico de cada uma das proposições compostas acima, usando, para isso, as tabelas-verdade dos conectivos.

I. $3 + 4 = 7 \leftrightarrow 5^3 = 125$
$V \leftrightarrow V = V$

II. $3 + 2 = 6 \to 4 + 4 = 9$
$F \to F = V$

III. $\sqrt{3} > 1 \lor (\pi$ não é um número real$)$
V ou F = V

IV. $\sqrt{2} > 1 \to 2^0 = 2$
$V \to F = F$

V. $-2 > 0 \leftrightarrow \pi^2 < 0$
$F \leftrightarrow F = V$

A única proposição que é falsa é a do item IV.
Resposta: Alternativa E.

6. **(FCC) Dadas as proposições:**
    I. $\sim(1 + 1 = 2 \leftrightarrow 3 + 4 = 5)$
    II. $\sim(2 + 2 \neq 4 \wedge 3 + 5 = 8)$
    III. $4^3 \neq 64 \leftrightarrow (3 + 3 = 7 \leftrightarrow 1 + 1 = 2)$
    IV. $(2^3 \neq 8 \vee 4^2 \neq 4^3)$
    V. $3^4 = 81 \leftrightarrow \sim(2 + 1 = 3 \wedge 5 \times 0 = 0)$
    A que tem valor lógico falso é a:
    a) IV;
    b) V;
    c) III;
    d) II;
    e) I.

Solução:
Vamos analisar cada uma das proposições compostas fornecidas no enunciado!

I. $\sim(1 + 1 = 2 \leftrightarrow 3 + 4 = 5)$
    $\sim(V \leftrightarrow F)$
    $\sim(F) = V$

II. $\sim(2 + 2 \neq 4 \wedge 3 + 5 = 8)$
    $\sim(F \wedge V)$
    $\sim(F) = V$

III. $4^3 \neq 64 \leftrightarrow (3 + 3 = 7 \leftrightarrow 1 + 1 = 2)$
    $F \leftrightarrow (F \leftrightarrow V)$
    $F \leftrightarrow (F)$
    $F \leftrightarrow F = V$

IV. $(2^3 \neq 8 \vee 4^2 \neq 4^3)$
    $(F \vee V) = V$

V. $3^4 = 81 \leftrightarrow \sim (2 + 1 = 3 \wedge 5 \times 0 = 0)$
    $V \leftrightarrow \sim (V \wedge V)$
    $V \leftrightarrow \sim (V)$
    $V \leftrightarrow F = F$

A única proposição que possui um valor lógico falso é a do item **V**.
Resposta: Alternativa B.

7. Encontre o valor lógico das proposições abaixo:

a) 3 + 4 = 7 ou 2 + 2 = 4

Solução: V ou V = V

b) 8 < 4 e 6 > 3

Solução: F e V = F

c) 6 < 0 ou 3 = 4

Solução: F ou F = F

d) Se 2 é par, então 3 é ímpar.

Solução: V → V = V

e) Se 5 é inteiro, então 3 é menor que 5.

Solução: V → V = V

f) Se 8 é ímpar, então 7 é maior que 3.

Solução: F → V = V

g) Se 13 é par, então 2 é ímpar.

Solução: F → F = V

h) Se 10 é par, então 6 é maior que 20.

Solução: V → F = F

i) 3 > 5 ∧ 8 > 6

Solução: F e V = F

j) $3 > 5 \lor 8 > 6$

Solução: F ou V = V

k) $7 > 8 \rightarrow \sim (5 < 4)$

Solução: F → ~ F
F → V = V

l) $\sim(5 > 17) \rightarrow 9 < 4$

Solução: ~F → F
V → F = F

m) $[x \in N \land y > 0] \rightarrow x + y > 0$

Solução:
A sentença acima é diferente das demais que resolvemos anteriormente, pois antes sabíamos qual era o valor lógico dos termos que formavam a proposição composta. Agora não sabemos se $x \in N$ é verdade ou falso, e se $y > 0$ é verdade ou falso. Portanto, resolveremos esta questão de forma diferente.

Sabemos que a condicional é falsa em uma única situação, quando o antecedente é verdadeiro e o consequente é falso. Testaremos a existência desta possibilidade!

Considerando que o antecedente é verdade, logo a conjunção $[x \in N \land y > 0]$ é verdadeira.

Uma conjunção é verdadeira somente se os termos que a compõe tiverem valor lógico verdade. Assim:
- $x \in N$ é verdade (significa que $x \geq 0$).
- $y > 0$ é verdade

Como $x \geq 0$ e $y > 0$, então a soma $x + y$ será maior que zero. O segundo termo (consequente) da condicional, dado por $x + y > 0$ será, pois, necessariamente verdade!

Fim do teste! E concluímos que não existe a situação em que o antecedente é verdadeiro e o consequente é falso. Logo, a condicional nunca será falsa, ou seja, ela será sempre verdadeira!

n) $[x > y \land a > b] \rightarrow a + x > b + y$

Solução:

Adotaremos o mesmo procedimento usado na exercício anterior.

Sabemos que a condicional é falsa somente em uma única situação: quando o antecedente é verdadeiro e o consequente é falso. Testaremos a existência desta possibilidade!

Fazendo o antecedente verdadeiro, teremos que a conjunção [x > y ∧ a > b] é verdadeira. Uma conjunção é verdadeira somente se os termos que a compõem tiverem valor lógico verdade. Assim:

x > y é verdade

a > b é verdade

Somando membro a membro as duas desigualdades acima, teremos:

x + a > y + b é verdade

Observe que a desigualdade acima é idêntica à que está no 2º termo da nossa condicional. Isso significa que o **2º termo** é verdadeiro.

Fim do teste! E concluímos que não existe a situação em que o antecedente é verdadeiro e o consequente é falso. Logo, a condicional nunca será falsa, ou seja, ela será sempre verdadeira!

8. (FCC) Leia atentamente as proposições P e Q:

   P: O computador é uma máquina.

   Q: Compete ao cargo de técnico judiciário a construção de computadores.

   Em relação às duas proposições, é correto afirmar que

   a) a proposição composta **P ou Q** é verdadeira;
   b) a proposição composta **P e Q** é verdadeira;
   c) a negação de P é equivalente à negação de Q;
   d) P é equivalente a Q;
   e) P implica Q.

Solução:

Temos as proposições simples P e Q. Temos condições de descobrir o valor lógico de cada uma destas proposições? É claro que sim! Senão, vejamos.

A proposição P significa: "o computador é uma máquina". E sabemos que todo computador realmente é uma máquina, logo **P** é uma proposição verdadeira.

A proposição Q significa: "compete ao cargo de técnico judiciário a construção de computadores". É claro que o técnico judiciário não tem esta atribuição, logo **Q** é uma proposição falsa.

Substituiremos em cada uma das alternativas os valores lógicos que obtemos para P e Q.

- Alternativa A: P ou Q

    V ou F = V

O valor lógico encontrado corresponde ao dito na alternativa. Daí, assertiva correta! Continuaremos a analisar as demais opções.

- **Alternativa B: P e Q**

    V e F = F

O valor lógico encontrado não corresponde ao dito na alternativa. Daí, está errada!

- **Alternativa C:**

Pelo conteúdo das proposições P e Q, é **errado** afirmar que suas negações são aquivalentes.

- **Alternativa D:**

Pelo conteúdo das proposições P e Q, é **errado** afirmar que as proposições são equivalentes.

- **Alternativa E: P → Q**

Vamos verificar o valor lógico da proposição P implica Q:

P → Q = V → F = F

O resultado foi F! Daí, a alternativa E está errada!

Resposta: Alternativa A.

9. **(FCC) Leia atentamente as proposições simples P e Q:**
    P: João foi aprovado no concurso do Tribunal.
    Q: João foi aprovado em um concurso.
    Do ponto de vista lógico, uma proposição condicional correta em relação a P e Q é:
    a) se não Q, então P;
    b) se não P, então não Q;
    c) se P, então Q;
    d) se Q, então P;
    e) se P, então não Q.

Solução:
Em termos de conjunto, podemos afirmar que o conjunto P está contido no conjunto Q, ou seja, Q engloba P. Não é verdade? Pois, as pessoas que são aprovadas no concurso do tribunal constituem uma parte do total de pessoas aprovadas em algum concurso.

Qual é a proposição que, em termos de conjunto, é representada por **P está contido em Q**?

De acordo com o que já aprendemos, é a condicional **P → Q**.

Resposta: Alternativa C.

Daremos uma solução alternativa. Substituiremos as letras P e Q em cada uma das alternativas pelos seus significados, e depois as testaremos.

- **Teste da alternativa A:** Se **não Q**, então **P**.

Substituindo as letras P e Q, ficaremos com:

"Se João **não** foi aprovado em um concurso, então

João foi aprovado no concurso do Tribunal."

Isso não tem lógica! Pois, João não sendo aprovado em um concurso, então, consequentemente, NÃO pode ter sido aprovado no concurso do Tribunal.

- **Teste da alternativa B:** Se **não P**, então **não Q**.

Substituindo as letras P e Q, ficaremos com:

"Se João **não** foi aprovado no concurso do Tribunal, então
João **não** foi aprovado em um concurso."

A implicação acima não é verdadeira, pois João pode passar em outro concurso, que não o do tribunal, e assim ele teria sido aprovado em um concurso.

- **Teste da alternativa C:** Se **P**, então **Q**.

Substituindo as letras P e Q, ficaremos com:

"Se João foi aprovado no concurso do Tribunal, então
João foi aprovado em um concurso."

Implicação corretíssima! Pois, o concurso do Tribunal é uma das modalidades de concurso.

Confirma-se, então, que a **alternativa C é a resposta**!

Continuaremos com os testes das alternativas.

- **Teste da alternativa D:** Se **Q**, então **P**.

Substituindo as letras P e Q, ficaremos com:

"Se João foi aprovado em um concurso, então
João foi aprovado no concurso do Tribunal."

A implicação acima não é verdadeira, pois João pode ter sido aprovado em outro concurso, que não o do tribunal.

- **Teste da alternativa E:** Se **P**, então **não Q**.

Substituindo as letras P e Q, ficaremos com:

"Se João foi aprovado no concurso do Tribunal, então
João **não** foi aprovado em um concurso."

Ora, João sendo aprovado no concurso do Tribunal, é claro que ele logrou uma aprovação. Logo, a implicação acima está errada.

Há mais uma forma de condicional, que não consta entre as opções de resposta, mas que merece que a testemos: Se **não Q**, então **não P**.

- **Teste de** Se **não Q**, então **não P**

"Se João **não** foi aprovado em um concurso, então
João **não** foi aprovado no concurso do Tribunal."

Perfeitamente correta! João não sendo aprovado em um concurso, implica que não foi aprovado no concurso do tribunal.

Aprenderemos, mais adiante, que a condicional **P → Q** é equivalente à condicional **não Q → não P**. Daí, se uma delas é verdadeira, a outra também o é.

Capítulo I – Fundamentos de Lógica

10. (FCC) Se todos os nossos atos têm causa, então não há atos livres. Se não há atos livres, então todos os nossos atos têm causa. Logo:
    a) alguns atos não têm causa se não há atos livres;
    b) todos os nossos atos têm causa se e somente se há atos livres;
    c) todos os nossos atos têm causa se e somente se não há atos livres;
    d) todos os nossos atos não têm causa se e somente se não há atos livres;
    e) alguns atos são livres se e somente se todos os nossos atos têm causa.

Solução:

A bicondicional "a se e somente se b" é equivalente à conjunção de duas condicionais: "Se a, então b" e "Se b, então a".

A **alternativa C** traz a bicondicional:

Todos os nossos atos têm causa **se e somente se** não há atos livres.

Separando esta bicondicional em duas condicionais, teremos:
"**Se** todos os nossos atos têm causa, **então** não há atos livres" **e**
"**Se** não há atos livres, **então** todos os nossos atos têm causa."

Estas duas condicionais são as mesmas do enunciado da questão, portanto a resposta é a **alternativa C**!

11. (FCC) O manual de garantia da qualidade de uma empresa diz que, se um cliente faz uma reclamação formal, então é aberto um processo interno e o departamento de qualidade é acionado. De acordo com essa afirmação é correto concluir que:
    a) a existência de uma reclamação formal de um cliente é uma condição necessária para que o departamento de qualidade seja acionado;
    b) a existência de uma reclamação formal de um cliente é uma condição suficiente para que o departamento de qualidade seja acionado;
    c) a abertura de um processo Interno é uma condição necessária e suficiente para que o departamento de qualidade seja acionado;
    d) se um processo interno foi aberto, então um cliente fez uma reclamação formal;
    e) não existindo qualquer reclamação formal feita por um cliente, nenhum processo interno poderá ser aberto.

Solução:

Sabemos que na condicional P → Q, P é condição suficiente para Q, e Q é condição necessária para P. Ou seja, o 1º termo da condicional é a condição suficiente, e o 2º termo da condicional é a condição necessária.

A questão traz a seguinte condicional:

"Se um cliente faz uma reclamação formal, então é aberto um processo interno e o departamento de qualidade é acionado."

O **1º termo** dessa condicional é o termo: "um cliente faz uma reclamação formal"; e o **2º termo**: é aberto um processo interno e o departamento de qualidade é acionado.

Sabendo quem são o 1º e o 2º termos, já temos condições de encontrar a alternativa correta: **alternativa B**.

b) a existência de **uma reclamação formal de um cliente** é uma **condição suficiente** para que **o departamento de qualidade seja acionado**.

Na alternativa b não aparece o 2º termo completo da condicional. E aí? Não é necessário aparecer por completo, pois o 2º termo usa o conectivo E para interligar as suas proposições simples. Caso fosse o conectivo OU, deveria, aí sim, constar integralmente aquele 2º termo. Faremos dois exemplos para esclarecer melhor isso.

No 1º exemplo, usaremos uma condicional em que o seu segundo termo é uma conjunção, e no 2º exemplo, o segundo termo sendo uma disjunção.

1º Exemplo: Se chove, **então** Ana fica molhada e Bruna fica com frio. Considerando que esta condicional é verdadeira, podemos estabelecer as seguintes afirmações:

- Chover é **condição suficiente** para Ana ficar molhada e Bruna ficar com frio.

Isso é verdade! Pois já sabemos que o 1º termo de uma condicional é sempre condição suficiente para o seu 2º termo.

- Chover é **condição suficiente** para Ana ficar molhada.

Isso é verdade! Pois, de acordo com a nossa condicional, quando chove é certeza de "Ana ficar molhada."

- Chover é **condição suficiente** para Bruna ficar com frio.

Isso é verdade! Pois, de acordo com a nossa condicional, quando chove é certeza de "Bruna ficar com frio."

Agora, passemos a um exemplo onde temos uma disjunção no segundo termo da condicional.

2º Exemplo: Se o Flamengo não vencer, **então** o Botafogo ou o Vasco será o campeão. Considerando que esta condicional é verdadeira, só podemos estabelecer a seguinte afirmação:

- O Flamengo não vencer é **condição suficiente** para o Botafogo ou o Vasco ser campeão.

E **NÃO** podemos afirmar que:

- "o Flamengo não vencer é condição suficiente para o Botafogo ser campeão", pois pode ser que o Vasco seja campeão.

E nem que:
- **o Flamengo não vencer é condição suficiente para o Vasco ser campeão**, pois pode ser que o Botafogo seja campeão.

Entendida a diferença entre uma conjunção e uma disjunção presente no segundo termo de uma condicional?

12. (Esaf) Considere a afirmação P:
    P: A ou B
    Onde A e B, por sua vez, são as seguintes afirmações:
    A: "Carlos é dentista."
    B: "Se Ênio é economista, então Juca é arquiteto."
    Ora, sabe-se que a afirmação P é falsa. Logo:
    a) Carlos não é dentista; Enio não é economista; Juca não é arquiteto.
    b) Carlos não é dentista; Enio é economista; Juca não é arquiteto.
    c) Carlos não é dentista; Enio é economista; Juca é arquiteto.
    d) Carlos é dentista; Enio não é economista; Juca não é arquiteto.
    e) Carlos é dentista; Enio é economista; Juca não é arquiteto.

Solução:

A proposição composta P é a disjunção **A ou B**. E segundo o enunciado esta proposição é falsa. Para que uma disjunção seja falsa é necessário que os termos que a compõem também sejam falsos. Daí, descobrimos que:

A = F
B = F

Como A é F, então "Carlos é dentista" é falso. Portanto, a verdade é "**Carlos não é dentista**."

B é F, logo:
"Se Ênio é economista, então Juca é arquiteto" = F

Esta proposição é uma condicional, e como ela é falsa, então necessariamente o antecedente é V e o consequente é F. Daí:

Enio é economista = V
Juca é arquiteto = F

A partir destes resultados, podemos concluir que é verdade que:
"**Enio é economista.**"
"**Juca não é arquiteto.**"

Resposta: Alternativa B.

13. (FCC) Aldo, Benê e Caio receberam uma proposta para executar um projeto. A seguir são registradas as declarações dadas pelos três, após a conclusão do projeto:
    – Aldo: Não é verdade que Benê e Caio executaram o projeto.
    – Benê: Se Aldo não executou o projeto, então Caio o executou.
    – Caio: Eu não executei o projeto, mas Aldo ou Benê o executaram.

    Se somente a afirmação de Benê é falsa, então o projeto foi executado APENAS por:
    a) Aldo.
    b) Benê;
    c) Caio;
    d) Aldo e Benê;
    e) Aldo e Caio.

Solução:
Temos que descobrir quem executou o projeto, e faremos isso analisando as três declarações.

Conforme o enunciado, apenas a declaração de Benê é **falsa**, logo as duas outras são **verdadeiras**. Ficamos com o seguinte quadro:

(Não é verdade que Benê e Caio executaram o projeto) = **V**
(Se Aldo não executou o projeto, então Caio o executou) = **F**
(Eu não executei o projeto, mas Aldo ou Benê o executaram) = **V**

A primeira declaração traz o termo: **não é verdade que**. Esse termo é o mesmo que **é falso que**. Portanto, a primeira declaração pode ser reescrita como:

"**É FALSO QUE** Benê e Caio executaram o projeto", que por sua vez é igual a:

"Benê e Caio executaram o projeto" é **falso**.

A terceira declaração traz a palavra **mas**, e já sabemos que podemos substituí-la pelo conectivo **e**.

Feitas estas modificações, as três declarações podem ser vistas assim:
(Benê e Caio executaram o projeto) = **F**
(Se Aldo não executou o projeto, então Caio o executou) = **F**
(Eu não executei o projeto, e Aldo ou Benê o executaram) = **V**

A primeira declaração acima é uma conjunção! A tabela-verdade de uma conjunção apresenta três linhas em que ela é falsa. Daí, não temos como saber os valores lógicos dos termos que compõem essa conjunção.

A segunda declaração é uma condicional! A tabela-verdade de uma condicional apresenta somente uma linha com valor lógico falso. Lembrados quando isso ocorre? É quando o primeiro termo é verdade e o segundo é falso! Descobrimos, assim, que o termo: "Aldo não executou o projeto" é **verdade**, e o segundo termo: "Caio o executou" é **falso**. Com isso, temos as seguintes **verdades** até o momento:

Aldo não executou o projeto! Caio não executou o projeto!

Capítulo I – Fundamentos de Lógica

Observe que com estes resultados podemos descartar as alternativas: a, c, d e e. Restando-nos somente a **alternativa B**, que obviamente deve ser a correta.

Já encontramos a alternativa correta, porém vamos também analisar a última declaração. Podemos reescrevê-la assim:

(Caio não executou o projeto, e Aldo executou ou Benê executou) = V

Na terceira declaração, devemos substituir as proposições simples pelos seus valores lógicos encontrados anteriormente. Assim, substituiremos "Caio não executou o projeto" pelo valor lógico V, e "Aldo executou" pelo valor lógico F. Teremos:

(V, e F ou Benê executou) = V

Essa declaração é uma conjunção de dois termos, em que o primeiro deles é uma proposição simples e o segundo é uma proposição composta, dita disjunção.

A conjunção só é verdadeira se ambos os seus termos forem verdadeiros. Daí, a disjunção "F ou Benê executou" deve ser verdadeira.

Isso somente é possível se a proposição "Benê executou" tem valor lógico verdade.

Assim, o único que executou o projeto foi Benê. Confirmamos que a **alternativa correta é a B**.

14. (Esaf). O reino está sendo atormentado por um terrível dragão. O mago diz ao rei: "O dragão desaparecerá amanhã se e somente se Aladim beijou a princesa ontem." O rei, tentando compreender melhor as palavras do mago, faz as seguintes perguntas ao lógico da corte:
    I. Se a afirmação do mago é falsa e se o dragão desaparecer amanhã, posso concluir corretamente que Aladim beijou a princesa ontem?
    II. Se a afirmação do mago é verdadeira e se o dragão desaparecer amanhã, posso concluir corretamente que Aladim beijou a princesa ontem?
    III. Se a afirmação do mago é falsa e se Aladim não beijou a princesa ontem, posso concluir corretamente que o dragão desaparecerá amanhã?

    O lógico da corte, então, diz acertadamente que as respostas logicamente corretas para as três perguntas são, respectivamente:
    a) não, sim, não;
    b) não, não, sim;
    c) sim, sim, sim;
    d) não, sim, sim;
    e) sim, não, sim.

Solução:

A afirmação do mago é: "O dragão desaparecerá amanhã se e somente se Aladim beijou a princesa ontem."

Vamos designar simbolicamente que:

D = O **d**ragão desaparecerá amanhã

A = **A**ladim beijou a princesa ontem

Com esta representação simbólica, teremos que:
- A **afirmação do mago** é: **D ↔ A**

Passemos a analisar as perguntas trazidas na questão.

1ª pergunta: Se a afirmação do mago é falsa e se o dragão desaparecer amanhã, posso concluir corretamente que Aladim beijou a princesa ontem?

Temos aqui que:
- **a afirmação do mago** é falsa, e
- **o dragão desaparecerá amanhã** (é verdade!)

Simbolicamente, teremos:
- (**D ↔ A**) = F
- **D** = V

Vamos substituir **D** por **V** na bicondicional acima:

(V ↔ A) = F

Qual o valor lógico de **A** para que a bicondicional acima seja F? O **A** tem que ser F!

Logo, "Aladim beijou a princesa ontem" é uma proposição falsa. Portanto, a verdade é que "Aladim NÃO beijou a princesa ontem."

Vamos responder à pergunta: "Posso concluir corretamente que Aladim beijou a princesa ontem?"

A resposta logicamente correta é **NÃO**.

2ª pergunta: Se a afirmação do mago é verdadeira e se o dragão desaparecer amanhã, posso concluir corretamente que Aladim beijou a princesa ontem?

Temos aqui que:
- **a afirmação do mago** é verdadeira; e
- **o dragão desaparecerá amanhã** (é verdade!)

Simbolicamente, teremos:
- (**D ↔ A**) = V
- **D** = V

Vamos substituir **D** por **V** na bicondicional acima:

(V ↔ A) = V

Qual o valor lógico de **A** para que a bicondicional acima seja V? O **A** obrigatoriamente é V!

Logo, **Aladim beijou a princesa ontem** é verdade.

Vamos responder à pergunta: "Posso concluir corretamente que Aladim beijou a princesa ontem?"

A resposta logicamente correta é **SIM**.

3ª pergunta: Se a afirmação do mago é falsa e se Aladim não beijou a princesa ontem, posso concluir corretamente que o dragão desaparecerá amanhã?

Temos aqui que:
- **a afirmação do mago** é falsa; e
- **Aladim não beijou a princesa ontem** (é verdade!)

Simbolicamente, teremos:
- (D ↔ A) = F
- A = F

Vamos substituir **A** por **F** na bicondicional acima:

(D ↔ F) = F

Qual o valor lógico de **D** para que a bicondicional acima seja **F**? O **D** obrigatoriamente é **V**!

Logo, **o dragão desaparecerá amanhã** é verdade.

Vamos responder à pergunta: **posso concluir corretamente que o dragão desaparecerá amanhã?**

A resposta logicamente correta é **SIM**.

Resposta: Alternativa D.

15. (Esaf) A afirmação "Alda é alta", ou "Bino não é baixo", ou "Ciro é calvo" é falsa. Segue-se, pois, que é verdade que:
    a) se Bino é baixo, Alda é alta, e se Bino não é baixo, Ciro não é calvo;
    b) se Alda é alta, Bino é baixo, e se Bino é baixo, Ciro é calvo;
    c) se Alda é alta, Bino é baixo, e se Bino não é baixo, Ciro não é calvo;
    d) se Bino não é baixo, Alda é alta, e se Bino é baixo, Ciro é calvo;
    e) se Alda não é alta, Bino não é baixo, e se Ciro é calvo, Bino não é baixo.

Solução:

Temos aí uma proposição composta, formada por três proposições simples interligadas pelo conectivo **ou**.

Para simplificar, definiremos as seguintes proposições simples:
- **A = Alda é alta**
- **B = Bino é baixo**
- **C = Ciro é calvo**

Traduzindo a afirmação apresentada no enunciado para a linguagem simbólica, tomando por base as proposições A, B e C definidas acima, encontraremos o seguinte:

A ou ~B ou C

Segundo o enunciado da questão, a afirmação trazida é falsa! E de acordo com a tabela-verdade do OU, quando a disjunção é falsa, obrigatoriamente as proposições simples que a compõem também serão falsas. Teremos, então:
- A = falsa
- ~B = falsa
- C = falsa

Daí, encontramos as seguintes verdades:
- Como **A** é falsa, então a verdade é: **Alda não é alta!**
- Como ~**B** é falsa, então **B** é **verdade**, ou seja: **Bino é baixo!**
- Como **C** é falsa, então a verdade é: **Ciro não é calvo!**

Mas observe que as opções de resposta trazem proposições condicionais, então para encontrar a opção correta, teremos que substituir os valores lógicos das proposições simples nas opções de resposta. A opção correta será aquela que assumir valor lógico verdade.

Traduziremos para a linguagem simbólica as proposições das alternativas da questão, tomando por base as proposições **A, B** e **C** definidas anteriormente. (Essa transformação não é obrigatória, também poderíamos fazer a substituição dos valores lógicos das proposições simples diretamente nas opções de resposta da questão.) Teremos:
  a) B → A e ~B → ~C
  b) A → B e B → C
  c) A → B e ~B → ~C
  d) ~B → A e B → C
  e) ~A → ~B e C → ~B

Relembrando, os valores lógicos de A, B e C são:
- **A = F**
- **B = V**
- **C = F**

Passemos a substituição desses valores lógicos nas proposições das alternativas:
  a) V → F e ~V → ~F
  b) F → V e V → F
  c) F → V e ~V → ~F
  d) ~V → F e V → F
  e) ~F → ~V e F → ~V

Por meio das tabelas-verdade dos conectivos, podemos encontrar o valor lógico das proposições presentes em cada uma das alternativas:
  a) (V → F e ~V → ~F) = (V → F e F → V) = (F e V) = Falso
  b) (F → V e V → F) = (F → V e V → F) = (V e F) = Falso
  c) (F → V e ~V → ~F) = (F → V e F → V) = (V e V) = Verdade
  d) (~V → F e V → F) = (F → F e V → F) = (V e F) = Falso
  e) (~F → ~V e F → ~V) = (V → F e F → F) = (F e V) = Falso

A única alternativa que possui valor lógico **Verdade** é a alternativa **c**.
Resposta: Alternativa C.

1.4. Tabelas-Verdade

Trataremos agora um pouco mais a respeito da **tabela-verdade**.

Aprendemos que se trata de uma tabela mediante a qual são analisados os valores lógicos de proposições compostas.

Já vimos que uma tabela-verdade que contém **duas** proposições apresentará exatamente um número de **quatro** linhas! Mas, se estivermos analisando uma proposição composta com três ou mais proposições componentes? Como ficaria a tabela-verdade neste caso?

Generalizando para qualquer caso, teremos que o número de linhas de uma tabela-verdade será dado por:

Nº de Linhas da Tabela-Verdade = $2^{\text{nº de proposições simples}}$

Ou seja: se estivermos trabalhando com duas proposições **p** e **q**, então a tabela-verdade terá 4 linhas, já que $2^2 = 4$.

E se estivermos trabalhando com uma proposição composta, que tenha três componentes **p**, **q** e **r**? Quantas linhas terá essa tabela-verdade? Terá **8 linhas**, uma vez que $2^3 = 8$.

E assim por diante.

1.4.1. Tabelas-Verdade para duas proposições (p e q)

Trabalhando com duas proposições componentes, a estrutura inicial da tabela-verdade será sempre aquela que já vimos anteriormente. Qual seja:

TABELA 1

p	q
V	V
V	F
F	V
F	F

E a próxima coluna (ou próximas colunas) da tabela-verdade dependerá dos conectivos que estarão presentes na proposição composta.

Já sabemos construir, pelo menos, cinco tabelas-verdade de proposições compostas! Claro! A tabela-verdade da conjunção, da disjunção, da disjunção exclusiva, da condicional e da bicondicional.

Com este conhecimento prévio, já estamos aptos a construir as tabelas-verdade de qualquer outra proposição condicional formada por duas proposições componentes (**p** e **q**). Designaremos tal proposição composta da seguinte forma: **P(p, q)**.

Suponhamos, pois, que estamos diante da seguinte proposição composta:

$$P(p, q) = \sim(p \vee \sim q)$$

...e desejamos construir a sua tabela-verdade. Como seria? O início da tabela é, conforme sabemos, sempre o mesmo. Teremos:

TABELA 2

p	q
V	V
V	F
F	V
F	F

Agora, olhemos para a proposição com que estamos trabalhando [~(p ∨ ~q)] e compararemos o que já existe na tabela acima com o que ainda precisamos encontrar. Já temos o ~q? Ainda não! Então, é nosso próximo passo: construir a coluna da **negação de q**. Teremos:

TABELA 3

p	q	~q
V	V	F
V	F	V
F	V	F
F	F	V

Seguindo adiante, construiremos agora a coluna referente ao parêntese (p ∨ ~q). Trata-se pois, de uma **disjunção**, cujo funcionamento já é nosso conhecido (só será falsa se as duas partes forem falsas!). Colocaremos em destaque (sombreado) as colunas de nosso interesse para a formação desta **disjunção**. Teremos:

TABELA 4

p	q	~q	p ∨ ~q
V	V	F	V
V	F	V	V
F	V	F	F
F	F	V	V

Ficou claro? Vejamos de novo: colocando as duas colunas (p e ~q) lado a lado, veremos que só na terceira linha ocorre a situação **FALSO** e **FALSO**, a qual torna também FALSA a **conjunção**. Vejamos:

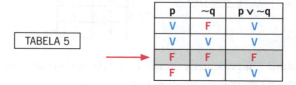

TABELA 5

p	~q	p ∨ ~q
V	F	V
V	V	V
F	F	F
F	V	V

Por fim, concluindo a análise desta proposição composta, falta-nos construir a coluna que é a própria proposição: ~(p ∨ ~q). Ou seja, faremos a **negação** da **conjunção** acima. Para isso, quem for VERDADEIRO vira FALSO e vice-versa. Teremos:

TABELA 6

p	q	~q	p ∨ ~q	~(p ∨ ~q)
V	V	F	V	F
V	F	V	V	F
F	V	F	F	V
F	F	V	V	F

É este, portanto, o resultado final da **tabela-verdade** para a proposição ~(p ∨ ~q).

Algo essencial que deve ser mencionado é que, na hora de construirmos a **tabela-verdade** de uma proposição composta qualquer, teremos que seguir uma certa **ordem de precedência** dos conectivos. Ou seja, os nossos passos terão que obedecer a uma sequência.

Começaremos sempre trabalhando com o que houver **dentro dos parênteses**. Só depois, passaremos ao que houver fora deles. Em ambos os casos, obedeceremos sempre à seguinte ordem:

1º) Faremos as **negações** (~);
2º) Faremos as **conjunções** (E);
3º) Faremos as **disjunções** (OU);
4º) Faremos a **condicional** (SE...ENTÃO...);
5º) Faremos a **bicondicional** (...SE E SOMENTE SE...).

Confira novamente o trabalho que fizemos antes, para construir a tabela-verdade da proposição [~(p ∨ ~q)]. Vide Tabelas 2 a 6 supra. Primeiro, trabalhamos o parêntese, fazendo logo uma **negação** (Tabela 3). Depois, ainda dentro do parêntese, fizemos uma **disjunção** (Tabela 4). E concluímos trabalhando fora do parêntese, fazendo nova **negação**. Observemos que só se passa a trabalhar **fora** do parêntese quando não há mais o que se fazer **dentro** dele.

Passemos a um exercício mais elaborado de **tabela-verdade**! Caso prefira, você pode tentar a resolução sozinho e depois conferir o resultado. Vamos a ele:

Exemplo 4. Construa a tabela-verdade da seguinte proposição composta:

P(p,q)= (p ∧ ~q) ∨ (q ∧ ~p)

Solução:

Observamos que há dois parênteses. Começaremos, pois, a trabalhar o primeiro deles, isoladamente. Nossos passos, obedecendo à **ordem de precedência** dos conectivos, serão os seguintes:

- 1º Passo. A negação de **q**:

TABELA 7

p	q	~q
V	V	F
V	F	V
F	V	F
F	F	V

- 2º Passo. A conjunção:

TABELA 8

p	q	~q	p ∧ ~q
V	V	F	F
V	F	V	V
F	V	F	F
F	F	V	F

Deixemos essa **coluna-resultado** de molho para daqui a pouco, e passemos a trabalhar o segundo parênteses. Teremos:

- 3º Passo. A negação de **p**:

TABELA 9

p	q	~p
V	V	F
V	F	F
F	V	V
F	F	V

- 4º Passo. A conjunção:

TABELA 10

p	q	~p	q ∧ ~p
V	V	F	F
V	F	F	F
F	V	V	V
F	F	V	F

- 5º Passo. Uma vez trabalhados os dois parênteses, faremos, por fim, a disjunção que os une. Teremos:

TABELA 11

(p ∧ ~q)	(q ∧ ~p)	(p ∧ ~q) ∧ (q ∧ ~p)
F	F	F
V	F	V
F	V	V
F	F	F

Se quiséssemos, poderíamos ter feito tudo em uma única tabela maior, da seguinte forma:

TABELA 12

p	q	~q	p ∧ ~q	~p	q ∧ ~p	(p ∧ ~q) ∨ (q ∧ ~p)
V	V	F	F	F	F	F
V	F	V	V	F	F	V
F	V	F	F	V	V	V
F	F	V	F	V	F	F

Uma forma alternativa de construir a tabela-verdade consiste em encontrar o valor lógico da proposição a cada linha. Esta forma é indicada para quem está mais experiente nas operações com os conectivos. Vejamos:

TABELA 13

p	q	(p ∧ ~q) ∨ (q ∧ ~p)
V	V	(V ∧ ~V) ∨ (V ∧ ~V) = (V ∧ F) ∨ (V ∧ F) = F
V	F	(V ∧ ~F) ∨ (F ∧ ~V) = (V ∧ V) ∨ (F ∧ F) = V
F	V	(F ∧ ~V) ∨ (V ∧ ~F) = (F ∧ F) ∨ (V ∧ V) = V
F	F	(F ∧ ~F) ∨ (F ∧ ~F) = (F ∧ V) ∨ (F ∧ V) = F

Veja que na primeira linha substituímos **p** por **V** e **q** por **V**, na segunda linha substituímos **p** por **V** e **q** por **F**, e assim por diante. À medida que vamos substituindo os valores lógicos, utilizamos as tabelas-verdade dos conectivos, a fim de encontrar o valor lógico da proposição composta naquela linha.

Pronto! Concluímos mais um problema. Já estamos peritos em construir **tabelas-verdade** para proposições de duas sentenças. Mas, se estivermos trabalhando com três proposições simples (**p**, **q** e **r**)? Como é que se faz essa **tabela-verdade**?

1.4.2. Tabelas-Verdade para três proposições (p, q e r)

A primeira coisa a saber é o número de linhas que terá esta tabela-verdade. Conforme já aprendemos, este cálculo será dado por **Nº linhas = $2^{nº\ de\ proposições}$**. Daí, teremos que haverá oito linhas ($2^3 = 8$) numa **tabela-verdade** para três proposições simples.

Vimos que, para duas proposições, a **tabela-verdade** se inicia sempre do mesmo jeito. O mesmo ocorrerá para uma de três proposições. Terá sempre o mesmo **início**. E será o seguinte:

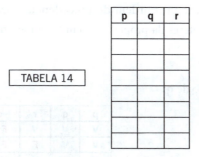

TABELA 14

A coluna da proposição **p** será construída da seguinte forma: quatro **V** alternando com quatro **F**; a coluna da proposição **q** tem outra alternância: dois **V** com dois **F**; por fim, a coluna da proposição **r** alternará sempre um **V** com um **F**. Teremos, portanto, **sempre** a mesma estrutura inicial:

TABELA 15

p	q	r
V	V	V
V	V	F
V	F	V
V	F	F
F	V	V
F	V	F
F	F	V
F	F	F

Saber construir esta tabela acima é obrigação sua! Ela corresponde, como já foi dito, à estrutura inicial de uma **tabela-verdade** para três proposições simples!

Suponhamos que alguém (uma questão de prova, por exemplo!) nos peça que construamos a **tabela-verdade** da proposição composta seguinte:

$$P(p,q,r) = (p \wedge \sim q) \rightarrow (q \vee \sim r)$$

A leitura dessa proposição é a seguinte: Se **p** e não **q**, então **q** ou não **r**.

Vamos fazer esse exercício? Começaremos sempre com a estrutura inicial para três proposições. Teremos:

TABELA 16

p	q	r
V	V	V
V	V	F
V	F	V
V	F	F
F	V	V
F	V	F
F	F	V
F	F	F

Daí, já sabemos que existe uma **ordem de precedência** a ser observada, de modo que trabalharemos logo os parênteses da proposição acima. Começando pelo primeiro deles, faremos os seguintes passos:

- 1º Passo. Negação de **q**:

TABELA 17

p	q	r	~q
V	V	V	F
V	V	F	F
V	F	V	V
V	F	F	V
F	V	V	F
F	V	F	F
F	F	V	V
F	F	F	V

- 2º Passo. A **conjunção** do primeiro parênteses: (**Só recordando: somente se as duas partes forem verdadeiras é que a conjunção** (e) **também o será!**)

TABELA 18

p	q	r	~q	p ∧ ~q
V	V	V	F	F
V	V	F	F	F
V	F	V	V	V
V	F	F	V	V
F	V	V	F	F
F	V	F	F	F
F	F	V	V	F
F	F	F	V	F

- 3º Passo. Trabalhando agora com o segundo parêntese, faremos a negação de **r**:

TABELA 19

p	q	r	~r
V	V	V	F
V	V	F	V
V	F	V	F
V	F	F	V
F	V	V	F
F	V	F	V
F	F	V	F
F	F	F	V

- 4º Passo. A **disjunção** do segundo parênteses:

Só recordando: basta que uma parte seja verdadeira, e a disjunção (ou) também o será!

TABELA 20

p	q	r	~r	q ∨ ~r
V	V	V	F	V
V	V	F	V	V
V	F	V	F	F
V	F	F	V	V
F	V	V	F	V
F	V	F	V	V
F	F	V	F	F
F	F	F	V	V

- 5º Passo. Finalmente, já tendo trabalhado os dois parênteses separadamente, agora vamos fazer a **condicional** que os une:

Só recordando: a condicional só será falsa se tivermos VERDADEIRO na primeira parte e FALSO na segunda!

TABELA 21

p ∧ ~q	q ∨ ~r	(p ∧ ~q) → (q ∨ ~r)
F	V	V
F	V	V
V	F	F
V	V	V
F	V	V
F	V	V
F	F	V
F	V	V

Novamente, se assim o quiséssemos, poderíamos ter feito todo o trabalho em uma só tabela, como se segue:

TABELA 22

p	q	r	~q	p ∧ ~q	~r	q ∨ ~r	(p ∧ ~q) → (q ∨ ~r)
V	V	V	F	F	F	V	V
V	V	F	F	F	V	V	V
V	F	V	V	V	F	F	F
V	F	F	V	V	V	V	V
F	V	V	F	F	F	V	V
F	V	F	F	F	V	V	V
F	F	V	V	F	F	F	V
F	F	F	V	F	V	V	V

Pronto! Concluímos mais uma etapa! Já estamos aptos a construir qualquer **tabela-verdade** para proposições compostas de duas ou de três proposições componentes!

1.5. Tautologia, Contradição e Contingência

Chegou o momento de passarmos a conhecer três outros importantes conceitos: Tautologia, Contradição e Contingência.

1.5.1. Tautologia

Uma proposição composta formada por duas ou mais proposições simples **p, q, r,**... será dita uma **tautologia** se ela for **sempre verdadeira**, independentemente dos valores lógicos das proposições **p, q, r,**... que a compõem.

Em palavras mais simples: para saber se uma proposição composta é uma **tautologia**, construiremos a sua **tabela-verdade**! Daí, se a última coluna da **tabela-verdade** só apresentar o valor lógico **verdadeiro** (e nenhum **falso**), então estaremos diante de uma **tautologia**. Só isso!

Exemplo 5. A proposição (p ou ~p) é uma tautologia, pois é sempre verdadeira, independentemente dos valores lógicos de p, como se pode observar na tabela-verdade abaixo:

TABELA 23

p	~p	(p ou ~p)
V	F	V
F	V	V

Solução:

Observemos que o valor lógico da proposição composta **(p ou ~p)**, que aparece na última coluna, é sempre **verdadeiro**.

A proposição **(p ou ~p)** aparece frequentemente em questões de concursos, então é bom guardarmos esse resultado:

(p ou ~p) = V

Portanto, as proposições compostas com este formato simbólico são sempre verdade. Por exemplo:
- "O Palmeiras ganhou o jogo ou não ganhou" = V
- "Hoje é domingo ou não é domingo" = V
- "Joana fala inglês ou não fala inglês" = V

Exemplo 6. A proposição (p ∧ q) → (p ∨ q) é uma tautologia, pois é sempre verdadeira, independentemente dos valores lógicos de p e de q, como se pode observar na tabela-verdade abaixo:

TABELA 24

p	q	p ∧ q	p ∨ q	(p ∧ q) → (p ∨ q)
V	V	V	V	V
V	F	F	V	V
F	V	F	V	V
F	F	F	F	V

Observemos que o valor lógico da proposição composta (p ∧ q) → (p ∨ q), que aparece na última coluna, é sempre **verdadeiro**.

Passemos a outro exemplo de Tautologia:

Exemplo 7. [(p ∨ q) ∧ (p ∧ s)] → p
Construamos a sua tabela-verdade para demonstrarmos que se trata de uma Tautologia:

TABELA 25

p	q	s	p ∨ q	p ∧ s	(p ∨ q) ∧ (p ∧ s)	[(p ∨ q) ∧ (p ∧ s)] → p
V	V	V	V	V	V	V
V	V	F	V	F	F	V
V	F	V	V	V	V	V
V	F	F	V	F	F	V
F	V	V	V	F	F	V
F	V	F	V	F	F	V
F	F	V	F	F	F	V
F	F	F	F	F	F	V

Demonstrado! Observemos que o valor lógico da proposição composta [(p ∨ q) ∧ (p ∧ s)] → p, que aparece na última coluna, é sempre **verdadeiro**, independentemente dos valores lógicos que **p**, **q** e **s** assumem.

1.5.2. Contradição

Uma proposição composta formada por duas ou mais proposições simples **p, q, r,...** será dita uma **contradição** se ela for **sempre falsa**, independentemente dos valores lógicos das proposições **p, q, r,...** que a compõem.

Ou seja, construindo a **tabela-verdade** de uma proposição composta, se todos os resultados da última coluna forem **FALSO**, então estaremos diante de uma **contradição**.

Exemplo 8. A proposição (p e ~p) é uma contradição, pois é sempre falsa, independentemente do valor lógico de p, como se pode observar na tabela-verdade abaixo:

TABELA 26

p	~p	p e ~p
V	F	F
F	V	F

Observemos que o valor lógico da proposição composta **(p e ~p)**, que aparece na última coluna, é sempre **falso**.

Assim com a proposição **(p ou ~p)**, a proposição **(p e ~p)** aparece também frequentemente em questões de concursos, então é bom guardarmos esse resultado:

$$(p \text{ e } \sim p) = F$$

Portanto, as proposições compostas com este formato simbólico são sempre falsas. Por exemplo:
- O dado deu seis e não deu seis = F
- Amanhã é sexta e não é sexta = F

Exemplo 9. A proposição (p ↔ ~q) ∧ (p ∧ q) também é uma contradição, conforme verificaremos por meio da construção de sua da tabela-verdade. Vejamos:

TABELA 27

p	q	(p ↔ ~q)	(p ∧ q)	(p ↔ ~q) ∧ (p ∧ q)
V	V	F	V	F
V	F	V	F	F
F	V	V	F	F
F	F	F	F	F

Observemos que o valor lógico da proposição composta **(p ↔ ~q) ∧ (p ∧ q)**, que aparece na última coluna de sua **tabela-verdade**, é sempre **Falso**, independentemente dos valores lógicos que **p e q** assumem.

1.5.3. Contingência

Uma proposição composta será dita uma **contingência** sempre que não for uma **tautologia** nem uma **contradição**.

Somente isso! Você pegará a proposição composta e construirá a sua **tabela-verdade**. Se, ao final, você verificar que aquela proposição nem é uma **tautologia** (só resultados **V**), e nem é uma **contradição** (só resultados **F**), então, pela via de exceção, será dita uma **contingência**!

Exemplo 10. A proposição p ↔ (p ∧ q) é uma contingência, pois o seu valor lógico depende dos valores lógicos de p e q, como se pode observar na tabela-verdade abaixo:

TABELA 28

p	q	(p ∧ q)	p ↔ (p ∧ q)
V	V	V	V
V	F	F	F
F	V	F	V
F	F	F	V

E por que essa proposição acima é uma **contingência**? Porque nem é uma **Tautologia** e nem é uma **contradição**! Por isso!

Vejamos agora algumas questões de concurso.

Exemplo 11. (FCC) Considere a seguinte proposição: "na eleição para a Prefeitura, o candidato A será eleito ou não será eleito". Do ponto de vista lógico, a afirmação da proposição caracteriza:
   a) um silogismo;
   b) uma tautologia;
   c) uma equivalência;
   d) uma contingência;
   e) uma contradição.

Solução:
Com a finalidade de montarmos a tabela-verdade para verificar se a proposição apresentada no enunciado da questão é uma **Tautologia** ou uma **contradição**, definiremos a seguinte proposição simples:
p: o candidato A será eleito

Então, a sentença "o candidato A será eleito OU não será eleito" passará ser representada simbolicamente como: **p ∨ ~p**.

Construindo a **tabela-verdade**, teremos que:

p	~p	p ∨ ~p
V	F	V
F	V	V

Matamos a charada! Como a última linha desta **tabela-verdade** só apresenta o valor lógico **Verdadeiro**, estamos inequivocamente diante de uma **tautologia**. A alternativa correta é a b.

Passemos a mais uma questão.

Exemplo 12. (Esaf) Um exemplo de tautologia é:
a) se João é alto, então João é alto ou Guilherme é gordo;
b) se João é alto, então João é alto e Guilherme é gordo;
c) se João é alto ou Guilherme é gordo, então Guilherme é gordo;
d) se João é alto ou Guilherme é gordo, então João é alto e Guilherme é gordo;
e) se João é alto ou não é alto, então Guilherme é gordo.

Solução:
Para simplificar e facilitar esta resolução, assumiremos as seguintes proposições simples:
- p: João é alto.   → q: Guilherme é gordo.

Daí, utilizando estas definições para as proposições **p** e **q**, as alternativas da questão poderão ser reescritas simbolicamente como:
a) $p \rightarrow (p \vee q)$ (= se João é alto, então João é alto ou Guilherme é gordo);
b) $p \rightarrow (p \wedge q)$ (= se João é alto, então João é alto e Guilherme é gordo);
c) $(p \vee q) \rightarrow q$ (= se João é alto ou Guilherme é gordo, então Guilherme é gordo);
d) $(p \vee q) \rightarrow (p \wedge q)$ (= se João é alto ou Guilherme é gordo, então João é alto e Guilherme é gordo);
e) $(p \vee \sim p) \rightarrow q$ (= se João é alto ou não é alto, então Guilherme é gordo).

O que falta ser feito agora é testar as alternativas, procurando por aquela que seja uma **tautologia**. Para isso, construiremos a **tabela-verdade** de cada opção de resposta.

- Teste da alternativa a: $p \rightarrow (p \vee q)$

p	q	(p ∨ q)	p → (p ∨ q)
V	V	V	V
V	F	V	V
F	V	V	V
F	F	F	V

Pronto! Mal começamos, e já chegamos à resposta! Observemos que a última coluna da **tabela-verdade** acima só apresentou valores lógicos **verdadeiros**! Com isso, concluímos: a proposição da opção A – "Se João é alto, então João é alto ou Guilherme é gordo" – é uma **tautologia**!
Resposta: Alternativa A.

Só para efeitos de treino, vamos testar também as demais alternativas.

- Teste da alternativa b: **p → (p ∧ q)**

p	q	(p ∧ q)	p → (p ∧ q)
V	V	V	V
V	F	F	F
F	V	F	V
F	F	F	V

Como podemos observar na última coluna da **tabela-verdade** acima, o valor lógico da proposição **p → (p ∧ q)** pode ser **verdadeiro** ou **falso**. Isto nos leva a concluir, portanto, que esta proposição não é uma **Tautologia**, nem uma **contradição**, mas, sim, a chamada **contingência**.

- Teste da alternativa c: **(p ∨ q) → q**

p	q	(p ∨ q)	q	(p ∨ q) → q
V	V	V	V	V
V	F	V	F	F
F	V	V	V	V
F	F	F	F	V

A proposição **(p ∨ q) → q** é uma **contingência**.

- Teste da alternativa d: **(p ∨ q) → (p ∧ q)**

p	q	(p ∨ q)	(p ∧ q)	(p ∨ q) → (p ∧ q)
V	V	V	V	V
V	F	V	F	F
F	V	V	F	F
F	F	F	F	V

A proposição **(p ∨ q) → (p ∧ q)** é uma **contingência**.

- Teste da alternativa e: **(p ∨ ~p) → q**

p	q	(p ∨ ~p)	q	(p ∨ ~p) → q
V	V	V	V	V
V	F	V	F	F
F	V	V	V	V
F	F	V	F	F

A proposição **(p ∨ ~p) → q** é uma **contingência**.

Antes de seguirmos adiante, façamos uma **solução alternativa** para esta questão, na qual não será necessário construir a tabela-verdade da proposição. Este novo método se baseia em verificar se a proposição pode assumir o valor lógico falso. Se for constatado que a proposição pode assumir o valor lógico falso, então ela NÃO é uma Tautologia.

Se uma proposição é verdadeira para um determinado arranjo de valores lógicos (uma linha da tabela-verdade), não significa necessariamente que a proposição é uma Tautologia, pois ela pode ser falsa para outro arranjo de valores lógicos. Contudo, se uma proposição não admite algum valor lógico falso, então significa que ela é uma Tautologia.

Seguindo esse raciocínio, podemos averiguar se determinada proposição é uma Tautologia, investigando se ela pode assumir algum valor lógico falso. Não sendo possível a existência de um valor lógico falso, então a proposição é tautológica.

Passemos ao teste das opções de resposta.

Análise do item a: **p → (p ou q)**

Suponhamos que esta proposição assume o valor lógico falso, logo o antecedente é **verdade** e o consequente é **falso**:

V   F
p → (p ou q)

O antecedente é a proposição simples **p**, logo **p** tem valor lógico V. Vamos substituir **p** por V na proposição composta. Teremos:

V → (V ou q)

O consequente é uma disjunção, e um dos seus termos é V, logo o consequente é obrigatoriamente verdade, independentemente do valor lógico de q. (Lembre-se que na **disjunção**, basta que uma das partes seja verdadeira, e toda ela o será.)

Concluindo, ao fazer o antecedente verdade, encontramos que o consequente é obrigatoriamente verdade. Dessa forma, a proposição não admite algum valor lógico **falso**. Portanto, a proposição é uma **tautologia**!

Pronto! Já encontramos a Tautologia! A opção correta é a alternativa a!

Verificaremos as demais alternativas para treinarmos esse interessante método de resolução:

Análise do item b: **p → (p e q)**

Capítulo I – Fundamentos de Lógica

Vamos supor que esta proposição assume o valor lógico falso, logo o antecedente é **verdade** e o consequente é **falso**:
V   F
p → (p e q)

O antecedente é a proposição simples **p**, logo **p** tem valor lógico V. Vamos substituir **p** por V na proposição composta. Teremos:
V → (V e q)

O consequente é uma conjunção, e um dos seus termos é V. Há condições de tornar esta conjunção falsa? É claro que sim! Basta que o valor lógico de **q** seja F. Substituindo **q** por F, teremos:
V → (V e F), que é igual a: V → F. Logo a condicional é falsa!

Como a proposição admitiu um valor lógico **falso**, então a proposição **NÃO é uma tautologia**!

Análise do item c: **(p ou q) → q**

Vamos supor que esta proposição assume o valor lógico falso, logo o antecedente é **verdade** e o consequente é **falso**:
V   F
(p ou q) → q

O consequente é a proposição simples **q**, logo **q** tem valor lógico F. Vamos substituir **q** por F na proposição composta. Teremos:

(p ou F) → F

O antecedente é uma disjunção. Há condições de tornar esta conjunção verdadeira? É claro que sim! Basta que o valor lógico de **p** seja V. Substituindo **p** por V, teremos:
(V ou F) → F, que é igual a: V → F. Logo a condicional é falsa!

Como a proposição admitiu um valor lógico **falso**, então a proposição **NÃO é uma tautologia**!

Análise do item d: **(p ou q) → (p e q)**

Vamos supor que esta proposição assume o valor lógico falso, logo o antecedente é **verdade** e o consequente é **falso**:
V   F
(p ou q) → (p e q)

O antecedente é a disjunção (**p ou q**) e ela tem mais de uma forma de ser **V**. O consequente é a conjunção (**p e q**) e ela tem mais de uma forma de ser **F**. Por exemplo, se fizermos **p**= **V** e **q**= **F**, e substituirmos estes valores lógicos na proposição, teremos:

(**V** ou **F**) → (**V** e **F**)

Resolvendo, vem:
V → **F**. Logo, a condicional é falsa!

Como a proposição admitiu um valor lógico **falso**, então a proposição **NÃO é uma tautologia**!

Análise do item e: (**p** ou **~p**) → **q**

Sabemos de antemão que a proposição (**p ou ~p**) é sempre verdade. Substituindo esta proposição por **V**, teremos:
V → **q**

Para que esta condicional seja falsa, basta fazermos **q** = **F**.
Como a proposição admitiu um valor lógico **falso**, então a proposição **NÃO é uma tautologia**!

1.6. Exercícios Resolvidos

1. Os valores lógicos de p e q são **V** e **F**, respectivamente, determinar o valor lógico das proposições:
    a) ~p → ~p ∧ q;
    b) p ↔ q ∨ ~p;
    c) s ∧ q ∧ r;
    d) s ∨ p ∨ r;
    e) p ∨ r → q ∧ r;
    f) p ∧ r → q ∨ r;
    g) p → r ∨ ~r;
    h) p → r ∧ ~r;
    i) q → r.

Solução:
Em todas as proposições, substituiremos **p** por **V** e **q** por **F**. E depois faremos as operações com os conectivos, respeitando a seguinte ordem de precedência:
1º) Faremos as **negações** (~);
2º) Faremos as **conjunções** (E);

3º) Faremos as **disjunções (OU)**;
4º) Faremos a **condicional (SE... ENTÃO...)**;
5º) Faremos a **bicondicional (... SE E SOMENTE SE...)**.

Solução de *a*: $\sim p \rightarrow \sim p \wedge q$

$(\sim p \rightarrow \sim p \text{ e } q) = (\sim V \rightarrow \sim V \text{ e } F) = (F \rightarrow F \text{ e } F) = (F \rightarrow F) = V$

Solução de *b*: $p \leftrightarrow q \vee \sim p$

$(p \leftrightarrow q \text{ ou } \sim p) = (V \leftrightarrow F \text{ ou } \sim V) = (V \leftrightarrow F \text{ ou } F) = (V \leftrightarrow F) = F$

Solução de *c*: $s \wedge q \wedge r$

$(s \text{ e } q \text{ e } r) = (s \text{ e } F \text{ e } r)$

Não sabemos o valor lógico nem de **s** nem de **r**, mas não é necessário, pois numa conjunção quem manda é o **F**, ou seja, se um dos termos da conjunção é **F**, a conjunção torna-se falsa. Daí:
$(s \text{ e } q \text{ e } r) = (s \text{ e } F \text{ e } r) = F$

Solução de *d*: $s \vee p \vee r$

$(s \text{ ou } p \text{ ou } r) = (s \text{ ou } V \text{ ou } r)$

Numa disjunção quem manda é o **V**, ou seja, se um dos termos da disjunção é **V**, a disjunção torna-se verdadeira. Daí:
$(s \text{ ou } p \text{ ou } r) = (s \text{ ou } V \text{ ou } r) = V$

Solução de *e*: $p \vee r \rightarrow q \wedge r$

$(p \text{ ou } r \rightarrow q \text{ e } r) = (V \text{ ou } r \rightarrow F \text{ e } r)$

Como já dissemos, numa disjunção quem manda é o **V** e numa conjunção quem manda é o **F**. Daí:
$(p \text{ ou } r \rightarrow q \text{ e } r) = (V \text{ ou } r \rightarrow F \text{ e } r) = (V \rightarrow F) = F$

Solução de *f*: $p \wedge r \rightarrow q \vee r$

$(p \text{ e } r \rightarrow q \text{ ou } r) = (V \text{ e } r \rightarrow F \text{ ou } r)$

Numa conjunção, o valor lógico V é elemento neutro; podemos, então, descartar o V.
Numa disjunção, o valor lógico F é elemento neutro; podemos, então, descartar o F. Daí:
(p e r → q ou r) = (V e r → F ou r) = (r → r)

Qual o valor lógico de (r → r)? Vamos testar as possibilidades!
Se r é V, então (r → r) é igual a: (V → V) = V
Se r é F, então (r → r) é igual a: (F → F) = V

Como em ambos os casos o resultado foi V, este valor lógico é a resposta!

Solução de g: p → r ∨ ~r

(p → r ou ~r) = (V → r ou ~r)

Vimos em Tautologia que a proposição do tipo (r ou ~r) é sempre V. Daí:
(p → r ou ~r) = (V → r ou ~r) = (V → V) = V

Solução de h: p → r ∧ ~r

(p → r e ~r) = (V → r e ~r)

Vimos em Contradição que a proposição do tipo (r e ~r) é sempre F. Daí:
(p → r e ~r) = (V → r e ~r) = (V → F) = F

Solução de i: q → r

(q → r) = (F → r)

Uma condicional é F somente se o antecedente é V e o consequente é F, nos demais casos a condicional é V.

Com o antecedente de nossa proposição é F, então a condicional não será falsa, logo será verdadeira!
(q → r) = (F → r) = V

2. (Esaf) Se P(p, q, r) = p ∧ (q ∨ r) então P(VVV, VVF, VFV, VFF, FVV, FVF, FFV, FFF) é igual, respectivamente, a
   a) VVVFFFFF;
   b) VFVVVFV;
   c) VFVFVFVF;
   d) VVFFVVFF;
   e) VVFFVVFF;

Solução:

A proposição trazida no enunciado é: $p \wedge (q \vee r)$

Podemos também representá-la de maneira mais informal por: **p e (q ou r)**.

Construiremos agora a tabela-verdade desta proposição.

Como são envolvidas três proposições simples (p, q, r), a tabela-verdade terá 8 (= 2^3) linhas.

Após construir as colunas das proposições simples, o **1º passo** é fazer a coluna da disjunção (q ou r), e o **2º passo** é fazer a coluna da proposição **p e (q ou r)**. Na tabela abaixo mostramos os resultados dos valores lógicos.

p	q	r	q ou r	p e (q ou r)
V	V	V	V	V
V	V	F	V	V
V	F	V	V	V
V	F	F	F	F
F	V	V	V	F
F	V	F	V	F
F	F	V	V	F
F	F	F	F	F

Os resultados mostrados na última coluna indicam que a alternativa correta é a **alternativa A**.

3. (FCC) Na tabela-verdade abaixo, p e q são proposições

p	q	?
V	V	F
V	F	V
F	V	F
F	F	F

A proposição composta que substitui corretamente o ponto de interrogação é:

a) $p \wedge q$;
b) $p \rightarrow q$;
c) $\sim(p \rightarrow q)$;
d) $p \leftrightarrow q$;
e) $\sim(p \vee q)$.

Solução:

Devemos descobrir qual é a proposição composta que possui os valores lógicos mostrados na última coluna da tabela-verdade acima. Faremos isso por meio da análise das alternativas.

A **alternativa a** traz uma **conjunção**, a alternativa **b** traz uma **condicional**, a **alternativa d** traz uma **bicondicional**, e, como já sabemos, os valores lógicos dessas proposições compostas são diferentes dos mostrados na última coluna da tabela-verdade acima. Portanto, podemos descartar essas alternativas.

Resta-nos testar as alternativas **c** e **e**.

Vamos construir a tabela-verdade da proposição trazida na alternativa c:

~(p → q), que é simplesmente fazer a negação da condicional. Teremos:

p	q	p → q	~(p → q)
V	V	V	F
V	F	F	V
F	V	V	F
F	F	V	F

Comparando os valores lógicos mostrados na última coluna das duas tabelas acima, percebemos que são iguais. Daí, a proposição composta que substitui corretamente o ponto de interrogação é aquela trazida na **alternativa C**.

4. (FCC) Uma turma de alunos de um curso de Direito reuniu-se em um restaurante para um jantar de confraternização e coube a Francisco receber de cada um a quantia a ser paga pela participação. Desconfiado que Augusto, Berenice e Carlota não tinham pago as suas respectivas partes, Francisco conversou com os três e obteve os seguintes depoimentos:

   Augusto: "Não é verdade que Berenice pagou ou Carlota não pagou."
   Berenice: "Se Carlota pagou, então Augusto também pagou."
   Carlota: "Eu paguei, mas sei que pelo menos um dos dois outros não pagou."
   Considerando que os três falaram a verdade, é correto afirmar que:
   a) apenas Berenice não pagou a sua parte;
   b) apenas Carlota não pagou a sua parte;
   c) Augusto e Carlota não pagaram suas partes;
   d) Berenice e Carlota pagaram suas partes;
   e) os três pagaram suas partes.

Solução:

Conforme o enunciado, temos o seguinte quadro:

(Não é verdade que Berenice pagou ou Carlota não pagou) = **Verdade**

(Se Carlota pagou, então Augusto também pagou) = **Verdade**

(Eu paguei, mas sei que pelo menos um dos dois outros não pagou) = **Verdade**

A primeira declaração traz o termo: **não é verdade que**. Esse termo é o mesmo que **é falso que**. Portanto, a primeira declaração pode ser reescrita como:

É FALSO QUE "Berenice pagou ou Carlota não pagou", que por sua vez é igual a:

"Berenice pagou ou Carlota não pagou" é *Falso*.

Capítulo I – Fundamentos de Lógica 61

A terceira declaração traz a palavra **mas**, que substituiremos pelo conectivo **e**. E também traz a expressão "pelo menos um dos dois outros não pagou", que significa o mesmo que: "Augusto não pagou ou Berenice não pagou".

Feitas essas modificações, as três declarações passam a ser:
(Berenice pagou ou Carlota não pagou) = **Falso**
(Se Carlota pagou, então Augusto também pagou) = **Verdade**
(Eu paguei, e Augusto não pagou ou Berenice não pagou) = **Verdade**

A primeira declaração acima é uma disjunção! A tabela-verdade de uma disjunção apresenta somente uma linha com valor lógico falso. Não é isso? É quando ambos os termos da disjunção são falsos. Descobrimos, assim, que: "Berenice pagou" é **falso**, e "Carlota não pagou" também é **falso**. Com isso, temos as seguintes verdades:

Berenice não pagou!, **Carlota pagou!**

Testando as alternativas, concluímos facilmente que podemos descartar as alternativas: **b**, **c**, **d** e **e**. Restando-nos somente a **alternativa A**, que obviamente deve ser a correta.

5. (FCC) Considere as afirmações abaixo.
   I. O número de linhas de uma tabela-verdade é sempre um número par.
   II. A proposição "$(10 < \sqrt{10}) \leftrightarrow (8 - 3 = 6)$" é falsa.
   III. Se p e q são proposições, então a proposição "$(p \rightarrow q) \vee (\sim q)$" é uma tautologia.
   É verdade o que se afirma APENAS em:
   a) I;
   b) II;
   c) III;
   d) I e II;
   e) I e III.

Solução:
Passemos à análise dos itens I, II e III.

O número de linhas de uma tabela verdade é dado pela expressão: $2^{n^{\underline{o}} \text{ de proposições simples}}$. E é claro que qualquer que seja o valor do expoente, essa expressão terá sempre como resultado um número par ($2^2=4$; $2^3=8$; $2^4=16$;...). Portanto, **o item I está correto**.

A proposição composta do item II é uma bicondicional. Vamos analisar o valor lógico dos dois termos presentes nesta bicondicional.

O termo $(10 < \sqrt{10})$ possui que valor lógico? O valor 10 é maior que $\sqrt{10}$. Daí, esse termo é **falso**!

E o termo $(8 - 3 = 6)$? É claro que é **falso**!

Como ambos os termos da bicondicional têm o mesmo valor lógico, então a bicondicional é **verdadeira**. Mas o item diz que ela é falsa, logo **o item II está incorreto**!

Ao construirmos a tabela-verdade de uma proposição composta, podemos verificar se ela é uma tautologia. Mas faremos esta verificação de uma outra forma.

Sabemos que uma tautologia não pode apresentar valor lógico falso. Então, a ideia é verificar a possibilidade de a proposição apresentar o valor lógico falso. Caso se confirme essa possibilidade, então ela NÃO é uma tautologia e, em caso contrário, ela é tautológica.

A proposição **(p → q) ou (~q)** é uma disjunção. Ela só é falsa se ambos os seus termos forem falsos. Será que isso é possível? Façamos o primeiro termo da disjunção assumir o valor lógico falso. O primeiro termo é a condicional **(p → q)**, e esta só é falsa se o antecedente é verdade e o consequente é falso. Ou seja, **p** é V e **q** é F. O segundo termo da disjunção é **~q**, e para que ele seja falso basta que **q** tenha valor lógico V. Observe que ocorreu um impasse, pois para que o primeiro termo da disjunção seja falso é necessário que o valor lógico de **q** seja falso, e para o segundo termo o valor lógico de **q** deveria ser verdade. Ora, não é possível que a proposição **q** assuma concomitantemente os dois valores lógicos. Assim, a disjunção nunca será falsa. Logo, será sempre verdadeira. Portanto, está provado que a proposição **(p → q) ou (~q)** é uma **tautologia**. Daí, **o item III está correto**.

Resposta: Alternativa E.

6. **(FCC) Dada a sentença** ☐ **→ ~(~p ∧ q ∧ r), complete o espaço** ☐ **com uma, e uma só, das sentenças simples p, q, r ou a sua negação ~p, ~q ou ~r para que a sentença dada seja uma tautologia. Assinale a opção que responde a essa condição.**

a) somente q;

b) somente p;

c) somente uma das duas: q ou r;

d) somente uma das três: ~p, q ou r;

e) somente uma das três: p, ~q ou ~r.

Solução:

De acordo com o enunciado, devemos descobrir o antecedente da condicional, entre uma e uma só das sentenças simples **p, q, r** ou a sua negação **~p, ~q, ~r**, para que a condicional dada seja uma tautologia.

Podemos verificar se uma dada proposição é uma tautologia por meio da construção de sua tabela-verdade. Mas não usaremos esse método, e, sim, aplicaremos o mesmo princípio adotado para resolver o item III da questão anterior, que se baseia em verificar se a proposição pode assumir o valor lógico falso. Se for constatado que a proposição pode assumir o valor lógico falso, então ela NÃO é uma tautologia. E, caso contrário (que nunca assuma o valor lógico falso), então a proposição é uma tautologia.

Vamos analisar uma a uma as proposições simples (**p, q, r, ~p, ~q, ~r**) que podem ocupar a posição de antecedente da condicional do enunciado.

Teste da proposição simples p.

Incluindo a proposição simples **p** como antecedente, a sentença passa a ser a seguinte:

$$p \to \sim(\sim p \wedge q \wedge r)$$

Vamos supor que esta proposição assume o valor lógico falso, logo o antecedente é **verdade** e o consequente é **falso**:

V   F
p → ~(~p e q e r)

O antecedente é formado pela proposição simples **p**, logo para que o antecedente seja verdade basta que façamos **p** = V. Vamos substituir este valor lógico na proposição, teremos:
V → ~(~V e q e r)
Simplificando, vem:
V → ~(F e q e r)
Numa conjunção, quem manda é o F; logo, se houver um F entre os termos de uma conjunção, então esta será F. Substituindo este resultado em nossa proposição, teremos:
V → ~(F)
Resolvendo, vem:
V → V
Concluindo, ao fazer o antecedente verdade, encontramos que o consequente é obrigatoriamente verdade. Desta forma, a proposição não admite algum valor lógico **falso**. Portanto, a proposição é uma **tautologia**!

Analisando as opções de resposta, podemos descartar as alternativas a, c e d, pois estas não trazem a proposição simples **p**. Logo, somente as alternativas **b** e **e** concorrem à alternativa correta.

Na alternativa **e**, além da proposição simples **p**, aparecem as proposições simples ~q e ~r. Vamos testar uma destas proposições simples!

- **Teste da proposição simples** ~q.

Incluindo a proposição simples ~q como antecedente da condicional, a sentença passa a ser a seguinte:

~q → ~(~p ∧ q ∧ r)

Vamos supor que esta proposição assume o valor lógico falso, logo o antecedente é **verdade** e o consequente é **falso**:

V   F
~q → ~(~p e q e r)

O antecedente é formado pela proposição simples ~q, logo para que o antecedente seja verdade basta que façamos ~q=V, daí: q=F. Vamos substituir este valor lógico na proposição, teremos:

V → ~(~p e F e r)
Numa conjunção, quem manda é o F! Daí:
V → ~(F)
Resolvendo, vem:
V → V

Concluindo, ao fazer o antecedente verdade, encontramos que o consequente é obrigatoriamente verdade. Desta forma, a proposição não admite algum valor lógico **falso**. Portanto, a proposição é uma **tautologia**!

Com esse novo resultado, podemos descartar também a alternativa B. Restou-nos somente a alternativa E, que será a resposta da questão.

Resposta: Alternativa E.

7. (Esaf) Duas pessoas que sabiam Lógica, um estudante e um garçom, tiveram o seguinte diálogo numa lanchonete:
    Garçom: O que deseja?
    Estudante: Se eu comer um sanduíche, então não comerei salada, mas tomarei sorvete.
    A situação que torna a declaração do estudante FALSA é:
    a) O estudante não comeu salada, mas tomou sorvete;
    b) O estudante comeu sanduíche, não comeu salada e tomou sorvete;
    c) O estudante não comeu sanduíche;
    d) O estudante comeu sanduíche, mas não tomou sorvete;
    e) O estudante não comeu sanduíche, mas comeu salada.

Solução:

A questão traz no enunciado a seguinte condicional:
"Se eu comer um sanduíche, então não comerei salada, mas tomarei sorvete"
Podemos reescrever esta proposição utilizando o símbolo →, e teremos:
comer um sanduíche → (não comerei salada e tomarei sorvete)

Os termos que compõem a condicional acima são os seguintes:
- 1º termo (antecedente): "comer um sanduíche"
- 2º termo (consequente): "não comerei salada e tomarei sorvete"

Para que a condicional seja **falsa**, conforme se pede na questão, é necessário que o primeiro termo tenha valor lógico **verdade** e o segundo termo tenha valor lógico **falso**.
Portanto, teremos:
- 1º termo (antecedente): "comer um sanduíche" **é V**!
- 2º termo (consequente): "não comerei salada e tomarei sorvete" **é F**!

Descobrimos que a proposição "comer um sanduíche" tem valor lógico **verdade**. Em outras palavras: **o estudante come o sanduíche!** Quais são as alternativas da questão que dizem que o estudante come o sanduíche? As alternativas **b** e **d**. Então, descartamos as outras alternativas.

Analisemos as alternativas b e d, juntamente com o 2º termo da condicional do enunciado.
Teste da alternativa B

Já vimos que o 2º termo da condicional do enunciado deve ser falso! Guardemos esta informação!

A alternativa **b** diz (é verdade) que o **estudante não comeu salada e tomou sorvete**. Uma conjunção é verdadeira somente quando ambos os seus termos são verdades. Daí, temos os valores lógicos seguintes:

- **estudante não comeu salada** é verdade.
- **estudante tomou sorvete** é verdade.

Usando estes valores lógicos, qual será o valor lógico do 2º termo da condicional do enunciado? Vejamos:

"não comerei salada e tomarei sorvete"

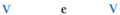

Resultado: Como ambos os termos apresentam valor lógico verdade, então a proposição acima é verdadeira. Mas queríamos que fosse falso, então descartamos a alternativa **b**. Só resta a **d**, vamos testá-la!

Teste da alternativa D

A alternativa **d** diz (é verdade) que **o estudante não tomou o sorvete**. Daí, temos o valor lógico seguinte:

- "o estudante não tomou o sorvete" é verdade. Logo, "tomou sorvete" é falso.

Usando este valor lógico, qual será o valor lógico do 2º termo da condicional do enunciado? Vejamos:

"não comerei salada e tomarei sorvete"

indeterminado **e F**

Resultado: Como um dos termos que compõe a conjunção é falso, então a conjunção terá valor lógico falso, como queríamos! Daí, a resposta é a **alternativa D**.

8. (Cesgranrio) Uma proposição que é verdadeira em todas as suas valorações é uma tautologia. Assinale a opção que não é uma tautologia:
   a) $p \vee \sim(p \wedge q)$;
   b) $(p \wedge q) \rightarrow (p \leftrightarrow q)$;
   c) $p \vee (q \wedge \sim q) \leftrightarrow p$;
   d) $p \rightarrow (p \vee q)$;
   e) $\sim p \wedge (p \wedge \sim q)$.

Solução:

Testaremos as alternativas, procurando por aquela que não é uma tautologia.

Teste da alternativa A: p ou ~(p e q)

Temos acima uma disjunção que, como já sabemos, é falsa em uma única situação: quando ambos os termos que compõe a disjunção são falsos.

Impondo ao primeiro termo da disjunção o valor lógico falso, teremos que a proposição simples **p** é **F**.

No segundo termo da disjunção, substituiremos **p** por **F**. Teremos:

2º termo: ~(p e q) = ~(F e q) = ~(F) = V

Concluindo, quando o 1º termo da disjunção é falso, obrigatoriamente o segundo termo é verdade. Desta forma a disjunção nunca será falsa (somente é falsa se ambos os termos são falsos); logo, será sempre verdadeira. Portanto, a proposição desta alternativa é uma **tautologia**.

Teste da alternativa B: (p e q) → (p ↔ q)

Temos acima uma condicional que, como já sabemos, é falsa em uma única situação: quando o antecedente é verdade e o consequente é falso.

Impondo ao primeiro termo da condicional o valor lógico verdade, teremos:

1º termo: (p e q) = V

Há somente uma forma da conjunção ser verdade (ambos os termos são verdades), consequentemente **p** e **q** são V.

No segundo termo da condicional, substituiremos **p** e **q** por V, teremos:

2º termo: (p ↔ q) = (V ↔ V) = V

Concluindo, quando o 1º termo da condicional é verdade, obrigatoriamente o segundo termo também é verdade. Desta forma a condicional nunca será falsa, ou seja, será sempre verdadeira. Logo, a proposição desta alternativa é uma **tautologia**.

Teste da alternativa C: p ou (q e ~q) ↔ p

No assunto de contradição, demonstramos que (q e ~q) = F. Vamos substituir este resultado na bicondicional desta alternativa.

p ou (F) ↔ p

Numa disjunção o F é elemento neutro, podemos, então, descartar o F:

p ↔ p

Reduzimos a bicondicional inicial em uma bicondicional com termos iguais. Consequentemente, os valores lógicos dos termos da bicondicional serão iguais. Assim, a bicondicional será sempre verdadeira. Logo a proposição é uma **tautologia**.

Teste da alternativa D: p → (p ou q)

Uma condicional é falsa em uma única situação: quando o antecedente é verdade e o consequente é falso.

Impondo ao primeiro termo da condicional o valor lógico verdade, a proposição simples **p** será V. Substituiremos esse resultado no 2º termo da condicional.

2º termo: (p ou q) = (V ou q) = V

Concluindo, quando o 1º termo da condicional é verdade, obrigatoriamente o segundo termo também é verdade. Desta forma a condicional nunca será falsa, ou seja, será sempre verdadeira. Logo, a proposição desta alternativa é uma **tautologia**.

Como só nos resta a alternativa e, então esta deve ser a alternativa que procuramos. Para fins didático, testaremos também a alternativa E.

Teste da alternativa E: ~p e (p e ~q)

A proposição acima somente utiliza o conectivo **E**, assim podemos trocar as posições das proposições simples.

~p e (p e ~q) = ~p e p e ~q = (~p e p) e ~q

De forma semelhante à situação vista no teste da alternativa c, a proposição **(~p e p)** será sempre falsa, independentemente do valor lógico de **p**.

Substituindo **(~p e p)** por **F**, teremos:

(~p e p) e ~q = (F) e ~q = F

Concluímos que a proposição desta alternativa será sempre falsa, independentemente dos valores lógicos de **p** e **q**, logo esta proposição é chamada de Contradição. Como procurávamos a alternativa que não é uma Tautologia, então esta é a alternativa correta da questão.
Resposta: alternativa E.

9. (FCC) Seja a sentença ~{[(p → q) ∨ r] ↔ [q → (~p ∨ r)]}.
   Se considerarmos que p é falsa, então é verdade que:
   a) essa sentença é uma tautologia;
   b) o valor lógico dessa sentença é sempre F;
   c) nas linhas da Tabela-Verdade em que p é F, a sentença é V;
   d) nas linhas da Tabela-Verdade em que p é F, a sentença é F;
   e) faltou informar o valor lógico de q e de r.

Solução:

Numa questão não precisamos necessariamente iniciar a solução da questão pela alternativa a, é até recomendável fazer uma leitura das opções de resposta para depois decidir por qual alternativa deve-se iniciar.

Depois de uma leitura das opções de resposta, percebe-se que as opções c e d são mais fáceis de serem testadas, pois se tratam de substituição de valor lógico.

Tanto a letra c como a letra d querem saber o valor lógico da sentença quando **p** é **F**.

Vamos substituir **p** por **F** na proposição ~{[(p → q) ou r] ↔ [q → (~p ou r)]}. Teremos:

~{[(F → q) ou r] ↔ [q → (~F ou r)]} =

~{[(F → q) ou r] ↔ [q → (V ou r)]}

O valor lógico de (F → q) depende de **q**? A resposta é NÃO! Ao substituir **q** por **V**, e depois **q** por **F**, o resultado para o valor lógico de (F → q) é sempre **V**. Certo?! A sentença agora será a seguinte:

~{[V ou r] ↔ [q → (V ou r)]}

Na disjunção quem manda é o **V**! Daí: [V ou r] = V. Substituindo esse resultado, teremos:

~{ V ↔ [q → V]}

E o termo [q → V] tem que valor lógico? Substituindo q por V, resulta em V, e substituindo q por F, também resulta em V. Logo, ficaremos com a seguinte sentença:
~{V ↔ V}
Resolvendo: ~{V ↔ V} = ~{ V } = F
Conclusão: quando a proposição p assume o valor lógico falso, a sentença será falsa.
Resposta: alternativa D.

10. **(FCC)** Seja a sentença aberta A: (~p ∨ p) ↔ ⬜ e a sentença B: "Se o espaço ⬜ for ocupado por uma...(I)..., a sentença A será uma...(II)...." A sentença B se tornará verdadeira se I e II forem substituídos, respectivamente, por:
   a) tautologia e contingência;
   b) contingência e contingência;
   c) contradição e tautologia;
   d) contingência e contradição;
   e) tautologia e contradição.

Solução:
Primeiramente, analisaremos o antecedente da proposição **A**, que é a proposição (~p ∨ p).
Vimos no assunto de Tautologia que a proposição (~p ∨ p) é sempre V.
Portanto, podemos substituir a proposição (~p ∨ p) que aparece na proposição **A** pelo valor lógico V. Façamos isso!
A: V ↔ ⬜
Antes de continuarmos a solução da questão é bom relembrarmos os conceitos de tautologia, contradição e contingência.
Tautologia = é uma proposição que é sempre verdadeira, independentemente dos valores lógicos dos termos que a compõem.
Contradição = é uma proposição que é sempre falsa, independentemente dos valores lógicos dos termos que a compõem.
Contingência = é a proposição que não é tautologia nem contradição. Este tipo de sentença pode ser F ou V, dependendo dos valores lógicos dos seus termos.

Observando as opções de resposta, percebe-se que temos que testar no consequente da sentença A uma tautologia, uma contradição e uma contingência.
1º teste. O espaço ⬜ da proposição A é ocupado por uma **tautologia**
A: V ↔ **tautologia**
A tautologia é sempre verdade, daí podemos escrever a proposição A como se segue:
A: V ↔ V
Com valores lógicos iguais, a bicondicional é V! Logo, a sentença A é considerada uma tautologia.

Concluindo, ao substituir o consequente de A por uma **tautologia**, obtemos uma bicondicional que também é uma **tautologia**. Existe a situação "tautologia e tautologia" entre as opções de resposta? Infelizmente não! Vamos, então, testar agora a situação em que o consequente de A é uma contradição.

2º teste. O espaço ☐ da proposição A é ocupado por uma **contradição**
A: V ↔ contradição
A contradição é sempre falsa, daí podemos escrever a proposição **A** como se segue:
A: V ↔ F
Com valores lógicos diferentes, a bicondicional é F! Logo, a sentença A é uma contradição.

Concluindo, ao substituir o consequente de A por uma **contradição**, obtemos uma bicondicional que também é uma **contradição**. Existe a situação "contradição e contradição" entre as opções de resposta? Novamente não! Vamos, então, testar agora a última situação: o consequente de A é uma contingência.

3º teste. O espaço ☐ da proposição A é ocupado por uma **contingência**
A: V ↔ contingência
A contingência pode ser V ou F. Vejamos os dois casos abaixo:
1º caso) Valor lógico V:
A: V ↔ V
   Neste caso, a bicondicional é V!
2º caso) Valor lógico F:
A: V ↔ F
   Neste caso, a bicondicional é F!
Como a bicondicional pode ser V ou F, logo ela é uma contingência.

Concluindo, ao substituir o consequente de A por uma **contingência**, obtemos uma bicondicional que também é uma **contingência**. Existe a situação "contingência e contingência" entre as opções de resposta? Sim! A alternativa b!
Resposta: Alternativa B.

1.7. Exercícios Propostos

01. **(PM-Bahia 2009 FCC) Define-se sentença como qualquer oração que tem sujeito (o termo a respeito do qual se declara alguma coisa) e predicado (o que se declara sobre o sujeito). Na relação que segue há expressões e sentenças:**
    1. **Tomara que chova.**
    2. **Que horas são?**
    3. **Três vezes dois são cinco.**
    4. **Quarenta e dois detentos.**
    5. **Policiais são confiáveis.**
    6. **Exercícios físicos são saudáveis.**

De acordo com a definição dada, é correto afirmar que, dos itens da relação acima, são sentenças APENAS os de números
a) 1, 3 e 5.
b) 2, 3 e 5.
c) 3, 5 e 6.
d) 4 e 6.
e) 5 e 6.

02. (TRF 2ª Região Aux. Jud. 2007 FCC) Sabe-se que sentenças são orações com sujeito (o termo a respeito do qual se declara algo) e predicado (o que se declara sobre o sujeito). Na relação seguinte há expressões e sentenças:
1. A terça parte de um número.
2. Jasão é elegante.
3. Mente sã em corpo são.
4. Dois mais dois são 5.
5. Evite o fumo.
6. Trinta e dois centésimos.
É correto afirmar que, na relação dada, são sentenças APENAS os itens de números
a) 1, 4 e 6.
b) 2, 4 e 5.
c) 2, 3 e 5.
d) 3 e 5.
e) 2 e 4.

03. (SEBRAE 2010 Cespe) Julgue o item seguinte: Entre as frases apresentadas a seguir, identificadas por letras de A a E, apenas duas são proposições.
A: Pedro é marceneiro e Francisco, pedreiro.
B: Adriana, você vai para o exterior nessas férias?
C: Que jogador fenomenal!
D: Todos os presidentes foram homens honrados.
E: Não deixe de resolver a prova com a devida atenção.

04. (Agente Fiscal de Rendas/SP 2006 FCC) Considere as seguintes frases:
I. Ele foi o melhor jogador do mundo em 2005.
II. $(x + y)/5$ é um número inteiro.
III. João da Silva foi o Secretário da Fazenda do Estado de São Paulo em 2000.
É verdade que APENAS
a) I e II são sentenças abertas.
b) I e III são sentenças abertas.
c) II e III são sentenças abertas.
d) I é uma sentença aberta.
e) II é uma sentença aberta.

05. (BB1 2007 Cespe) Na lógica sentencial, denomina-se proposição uma frase que pode ser julgada como verdadeira (V) ou falsa (F), mas não, como ambas. Assim, frases como "Como está o tempo hoje?" e "Esta frase é falsa" não são proposições porque a primeira é pergunta e a segunda não pode ser nem V nem F. Considerando as informações contidas no texto acima, julgue o item subsequente.
1. Na lista de frases apresentadas a seguir, há exatamente três proposições.
"A frase dentro destas aspas é uma mentira."
A expressão X + Y é positiva.
O valor de $\sqrt{4} + 3 = 7$.
Pelé marcou dez gols para a seleção brasileira.
O que é isto?

06. **(MRE 2008 Cespe)** Julgue os itens a seguir.
    1. Considere a seguinte lista de sentenças:
    I. Qual é o nome pelo qual é conhecido o Ministério das Relações Exteriores?
    II. O Palácio Itamaraty em Brasília é uma bela construção do século XIX.
    III. As quantidades de embaixadas e consulados gerais que o Itamaraty possui são, respectivamente, x e y.
    IV. O barão do Rio Branco foi um diplomata notável.
    Nessa situação, é correto afirmar que entre as sentenças acima, apenas uma delas não é uma proposição.
    2. A sentença "No Palácio Itamaraty há quadros de Portinari ou no Palácio Itamaraty não há quadros de Portinari" é uma proposição sempre verdadeira.
    3. A sentença "O Departamento Cultural do Itamaraty realiza eventos culturais e o Departamento de Promoção Comercial não estimula o fluxo de turistas para o Brasil" é uma proposição que pode ser simbolizada na forma A∧(¬B).
    4. Considerando que A e B simbolizem, respectivamente, as proposições "A publicação usa e cita documentos do Itamaraty" e "O autor envia duas cópias de sua publicação de pesquisa para a Biblioteca do Itamaraty", então a proposição B→A é uma simbolização correta para a proposição "Uma condição necessária para que o autor envie duas cópias de sua publicação de pesquisa para a Biblioteca do Itamaraty é que a publicação use e cite documentos do Itamaraty".
    5. Considere que as proposições B e A→(¬B) sejam V. Nesse caso, o único valor lógico possível para A é V.

07. **(STF Téc. Jud. 2008 Cespe)** São dadas as seguintes frases:
    – Filho meu, ouve minhas palavras e atenta para meu conselho.
    – A resposta branda acalma o coração irado.
    – O orgulho e a vaidade são as portas de entrada da ruína do homem.
    – Se o filho é honesto então o pai é exemplo de integridade.
    Tendo como referência as quatro frases acima, julgue o itens seguintes.
    1. A primeira frase é composta por duas proposições lógicas simples unidas pelo conectivo de conjunção.
    2. A segunda frase é uma proposição lógica simples.
    3. A terceira frase é uma proposição lógica composta.
    4. A quarta frase é uma proposição lógica em que aparecem dois conectivos lógicos.

08. **(PM-Acre 2008 Cespe)** Considere as seguintes sentenças:
    I. O Acre é um estado da Região Nordeste.
    II. Você viu o cometa Halley?
    III. Há vida no planeta Marte.
    IV. Se x < 2, então x + 3 > 1.
    Julgue o próximo item.
    1. Entre essas 4 sentenças, apenas duas são proposições.

09. **(SEBRAE 2008 Cespe)** Julgue os itens a seguir.
    1. A proposição "O SEBRAE facilita e orienta o acesso a serviços financeiros" é uma proposição simples.
    2. A frase "Pedro e Paulo são analistas do SEBRAE" é uma proposição simples.

10. **(TJ-SE Téc. Jud. 2014 Cespe)** Julgue os itens que se seguem, relacionados a lógica proposicional.
    1. A sentença "O reitor declarou estar contente com as políticas relacionadas a educação superior adotadas pelo governo de seu país e com os rumos atuais do movimento estudantil" é uma proposição lógica simples.

2. A sentença "O sistema judiciário igualitário e imparcial promove o amplo direito de defesa do réu ao mesmo tempo que assegura uma atuação investigativa completa por parte da promotoria" é uma proposição lógica composta.
3. A sentença "A crença em uma justiça divina, imparcial, incorruptível e infalível e lenitivo para muitos que desconhecem os caminhos para a busca de seus direitos, assegurados na Constituição" é uma proposição lógica simples.

11. (TRE-GO Téc. Jud. 2015 Cespe) A respeito de lógica proposicional, julgue os itens subsequentes.
   1. A proposição "No Brasil, 20% dos acidentes de trânsito ocorrem com indivíduos que consumiram bebida alcoólica" é uma proposição simples.
   2. A proposição "Quando um indivíduo consome álcool ou tabaco em excesso ao longo da vida, sua probabilidade de infarto do miocárdio aumenta em 40%" pode ser corretamente escrita na forma (P∨Q)→R, em que P, Q e R sejam proposições convenientemente escolhidas.
   3. Se P, Q e R forem proposições simples e se T for a proposição composta falsa [P∧(¬Q)]→R, então, necessariamente, P, Q e R serão proposições verdadeiras.

12. (Ministério do Turismo 2014 ESAF) Assinale a opção que apresenta valor lógico falso.
   a) $2^3 = 8$ e $1 + 4 = 5$.
   b) Se, $\sqrt{8} = 3$, então $6 \div 2 = 3$.
   c) Ou $3 - 1 = 2$ ou $5 + 2 = 8$.
   d) Se $7 - 2 = 5$, então $5 + 1 = 7$.
   e) $3^2 = 9$ se, e somente se, $\sqrt[3]{8} = 2$.

13. (Defensoria Pública do Estado de SP 2013 FCC) Considere as proposições abaixo.
   p: Afrânio estuda. ; q: Bernadete vai ao cinema. ; r: Carol não estuda.
   Admitindo que essas três proposições são verdadeiras, qual das seguintes afirmações é FALSA?
   a) Afrânio não estuda ou Carol não estuda.
   b) Se Afrânio não estuda, então Bernadete vai ao cinema.
   c) Bernadete vai ao cinema e Carol não estuda.
   d) Se Bernadete vai ao cinema, então Afrânio estuda ou Carol estuda.
   e) Se Carol não estuda, então Afrânio estuda e Bernadete não vai ao cinema.

14. (Petrobrás 2006 Cesgranrio) Sabendo que as proposições p e q são verdadeiras e que as proposições r e s são falsas, assinale a opção que apresenta valor lógico falso nas proposições abaixo.
   a) ¬r → p ∧ q
   b) (r → s) ∧ (p∧ q)
   c) (s ↔ r) ↔ (p ↔ q)
   d) ¬((r → p) ∨ (s → q))
   e) r → q ↔ (¬p ↔ r)

15. (TRT-10ª Região Anal. Jud. 2004 Cespe) Considere que as letras P, Q, R e S representam proposições e que os símbolos ¬, ∧ e ∨ são operadores lógicos que constroem novas proposições e significam não, e e ou respectivamente. Na lógica proposicional, cada proposição assume um único valor (valor-verdade) que pode ser verdadeiro (V) ou falso (F), mas nunca ambos. Considerando que P, Q, R e S são proposições verdadeiras, julgue os itens seguintes.
   1. ¬P ∨ Q é verdadeira.
   2. ¬ [(¬ P ∨ Q) ∨ (¬ R ∨ S)] é verdadeira.
   3. [P ∧ (Q ∨ S)] ∧ (¬ [(R ∧ Q) ∨ (P ∧ S)]) é verdadeira.
   4. (P ∨ (¬ S)) ∧ (Q ∨ (¬ R)) é verdadeira.

16. (PC-ES 2010 Cespe) Julgue o próximo item, relativo à lógica sentencial, em que os símbolos ∧, ∨, ~ e → representam, respectivamente, as operações lógicas "e", "ou", "não" e "implicação".

1. Se a proposição R for falsa e se a proposição composta (P∧Q)→(~Q∧R) for verdadeira, então a proposição P será verdadeira.

17. Considere as proposições seguintes:
M = Maria gosta de morango.
J = João gosta de morango.
P = Pedro gosta de morango.
Transforme as frases seguintes na forma simbólica:
a) Maria ou João gostam de morangos, mas não ambos.
b) Nem Maria nem Pedro gostam de morangos.
c) Com relação a João e Maria, pelo menos um deles não gosta de morangos.
d) Não é verdade que se Maria gosta de morango, então Pedro e João gostam de morangos.

18. Considere as seguintes proposições:
A: Joana corre.
B: Joana pula.
Dê a representação simbólica de cada uma das sentenças abaixo:
a) Joana não corre nem pula.
b) Joana não corre e não pula.
c) Não é verdade que Joana corre e pula.
d) Não é verdade que Joana corre e não é verdade que Joana pula.
e) Joana não corre e pula.
f) Joana não corre, mas pula.

19. Montar a proposição condicional para cada uma das sentenças:
1) Paulo trabalhar é uma condição necessária para Helena viajar.
2) Uma condição necessária para Helena viajar é Paulo trabalhar.
3) Para Helena viajar é necessário que Paulo trabalhe.
4) Uma condição necessária para a inflação subir é a cotação do dólar aumentar.
5) Para os juros baixar é necessário que haja aumento das exportações.
6) O piloto é destemido somente se o carro é veloz.
7) O combustível será vendido se estiver com a documentação fiscal.
8) O combustível somente será vendido se estiver com a documentação fiscal.

20. (TRT-SP Anal. Jud. 2008 FCC) São dadas as seguintes proposições:
– p: Computadores são capazes de processar quaisquer tipos de dados.
– q: É possível provar que ∞ + 1 = ∞.
Se p implica em q, então o fato de
a) ser possível provar que ∞ + 1 = ∞ é uma condição necessária e suficiente para que os computadores sejam capazes de processar quaisquer tipos de dados.
b) computadores serem capazes de processar quaisquer tipos de dados não é condição necessária e nem suficiente para que seja possível provar que ∞ + 1 = ∞.
c) ser possível provar que ∞ + 1 = ∞ é uma condição suficiente para que os computadores sejam capazes de processar quaisquer tipos de dados.
d) computadores serem capazes de processar quaisquer tipos de dados é condição necessária para que seja possível provar que ∞ + 1 = ∞.
e) ser possível provar que ∞ + 1 = ∞ é condição necessária para que os computadores sejam capazes de processar quaisquer tipos de dados.

21. **(Procuradoria Geral do Estado da Bahia 2013 FCC)** Se todas as bananas têm asas, então o ouro não é um fruto seco. Se o ouro não é um fruto seco, então todas as bananas têm asas. Logo,
    a) todas as bananas não têm asas se e somente se o ouro não for um fruto seco.
    b) todas as bananas têm asas se e somente se o ouro for um fruto seco.
    c) todas as bananas não têm asas se o ouro é um fruto seco.
    d) todas as bananas têm asas se e somente se o ouro não for um fruto seco.
    e) algum ouro não é um fruto seco se e somente se todas as bananas tiverem asas.

22. **(TRF 4ª Região 2014 FCC)** "Se vou ao shopping, então faço compras". Supondo verdadeira a afirmação anterior, e a partir dela, pode-se concluir que
    a) só posso fazer compras em um lugar específico.
    b) somente vou ao shopping.
    c) para fazer compras, preciso ir ao shopping.
    d) posso ir ao shopping e não fazer compras.
    e) sempre que vou ao shopping compro alguma coisa.

23. Julgue os próximos itens com base na seguinte afirmação: "Se a pessoa estudar com dedicação, então será aprovada no concurso".
    Item 1: Considerando que Tiago estudou com dedicação, conclui-se que ele será aprovado no concurso.
    Item 2: Considerando que Gabriel estudou com dedicação, conclui-se que ele não será aprovado.
    Item 3: Considerando que Helena não estudou com dedicação, conclui-se que ela não será aprovada no concurso.
    Item 4: Considerando que Berílio não foi aprovado no concurso, conclui-se que ele não estudou com dedicação.

24. Numa escola particular há a seguinte regra:
    "Se a média das provas bimestrais do aluno for maior do que 5, então ele será aprovado".
    Com base nessa afirmação, julgue os próximos itens:
    Item 1: A média das provas bimestrais de Juliana foi 6; portanto, ela foi aprovada.
    Item 2: A média das provas bimestrais de Caio foi 4; portanto, ele foi reprovado.

25. Julgue os itens seguintes com base na sentença: "Se a pessoa nasceu em Uberlândia, então ela é mineira".
    Item 1: Nascer em Uberlândia é condição suficiente para ser mineiro.
    Item 2: Nascer em Uberlândia é condição necessária para ser mineiro.
    Item 3: Ser mineiro é condição suficiente para nascer em Uberlândia.
    Item 4: Ser mineiro é condição necessária para nascer em Uberlândia.
    Item 5: Nasci em Uberlândia somente se sou mineiro.

26. Julgue os itens seguintes acerca da sentença: "Se a pessoa for bilíngue, então ela será contratada pela empresa X".
    Item 1: Ser bilíngue é condição suficiente para ser contratado pela empresa X.
    Item 2: Ser bilíngue é condição necessária para ser contratado pela empresa X.

27. **(CESCEM-SP)** Indique a afirmação correta:
    a) uma condição necessária para que um número seja maior do que 2 é que ele seja positivo;
    b) uma condição suficiente para que um número seja maior do que 2 é que ele seja positivo;
    c) uma condição necessária e suficiente para que um número seja maior do que 2 é que ele seja positivo;
    d) toda condição suficiente para que um número seja positivo é, também, suficiente para que ele seja maior do que 2;
    e) nenhuma das afirmações anteriores é correta.

28. (TJ-Amapá Anal. Jud. 2014 FCC) No Brasil, o voto é obrigatório apenas para os brasileiros alfabetizados que têm de 18 a 70 anos. De acordo com essa informação, se Luíza é uma brasileira que não é obrigada a votar, então, necessariamente, Luíza
a) é analfabeta e tem menos de 18 anos ou mais de 70.
b) é analfabeta ou tem menos de 18 anos ou mais de 70.
c) não é analfabeta, mas tem menos de 18 anos.
d) é analfabeta, mas pode ter de 18 a 70 anos.
e) tem mais de 70 anos, mas pode não ser analfabeta.

29. (TJ-AC 2012 Cespe) Em decisão proferida acerca da prisão de um réu, depois de constatado pagamento de pensão alimentícia, o magistrado determinou: "O réu deve ser imediatamente solto, se por outro motivo não estiver preso". Considerando que a determinação judicial corresponde a uma proposição e que a decisão judicial será considerada descumprida se, e somente se, a proposição correspondente for falsa, julgue os itens seguintes.
1. Se o réu permanecer preso, mesmo não havendo outro motivo para estar preso, então, a decisão judicial terá sido descumprida.
2. Se o réu for imediatamente solto, mesmo havendo outro motivo para permanecer preso, então, a decisão judicial terá sido descumprida.

30. (MPU 2013 Cespe) Nos termos da Lei nº 8.666/1993, "É dispensável a realização de nova licitação quando não aparecerem interessados em licitação anterior e esta não puder ser repetida sem prejuízo para a administração". Considerando apenas os aspectos desse mandamento atinentes à lógica e que ele seja cumprido se, e somente se, a proposição nele contida, — proposição P — for verdadeira, julgue os itens seguintes.
1. A proposição P é equivalente a "Se não apareceram interessados em licitação anterior e esta não puder ser repetida sem prejuízo para a administração, então é dispensável a realização de nova licitação".
2. O gestor que dispensar a realização de nova licitação pelo simples fato de não ter aparecido interessado em licitação anterior descumprirá a referida lei.
3. Supondo-se que a proposição P e as proposições "A licitação anterior não pode ser repetida sem prejuízo para a administração" e "É dispensável a realização de nova licitação" sejam verdadeiras, é correto concluir que também será verdadeira a proposição "Não apareceram interessados em licitação anterior".

31. (TJ-AC Anal. Jud. 2012 Cespe) Julgue o item seguinte.
1. A sentença "A justiça e a lei nem sempre andam pelos mesmos caminhos" pode ser representada simbolicamente por P ∧ Q, em que as proposições P e Q são convenientemente escolhidas.

32. (TRT-RJ Anal. Jud. 2008 Cespe) Utilizando as letras proposicionais adequadas na proposição composta "Nem Antônio é desembargador nem Jonas é juiz", assinale a opção correspondente à simbolização correta dessa proposição.
a) ¬(A∧B)
b) (¬A)∨(¬B)
c) (¬A)∧(¬B)
d) (¬A)→B
e) ¬[A∨(¬B)]

33. **(TRE-MS 2012 Cespe)** Considere a seguinte sentença: O vinho é produzido pelo pisar das uvas e o azeite é obtido pelo prensar das azeitonas, da mesma forma, o caráter do homem é forjado pelas dificuldades que ele passa. Se P, Q e R são proposições simples e convenientemente escolhidas, essa sentença pode ser representada, simbolicamente, por
    a) (P ∧ R) ↔ Q.
    b) P ∧ R.
    c) P → R.
    d) (P ∨ Q) ∧ R.
    e) (P → R) ∨ Q.

34. **(TRE-MS 2012 Cespe)** Considere a seguinte sentença: A beleza e o vigor são companheiras da mocidade, e a nobreza e a sabedoria são irmãs dos dias de maturidade. Se P, Q e R são proposições simples e convenientemente escolhidas, essa sentença pode ser representada, simbolicamente, por
    a) (P ∨ Q) → R.
    b) P → (R ∨ Q).
    c) P ∨ Q.
    d) P ∧ R.
    e) P → R.

35. **(TRT-BA Anal. Jud. 2008 Cespe)** Julgue os itens seguintes.
    1. Considere as proposições seguintes.
    Q: "Se o Estrela Futebol Clube vencer ou perder, cairá para a segunda divisão";
    A: "O Estrela Futebol Clube vence";
    B: "O Estrela Futebol Clube perde";
    C: "O Estrela Futebol Clube cairá para a segunda divisão".
    Nesse caso, a proposição Q pode ser expressa, simbolicamente, por A∧B→C.

    2. Considere as proposições a seguir.
    R: "Ou o Saturno Futebol Clube vence ou, se perder, cairá para a segunda divisão";
    A: "O Saturno Futebol Clube vence";
    B: "O Saturno Futebol Clube perde";
    C: "O Saturno Futebol Clube cairá para a segunda divisão".
    Nesse caso, a proposição R pode ser expressa, simbolicamente, por A∨(B→C).

    3. Considere as proposições abaixo.
    T: "João será aprovado no concurso do TRT ou do TSE, mas não em ambos";
    A: "João será aprovado no concurso do TRT";
    B: "João será aprovado no concurso do TSE".
    Nesse caso, a proposição T estará corretamente simbolizada por (A∨B) ∧ [¬(A∧B)].

36. **(Assembleia Legislativa do Ceará 2011 Cespe)** Julgue o item a seguir.
    1. A proposição "Os cartões pré-pagos são uma evolução dos cartões tradicionais, pois podem ser usados, por exemplo, pelo público jovem" é equivalente a "Se podem ser usados, por exemplo, pelo público jovem, então os cartões pré-pagos são uma evolução dos cartões tradicionais".

37. **(EBC 2011 Cespe)** Julgue o item a seguir.
    1. Considere que P, Q, R e S representem, respectivamente, as proposições "Meus filhos estudam em escola de ensino tradicional", "Meus filhos farão vestibulares", "Meus filhos não têm problemas emocionais" e "Meus filhos serão aprovados nos vestibulares". Nesse caso, é correto afirmar que a proposição "Caso estudem em escola de ensino tradicional, quando fizerem vestibulares meus filhos serão aprovados, desde que não tenham problemas emocionais" estará corretamente simbolizada por P∧Q∧R→S.

38. **(EBC 2011 Cespe)** Considerando que P, Q e R representem, respectivamente, as proposições "O dispositivo está ligado", "O dispositivo está conectado ao PC" e "A bateria não está carregando", julgue os itens a seguir, acerca de lógica proposicional.
    1. A proposição "Quando o dispositivo estiver ligado e conectado ao PC, a bateria não estará carregando" pode ser corretamente representada por P∧Q→R.
    2. Simbolicamente, P→[Q→R] representa a proposição "Se o dispositivo estiver ligado, então, caso o dispositivo esteja conectado ao PC, a bateria não estará carregando".

39. **(SESA-ES 2011 Cespe)** Considerando que as proposições lógicas simples sejam representadas por letras maiúsculas e utilizando os símbolos usuais para os conectivos lógicos — ∧ para a conjunção "e"; ∨ para a disjunção "ou"; ¬ para a negação "não"; → para a implicação "se ..., então ..."; ↔ para a equivalência "se ..., e somente se ..." —, julgue os próximos itens.
    1. A proposição "O jovem moderno é um solitário conectado com o mundo, pois ele vive em seu quarto diante do computador e ele não se relaciona com as pessoas à sua volta" pode ser representada, simbolicamente, por P→(Q∧R), em que P, Q e R são proposições simples adequadamente escolhidas.
    2. A proposição "A assistência médica de qualidade e gratuita é um direito de todos assegurado na Constituição da República" pode ser representada simbolicamente por uma expressão da forma P∧Q, em que P e Q são proposições simples escolhidas adequadamente.
    3. A proposição "O trânsito nas grandes cidades está cada vez mais caótico; isso é consequência de nossa economia ter como importante fator a produção de automóveis" pode ser representada, simbolicamente, por uma expressão da forma P→Q, em que P e Q são proposições simples escolhidas adequadamente.

40. **(TRT-RN 2010 Cespe)** Considerando que cada proposição lógica simples seja representada por uma letra maiúscula e utilizando os símbolos usuais para os conectivos lógicos, julgue os itens seguintes.
    1. A sentença "Homens e mulheres, ou melhor, todos da raça humana são imprevisíveis" é representada corretamente pela expressão simbólica (P∧Q) → R.
    2. A sentença "Trabalhar no TRT é o sonho de muitas pessoas e, quanto mais elas estudam, mais chances elas têm de alcançar esse objetivo" é representada corretamente pela expressão simbólica S∧T.
    3. A sentença "Maria é mais bonita que Sílvia, pois Maria é *Miss* Universo e Sílvia é *Miss* Brasil" é representada corretamente pela expressão simbólica (P∧Q) → R.
    4. A sentença "Mais seis meses e logo virá o verão" é representada corretamente pela expressão simbólica P → Q.

41. (TRT- 10ª Região 2012 Cespe) Ao noticiar que o presidente do país X teria vetado um projeto de lei, um jornalista fez a seguinte afirmação.
Se o presidente não tivesse vetado o projeto, o motorista que foi pego dirigindo veículo de categoria diferente daquela para a qual estava habilitado teria cometido infração gravíssima, punida com multa e apreensão do veículo, mas continuaria com a sua habilitação.
Em face dessa afirmação, que deve ser considerada como proposição A, considere, ainda, as proposições P, Q e R, a seguir.
P: O presidente não vetou o projeto.
Q: O motorista que foi pego dirigindo veículo de categoria diferente daquela para a qual é habilitado cometeu infração gravíssima, punida com multa e apreensão do veículo.
R: O motorista que foi pego dirigindo veículo de categoria diferente daquela para a qual é habilitado continuou com sua habilitação.
Limitando-se aos aspectos lógicos inerentes às proposições acima apresentadas, julgue os itens seguintes.
   1. A proposição A estará corretamente simbolizada por P→Q∧R, em que os símbolos "→" e "∧" representam, respectivamente, os conectivos lógicos denominados condicional e conjunção.
   2. Caso sejam verdadeiras as proposições P e Q, a afirmação A será também verdadeira independentemente do valor lógico da proposição R.
   3. A veracidade da proposição A permite concluir que o motorista que não continua com sua habilitação foi pego dirigindo veículo de categoria diferente daquela para a qual está habilitado.

42. (SEGER-ES 2012 Cespe) Um provérbio chinês diz que:
P1: Se o seu problema não tem solução, então não é preciso se preocupar com ele, pois nada que você fizer o resolverá.
P2: Se o seu problema tem solução, então não é preciso se preocupar com ele, pois ele logo se resolverá.
Indicadas por P, Q e R, respectivamente, as proposições "Seu problema tem solução", "Nada que você fizer resolverá seu problema" e "Não é preciso se preocupar com seu problema", e indicados por "~" e "6", respectivamente, os conectivos "não" e "se ..., então", a proposição P1 pode ser corretamente representada, na linguagem lógico-simbólica, por
   a) (~P) →(R → Q).
   b) ((Q → (~P)) → R.
   c) ((~P) →Q) → R.
   d) (~P) → (Q → R).
   e) ((~P) →R) → Q.

43. (INPI 2014 Cespe) Tendo como referência a proposição P: "Em outros países, seres vivos como microrganismos e animais geneticamente modificados são patenteáveis, desde que não sejam humanos", julgue os itens seguintes, acerca da lógica sentencial.
   1. De acordo com a proposição P, em outros países, não ser humano é condição necessária para que seres vivos, como microrganismos e animais geneticamente modificados, sejam patenteáveis.
   2. Se a proposição "Em outros países, seres vivos como microrganismos e animais geneticamente modificados são patenteáveis" for falsa e a proposição "Seres vivos não são humanos" for verdadeira, então a proposição P será falsa.
   3. A tabela-verdade correspondente à proposição P tem mais de 5 linhas.

Capítulo I — Fundamentos de Lógica   79

44. A afirmação "Se Bete gosta de maçã, então Bruno fuma ou Beatriz pula" é falsa. Segue-se, pois, que é verdade que:
a) Se Bete gosta de maçã, então Bruno fuma.
b) Se Bete gosta de maçã, então Beatriz pula.
c) Bete não gosta de maçã ou Bruno fuma.
d) Se Bruno não fuma, então Bete gosta de maçã.
e) Se Beatriz não pula, então Bete não gosta de maçã.

45. (TRT-PE Analista 2006 FCC) Uma turma de alunos de um curso de Direito reuniu-se em um restaurante para um jantar de confraternização e coube a Francisco receber de cada um a quantia a ser paga pela participação. Desconfiado que Augusto, Berenice e Carlota não tinham pago as suas respectivas partes, Francisco conversou com os três e obteve os seguintes depoimentos:
Augusto: "Não é verdade que Berenice pagou ou Carlota não pagou."
Berenice: "Se Carlota pagou, então Augusto também pagou."
Carlota: "Eu paguei, mas sei que pelo menos um dos dois outros não pagou."
Considerando que os três falaram a verdade, é correto afirmar que
a) apenas Berenice não pagou a sua parte.
b) apenas Carlota não pagou a sua parte.
c) Augusto e Carlota não pagaram suas partes.
d) Berenice e Carlota pagaram suas partes.
e) os três pagaram suas partes.

46. (Cespe-UnB) Julgue os itens a seguir:
1. Se $0 < r < \sqrt{5}$, então $0 < r < 2$.
2. Se $-1/2 < r < 1/2$, então $-1/2 < r < 1/3$.
3. Se $-1/2 < r < 1/2$, então $-1 < r < 1$.

47. (SEFAZ-ES 2010 Cespe) Considerando os símbolos lógicos ¬ (negação), ∧ (conjunção), ∨ (disjunção), → (condicional) e as proposições
S: $(p \land \neg q) \lor (\neg p \land r) \to q \lor r$
T: $((p \land \neg q) \lor (\neg p \land r)) \land (\neg q \land \neg r)$.
Julgue o item que se segue.
1. As tabelas-verdade de S e de T possuem, cada uma, 16 linhas.

48. (TRT-BA Anal. Jud. 2008 Cespe) Julgue o item a seguir.
1. Considerando que, além de A e B, C, D, E e F também sejam proposições, não necessariamente todas distintas, e que N seja o número de linhas da tabela-verdade da proposição [A→(B∨C)] ↔ [(D∧E)→F], então $2 \le N \le 64$.

49. (TRT-ES Téc. Jud. 2009 Cespe) Julgue os itens a seguir.
1. Para todos os possíveis valores lógicos atribuídos às proposições simples A e B, a proposição composta [A∧(¬B)]∧B tem exatamente 3 valores lógicos V e um F.
2. Considere que uma proposição Q seja composta apenas das proposições simples A e B e cujos valores lógicos V ocorram somente nos casos apresentados na tabela abaixo.

A	B	Q
V	F	V
F	F	V

Nessa situação, uma forma simbólica correta para Q é [A∧(¬B)]∨[(¬A)∧(¬B)].
3. A sequência de frases a seguir contém exatamente duas proposições.
– A sede do TRT/ES localiza-se no município de Cariacica.
– Por que existem juízes substitutos?
– Ele é um advogado talentoso.

50. (MPE-Tocantins 2006 Cespe) Uma proposição é uma frase afirmativa que pode ser avaliada como verdadeira (V) ou falsa (F), mas não se admitem, para a proposição, ambas as interpretações.
Considerando as informações apresentadas acima, julgue os itens subsequentes.
1. Considere as seguintes proposições.
   - $(7 + 3 = 10) \land (5 - 12 = 7)$
   - A palavra "crime" é dissílaba.
   - Se "lâmpada" é uma palavra trissílaba, então "lâmpada" tem acentuação gráfica.
   - $(8 - 4 = 4) \land (10 + 3 = 13)$
   - Se $x = 4$ então $x + 3 < 6$.
   Entre essas proposições, há exatamente duas com interpretação F.
2. Todas as interpretações possíveis para a proposição $P \lor \neg(P \land Q)$ são V.
3. Não é possível interpretar como V a proposição $(P \rightarrow Q) \land (P \land \neg Q)$.
4. Ao empregar os símbolos P, Q e R para as proposições primitivas "Paulo lê revistas científicas", "Paulo lê jornais" e "Paulo lê gibis" respectivamente, é correto simbolizar a proposição composta "Paulo lê gibis ou não lê jornais e não lê revistas científicas" por $\neg((R \lor Q) \land \neg P)$.

51. (TRT-RN 2010 Cespe) Considerando que R e T são proposições lógicas simples, julgue os itens a seguir, acerca da construção de tabelas-verdade.
1. Se a expressão lógica envolvendo R e T for $(R \rightarrow T) \leftrightarrow R$, a tabela-verdade correspondente será a seguinte.

R	T	$(R \rightarrow T) \leftrightarrow R$
V	V	V
V	F	F
F	V	V
F	F	F

2. Se a expressão lógica envolvendo R e T for $(R \land T) \lor (\neg R)$, a tabela-verdade correspondente será a seguinte.

R	T	$(R \land T) \lor (\neg R)$
V	V	V
V	F	F
F	V	V
F	F	F

52. (TRT-RJ Téc. Jud. 2008 Cespe) Assinale a opção correspondente à proposição composta que tem exatamente 2 valores lógicos F e 2 valores lógicos V, para todas as possíveis atribuições de valores lógicos V ou F para as proposições A e B.
a) $B \lor (\neg A)$
b) $\neg(A \land B)$
c) $\neg[(\neg A) \land (\neg B)]$
d) $[(\neg A) \lor (\neg B)] \land (A \land B)$
e) $[(\neg A) \lor B] \land [(\neg B) \lor A]$

TAUTOLOGIA, CONTRADIÇÃO E CONTINGÊNCIA

53. **(Ministério do Turismo 2014 ESAF)** Assinale qual das proposições das opções a seguir é uma tautologia.
    a) p ∨ q → q
    b) p ∧ q → q
    c) p ∧ q ↔ q
    d) (p ∧ q) ∨ q
    e) p ∨ q ↔ q

54. **(TRT-RJ Téc. Jud. 2008 Cespe)** Considerando todos os possíveis valores lógicos V ou F atribuídos às proposições A e B, assinale a opção correspondente à proposição composta que tem sempre valor lógico F.
    a) [A∧(¬B)]∧[(¬A)∨B]
    b) (A∨B)∨[(¬A)∧(¬B)]
    c) [A∧(¬B)]∨(A∧B)
    d) [A∧(¬B)]∨A
    e) A∧[(¬B)∨A]

55. **(MPOG APO 2010 ESAF)** Considere os símbolos e seus significados: ~ negação, ∧ – conjunção, ∨ – disjunção, ⊥ – contradição e T – tautologia. Sendo F e G proposições, marque a expressão correta.
    a) (F ∨ G) ∧ ~ (~F ∧ ~G) = ⊥.
    b) (F ∨ G) ∧ (~F ∧ ~G) = T.
    c) (F ∨ G) ∧ (~F ∧ ~G) = ⊥.
    d) (F ∨ G) ∧ (~F ∧ ~G) = F ∨ G.
    e) (F ∨ G) ∧ ~ (~F ∧ ~G) = F ∧ G.

56. **(Polícia Federal 2009 Cespe)** Julgue o item que se segue.
    1. Independentemente dos valores lógicos atribuídos às proposições A e B, a proposição [(A→B) ∧ (¬B)] → (¬A) tem somente o valor lógico F.

57. **(MPE-Tocantins Analista 2006 Cespe)** Julgue o item subsequente.
    1. Não é possível avaliar como V a proposição (A→B) ∧ A ∧ (C∨¬A∨¬C).

58. **(Polícia Militar-DF 2009 Cespe)** Julgue os itens que se seguem, acerca de proposições e seus valores lógicos.
    1. A proposição (A∧B)→(A∨B) é uma tautologia.

59. **(TJ-ACRE 2012 Cespe)** Considerando que as proposições lógicas sejam representadas por letras maiúsculas, julgue o próximo item, relativo a lógica proposicional.
    1. A expressão [(P→Q) ∨ P] → Q é uma tautologia.

60. **(TRT-BA Téc. Jud. 2008 Cespe)** Julgue os itens seguintes, a respeito dos conceitos básicos de lógica e tautologia.
    1. Se A, B, C e D forem proposições simples e distintas, então o número de linhas da tabela-verdade da proposição (A→B)↔(C→D) será superior a 15.
    2. A proposição "Se 2 for ímpar, então 13 será divisível por 2" é valorada como F.
    3. Se A, B e C são proposições em que A e C são V e B é F, então (¬A)∨¬[(¬B)∧C] é V.
    4. Se A e B são proposições, então a proposição A∨B ↔ (¬A)∧(¬B) é uma tautologia.

61. (TRT-BA Anal. Jud. 2008 Cespe) Julgue os itens seguintes.
    1. Na tabela abaixo, a última coluna da direita corresponde à tabela-verdade da proposição (¬A)∨B→¬(A∨B).

A	B	¬A	(¬A)∨B	¬(A∨B)	(¬A)∨B → ¬(A∨B)
V	V				V
V	F				F
F	V				V
F	F				V

   2. A proposição ¬(A∨B)→(¬A)∨B é uma tautologia.
   3. A proposição A∧(¬B)→¬(A∧B) é uma tautologia.
   4. Na tabela abaixo, a proposição [A→B] ↔ [(¬B)→(¬A)] é uma tautologia.

A	B	¬A	¬B	A → B	(¬B) → (¬A)	[A → B] ↔ [(¬B) → (¬A)]
V	V					
V	F					
F	V					
F	F					

62. (MPE-PI 2011 Cespe) Considerando que P e Q sejam proposições simples, julgue o item que se segue.
    1. A proposição composta [P∧Q]∨[(¬Q)→P] é uma tautologia.

63. (Polícia Federal 2014 Cespe) Considerando que P, Q e R sejam proposições simples, julgue o item abaixo.
    1. A partir do preenchimento da tabela-verdade abaixo, é correto concluir que a proposição P∧Q∨R→P∨Q é uma tautologia.

P	Q	R	P∧Q∧R	P∨Q	P∧Q∧R → P∨Q
V	V	V			
V	V	F			
V	F	V			
V	F	F			
F	V	V			
F	V	F			
F	F	V			
F	F	F			

64. (TJ-SE Téc. Jud. 2014 Cespe) Julgue os próximos itens, considerando os conectivos lógicos usuais ¬, ∧, ∨, →, ↔ e que P, Q e R representam proposições lógicas simples.
    1. A proposição [P→(Q∧R)] ↔{[(¬P) ∨Q] ∧ [(¬P) ∨R]} é uma tautologia.
    2. A proposição [(¬P) ∨Q]↔{¬[P∧ (¬Q)]} é uma tautologia.
    3. Sabendo-se que, para a construção da tabela verdade da proposição (P∨Q) ↔ (Q∧R), a tabela mostrada abaixo normalmente se faz necessária, é correto afirmar que, a partir da tabela mostrada, a coluna correspondente a proposição (P∨Q) ↔ (Q∧R) conterá, de cima para baixo e na sequência, os seguintes elementos: V F F F V F F F.

P	Q	R	(P∨Q) ↔ (Q∧R)
V	V	V	
V	V	F	
V	F	V	
V	F	F	
F	V	V	
F	V	F	
F	F	V	
F	F	F	

65. **Classifique as proposições abaixo em Tautologia (T), Contradição (C) e Contingência (G):**
    ( ) [A→(B∧C)] → (A→C)
    ( ) (A→B) → [(A∧C) → (B∧C)]
    ( ) (~A ∨ ~B) ∨ (A→B)
    ( ) A → [A → (B ∧ ~A)]
    ( ) (~A ∨ ~B) ↔ (A∧B)
    ( ) A→B) ∨ (B∧C)
    ( ) ~{(A→B) → [(A→B) ∨ C]}
    ( ) A ∨ [A → (B ∧ ~B)]

Capítulo 2

Equivalência Lógica e Negação de Proposições

2.1. Introdução

No presente estudo, veremos que é possível expressar a mesma sentença de maneiras distintas, preservando, ainda assim, o significado lógico original.

Trata-se da equivalência lógica, mediante a qual entenderemos que frases como "Se leio com frequência, escrevo com facilidade" e "Se não escrevo com facilidade, não leio com frequência" se equivalem, do ponto de vista lógico.

Com os diversos conceitos estudados no capítulo anterior, a equivalência lógica complementa a base conceitual necessária a bom conhecimento do Raciocínio Lógico.

2.2. Proposições logicamente equivalentes

Dizemos que duas proposições são logicamente equivalentes (ou simplesmente que são equivalentes) quando **os resultados de suas tabelas-verdade são idênticos**.

Uma consequência prática da equivalência lógica é que ao trocar uma dada sentença por qualquer outra que lhe seja equivalente, estamos apenas mudando a maneira de dizê-la.

A **equivalência lógica** entre duas proposições, **p** e **q**, pode ser representada simbolicamente como: **p ⇔ q**, ou de maneira menos formal: **p = q**.

Passemos a um exercício resolvido de concurso.

Exemplo 1. (Cespe-UnB) Julgue o item seguinte:
Item 1. A tabela de verdade de p → q é igual à tabela de verdade de (p → ¬q) → ¬p.

Solução:

Façamos o que manda a questão: comparemos as **tabelas-verdade**. A primeira sentença é uma mera **condicional**. Teremos, pois, que:

p	q	p→q
V	V	V
V	F	F
F	V	V
F	F	V

Agora, passemos à segunda sentença: **(p → ~q) → ~p**. Teremos:

p	q	~q	p → q	~p	(p→~q)→~p
V	V	F	F	F	V
V	F	V	V	F	F
F	V	F	V	V	V
F	F	V	V	V	V

Comparando a sequência de valores lógicos da última coluna das duas tabelas, percebemos que são iguais. Logo, podemos afirmar que as tabelas-verdade são iguais, ou as valorações são iguais, ou, ainda, que as proposições são equivalentes.

Conclusão: este item está **correto**!

Exemplo 2. (Cespe-UnB) Julgue o item subsequente.

As proposições (P ∨ Q) → S e (P → S) ∨ (Q → S) possuem tabelas de valorações iguais.

Solução:

Construiremos as duas **tabelas-verdade**. Para a sentença (p ∨ q) → s, teremos:

p	q	s	p ∨ q	s	(p ∨ q) → s
V	V	V	V	V	V
V	V	F	V	F	F
V	F	V	V	V	V
V	F	F	V	F	F
F	V	V	V	V	V
F	V	F	V	F	F
F	F	V	F	V	V
F	F	F	F	F	V

Para a segunda sentença: (p → s) ∨ (q → s), teremos:

p	q	s	p → s	q → s	(p → s) ∨ (q → s)
V	V	V	V	V	V
V	V	F	F	F	F
V	F	V	V	V	V
V	F	F	F	V	V
F	V	V	V	V	V
F	V	F	V	F	V
F	F	V	V	V	V
F	F	F	V	V	V

Comparando os dois resultados acima, concluímos que o item está **errado**!
Veremos agora a descrição de algumas equivalências lógicas.

2.2.1. Equivalências da condicional

As duas equivalências que se seguem são de fundamental importância. Veremos várias questões de concurso que são resolvidas por meio delas.

Estas equivalências podem ser verificadas, ou seja, demonstradas, por meio da comparação entre as **tabelas-verdade**.

São as seguintes as equivalências da condicional:

1ª) Se p, então q = Se não q, então não p.

Na linguagem lógica, teremos que:

$$p \to q = {\sim}q \to {\sim}p$$

Observando a equivalência acima, percebemos que a forma equivalente para **p→q** pode ser obtida pela seguinte regra:
1º) Trocam-se os termos da condicional de posição;
2º) Negam-se ambos os termos da condicional.

Exemplo 3. Obteremos a proposição equivalente à condicional seguinte:
Se chove, então me molho.

Solução:
Primeiramente, escreveremos na linguagem lógica. Teremos:
$$\text{chove} \to \text{me molho}.$$
Aplicando a regra, teremos:
1º) Trocam-se os termos de posição: **me molho → chove**
2º) Negam-se ambos os termos: **não me molho → não chove**
Pronto! O resultado final é o seguinte:
- "Se não me molho, então não chove."

2ª) Se p, então q = não p ou q.

Se precisarmos transformar uma condicional numa disjunção, faremos isso usando a seguinte fórmula:

$$p \to q = {\sim}p \text{ ou } q$$

Como vemos, há uma outra forma equivalente para uma proposição condicional. Não se trata de outra condicional, mas de uma disjunção, pois o símbolo do implica é trocado pelo conectivo **ou**.

Observando a relação simbólica acima, percebemos que essa outra forma equivalente para **p → q** pode ser obtida pela seguinte regra:
1º) Nega-se o primeiro termo;
2º) Mantém-se o segundo termo.
3º) Troca-se o símbolo do implica pelo **ou**;

Exemplo 4. Obteremos a proposição equivalente à condicional seguinte:
Se chove, então me molho.

Solução:
Primeiramente, escreveremos na linguagem lógica, teremos:
chove → me molho.
Aplicando a regra, teremos:
1º) Nega-se o primeiro termo: **não chove**;
2º) Mantém-se o segundo termo: **me molho**.
3º) Troca-se o símbolo do implica pelo "**ou**";
Pronto! O resultado final é o seguinte:
- "Não chove ou me molho."

Com base nas equivalências obtidas nos dois últimos exemplos, podemos concluir que as três sentenças abaixo são equivalentes entre si.
1) "Se chove, então me molho."
2) "Se não me molho, então não chove."
3) "Não chove ou me molho."

3ª) p ou q = Se não p, então q.
Se precisarmos transformar uma disjunção numa condicional, faremos isso usando a seguinte fórmula:

$$p \text{ ou } q = \sim p \rightarrow q$$

A relação simbólica acima nos mostra que podemos transformar uma disjunção numa condicional, mediante a seguinte regra:
1º) Nega-se o primeiro termo;
2º) Mantém-se o segundo termo;
3º) Troca-se o **ou** pelo símbolo →.
É praticamente a mesma regra que vimos anteriormente para transformar uma condicional em uma disjunção.

Exemplo 5. Obteremos a condicional que é equivalente à disjunção seguinte:
João estuda ou não passa no concurso.

Solução:
Aplicando a regra, teremos:
1º) Nega-se o primeiro termo: **João não estuda**;
2º) Mantém-se o segundo termo: **não passa no concurso**.
3º) Troca-se o **ou** pelo símbolo →.

O resultado é o seguinte:

"João não estuda → não passa no concurso".

Ou seja:

"Se João não estuda, então não passa no concurso".

Colocando as fórmulas de equivalência que envolvem a condicional numa tabela, para ajudar a memorização, teremos:

| p → q = ~q → ~p: invertem-se as posições e trocam-se os sinais. |
| p → q = ~p ou q: nega-se o 1º, repete-se o 2º e troca-se pelo OU. |
| p ou q = ~p → q: nega-se o 1º, repete-se o 2º e troca pelo →. |

Vamos comprovar uma das fórmulas acima! Escolhemos a segunda: **p → q = ~p ou q**. Mas como faremos isso? Ora, por meio da comparação entre as tabelas-verdade das duas proposições. Primeiro, trabalhemos a tabela-verdade do **(p → q)**.

p	q	p→q
V	V	V
V	F	F
F	V	V
F	F	V

Guardemos, pois, essa última coluna (em destaque). Ela representa o **resultado lógico** da estrutura **(p → q)**.

Agora, construamos a tabela-verdade da estrutura **~p ou q**, e comparemos os resultados.

p	q	~p	~p ou q
V	V	F	V
V	F	F	F
F	V	V	V
F	F	V	V

Finalmente, comparemos a **coluna resultado** (em destaque) desta estrutura **(~p ou q)** com aquela que estava **guardada** da estrutura **(p → q)**. Teremos

(p → q)	~p ou q
V	V
F	F
V	V
V	V

Resultados idênticos! Portanto, as proposições são equivalentes!

Já sabendo disso, não perderemos tempo na prova construindo tabelas-verdade para verificar qual das opções de resposta é uma proposição equivalente à condicional trazida no enunciado! Esse exercício que fizemos acima, de comparar as **colunas-resultado** das duas tabelas, serviu apenas para explicar a origem dessa equivalência lógica.

Vejamos mais alguns exemplos.

Exemplo 6. Usando a fórmula: p → q = ~q → ~p, encontre a forma equivalente das proposições abaixo:

a) X → Y
   1º) Trocam-se os termos: Y → X
   2º) Negam-se ambos os termos: ~Y → ~X. Só isso!

b) X → ~Y
   1º) Trocam-se os termos: ~Y → X
   2º) Negam-se ambos os termos: Y → ~X.

c) ~X → Y
   1º) Trocam-se os termos: Y → ~X
   2º) Negam-se ambos os termos: ~Y → X.

d) ~X → ~Y
   1º) Trocam-se os termos: ~Y → ~X
   2º) Negam-se ambos os termos: Y → X.

Exemplo 7. Usando a fórmula: p→q = ~p ou q, encontre a forma equivalente das proposições abaixo:

a) X → Y
   1º) Nega-se o primeiro termo: ~X
   2º) Mantém-se o segundo termo: Y
   3º) Troca-se o símbolo do → pelo **ou**. Resultado: **~X ou Y**

b) X → ~Y
   1º) Nega-se o primeiro termo: ~X
   2º) Mantém-se o segundo termo: ~Y
   3º) Troca-se o símbolo do → pelo **ou**. Resultado: **~X ou ~Y**

c) ~X → Y
   1º) Nega-se o primeiro termo: X
   2º) Mantém-se o segundo termo: Y
   3º) Troca-se o símbolo do → pelo **ou**. Resultado: **X ou Y**

d) ~X → ~Y
   1º) Nega-se o primeiro termo: X
   2º) Mantém-se o segundo termo: ~Y
   3º) Troca-se o símbolo do → pelo **ou**. Resultado: **X ou ~Y**

Exemplo 8. Usando a fórmula: p ou q = ~p → q, encontre a forma equivalente das proposições abaixo:

a) X ou Y
   1º) Nega-se o primeiro termo: ~X
   2º) Mantém-se o segundo termo: Y
   3º) Troca-se o símbolo do **ou** pelo →. Resultado: **~X → Y**

b) X ou ~Y

1º) Nega-se o primeiro termo: ~X

2º) Mantém-se o segundo termo: ~Y

3º) Troca-se o símbolo do → pelo **ou**. Resultado: ~X → ~Y

c) ~X ou Y

1º) Nega-se o primeiro termo: X

2º) Mantém-se o segundo termo: Y

3º) Troca-se o símbolo do → pelo **ou**. Resultado: X → Y

d) ~X ou ~Y

1º) Nega-se o primeiro termo: X

2º) Mantém-se o segundo termo: ~Y

3º) Troca-se o símbolo do → pelo **ou**. Resultado: X → ~Y

Vejamos algumas questões de concurso!

Exemplo 9. (Esaf) Uma sentença logicamente equivalente a "Pedro é economista, então Luísa é solteira" é:

a) Pedro é economista ou Luísa é solteira.
b) Pedro é economista ou Luísa não é solteira.
c) Se Luísa é solteira, Pedro é economista;
d) Se Pedro não é economista, então Luísa não é solteira;
e) Se Luísa não é solteira, então Pedro não é economista.

Solução:

A questão nos trouxe uma **condicional** e pediu uma proposição equivalente. Podemos testar as duas equivalências da condicional que conhecemos.

Comecemos pela seguinte: $p \rightarrow q = \sim q \rightarrow \sim p$

Daí, a partir da proposição do enunciado: "Pedro é economista → Luísa é solteira", aplicaremos a regra seguinte:

1º) Trocam-se os termos da condicional de posição:

Luísa é solteira → Pedro é economista

2º) Negam-se ambos os termos da condicional:

Luísa não é solteira → Pedro não é economista

Pronto! Temos a forma equivalente seguinte:

"Se Luísa não é solteira, então Pedro não é economista".

Resposta: Alternativa e.

Tivemos sorte de encontrar a resposta logo na primeira tentativa! Todavia, se não houvesse essa sentença entre as opções de resposta, teríamos que tentar a segunda equivalência da condicional, a qual resulta em uma **disjunção**. Teríamos, pois que: $p \rightarrow q = \sim p$ ou q.

Aplicaremos a regra de transformar uma condicional em uma disjunção na proposição do enunciado (também poderíamos usar a condicional obtida acima). Teremos:
"Pedro é economista → Luísa é solteira"
1ª) Nega-se o primeiro termo: **Pedro não é economista**;
2ª) Mantém-se o segundo termo: **Luísa é solteira**.
3ª) Troca-se o símbolo do implica pelo "**ou**";
Pronto! O resultado final é o seguinte:
"Pedro não é economista ou Luísa é solteira".
Esta proposição também é equivalente a condicional trazida no enunciado, porém ela não aparece nas opções de resposta.

Exemplo 10. (Esaf). Se Marcos não estuda, João não passeia. Logo:
a) Marcos estudar é condição necessária para João não passear.
b) Marcos estudar é condição suficiente para João passear.
c) Marcos não estudar é condição necessária para João não passear.
d) Marcos não estudar é condição suficiente para João passear.
e) Marcos estudar é condição necessária para João passear.

Solução:
A estrutura **condicional** pode ser traduzida também com uso das expressões **condição suficiente** e **condição necessária**. Lembrados? Usando essa nomenclatura, teremos que:
- a primeira parte da **condicional** é uma **condição suficiente**; e
- a segunda parte da **condicional** é uma **condição necessária**.

Daí, tomando a sentença "Se Marcos não estuda, então João não passeia", teremos que:
- "Marcos não estudar é condição suficiente para João não passear"; e
- "João não passear é condição necessária para Marcos não estudar."

Ocorre que nenhum desses dois resultados possíveis acima consta entre as opções de resposta! Daí, sobra uma saída: teremos que encontrar uma **condicional equivalente** a esta da questão. Qual seria? Basta utilizar a fórmula: **p → q = ~q → ~p**.
Daí, a partir da proposição do enunciado: "**Marcos não estuda → João não passeia**", aplicaremos a regra seguinte:
1ª) Trocam-se os termos da condicional de posição:
João não passeia → Marcos não estuda
2ª) Negam-se ambos os termos da condicional:
João passeia → Marcos estuda
Pronto! Temos a forma equivalente seguinte:
"**Se João passeia, então Marcos estuda**".
Daí, agora analisando esta **condicional equivalente**, concluímos que:
- "João passear é condição suficiente para Marcos estudar"; e
- "**Marcos estudar é condição necessária para João passear**."

Resposta: Alternativa E.

Exemplo 11. (Esaf) Dizer que "André é artista ou Bernardo não é engenheiro" é logicamente equivalente a dizer que:
   a) André é artista se e somente se Bernardo não é engenheiro;
   b) Se André é artista, então Bernardo não é engenheiro;
   c) Se André não é artista, então Bernardo é engenheiro;
   d) Se Bernardo é engenheiro, então André é artista;
   e) André não é artista e Bernardo é engenheiro.

Solução:
O enunciado nos trouxe a **disjunção**: "André é artista ou Bernardo não é engenheiro", e nos pede a sua forma equivalente. Usaremos a regra seguinte:
1º) Nega-se o primeiro termo, teremos: **André não é artista**;
2º) Mantém-se o segundo termo, teremos: **Bernardo não é engenheiro**.
3º) Troca-se o **ou** pelo símbolo →.
O resultado é o seguinte:
"André não é artista → Bernardo não é engenheiro."
Ou seja:
"Se André não é artista, então Bernardo não é engenheiro."
Ótimo!
Ocorre que esta sentença acima não figura entre as opções de resposta. Isso nos leva a concluir que teremos ainda que **mexer** com essa **condicional**, encontrando uma **condicional equivalente** a ela. Daí, usaremos a equivalência: p → q = ~q → ~p.

Daí, a partir da condicional: "**Se André não é artista, então Bernardo não é engenheiro**", aplicaremos a regra seguinte:
1º) Trocam-se os termos da condicional de posição:
Bernardo não é engenheiro → André não é artista
2º) Negam-se ambos os termos da condicional:
Bernardo é engenheiro → André é artista
Pronto! Temos a forma equivalente seguinte:
"**Se Bernardo é engenheiro, então André é artista**".
Resposta: Alternativa D.

2.2.2. Equivalência entre "nenhum" e "todo"

Muitos concursandos dizem que não gostam de ver na frase a palavra "não", pois amiúde se atrapalham no momento de fazer a equivalência, ou de fazer a negação, ou outra operação lógica.

Como artifício para **sumir** com a palavra **não**, podemos tentar encontrar uma frase equivalente sem o **não**. Por exemplo, a proposição "Sandro não é culpado" é equivalente a: "Sandro é inocente"; a proposição "A porta não está aberta" é equivalente a: "A porta está fechada"; a proposição "Algum palhaço não é feliz" é equivalente a: "Algum palhaço é infeliz".

Quando a proposição for do tipo "Todo...não..." ou "Nenhum...não..." podemos **eliminar** a palavra **não**, utilizando as seguintes formas equivalentes:

1ª) Nenhum A não é B = Todo A é B

2ª) Todo A não é B = Nenhum A é B

Assim, quando se diz que "**Nenhuma** bola da urna não é azul", isso quer dizer o mesmo que "**Toda** bola da urna é azul." Facilitou ou não a interpretação? É claro que sim!

Portanto, procurem utilizar essas equivalências sempre que possível.

Outros exemplos:

Nenhum palhaço **não** é engraçado = Todo palhaço é engraçado.

Todo carro **não** é roxo = Nenhum carro é roxo.

2.2.3. Lei da dupla negação

Ao negar duas vezes seguidas, acaba-se desfazendo a negação.

$$\sim(\sim p) = p$$

Daí, concluiremos ainda que:
- A **não** é **não** B = A é B
- Todo A **não** é **não** B = Todo A **é** B
- Algum A **não** é **não** B = Algum A é B
- Nenhum A **não** é **não** B = Nenhum A é B

Exemplos:
1) A bola não é não esférica = A bola é esférica
2) Todo recifense não é não pernambucano = Todo recifense é pernambucano
3) Algum número racional não é não negativo = Algum número racional é negativo
4) Nenhum número negativo não é não natural = Nenhum número negativo é natural

2.2.4. "É não" é equivalente a "não é"

- A é **não** B = A **não** é B
- Todo A é **não** B = Todo A **não** é B
- Algum A é **não** B = Algum A **não** é B
- Nenhum A é **não** B = Nenhum A **não** é B

É mais comum usarmos a forma **não é** em vez de **é não**. Por exemplo, normalmente dizemos: "a gordura **não é** saudável", em vez de "a gordura **é não** saudável". Contudo, as duas formas estão corretas! A última forma é útil numa representação por conjuntos. A partir dela podemos afirmar que: o conjunto dos alimentos **gordurosos** está contido no conjunto dos alimentos **não saudáveis**. Outros Exemplos:

1) Todo cavalo **é não** carnívoro = Todo cavalo **não é** carnívoro
2) Algum carro **é não** preto = Algum carro **não é** preto
3) Nenhuma arte **é não** bela = Nenhuma arte **não é** bela

2.2.5. Propriedades Idempotente e de Absorção

- **Propriedades Idempotente**

1ª) p e p = p

Exemplo: *André é inocente e inocente = André é inocente*

2ª) p ou p = p

Exemplo: *Ana foi ao cinema ou ao cinema = Ana foi ao cinema.*

- **Propriedades de Absorção**

Através da representação por diagramas de conjuntos, podemos provar facilmente a existência das duas equivalências a seguir:

1ª) A ou (A e B) = A

2ª) A e (A ou B) = A

As duas propriedades acima podem ser úteis na simplificação de uma proposição, pois todas as vezes que aparecer a sentença **A ou (A e B)** ou a sentença **A e (A ou B)** podemos substituí-las apenas por **A**.

Vamos a um exemplo que utilizará algumas das propriedades acima:

Exemplo: Encontre o valor lógico da proposição: ~p ou [p e (p ou q) ou p].

Solução:

Na sentença entre colchetes, aparece a proposição **p e (p ou q)**. Utilizando a **propriedade de absorção**, podemos substituir esta última proposição apenas por p. Dessa forma, a proposição trazida no enunciado fica:

~p ou [p ou p]

Pela propriedade idempotente, temos que **p ou p = p**. Fazendo esta simplificação, teremos:

~p ou p

Foi visto no capítulo anterior que a proposição **~p ou p** é uma **tautologia**, ou seja, a proposição é sempre verdadeira.

Concluímos, portanto, que a proposição ~p ou [p e (p ou q) ou p] tem valor lógico verdade.

2.2.6. Leis comutativas, associativas e distributivas

Na sequência, algumas **leis** que podem eventualmente nos ser úteis na análise de alguma questão. São de fácil entendimento, de modo que nos limitaremos a apresentá-las.

Leis comutativas:

1ª) p e q = q e p

Exemplo: O cavalo é forte e veloz = O cavalo é veloz e forte

2ª) p ou q = q ou p

Exemplo: O carro é branco ou azul = O carro é azul ou branco

3ª) p $\leftrightarrow$ q = q $\leftrightarrow$ p

Exemplo: Amo se e somente se vivo = Vivo se e somente se amo

Leis associativas:

1ª) (p e q) e r = p e (q e r)

Quando todas as proposições simples forem interligadas pelo conectivo E, podemos associá-las de diferentes formas. Ou seja, podemos iniciar a resolução por (p e q), ou se quisermos por (q e r). Até mesmo, podemos retirar os parênteses: (p e q) e r = p e q e r.

2ª) (p ou q) ou r = p ou (q ou r)

Quando todas as proposições simples forem interligadas pelo conectivo OU, podemos associá-las de diferentes formas. Ou seja, podemos iniciar a resolução por (p ou q), ou se quisermos por (q ou r). Da mesma forma que o conectivo E, podemos também retirar os parênteses: (p ou q) ou r = p ou q ou r.

Leis distributivas:

Faremos um comparativo com a propriedade distributiva das operações aritméticas. Desta última, temos que:

- $a \times (b + c) = a \times b + a \times c$

De forma semelhante, usaremos essa propriedade para as proposições:

p e (q ou s)	=	(p e q) ou (p e s)
p ou (q e s)	=	(p ou q) e (p ou s)

2.3. Negativa de uma proposição composta

Já sabemos negar uma proposição simples. Mas, no caso de uma **proposição composta**, como se faz? Aí, dependerá do tipo de estrutura em que se encontra essa **proposição**.

Veremos, pois, uma a uma:

2.3.1. Negação de uma proposição conjuntiva: ~(p e q)

Para negarmos uma proposição no formato de conjunção (**p e q**), faremos o seguinte:

1º) Negaremos a primeira parte: **~p**;
2º) Negaremos a segunda parte: **~q**;
3º) Trocaremos **e** por **ou**.

E só!

Daí, a questão dirá: "Não é verdade que João é médico e Pedro é dentista", e pedirá que encontremos, entre as opções de resposta, aquela frase que seja **logicamente equivalente** a esta fornecida.

Analisemos: o começo da sentença é "não é verdade que...". Ora, dizer que "não é verdade que..." é nada mais nada menos que **negar o que vem em seguida**.

E o que vem em seguida? Uma estrutura de conjunção!

Daí, como negaremos que "João é médico e Pedro é dentista"? Da forma explicada acima:

1º) Nega-se a primeira parte: "João **não** é médico."
2º) Nega-se a segunda parte: "Pedro **não** é dentista."

Capítulo 2 – Equivalência Lógica e Negação de Proposições

3º) Troca-se **e** por **ou**, e o resultado final será o seguinte:
- "João não é médico **ou** Pedro não é dentista."

Traduzindo para a linguagem da Lógica, diremos que:

> ~(p e q) = ~p ou ~q

Essa relação é conhecida como a **1ª Lei de De Morgan**, de autoria do ilustre matemático inglês Augustus De Morgan (1806-1871).

Como podemos comprovar essa relação? Ora, por meio da comparação entre as tabelas-verdade das duas proposições acima. Vejamos como é isso. Primeiro, trabalhemos a tabela-verdade do **~(p e q)**.

p	q	(p e q)	~(p e q)
V	V	V	F
V	F	F	V
F	V	F	V
F	F	F	V

Guardemos, pois, essa última coluna (em destaque). Ela representa o **resultado lógico** da estrutura **~(p e q)**.

Agora, construamos a tabela-verdade da estrutura **~p ou ~q**, e comparemos os resultados.

p	q	~p	~q	~p ou ~q
V	V	F	F	F
V	F	F	V	V
F	V	V	F	V
F	F	V	V	V

Finalmente, comparemos a **coluna resultado** (em destaque) desta estrutura (**~p ou ~q**) com aquela que estava **guardada** da estrutura **~(p e q)**. Teremos

~(p e q)	~p ou ~q
F	F
V	V
V	V
V	V

Resultados idênticos! Daí, do **ponto de vista lógico**, para negar a conjunção (**p e q**), negaremos **p**, negaremos **q**, e trocaremos **e** por **ou**.

Já sabendo disso, não perderemos tempo na prova construindo tabela-verdade para saber como se faz a negativa de uma **conjunção**! Esse exercício que fizemos acima, de comparar as **colunas-resultado** das duas tabelas, serviu apenas para explicar a origem dessa equivalência lógica.

Exemplo 12. Encontre a negação de cada proposição abaixo:
a) Negação da proposição (X e Y)
   1º) Nega-se a primeira parte: ~X;
   2º) Nega-se a segunda parte: ~Y;
   3º) Troca-se o **e** pelo **ou**. Resultado: **~X ou ~Y**.
b) Negação da proposição (~X e Y)
   1º) Nega-se a primeira parte: X;
   2º) Nega-se a segunda parte: ~Y;
   3º) Troca-se o **e** pelo **ou**. Resultado: **X ou ~Y**.
c) Negação da proposição (~X e ~Y)
   1º) Nega-se a primeira parte: X;
   2º) Nega-se a segunda parte: Y;
   3º) Troca-se o **e** pelo **ou**. Resultado: **X ou Y**.

Exemplo 13. A afirmação "Não é verdade que Madalena não está em Curitiba e Saulo não está em Porto Alegre" é logicamente equivalente à afirmação:
   a) Madalena está em Curitiba ou Saulo não está em Porto Alegre;
   b) Madalena não está em Curitiba ou Saulo está em Porto Alegre;
   c) Madalena está em Curitiba e Saulo está em Porto Alegre;
   d) Se Madalena não está em Curitiba, então Saulo está em Porto Alegre;
   e) Se Madalena não está em Curitiba, então Saulo não está em Porto Alegre.

Solução:
Mais uma questão em que se pede a equivalência de uma sentença que inicia pelo termo "não é verdade que". E relembrando, dizer que "não é verdade que..." é nada mais nada menos que **negar o que vem em seguida**.

E o que vem em seguida? Uma estrutura de conjunção!

Para negarmos uma proposição no formato de conjunção (**p e q**), faremos o seguinte:
1º) Negaremos o primeiro termo: (**~p**);
2º) Negaremos o segundo termo: (**~q**);
3º) Trocaremos **e** por **ou**.

E só!

Daí, como negaremos a sentença "**Madalena não está em Curitiba e Saulo não está em Porto Alegre**"? Da forma explicada acima:
1º) Nega-se o primeiro termo: "Madalena está em Curitiba."
2º) Nega-se o segundo termo: "Saulo está em Porto Alegre."
3º) Troca-se **e** por **ou**, e o resultado final será o seguinte:
   • "Madalena está em Curitiba **ou** Saulo está em Porto Alegre."

Capítulo 2 – Equivalência Lógica e Negação de Proposições

Daí, procuraremos entre as opções de resposta, alguma que diga justamente que: "Madalena está em Curitiba **ou** Saulo está em Porto Alegre". Encontramos? Não encontramos! A agora? É óbvio que devemos procurar uma forma equivalente a esta disjunção.

Podemos transformar uma disjunção em uma condicional. Faremos isso para encontrarmos a alternativa correta.

Para transformarmos uma disjunção (**p ou q**) em uma condicional devemos usar a seguinte regra:

1º) Nega-se o primeiro termo: (~p);
2º) Mantém-se o segundo termo: q;
3º) Troca-se o símbolo **ou** pelo →.

Aplicando a regra acima na disjunção "Madalena está em Curitiba **ou** "Saulo está em Porto Alegre", **teremos:**

1º) Nega-se o primeiro termo: "Madalena não está em Curitiba."
2º) Mantém-se o segundo termo: "Saulo está em Porto Alegre."
3º) Troca-se o símbolo do **ou** pelo →.

O resultado é o seguinte:
"Madalena não está em Curitiba → Saulo está em Porto Alegre".

Trocando o símbolo do implica pelo **se... então**, teremos:
"Se Madalena não está em Curitiba, então Saulo está em Porto Alegre"
Resposta: Alternativa D.

Exemplo 14. Qual é a negação da proposição (p e ~q e r e s)?

Solução: A proposição composta em questão apresenta o conectivo E interligando as quatro proposições simples; portanto, é uma conjunção. Para se fazer a negação desta conjunção, procederemos da mesma forma que fazemos para uma conjunção com duas proposições simples. Aplicaremos a seguinte regra:

1º) Negar os termos;
2º) Trocam-se os símbolos **E** pelo **OU**.

Aplicando esta regra, a negação de (**p e ~q e r e s**) será:
1º) Negando os termos, obteremos: ~p, q, ~r, ~s;
2º) Trocam-se os símbolos **E** pelo **OU**.

O resultado final será o seguinte: (**~p ou q ou ~r ou ~s**).

2.3.2. Negação de uma proposição disjuntiva: ~(p ou q)

Para negarmos uma proposição no formato de disjunção (**p ou q**), faremos o seguinte:
1º) Negaremos a primeira: (~p);
2º) Negaremos a segunda: (~q);
3º) Trocaremos **ou** por **e**.

Se uma questão de prova disser: "Marque a assertiva que é logicamente equivalente à seguinte frase: Não é verdade que Pedro é dentista ou Paulo é engenheiro".

Pensemos: a frase em tela começa com um "não é verdade que...", ou seja, o que se segue está sendo negado! E o que se segue é uma estrutura em forma de **disjunção**. Daí, obedecendo aos passos descritos acima, faremos:

1º) Nega-se a primeira parte: (~p): "Pedro **não** é dentista."
2º) Nega-se a segunda parte: (~q): "Paulo **não** é engenheiro."
3º) Troca-se **ou** por **e**, e o resultado final será o seguinte:

- "Pedro **não** é dentista **e** Paulo **não** é engenheiro."

Na linguagem apropriada, concluiremos que:

> ~(p ou q) = ~p e ~q

Essa relação é conhecida como a **2ª Lei de De Morgan**.

Poderemos fazer a comprovação – via tabelas-verdade – desta conclusão acima. Primeiro, trabalhemos a tabela-verdade do **~(p ou q)**.

p	q	p ou q	~(p ou q)
V	V	V	F
V	F	V	F
F	V	V	F
F	F	F	V

Guardemos essa **coluna resultado** para o final. E passemos à segunda parte da análise: a estrutura **~p ∧ ~q**. Teremos o seguinte:

p	q	~p	~q	~p e ~q
V	V	F	F	F
V	F	F	V	F
F	V	V	F	F
F	F	V	V	V

Concluindo, comparemos a **coluna resultado** (em destaque) desta estrutura (**~p e ~q**) com aquela que estava **guardada** da estrutura **~(p ou q)**. Teremos:

~(p ou q)	~p e ~q
F	F
F	F
F	F
V	V

Resultados idênticos! Daí, do **ponto de vista lógico**, para negar **p ou q**, negaremos **p**, negaremos **q**, e trocaremos **ou** por **e**.

Exemplo 15. Encontre a negação de cada proposição abaixo:
a) **Negação da proposição (X ou Y)**
   1º) Nega-se a primeira parte: ~X;
   2º) Nega-se a segunda parte: ~Y;
   3º) Troca-se o **ou** pelo **e**. Resultado: **~X e ~Y**.
b) **Negação da proposição (~X ou Y)**
   1º) Nega-se a primeira parte: X;
   2º) Nega-se a segunda parte: ~Y;
   3º) Troca-se o **ou** pelo **e**. Resultado: **X e ~Y**.
c) **Negação da proposição (~X ou ~Y)**
   1º) Nega-se a primeira parte: X;
   2º) Nega-se a segunda parte: Y;
   3º) Troca-se o **ou** pelo **e**. Resultado: **X e Y**.

Exemplo 16. Qual é a negação da proposição (p ou ~q ou ~r ou s)?

Solução:
A proposição composta em questão apresenta o conectivo OU interligando as quatro proposições simples; portanto, é uma disjunção. Para se fazer a negação desta disjunção, procederemos da mesma forma que fazemos para uma disjunção com duas proposições simples. Aplicaremos a seguinte regra:
   1º) Negar os termos;
   2º) Trocam-se os símbolos **OU** pelo **E**.
Aplicando esta regra, a negação de **(p ou ~q ou ~r ou s)** será:
   1º) Negando os termos, obteremos: **~p, q, r, ~s**;
   2º) Trocam-se os símbolos **OU** pelo **E**.
O resultado final será o seguinte: **(~p e q e r e ~s)**.

Exemplo 17. Qual é a negação da proposição [p e ~q e (~r ou s)]?
Solução: A proposição composta em questão apresenta os conectivos E e OU. Para se fazer a negação desta proposição, procederemos da seguinte forma:
   1º) Negaremos as proposições simples;
   2º) Trocaremos o **E** pelo **OU** e o **OU** pelo **E**.
Aplicando esta regra, a negação de **[p e ~q e (~r ou s)]** será:
   1º) Negando os termos, obteremos: **~p, q, r, ~s**;
   2º) Trocaremos o **E** pelo **OU** e o **OU** pelo **E**; e o resultado final será o seguinte:
   [~p ou q ou (r e ~s)].

2.3.3. Negação de uma proposição condicional: ~(p → q)

Esta negativa é a mais cobrada em prova! Já, já, veremos exercícios de alguns concursos. Como é que se nega uma condicional? Da seguinte forma:
1º) Mantém-se a primeira parte;
2º) Nega-se a segunda;
3º) Troca-se o conectivo → pelo conectivo e.

Daí, como negaremos a proposição "**Se estudo muito, então fico louco**"? Da forma explicada acima:
1º) Mantém-se a primeira parte: "estudo muito";
2º) Nega-se a segunda parte: "não fico louco";
3º) Troca-se o conectivo → pelo conectivo e.

Resultado final: "Estudo muito e não fico louco."
Na linguagem lógica, teremos que:

~(p → q) = p e ~q

Exemplo 18. Encontre a negação de cada proposição abaixo:
a) **Negação de (X → Y)**
1º) Mantém-se a primeira parte: X;
2º) Nega-se a segunda parte: ~Y;
3º) Troca-se o → pelo e. Resultado: **X e ~Y**.

b) **Negação de (~X→Y)**
1º) Mantém-se a primeira parte: ~X;
2º) Nega-se a segunda parte: ~Y;
3º) Troca-se o → pelo e. Resultado: **~X e ~Y**.

c) **Negação de (~X → ~Y)**
1º) Mantém-se a primeira parte: ~X;
2º) Nega-se a segunda parte: Y;
3º) Troca-se o → pelo e. Resultado: **~X e Y**.

Vejamos as questões seguintes:

Exemplo 19. (Esaf) A negação da afirmação condicional "se estiver chovendo, eu levo o guarda-chuva" é:
 a) se não estiver chovendo, eu levo o guarda-chuva;
 b) não está chovendo e eu levo o guarda-chuva;
 c) não está chovendo e eu não levo o guarda-chuva;
 d) se estiver chovendo, eu não levo o guarda-chuva;
 e) está chovendo e eu não levo o guarda-chuva.

Solução:

O que a questão pede é a negação da condicional seguinte:

"está chovendo → eu levo o guarda-chuva"

Daí, recordaremos aquilo que acabamos de aprender: para negar uma **condicional**, manteremos a primeira parte, negaremos a segunda, e trocaremos o → por **e**. Teremos:
1) Mantém-se a primeira parte: "está chovendo".
2) Nega-se a segunda parte: "eu não levo o guarda-chuva".
3) Troca-se o conectivo → pelo conectivo **e**.

O resultado ficou assim: "**está chovendo e eu não levo o guarda-chuva**".

Resposta: Alternativa E.

Exemplo 20. (Esaf) A afirmação "Não é verdade que, se Pedro está em Roma, então Paulo está em Paris" é logicamente equivalente à afirmação:
a) É verdade que "Pedro está em Roma e Paulo está em Paris."
b) Não é verdade que "Pedro está em Roma ou Paulo não está em Paris."
c) Não é verdade que "Pedro não está em Roma ou Paulo não está em Paris."
d) Não é verdade que "Pedro não está em Roma ou Paulo está em Paris."
e) É verdade que "Pedro está em Roma ou Paulo está em Paris."

Solução:

Vamos pensar juntos. A questão pede a equivalência da sentença "não é verdade que, se Pedro...". Mas observe que esta sentença começa com o termo "não é verdade que". Logo, estamos lidando com uma negação! E o que se segue a esta negação? Uma proposição condicional, ou seja, uma proposição do tipo "Se p, então q".

Teremos:
1) Mantém-se a primeira parte: "Pedro está em Roma."
2) Nega-se a segunda parte: "Paulo não está em Paris."
3) Troca-se o conectivo → pelo conectivo **e**;

O resultado ficou assim:
"Pedro está em Roma e Paulo não está em Paris."

Daí, procuraremos entre as opções de resposta, alguma que diga justamente que: "É verdade que Pedro está em Roma e Paulo não está em Paris." Encontramos? Não encontramos! Só há duas opções de resposta que começam com "É verdade que...", que são as letras **a** e **e**. Estão, pois, descartadas essas duas opções.

Restam as letras **b**, **c** e **d**. Todas essas começam com "Não é verdade que...". Também a proposição do enunciado começa com "Não é verdade que...". Isto significa que a condicional do enunciado, que está após o termo "não é verdade que", deve ser equivalente a uma das três disjunções apresentadas nas alternativas b, c e d.

Daí, fica claro perceber que o que precisamos fazer agora é encontrar a disjunção que é equivalente à condicional do enunciado:

"se Pedro está em Roma, então Paulo está em Paris".

Para isso aplicaremos a regra seguinte:

1º) Nega-se o primeiro termo: Pedro não está em Roma;
2º) Mantém-se o segundo termo: Paulo está em Paris.
3º) Troca-se o símbolo do → pelo **ou**.

O resultado é o seguinte:

"Pedro não está em Roma ou Paulo está em Paris."

Donde concluímos que:

"Não é verdade que, se Pedro está em Roma, então Paulo está em Paris."
é equivalente a:

"Não é verdade que, Pedro não está em Roma ou Paulo está em Paris."

Resposta: Alternativa D.

2.3.4. Negação de uma proposição bicondicional: $\sim(p \leftrightarrow q)$

Os valores lógicos da **bicondicional** e do **OU exclusivo** são mostrados na tabela-verdade abaixo.

p	q	p ↔ q	p **ou** q
V	V	V	F
V	F	F	V
F	V	F	V
F	F	V	F

Observe nas linhas da tabela-verdade acima que a bicondicional e o **OU exclusivo** possuem valores lógicos opostos. Em consequência, podemos afirmar que a negação da bicondicional é o **OU exclusivo**, e vice-versa.

Simbolicamente, teremos:

$\sim(p \leftrightarrow q) = p$ **ou** q

Qual é a regra que podemos deduzir da fórmula acima? Simplesmente repetem-se as partes da bicondicional, e troca-se o conectivo ↔ por **ou**.

Exemplo 21. Encontre a negação das bicondicionais abaixo:
a) **Negação da proposição (X ↔ Y)**
   1º) Mantém-se a primeira parte: X
   2º) Mantém-se a segunda parte: Y
   3º) Troca-se o ↔ pelo **ou**. Resultado: **X ou Y**
b) **Negação da proposição (~X↔Y)**
   1º) Mantém-se a primeira parte: ~X
   2º) Mantém-se a segunda parte: Y
   3º) Troca-se o ↔ pelo **ou**. Resultado: **~X ou Y**

c) **Negação da proposição (~X ↔ ~Y)**
   1º) Mantém-se a primeira parte: ~X;
   2º) Mantém-se a segunda parte: ~Y;
   3º) Troca-se o ↔ pelo **ou**. Resultado: **~X ou ~Y**.

Há outra forma de negar a bicondicional. Vejamos!
Foi visto por nós que a bicondicional é equivalente à conjunção **(p → q) e (q → p)**. Daí, para negar a **bicondicional**, teremos que negar essa **conjunção**. E a negativa da conjunção é obtida negando-se as duas partes e trocando-se o **E** por um **OU**. Teremos:
~(p ↔ q)= ~[(p → q) e (q → p)] = ~(p → q) ou ~(q → p)
Temos que realizar a negação dessas duas condicionais, por meio da regra:
1º) Mantém-se a primeira parte;
2º) Nega-se a segunda parte;
3º) Troca-se o implica pelo **e**. Feito isto, para cada uma das condicionais, teremos como resultado:
~(p ↔ q) = (p e ~q) ou (q e ~p)
Eis aí a segunda forma de negar a bicondicional!
Colocando as negações das proposições compostas numa tabela, para ajudar a memorização, teremos:

Negativas das Proposições Compostas:

negação de (p e q)	é	~p ou ~q
negação de (p ou q)	é	~p e ~q
negação de (p → q)	é	p e ~q
negação de (p ↔ q)	é	p ou q
negação de (p ou q)	é	p ↔ q

2.3.5. Negação dos termos todo, nenhum e algum

Os termos **todo**, **algum** e **nenhum** aparecem frequentemente nas questões de concursos, e necessitaremos muitas vezes de efetuar as negações desses termos. O quadro abaixo ilustra como negar cada um deles:

Proposição	Negação da proposição
Algum	Nenhum
Nenhum	Algum
Todo	Algum... não
Algum... não	Todo

Resolveremos alguns exercícios para que fique bem claro como se realiza essas negações.

Exemplo 22
1. Qual é a negação de "Algum carro é veloz"?
   Basta trocar o **algum** por **nenhum**! Teremos:
   • "Nenhum carro é veloz". (Resposta!)

2. Qual é a negação de "Nenhuma música é triste"?
   Basta trocar o **nenhuma** por **alguma**! Teremos:
   - "**Alguma** música é triste." (Resposta!)

3. Qual é a negação de "Nenhum exercício não é difícil"?
   Basta trocar o **nenhum** por **algum**! Teremos:
   - "**Algum** exercício não é difícil." (Resposta!)

4. Qual é a negação de "Toda meditação é relaxante"?
   Basta trocar **o toda por alguma...não**! Isto é, substitua a palavra **toda** por **alguma** e acrescente a palavra **não** antes do verbo. Teremos:
   - "**Alguma** meditação **não** é relaxante." (Resposta!)

5. Qual é a negação de "Todo político não é responsável"?
   Faremos duas soluções:

1ª Solução:
Para fazer a negação basta trocar o **todo** por **algum...não**! Isto é, substitua a palavra **todo** por **algum** e acrescente a palavra **não** antes do verbo. Teremos:
- "**Algum** político não **não** é responsável."

Surgiu na proposição acima uma dupla negação; daí, o duplo **não** se anula, resultando na proposição seguinte:
- "Algum político é responsável." (Resposta!)

2ª Solução:
Conforme vimos na parte de Equivalência de Proposições, podemos transformar a proposição dada inicialmente: "**Todo** político **não** é responsável", para a seguinte forma equivalente:
- "**Nenhum** político é responsável."

E agora faremos a negação pedida na questão. Basta trocar o **nenhum** por **algum**! Teremos:
- "Algum político é responsável". (Mesma resposta!)

6. Qual é a negação de "Algum cantor não é afinado"?
   Faremos três soluções:

1ª Solução:
Observe as palavras em destaque na proposição: "**Algum** cantor **não** é **afinado**".
Segundo a nossa tabela, a negação de "Algum...não" é "Todo". Daí, a negação da proposição acima será:
- "**Todo** cantor é afinado." (Resposta!)

2ª Solução:

Faremos a negação simplesmente trocando o **algum** por **nenhum**!
- "**Nenhum cantor não é afinado.**" (Também é resposta!)

Podemos escrever a proposição acima de outra forma equivalente: trocando o "nenhum... não" por **todo**.
- "Todo cantor é afinado." (Resposta!)

3ª Solução:

Vamos primeiro tentar eliminar o **não** que existe na proposição, para depois efetuar a negação. Quem não é afinado é **desafinado**! Daí, mantendo o mesmo sentido, podemos reescrever a proposição como:
- "Algum cantor é desafinado."

Vamos negá-la! Basta trocar o **algum** por **nenhum**!
- "Nenhum cantor é desafinado." (Também é resposta!)

Trocando o **desafinado** por **não afinado**, teremos:
- "Nenhum cantor não é afinado." (Também é resposta!)

Podemos escrever a proposição acima de outra forma equivalente: trocando o **nenhum... não** por **todo**.
- "Todo cantor é afinado." (Resposta!)

Encontramos nas três soluções acima, as seguintes negações de "Algum cantor não é afinado":
1) Todo cantor é afinado.
2) Nenhum cantor é desafinado.
3) Nenhum cantor não é afinado.

Uma destas três proposições pode vir entre as opções de resposta da questão.

7. Qual é a negação de "Alguém ganhou o bingo"?

Alguém significa o mesmo que **alguma pessoa**. Vamos fazer essa substituição:
- "Alguma pessoa ganhou o bingo."

Para negar a proposição acima, trocaremos **algum** por **nenhum**!
- "Nenhuma pessoa ganhou o bingo."

Isso é equivalente a:
- "Ninguém ganhou o bingo." (Resposta!)

Ou seja, poderíamos ter simplesmente substituído *alguém* por *ninguém*.

8. Qual é a negação de "Algum dia ela me amará"?

Basta trocar o **algum** por **nenhum**! Teremos:
- "Nenhum dia ela me amará", que é o mesmo que:
- "Nunca ela me amará." (Resposta!)

9. A proposição "Nem todo livro é ilustrado" é **equivalente** a:

O termo **nem** nega o que vem em seguida ("todo livro é ilustrado"). E para obter a negação desta proposição, basta trocar o **todo** por "algum...não". Teremos:
- "Algum livro não é ilustrado." (Resposta!)

10. A proposição "Não é verdade que algum gato tem sete vidas" é **equivalente** a:

O termo "não é verdade que" nega o que vem em seguida ("algum gato tem sete vidas"). E para obter a negação desta proposição, basta trocar o termo **algum** por **nenhum**.
- "Nenhum gato tem sete vidas". (Resposta!)

Vejamos uma questão de concurso.

Exemplo 23. (Esaf) Pedro, após visitar uma aldeia distante, afirmou: "Não é verdade que todos os aldeões daquela aldeia não dormem a sesta". A condição necessária e suficiente para que a afirmação de Pedro seja verdadeira é que seja verdadeira a seguinte proposição:
  a) no máximo um aldeão daquela aldeia não dorme a sesta;
  b) todos os aldeões daquela aldeia dormem a sesta;
  c) pelo menos um aldeão daquela aldeia dorme a sesta;
  d) nenhum aldeão daquela aldeia não dorme a sesta;
  e) nenhum aldeão daquela aldeia dorme a sesta.

Solução:
A questão traz a proposição:
"Não é verdade que todos os aldeões daquela aldeia não dormem a sesta."
E temos que encontrar a verdade a partir desta afirmação!
Ora, dizer que "não é verdade que..." é nada mais nada menos que **negar o que vem em seguida**.
E o que vem em seguida? Uma proposição com o termo **TODO**:
"Todos os aldeões daquela aldeia não dormem a sesta."
Sabemos que a negação do **todo** é **algum**...**não**. Aplicando essa regra, encontramos:
"Alguns aldeões daquela aldeia não **não** dormem a sesta."
Na sentença acima aparece uma dupla negação, esses dois **não** se cancelam e obtemos o seguinte:
"Alguns aldeões daquela aldeia dormem a sesta."

Ao observarmos as opções de resposta, não encontraremos uma proposição idêntica à de cima. Contudo, o termo ALGUNS pode ser substituído pelo termo PELO MENOS UM sem alterar o sentido da frase. Assim, temos a forma equivalente seguinte:
"Pelo menos um aldeão daquela aldeia dorme a sesta."

Resposta: Alternativa C.

2.3.6. Proposições Contraditórias x Proposições Contrárias

Observe as seguintes definições:
1. As proposições contraditórias não podem ser ambas verdadeiras nem ambas falsas.
2. As proposições contrárias não podem ser ambas verdadeiras, mas podem ser ambas falsas.

Da primeira definição, pode-se afirmar que a proposição A e a sua negação ~A são consideradas como proposições contraditórias. Daí, as proposições "**Algum poeta é feliz**" e "**Nenhum poeta é feliz**" são proposições contraditórias.

Somos normalmente levados a pensar que a negação de "Nenhum" é "Todo", e vice-versa. Na verdade, proposições que usam esses termos são consideradas como proposições contrárias.

As proposições "**Nenhuma bola da urna é azul**" e "**Toda bola da urna é azul**" são proposições que não podem ser ambas verdadeiras, mas podem ser ambas falsas (por exemplo, numa urna com dez bolas de cores diversas, haja exatamente uma azul). Desse modo, elas são consideradas como proposições contrárias.

2.4. Exercícios Resolvidos

1. (Esaf) Dizer que "Pedro não é pedreiro ou Paulo é paulista" é, do ponto de vista lógico, o mesmo que dizer que:
   a) se Pedro é pedreiro, então Paulo é paulista;
   b) se Paulo é paulista, então Pedro é pedreiro;
   c) se Pedro não é pedreiro, então Paulo é paulista;
   d) se Pedro é pedreiro, então Paulo não é paulista;
   e) se Pedro não é pedreiro, então Paulo não é paulista.

Solução:
O enunciado nos trouxe a **disjunção**:
"Pedro não é pedreiro ou Paulo é paulista."
E pede-nos para encontrar a forma equivalente. Usaremos a seguinte regra:
1º) Nega-se o primeiro termo: **Pedro é pedreiro**
2º) Mantém-se o segundo termo: **Paulo é paulista**.
3º) Troca-se o conectivo **ou** pelo →.
Pronto! Temos a forma equivalente seguinte:
"Pedro é pedreiro → Paulo é paulista."
Isto é:
"**Se Pedro é pedreiro, então Paulo é paulista.**"
Esta sentença figura entre as opções de resposta? É a primeira alternativa da questão!
Resposta: Alternativa A.

2. (FCC) Um economista deu a seguinte declaração em uma entrevista: "Se os juros bancários são altos, então a inflação é baixa." Uma proposição logicamente equivalente à do economista é:
   a) se a inflação não é baixa, então os juros bancários não são altos;
   b) se a inflação é alta, então os juros bancários são altos;
   c) se os juros bancários não são altos, então a inflação não é baixa;
   d) os juros bancários são baixos e a inflação é baixa;
   e) ou os juros bancários, ou a inflação é baixa.

Solução: A questão nos trouxe uma **condicional** e pediu uma proposição equivalente. Sabemos que a condicional tem duas regras de equivalência, qual delas devemos usar? Nas opções de resposta, quase todas são condicionais, então é aconselhável usarmos primeiramente a seguinte: $p \to q = \sim q \to \sim p$.

A proposição trazida no enunciado é:
"Se os juros bancários são altos, então a inflação é baixa."
Aplicando a regra da equivalência, teremos:
1º) Trocam-se os termos da condicional de posição:
A inflação é baixa → os juros bancários são altos.
2º) Negam-se ambos os termos da condicional:
A inflação não é baixa → os juros bancários não são altos.
Pronto! Temos a forma equivalente seguinte:
"Se a inflação não é baixa, então os juros bancários não são altos."
Resposta: Alternativa A.

3. (UFF) Na cidade litorânea de Ioretin é rigorosamente obedecida a seguinte ordem do prefeito:
   "Se não chover então todos os bares à beira-mar deverão ser abertos."
   Pode-se afirmar que:
   a) se todos os bares à beira-mar estão abertos, então choveu;
   b) se todos os bares à beira-mar estão abertos, então não choveu;
   c) se choveu, então todos os bares à beira-mar não estão abertos;
   d) se choveu, então todos os bares à beira-mar estão abertos;
   e) se um bar à beira-mar não está aberto, então choveu.

Solução:
A questão nos trouxe uma **condicional** e precisaremos encontrar uma proposição equivalente.
Sabemos que a condicional tem duas equivalências, então qual delas devemos usar? Como todas as alternativas trazem condicionais, então com certeza devemos aplicar a regra seguinte: $p \to q = \sim q \to \sim p$.
Qual a forma equivalente de:
"Se não chover, então todos os bares à beira-mar deverão ser abertos."
Aplicaremos a seguinte regra de equivalência:
1º) Trocam-se os termos da condicional de posição:
Todos os bares à beira-mar deverão ser abertos → não chover

2º) Negam-se ambos os termos da condicional:

Alguns bares à beira-mar não deverão ser abertos → chover

Pronto! Temos a forma equivalente seguinte:

"Se alguns bares à beira-mar não deverão ser abertos, então chover."

É claro que devemos fazer uma correção nos tempos dos verbos da sentença acima, mas o nosso objetivo maior é encontrar a opção correta da questão.

Vamos observar as opções de resposta e comparar com a sentença que encontramos. A proposição que mais se aproxima é a da **alternativa e**.

"Se um bar à beira-mar não está aberto, então choveu."

Resposta: Alternativa E.

4. (Mack-SP) **Duas grandezas x e y são tais que: "se x = 3, então y = 7." Pode-se concluir que:**
   a) se $x \neq 3$, então $y \neq 7$;
   b) se $y = 7$, então $x = 3$;
   c) se $y \neq 7$, então $x \neq 3$;
   d) se $x = 5$, então $y = 5$;
   e) nenhuma das conclusões anteriores é válida.

Solução:

Temos que encontrar a forma equivalente da proposição:
- Se $x = 3$, então $y = 7$.

Como as alternativas trazem proposições condicionais, então usaremos a seguinte regra de equivalência: $p \rightarrow q = \sim q \rightarrow \sim p$.

Daí:

1º) Trocam-se os termos da condicional de posição:

$y = 7 \rightarrow x = 3$

2º) Negam-se ambos os termos da condicional:

$y \neq 7 \rightarrow x \neq 3$

Pronto! Temos a forma equivalente seguinte:

Se $y \neq 7$, então $x \neq 3$.

Resposta: Alternativa C.

5. (IPAD) **A sentença "penso, logo existo" é logicamente equivalente a:**
   a) penso e existo;
   b) nem penso, nem existo;
   c) não penso ou existo;
   d) penso ou não existo;
   e) existo, logo penso.

Solução:

A sentença "penso, logo existo" é equivalente a: "Se penso, então existo."

As alternativas **c** e **d** trazem uma disjunção, e a alternativa **e**, uma condicional. Assim, talvez seja necessário encontrar as duas formas equivalentes da condicional.

Para encontrar a primeira forma equivalente usaremos a seguinte regra: $p \to q = \sim q \to \sim p$.
Teremos:
1º) Trocam-se os termos da condicional de posição:
existo → penso
2º) Negam-se ambos os termos da condicional:
não existo → não penso
Pronto! Temos a forma equivalente seguinte:
"Se não existo, então não penso."
A única alternativa que traz uma condicional é a letra E, mas ela é diferente da condicional que encontramos acima. Portanto, passemos a segunda regra da equivalência, que é dada por: $p \to q = \sim p$ ou q.
Por esta regra, encontraremos a equivalência de "Se penso, então existo":
1º) Nega-se o primeiro termo: não **penso**;
2º) Mantém-se o segundo termo: **existo**.
3º) Troca-se o símbolo do implica pelo **ou**.
Pronto! O resultado final é o seguinte: Não **penso** ou **existo**.
Resposta: Alternativa C.

6. (FCC) Das proposições abaixo, a única que é logicamente equivalente a $p \to q$ é:
   a) $\sim q \to \sim p$;
   b) $\sim q \to p$;
   c) $\sim p \to \sim q$;
   d) $q \to \sim p$;
   e) $\sim(q \to p)$.

Solução:
Aplicaremos na proposição $p \to q$, trazida no enunciado, a seguinte regra de equivalência da condicional:
1º) Trocam-se os termos da condicional de posição: $q \to p$.
2º) Negam-se ambos os termos da condicional: $\sim q \to \sim p$.
Resultado final: $\sim q \to \sim p$.
Resposta: Alternativa A.

7. (FCC) As sentenças abaixo são verdadeiras.
   Se vou a Brasília de avião, o voo atrasa.
   Se o voo para Brasília atrasa, fico mal-humorado.
   Então, também é verdade que:
   a) se o voo para Brasília não atrasa, não estou indo à Brasília;
   b) se não vou a Brasília de avião, fico mal-humorado;
   c) se o voo para Brasília não atrasa, não fico mal humorado;
   d) o voo para Brasília não atrasa e não fico mal humorado;
   e) vou a Brasília de avião e não fico mal-humorado.

Solução:

Primeiro vamos encontrar a forma equivalente de cada condicional trazida no enunciado.

→ Formas equivalentes de "Se vou a Brasília de avião, o voo atrasa."

1ª) Usando a regra **p → q = ~q → ~p**, teremos como resultado:

"Se o voo não atrasa, não vou à Brasília de avião."

Compare essa condicional que encontramos com as trazidas nas alternativas a, b e c.

A condicional da alternativa **A** é:

"Se o voo para Brasília não atrasa, não estou indo à Brasília."

E aí, a condicional da alternativa A é equivalente à que encontramos? Sim, são equivalentes! (Embora possuam algumas palavras diferentes, elas guardam o mesmo sentido!)

Resposta: Alternativa A.

Aproveitaremos para mostrar outras possíveis equivalências que poderiam ser resposta da questão, enumerando cada uma delas.

- A outra equivalência de "Se vou a Brasília de avião, o voo atrasa":

É a disjunção: "Não vou a Brasília de avião ou o voo atrasa." (2ª resposta!)

- As duas formas equivalentes de "Se o voo para Brasília atrasa, fico mal-humorado" são:

A condicional: "Se não fico mal-humorado, o voo para Brasília não atrasa."

(3ª resposta!)

A disjunção: "O voo para Brasília não atrasa ou fico mal-humorado."

(4ª resposta!)

Também podemos juntar as duas condicionais do enunciado para formar uma terceira condicional. Quando tivermos que **p → q** e **q → r**, então podemos deduzir que **p → r**.

Coloquemos as duas condicionais uma próxima da outra:

"Se **vou a Brasília de avião**, o voo atrasa"; e

"Se o voo para Brasília atrasa, fico mal-humorado."

Observe que o segundo termo da 1ª condicional é igual ao primeiro termo da 2ª condicional. Daí, podemos formar a seguinte condicional:

"Se **vou a Brasília de avião**, fico mal-humorado."

(5ª resposta!)

E para finalizar, podemos escrever as duas formas equivalentes da condicional acima:

A condicional: "Se não fico mal-humorado, não vou a Brasília de avião."

(6ª resposta!)

A disjunção: "**Não vou a Brasília de avião** ou fico mal-humorado."

(7ª resposta!)

Para encontrarmos as três últimas respostas (5ª, 6ª e 7ª) usamos as duas condicionais trazidas no enunciado.

Na FCC, já ocorreu algumas vezes de possuirmos duas opções corretas na questão, e mesmo assim a questão não foi anulada. Quando ocorrer isto, temos que procurar qual é a opção **mais correta**. Por exemplo, considere que a 1ª resposta e a 6ª resposta estejam entre as opções de resposta da questão. Qual é a que você marcaria? Deveríamos marcar a **6ª resposta**, pois para chegarmos à proposição da 6ª resposta foram utilizadas as duas condicionais do enunciado, enquanto na proposição da 1ª resposta, utilizamos somente uma.

8. (Cespe-UnB) Considere a assertiva seguinte, adaptada da revista comemorativa dos 50 anos da Petrobras:
Se o governo brasileiro tivesse instituído, em 1962, o monopólio da exploração de petróleo e derivados no território nacional, a Petrobras teria atingido, nesse mesmo ano, a produção de 100 mil barris/dia.
Julgue se cada um dos itens a seguir apresenta uma proposição logicamente equivalente à assertiva acima.
Item 1. Se a Petrobras não atingiu a produção de 100 mil barris/dia em 1962, o monopólio da exploração de petróleo e derivados não foi instituído pelo governo brasileiro nesse mesmo ano.
Item 2. Se o governo brasileiro não instituiu, em 1962, o monopólio da exploração de petróleo e derivados, então a Petrobras não atingiu, nesse mesmo ano, a produção de 100 mil barris/dia.

Solução:

Para simplificar e facilitar a resolução dos dois itens, definiremos as seguintes proposições simples **p** e **q**:
p: o governo brasileiro instituiu o monopólio da exploração de petróleo; e
q: a Petrobras atingiu a produção de 100 mil barris/dia.
Assim, teremos que a assertiva desta questão será simbolizada pela sentença: **p → q**.
Analisemos o primeiro item.
1. Se a Petrobras não atingiu a produção de 100 mil barris/dia em 1962, o monopólio da exploração de petróleo e derivados não foi instituído pelo governo brasileiro nesse mesmo ano.
Traduzindo esta sentença para a linguagem simbólica, tomando por base as proposições **p** e **q** definidas acima, encontraremos o seguinte: **~q → ~p**.
Ora, já aprendemos que uma forma de fazer a equivalência da **condicional** é trocando as posições e negando as duas partes. Daí, a proposição equivalente à assertiva **p → q**, trazida no texto da questão, é: **~q → ~p**.
Conclusão: o item 1 está **correto**!

2. Se o governo brasileiro não instituiu, em 1962, o monopólio da exploração de petróleo e derivados, então a Petrobras não atingiu, nesse mesmo ano, a produção de 100 mil barris/dia.
A tradução da sentença acima para a linguagem simbólica nos faz chegar a: **~p → ~q**.
Sabemos que a proposição **~p → ~q** NÃO é equivalente à proposição **p → q**.
Conclusão: o item 2 está **errado**!

9. Dê uma negação para cada uma das proposições abaixo.
   a) O tempo será frio e chuvoso.
   b) Ele cometeu um erro ou não foi reponsável.
   c) Marina não é morena ou Ana é baixa.
   d) Se o tempo está chuvoso então está frio.
   e) Todos os corvos são negros.
   f) Nenhum triângulo é retângulo.
   g) Alguns sapos são bonitos.
   h) Algumas vidas não são importantes.

Solução:

Para resolvermos esta questão precisamos utilizar as seguintes regras da negação já vistas por nós:

Proposição	Negação da proposição
(p e q)	~p ou ~q
(p ou q)	~p e ~q
(p → q)	p e ~q
nenhum	algum
algum	nenhum
todo	algum...não
algum...não	todo

Seguindo essas regras, obteremos as negações de cada uma das proposições propostas na questão. Teremos:

a) **O tempo será frio e chuvoso.**
   Negação: O tempo **não** será frio **ou não** será chuvoso.

b) **Ele cometeu um erro ou não foi responsável.**
   Negação: Ele **não** cometeu um erro **e** foi responsável.

c) **Marina não é morena ou Ana é baixa.**
   Negação: Marina é Morena **e** Ana **não** é baixa.

d) **Se o tempo está chuvoso então está frio.**
   Negação: O tempo está chuvoso **e não** está frio.

e) **Todos os corvos são negros.**
   Negação: **Algum** corvo **não** é negro.

f) **Nenhum triângulo é retângulo.**
   Negação: **Algum** triângulo é retângulo.

g) **Alguns sapos são bonitos.**
   Negação: **Nenhum** sapo é bonito.

h) **Algumas vidas não são importantes.**
   Negação: **Todas** as vidas são importantes.

10. **(FCC)** A correta negação da proposição "todos os cargos deste concurso são de analista judiciário" é:
   a) alguns cargos deste concurso são de analista judiciário;
   b) existem cargos deste concurso que não são de analista judiciário;
   c) existem cargos deste concurso que são de analista judiciário;
   d) nenhum dos cargos deste concurso não é de analista judiciário;
   e) os cargos deste concurso são ou de analista, ou no judiciário.

Solução:
Para negar a proposição "**todos** os cargos deste concurso são de analista judiciário", deve-se trocar o termo **todo** por **algum...não**. Aplicando esta regra, teremos:
"**Alguns** cargos deste concurso **não** são de analista judiciário."
Não há opção de resposta idêntica à proposição que encontramos, mas o termo ALGUNS pode ser substituído pelo termo EXISTEM sem alterar o sentido da frase. Assim, teremos a forma equivalente seguinte:
"**Existem** cargos deste concurso que **não** são de analista judiciário."
Resposta: Alternativa B.

11. **(IPAD)** Supondo que cronópios e famas existem e que nem todos os cronópios são famas podemos concluir logicamente que:
   a) nenhum cronópio é fama;
   b) algum cronópio não é fama;
   c) algum cronópio é fama;
   d) todos os cronópios são famas;
   e) nenhum fama é cronópio;

Solução:
Na sentença "nem todos os cronópios são famas", a palavra "nem" significa que devemos negar o que vem em seguida.
O que vem é seguida é a proposição: "**todos** os cronópios são famas".
Ora, sabemos que a negação de **todo** é **algum...não**. Aplicando esta regra, teremos:
  • "**Algum** cronópio **não** é fama."
Resposta: Alternativa B.

12. **(Esaf)** Dizer que não é verdade que Pedro é pobre e Alberto é alto, é logicamente equivalente a dizer que é verdade que:
   a) Pedro não é pobre ou Alberto não é alto;
   b) Pedro não é pobre e Alberto não é alto;
   c) Pedro é pobre ou Alberto não é alto;
   d) se Pedro não é pobre, então Alberto é alto;
   e) se Pedro não é pobre, então Alberto não é alto.

Solução:

Analisemos: o começo da sentença é "não é verdade que...". Ora, dizer que "não é verdade que..." é nada mais nada menos que **negar o que vem em seguida**.

O que vem em seguida é a conjunção: "Pedro é pobre e Alberto é alto."

Ora, sabemos que a negação da conjunção é feita pela regra: ~(p e q) = ~p ou ~q.

Daí, negando a primeira parte, teremos: **Pedro não é pobre**. Negando a segunda parte: **Alberto não é alto**. Finalmente, trocando o **E** por um **OU**, chegaremos à negação da conjunção:

Pedro não é pobre ou Alberto não é alto.

Resposta: Alternativa A.

13. (Esaf) Dizer que a afirmação "todos os economistas são médicos" é falsa, do ponto de vista lógico, equivale a dizer que a seguinte afirmação é verdadeira:
    a) pelo menos um economista não é médico;
    b) nenhum economista é médico;
    c) nenhum médico é economista;
    d) pelo menos um médico não é economista;
    e) todos os não médicos são não economistas.

Solução:

Como o enunciado diz que é FALSA a sentença: "Todos os economistas são médicos", então teremos que negar esta sentença para chegarmos à proposição verdadeira.

A palavra **todos** é negada por **algum...não** (= pelo menos um... não). Daí, se *é mentira* que "todos os economistas são médicos", é fácil concluirmos que:

"**Pelo menos um** economista **não** é médico!"

Resposta: Alternativa A.

14. (Serpro) Se não é verdade que "Alguma professora universitária não dá aulas interessantes", então é verdade que:
    a) todas as professoras universitárias dão aulas interessantes;
    b) nenhuma professora universitária dá aulas interessantes;
    c) nenhuma aula interessante é dada por alguma professora universitária;
    d) nem todas as professoras universitárias dão aulas interessantes;
    e) todas as aulas não interessantes são dadas por professoras universitárias.

Solução:

Na frente da proposição: "Alguma professora universitária não dá aulas interessantes" há a expressão "não é verdade que". Assim, para descobrirmos a verdade, devemos fazer a negação desta proposição.

Ora, a negação de "algum...não" é todo. Daí, teremos:

"Toda professora universitária dá aulas interessantes."

Resposta: Alternativa A.

15. (Cesgranrio) Considere a proposição composta "A prova estava difícil e menos do que 20% dos candidatos foram aprovados no concurso". Sua negação é:
    a) A prova estava difícil ou mais do que 20% dos candidatos foram aprovados no concurso.
    b) A prova estava difícil e mais do que 80% dos candidatos foram reprovados no concurso.
    c) A prova não estava difícil ou menos do que 80% dos candidatos foram reprovados no concurso.
    d) A prova não estava difícil ou mais do que 80% dos candidatos foram reprovados no concurso.
    e) A prova não estava fácil ou 20% dos candidatos foram reprovados no concurso.

Solução:
A questão solicita a negação de uma conjunção, cujos termos são os seguintes:
 – 1º termo: A prova estava difícil.
 – 2º termo: Menos do que 20% dos candidatos foram aprovados no concurso.

A negação da conjunção é feita pela aplicação da primeira Lei de De Morgan: ~(A e B) = ~A ou ~ B. Ou seja, deve-se negar os termos da conjunção e trocar o conectivo E pelo conectivo OU.

Uma negação do primeiro termo da conjunção é: "A prova não estava difícil".

Uma negação do segundo termo da conjunção é: "No mínimo 20% dos candidatos foram aprovados no concurso".

Com estes resultados, a negação da conjunção trazida no enunciado é a disjunção:
"A prova não estava difícil **ou** no mínimo 20% dos candidatos foram aprovados no concurso."

Entretanto, essa disjunção não aparece entre as opções de resposta.

A fim de tentar encontrar uma opção correta, pode-se fazer a forma equivalente do segundo termo da disjunção, adaptando a frase de aprovados para reprovados.

Ora, dizer que "No mínimo 20% dos candidatos foram **aprovados** no concurso" é o mesmo que dizer que:
"Menos do que 80% dos candidatos foram **reprovados** no concurso".

Assim, a negação da conjunção trazida no enunciado torna-se:
"A prova não estava difícil ou menos do que 80% dos candidatos foram reprovados no concurso."

Essa disjunção aparece na alternativa C.
Resposta: Alternativa C.

16. (FCC) Se p e q são proposições, então a proposição p ∧ (~q) é equivalente a:
    a) ~(p → ~q);
    b) ~(p → q);
    c) ~q → ~p;
    d) ~(q → ~p);
    e) ~(p ∨ q).

Solução:
Observe que todas as alternativas são negações (~), então a ideia é desenvolver cada uma dessas alternativas para encontrarmos qual é a proposição equivalente a **p ∧ (~q)**.

- **Teste da alternativa a: ~(p → ~q)**
  Temos a negação de uma condicional, assim devemos aplicar a seguinte regra:
  1º) Mantém-se a primeira parte: **p**
  2º) Nega-se a segunda parte: ~(~q) = **q**
  3º) Troca-se o → pelo **e**.
  Resultado final: **p e q**. Está diferente da proposição do enunciado. Alternativa errada!

- **Teste da alternativa b:) ~(p → q)**
  Temos a negação de uma condicional, assim devemos aplicar a seguinte regra:
  1º) Mantém-se a primeira parte: **p**
  2º) Nega-se a segunda parte: **~q**
  3º) Troca-se o → pelo **e**.
  Resultado final: **p e ~q**. Está igual à proposição do enunciado. Alternativa correta!
  Resposta: Alternativa B.

17. **(FCC) Dentre as alternativas abaixo, assinale a correta.**
    a) as proposições ~(p ∧ q) e (~p ∨ ~q) não são logicamente equivalentes;
    b) a negação da proposição "Ele faz caminhada se, e somente se, o tempo está bom", é a proposição "Ele não faz caminhada se, e somente se, o tempo não está bom";
    c) a proposição ~[p ∨ ~(p ∧ q)] é logicamente falsa;
    d) a proposição "Se está quente, ele usa camiseta", é logicamente equivalente à proposição "Não está quente e ele usa camiseta";
    e) a proposição "Se a Terra é quadrada, então a Lua é triangular" é falsa.

Solução:
Passemos aos testes das alternativas.

- **Teste da alternativa A:**
  Temos que verificar se são equivalentes as proposições:
  1ª) ~(p e q)
  2ª) (~p ou ~q)
  Desenvolvendo a 1ª proposição, que é a **negação** de **(p e q)**, obteremos:
  - ~(p e q) = (~p ou ~q)

  A proposição resultante é igual à 2ª proposição! Portanto, as proposições trazidas na alternativa A são equivalentes. Logo, a **alternativa A está errada**.
  A resolução desta alternativa poderia ter sido feita através da construção da tabela-verdade das duas proposições, e posterior comparação entre os valores lógicos obtidos.

- **Teste da alternativa B:**
  Esta alternativa trata da negação de uma proposição bicondicional. E, conforme já visto, há duas formas de negar a bicondicional:
  - ~(p ↔ q) = (p e ~q) ou (q e ~p).

ou
- ~(p ↔ q) = p **ou** q (ou exclusivo)

Pelo exposto na alternativa B, conclui-se que a alternativa afirma que a negação da bicondicional (p ↔ q) é dada por: (~p ↔ ~q). Sabemos que isso não é verdade! **Alternativa errada.**

- **Teste da alternativa C:**

A proposição ~[p ou ~(p e q)] é logicamente falsa.

Dentro dos colchetes há o termo: ~(p e q). Aplicando a regra da negação, teremos:

- ~(p e q) = ~p ou ~q

Substituindo este resultado na proposição ~[p ou ~(p e q)], ficaremos com:

- ~[p ou ~p ou ~q]

O valor lógico da proposição p ou ~p é sempre V. Substituiremos essa proposição pelo seu valor lógico V.

- ~[V ou ~q]

O valor lógico da sentença [V ou ~q] é sempre verdade, independentemente do valor lógico de q. Daí, ficaremos com apenas:

- ~[V]

A negação de V é F:

- ~[V] = F

Portanto, a proposição ~[p ou ~(p e q)] é logicamente falsa.

Resposta: Alternativa C.

Vamos continuar a análise das demais alternativas.

- **Teste da alternativa D:**

Uma proposição equivalente à proposição "está quente → ele usa camiseta" é obtida pela aplicação da regra:

1º) Nega-se o primeiro termo: **Não está quente**.

2º) Mantém-se o segundo termo: **ele usa camiseta**.

3º) Troca-se o → pelo **ou**.

O resultado é o seguinte:

- "Não está quente ou ele usa camiseta."

Portanto, a alternativa está errada!

- **Teste da alternativa E:** A proposição "Se a Terra é quadrada, então a Lua é triangular" é falsa.

É claro que o antecedente e o consequente da condicional têm valor lógico F. Substituindo os termos pelos seus valores lógicos, teremos: F → F.

De acordo com a tabela-verdade da condicional, o resultado de F → F é V. Logo, a alternativa está errada!

18. **(Cespe-UnB)** Julgue o item seguinte: ~(P → ~Q) é logicamente equivalente à (Q → ~P).

Solução:

Tomemos a segunda parte desta equivalência: (Q → ~P).

Agora, vamos aplicar a primeira forma de equivalência da condicional, que é dada pela relação: p → q = ~q → ~p.

Capítulo 2 – Equivalência Lógica e Negação de Proposições 121

Esta equivalência se forma, portanto, da seguinte maneira: trocam-se as proposições de lugar, e negam-se ambas! Só isso!

Daí, retomemos nossa sentença: (Q → ~P).

Agora, invertamos as posições: (~P → Q)

Agora, façamos as duas negativas: (P → ~Q)

Pronto! Achamos a proposição equivalente! Teremos, pois, que:
- (Q → ~P) = (P → ~Q)

Porém, o item da questão afirma que (Q → ~P) = ~(P → ~Q). Comparando com o resultado que encontramos, podemos declarar que a afirmação do item está **errada**!

Haveria outra forma de se chegar a essa resposta? Obviamente que sim! Poderíamos, por exemplo, construir as **tabelas-verdade** de ambas as proposições e compará-las. Vejamos. Comecemos com ~(P → ~Q). Teremos:

P	Q	~Q	P → ~Q	~(P → ~Q)
V	V	F	F	V
V	F	V	V	F
F	V	F	V	F
F	F	V	V	F

Agora, a segunda parte: (Q → ~P). Teremos:

P	Q	~P	(Q → ~P)
V	V	F	F
V	F	F	V
F	V	V	V
F	F	V	V

Comparando os resultados, concluímos igualmente que tais sentenças não são equivalentes.

19. (FCC) Numa proposição composta s, aparecem as proposições simples p, q e r. Sua tabela-verdade é:

p	q	r	s
V	V	V	V
V	V	F	V
V	F	V	F
V	F	F	V
F	V	V	V
F	V	F	V
F	F	V	F
F	F	F	V

Usando a conjunção (∧), a disjunção (∨) e a negação (~), pode-se construir sentenças equivalentes a s. Uma dessas sentenças é:
a) (~ p ∨ q ∨ ~ r) ∧ (p ∨ q ∨ ~ r);
b) (p ∨ q ∨ r) ∧ (~ p ∨ ~ q ∨ r);
c) (p ∧ q ∧ ~ r) ∨ (p ∧ ~ q ∧ ~r);

d) (p ∧ q ∧ r) ∨ (~p ∧ ~q ∧ r);
e) (p ∧ ~q ∧ r) ∨ (~p ∧ ~q ∧ r).

Solução:
Para encontrarmos uma sentença equivalente à sentença **s**, podemos proceder da seguinte forma:

1º) Escolhemos uma linha da tabela-verdade, trazida na questão, de acordo com algum critério;

2º) Observa-se os valores lógicos para p, q e r presentes na linha escolhida no 1º passo;

3º) Substituímos os valores lógicos observados para p, q e r no passo anterior em cada uma das sentenças das opções de resposta;

4º) Se o valor lógico encontrado para a sentença da opção de resposta for diferente do valor lógico da sentença **s** que aparece na mesma linha da tabela-verdade, então devemos descartar a opção de resposta testada; mas caso seja igual, a opção de resposta voltará a ser testada posteriormente;

5º) Voltamos ao 1º passo até que só reste uma opção de resposta.

Vamos pensar em qual critério utilizar no primeiro passo. Observe que a última linha apresenta uma situação interessante: os valores lógicos são todos **falsos** e o resultado do valor lógico da proposição **s** é o oposto, **V**. Escolheremos a primeira linha da tabela-verdade para iniciar os testes!

Vamos à execução dos passos:

1º) Escolhemos para início dos testes a **última linha** da tabela-verdade;

2º) Os valores lógicos para **p**, **q** e **r** na última linha é **F**, **F**, **F**.

3º) Substituiremos **p**, **q** e **r** por **F**, **F**, **F**, respectivamente, em cada uma das sentenças das opções de resposta. (Lembre que numa disjunção quem manda é o V e numa conjunção quem manda é o F!). Teremos:

a) (~p ∨ q ∨ ~r) ∧ (p ∨ q ∨ ~r)
(~**F** ∨ **F** ∨ ~**F**) ∧ (**F** ∨ **F** ∨ ~**F**) = (**V** ∨ **F** ∨ **V**) ∧ (**F** ∨ **F** ∨ **V**) = **V** ∧ **V** = **V**

b) (p ∨ q ∨ r) ∧ (~p ∨ ~q ∨ r)
(**F** ∨ **F** ∨ **F**) ∧ (~**F** ∨ ~**F** ∨ **F**) = (**F** ∨ **F** ∨ **F**) ∧ (**V** ∨ **V** ∨ **F**) = **F** ∧ **V** = **F**

c) (p ∧ q ∧ ~r) ∨ (p ∧ ~q ∧ ~r)
(**F** ∧ **F** ∧ ~**F**) ∨ (**F** ∧ ~**F** ∧ ~**F**) = (**F** ∧ **F** ∧ **V**) ∨ (**F** ∧ **V** ∧ **V**) = **F** ∨ **F** = **F**

d) (p ∧ q ∧ r) ∨ (~p ∧ ~q ∧ r)
(**F** ∧ **F** ∧ **F**) ∨ (~**F** ∧ ~**F** ∧ **F**) = (**F** ∧ **F** ∧ **F**) ∨ (**V** ∧ **V** ∧ **F**) = **F** ∨ **F** = **F**

e) (p ∧ ~q ∧ r) ∨ (~p ∧ ~q ∧ r)
(**F** ∧ ~**F** ∧ **F**) ∨ (~**F** ∧ ~**F** ∧ **F**) = (**F** ∧ **V** ∧ **F**) ∨ (**V** ∧ **V** ∧ **F**) = **F** ∨ **F** = **F**

4º) Na última linha da tabela-verdade a sentença **s** apresenta valor lógico **V**. Com base neste valor lógico e no valor lógico encontrado em cada sentença, quais das opções de resposta podem ser descartadas? As alternativas **b**, **c**, **d**, e **e** devem ser descartadas, pois o valor lógico encontrado foi F, diferente do valor lógico de **s**.

Como só nos restou a alternativa A, então podemos afirmar que a **resposta é a alternativa A**.

Caso houvesse mais de uma sentença com o mesmo valor lógico de **s**, então voltaríamos ao 1º passo, para a escolha de uma nova linha da tabela-verdade.

Outro raciocínio para resolver esta questão é baseado no fato de que os valores lógicos da proposição **s** é na sua grande maioria V. Nas opções de resposta aparecem somente os conectivos E e OU, e qual destes gera mais resultados V? Certamente o conectivo OU! Portanto, a opção correta é aquela que traz muitos conectivos OU. Há duas opções de resposta que têm muitos OU: a alternativa **A** e a alternativa **B**. Logo, uma dessas deve ser a resposta da questão. Testando uma dessas duas, chegaremos à opção correta (pois se não é uma é a outra!).

20. **(Cespe-UnB) Considere a proposição: "Se meu cliente fosse culpado, então a arma do crime estaria no carro." Simbolizando por P o trecho "meu cliente fosse culpado" e simbolizando por Q o trecho "a arma estaria no carro", obtém-se uma proposição implicativa, ou simplesmente uma implicação, que é lida: Se P então Q, e simbolizada por P → Q. Uma tautologia é uma proposição que é sempre V (verdadeira). Uma proposição que tenha a forma P → Q é V sempre que P for F (falsa) e sempre que P e Q forem V. Com base nessas informações e na simbolização sugerida, julgue os itens subsequentes.**
Item 1. A proposição "Se meu cliente fosse culpado, então a arma do crime estaria no carro. Portanto, se a arma do crime não estava no carro, então meu cliente não é culpado." é uma tautologia.

Solução:
Primeiramente, vamos definir as seguintes proposições simples:
   A = meu cliente é culpado.
   B = a arma do crime está no carro.
A proposição que o item afirma que é uma tautologia é a proposição composta:
"Se meu cliente fosse culpado, então a arma do crime estaria no carro. Portanto, se a arma do crime não estava no carro, então meu cliente não é culpado."
Vamos traduzi-la para a forma simbólica, usando as definições acima para **A** e **B**. Teremos:
"(A → B) → (~B → ~A)"
A palavra **portanto** é uma implicação, por isso substituímos ela pelo símbolo da implicação →.
Na condicional acima, o primeiro termo é (A → B), e o segundo termo é (~B → ~A). Observe que este segundo termo é uma forma equivalente do primeiro termo. Estão lembrados da regra de equivalência do **troca e nega**? Esta regra de equivalência é dada por: A → B = ~B → ~A.

Portanto a condicional "(A → B) → (~B → ~A)" pode ser escrita na forma equivalente:
"(A → B) → (A → B)"
Como os termos desta condicional são iguais, então o valor lógico dela é sempre verdade. Vamos provar!

- Se o primeiro termo (A → B) é verdade, o segundo (A → B) também será verdade. Daí, fica **V** → **V** que resulta no valor lógico **V**.
- Se o primeiro termo (A → B) é falso, o segundo (A → B) também será falso. Daí, fica **F** → **F** que resulta no valor lógico **V**.

Está provado que a proposição "(A → B) → (A → B)" é sempre verdadeira. Logo, esta proposição é uma tautologia. O item está **CERTO**!

Item 2. A proposição "Se meu cliente fosse culpado, então a arma do crime estaria no carro. Portanto, ou meu cliente não é culpado ou a arma do crime estaria no carro" não é uma tautologia.

Solução:
Primeiramente, vamos definir as seguintes proposições simples:
  A = meu cliente é culpado.
  B = a arma do crime está no carro.
A proposição que o item afirma que NÃO é uma tautologia é a seguinte proposição composta:
"Se meu cliente fosse culpado, então a arma do crime estaria no carro. Portanto, ou meu cliente não é culpado ou a arma do crime estaria no carro."
Vamos traduzi-la para a forma simbólica:
"(A → B) → (~A ou B)."
Da transformação acima, temos duas observações:
1ª) A palavra **portanto** é uma implicação, por isso substituímos ela pelo símbolo da implicação →.
2ª) Podemos sempre considerar que a proposição "ou X ou Y" é o mesmo que "X ou Y". Ou seja, devemos descartar o primeiro OU da disjunção! Por isso que a representação simbólica de "ou meu cliente não é culpado ou a arma do crime estaria no carro" é dada por (**~A ou B**).
Na condicional acima, o primeiro termo é (A → B), e o segundo termo é (~A ou B). Observe que este segundo termo é uma forma equivalente do primeiro termo. Estão lembrados da regra de equivalência que transforma a condicional numa disjunção? Esta regra de equivalência é dada por: A → B = ~A ou B.
Portanto a condicional "(A → B) → (~A ou B)" pode ser escrita na forma equivalente:
"(A → B) → (A → B)"
Já havíamos feito a análise desta mesma proposição no item anterior, e a conclusão foi de que esta proposição é uma tautologia. Como este item afirmou que NÃO é uma tautologia, então ele está **ERRADO**!

21. (FCC) A contrapositiva da recíproca de p → q é equivalente a :
    a) ~ q → p;
    b) ~ p → q;
    c) q → p;
    d) ~ q → ~ p;
    e) ~ p → ~ q.

Solução:
Aproveitaremos essa questão para apresentar os conceitos de **recíproca**, **contrária** e **contrapositiva** de uma proposição condicional.

A **recíproca** de uma condicional é obtida pela troca de posições dos termos. Portanto, a recíproca de A→B é: **B→A**.

A **contrária (ou inversa)** de uma condicional é obtida da negação dos termos. Então, a contrária de A→B é: **~A→~B**.

A **contrapositiva** de uma condicional é obtida pela troca e negação dos termos. Ou seja, a contrapositiva da condicional equivale à recíproca da contrária (ou contrária da recíproca) da condicional. Façamos em dois passos a contrapositiva da condicional A→B:

1º) trocando os termos de posição: B→A.
2º) negando os termos: ~B→~A.

Assim, a contrapositiva da condicional A→B é **~B→~A**.

Dos resultados acima, podemos concluir:
– Duas proposições **recíprocas** NÃO são logicamente equivalentes;
– Duas proposições **contrárias** NÃO são logicamente equivalentes;
– Duas proposições **contrapositivas** são logicamente equivalentes.

Passemos efetivamente à solução da questão, a qual solicita a contrapositiva da recíproca de p→q.

Devemos inicialmente encontrar a recíproca de p→q. Para tanto, efetuaremos a troca de posições dos termos dessa condicional. O resultado é: **q→p**.

Temos agora que encontrar a contrapositiva de **q→p**. Teremos:

1º) trocando os termos de posição: p→q.
2º) negando os termos: ~p→~q

Pronto!
Então, a contrapositiva da recíproca de **p→q** é **~p→~q**.
Resposta: alternativa E.

2.5. Exercícios Propostos

01. (Banco do Brasil 2011 FCC) Um jornal publicou a seguinte manchete:
   "Toda Agência do Banco do Brasil tem déficit de funcionários."
   Diante de tal inverdade, o jornal se viu obrigado a retratar-se, publicando uma negação de tal manchete. Das sentenças seguintes, aquela que expressaria de maneira correta a negação da manchete publicada é:
   a) *Qualquer Agência do Banco do Brasil não têm déficit de funcionários.*
   b) *Nenhuma Agência do Banco do Brasil tem déficit de funcionários.*
   c) *Alguma Agência do Banco do Brasil não tem déficit de funcionários.*
   d) *Existem Agências com déficit de funcionários que não pertencem ao Banco do Brasil.*
   e) *O quadro de funcionários do Banco do Brasil está completo.*

02. **(Defensoria Pública do Estado do Rio Grande do Sul 2013 FCC)** Ao ser questionado por seus alunos sobre a justiça da avaliação final de seu curso, um professor fez a seguinte afirmação: "Não é verdade que todos os alunos que estudaram foram reprovados". Considerando verdadeira a afirmação do professor, pode-se concluir que, necessariamente,
a) pelo menos um aluno que estudou não foi reprovado.
b) todos os alunos que estudaram não foram reprovados.
c) pelo menos um aluno que não estudou foi reprovado.
d) todos os alunos que não estudaram foram reprovados.
e) somente alunos que não estudaram foram reprovados.

03. **(Prominp 2009 Cesgranrio)** A negação de "Todos os filhos de Maria gostam de quiabo" é
a) nenhum dos filhos de Maria gosta de quiabo.
b) nenhum dos filhos de Maria desgosta de quiabo.
c) pelo menos um dos filhos de Maria gosta de quiabo.
d) pelo menos um dos filhos de Maria desgosta de quiabo.
e) alguns filhos de Maria não gostam de quiabo.

04. **(Metrô-SP 2010 FCC)** A negação da proposição "Existem Linhas do Metrô de São Paulo que são ociosas." é:
a) Nenhuma Linha do Metrô de São Paulo é ociosa.
b) Nenhuma Linha ociosa é do Metrô de São Paulo.
c) Nem toda Linha do Metrô de São Paulo é ociosa.
d) Algumas Linhas do Metrô de São Paulo não são ociosas.
e) Toda Linha do Metrô de São Paulo é não ociosa.

05. **(TJ-PE 2006 FCC)** Considere a afirmação abaixo.
Existem funcionários públicos que não são eficientes.
Se essa afirmação é FALSA, então é verdade que:
a) nenhum funcionário público é eficiente.
b) nenhuma pessoa eficiente é funcionário público.
c) todo funcionário público é eficiente.
d) nem todos os funcionários públicos são eficientes.
e) todas as pessoas eficientes são funcionários públicos.

06. Dizer que "Não é verdade que nem todo pássaro não é verde" é falsa, do ponto de vista lógico, equivale a dizer que a seguinte afirmação é verdadeira:
a) Não é verdade que nem todo pássaro é verde.
b) Não é verdade que nenhum pássaro é verde.
c) Nem todo pássaro é verde.
d) Não é verdade que algum pássaro não é verde.
e) Todo pássaro é verde.

07. **(ANEEL 2006 ESAF)** Dizer que não é verdade que A = B e C = D, é logicamente equivalente a dizer que é verdade que:
a) A não é B e C não é D.
b) A não é B ou C não é D.
c) A é B ou C não é D.
d) se A não é B, então C é D.
e) se A não é B, então C não é D.

08. **(TJ-Amapá Téc. Jud. 2014 FCC)** Vou à academia todos os dias da semana e corro três dias na semana. Uma afirmação que corresponde à negação lógica da afirmação anterior é
a) Não vou à academia todos os dias da semana ou não corro três dias na semana.
b) Vou à academia quase todos os dias da semana e corro dois dias na semana.
c) Nunca vou à academia durante a semana e nunca corro durante a semana.
d) Não vou à academia todos os dias da semana e não corro três dias na semana.
e) Se vou todos os dias à academia, então corro três dias na semana.

09. (TRT-MA Téc. Jud. 2014 FCC) Não gosto de ficar em casa e vou ao cinema todos os dias. Do ponto de vista lógico, uma afirmação que corresponde a uma negação dessa afirmação é:
a) Não gosto de sair de casa e não vou ao cinema todos os dias.
b) Vou ao cinema todos os dias e gosto de ficar em casa.
c) Não vou ao cinema todos os dias ou não gosto de ficar em casa.
d) Se não gosto de ficar em casa, então vou ao cinema todos os dias.
e) Gosto de ficar em casa ou não vou ao cinema todos os dias.

10. (ATA-MF 2009 ESAF) A negação de "Ana ou Pedro vão ao cinema e Maria fica em casa" é:
a) Ana e Pedro não vão ao cinema ou Maria fica em casa.
b) Ana e Pedro não vão ao cinema ou Maria não fica em casa.
c) Ana ou Pedro vão ao cinema ou Maria não fica em casa.
d) Ana ou Pedro não vão ao cinema e Maria não fica em casa.
e) Ana e Pedro não vão ao cinema e Maria fica em casa.

11. (ATRFB 2012 ESAF) A negação da proposição "se Paulo estuda, então Marta é atleta" é logicamente equivalente à proposição
a) Paulo não estuda e Marta não é atleta.
b) Paulo estuda e Marta não é atleta.
c) Paulo estuda ou Marta não é atleta.
d) se Paulo não estuda, então Marta não é atleta.
e) Paulo não estuda ou Marta não é atleta.

12. (ATA-MF 2014 ESAF) A negação da proposição "se Paulo trabalha oito horas por dia, então ele é servidor público" é logicamente equivalente à proposição:
a) Paulo trabalha oito horas por dia ou é servidor público.
b) Paulo trabalha oito horas por dia e não é servidor público.
c) Paulo trabalha oito horas por dia e é servidor público.
d) Se Paulo não trabalha oito horas por dia, então não é servidor público.
e) Se Paulo é servidor público, então ele não trabalha oito horas por dia.

13. (TRT-Alagoas Téc. Jud. 2014 FCC) Considere a seguinte afirmação:
Se José estuda com persistência, então ele faz uma boa prova e fica satisfeito.
Uma afirmação que é a negação da afirmação acima é
a) José estuda com persistência e ele não faz uma boa prova e ele não fica satisfeito.
b) José não estuda com persistência e ele não faz uma boa prova ou fica satisfeito.
c) José estuda com persistência ou ele faz uma boa prova ou ele não fica satisfeito.
d) José estuda com persistência e ele não faz uma boa prova ou ele não fica satisfeito.
e) Se José fica satisfeito então ele fez uma boa prova e estudou com persistência.

14. (Prominp 2008 Cesgranrio) Sejam p, q e r proposições simples e ~p, ~q e ~r as suas respectivas negações. A negação de (p ∧ q) → ~r é
a) p ∧ q ∧ r
b) p ∨ q ∧ r
c) (p ∧ q) ∨ r
d) ~(p ∧ q) ∨ r
e) ~(p ∧ q) ∨ ~r

15. (Pref. Rio de Janeiro - Agente de Trabalhos de Engenharia 2010 ESAF) Considere x um número real. A negação da proposição: $2/3 \leq x \leq 5/3$ ou $-1 < x < 1$ é:
a) $-1 < x \leq 2/3$.
b) $-1 \leq x < 2/3$.
c) $x \leq -1$ e $x > 5/3$.
d) $x \leq -1$ ou $x > 5/3$.
e) $-1 \leq x < 2/3$ e $x > 5/3$.

16. **(TRT-AM Anal. Jud. 2012 FCC)** O diretor comercial de uma companhia, preocupado com as numerosas reclamações de clientes sobre a falta de produtos do catálogo nas lojas da empresa, deu a seguinte ordem a todos os gerentes:
    "Pelo menos uma de nossas lojas deve ter em
    seu estoque todos os produtos de nosso catálogo."
    Dois meses depois, o diretor constatou que sua ordem não estava sendo cumprida. Com essas informações, conclui-se que, necessariamente,
    a) nenhum produto do catálogo estava disponível no estoque de todas as lojas da empresa.
    b) no estoque de apenas uma loja da empresa não havia produtos do catálogo em falta.
    c) alguma loja da empresa não tinha em seu estoque qualquer produto do catálogo.
    d) algum produto do catálogo estava em falta no estoque de todas as lojas da empresa.
    e) no estoque de cada loja da empresa faltava pelo menos um produto do catálogo.

17. **(Especialista em Políticas Públicas/SP 2009 FCC)** A sentença a seguir foi dita pelo chefe da manutenção de determinada indústria durante uma reunião: "Não é verdade que todos os funcionários do meu setor deixaram de cumprir a meta de atender a 100% das chamadas dentro do prazo recomendado."
    Mais tarde, na mesma reunião, os dados apresentados pelos outros setores da indústria mostraram que o chefe da manutenção se equivocara, sendo falsa sua sentença. Nessas condições, é necessário concluir que
    a) nenhum funcionário da manutenção conseguiu atende a qualquer chamada dentro do prazo recomendado.
    b) pelo menos um funcionário da manutenção não conseguiu atender nenhuma chamada dentro do prazo recomendado.
    c) todos os funcionários da manutenção tiveram pelo menos uma chamada que não foi atendida dentro do prazo recomendado.
    d) apenas um funcionário da manutenção teve pelo menos uma chamada que não foi atendida dentro do prazo recomendado.
    e) 100% das chamadas feitas a funcionários da manutenção deixaram de ser atendidas dentro do prazo recomendado.

18. **(TRT-RJ 2013 FCC)** Um vereador afirmou que, no último ano, compareceu a todas as sessões da Câmara Municipal e não empregou parentes em seu gabinete. Para que essa afirmação seja falsa, é necessário que, no último ano, esse vereador
    a) tenha faltado em todas as sessões da Câmara Municipal ou tenha empregado todos os seus parentes em seu gabinete.
    b) tenha faltado em pelo menos uma sessão da Câmara Municipal e tenha empregado todos os seus parentes em seu gabinete.
    c) tenha faltado em pelo menos uma sessão da Câmara Municipal ou tenha empregado um parente em seu gabinete.
    d) tenha faltado em todas as sessões da Câmara Municipal e tenha empregado um parente em seu gabinete.
    e) tenha faltado em mais da metade das sessões da Câmara Municipal ou tenha empregado pelo menos um parente em seu gabinete.

19. **(TRT-AM Téc. Jud. 2012 FCC)** Uma senhora afirmou que todos os novelos de lã guardados numa gaveta são coloridos e nenhum deles foi usado. Mais tarde, ela percebeu que havia se enganado em relação à sua afirmação, o que permite concluir que
    a) pelo menos um novelo de lã da gaveta não é colorido ou algum deles foi usado.
    b) pelo menos um novelo de lã da gaveta não é colorido ou todos eles foram usados.
    c) os novelos de lã da gaveta não são coloridos e já foram usados.
    d) os novelos de lã da gaveta não são coloridos e algum deles já foi usado.
    e) existem novelos de lã brancos na gaveta e eles já foram usados.

Capítulo 2 – Equivalência Lógica e Negação de Proposições 129

20. **(TST Téc. Jud. 2012 FCC)** A declaração abaixo foi feita pelo gerente de recursos humanos da empresa X durante uma feira de recrutamento em uma faculdade:
"Todo funcionário de nossa empresa possui plano de saúde e ganha mais de R$ 3.000,00 por mês."
Mais tarde, consultando seus arquivos, o diretor percebeu que havia se enganado em sua declaração. Dessa forma, conclui-se que, necessariamente,
a) dentre todos os funcionários da empresa X, há um grupo que não possui plano de saúde.
b) o funcionário com o maior salário da empresa X ganha, no máximo, R$ 3.000,00 por mês.
c) um funcionário da empresa X não tem plano de saúde ou ganha até R$ 3.000,00 por mês.
d) nenhum funcionário da empresa X tem plano de saúde ou todos ganham até R$ 3.000,00 por mês.
e) alguns funcionários da empresa X não têm plano de saúde e ganham, no máximo, R$ 3.000,00 por mês.

21. **(SEFAZ-SP Agente Fiscal de Rendas 2009 FCC)** Considere a afirmação:
Pelo menos um ministro participará da reunião ou nenhuma decisão será tomada.
Para que essa afirmação seja FALSA
a) é necessário que nenhum ministro tenha participado da reunião e duas decisões tenham sido tomadas.
b) é necessário que dois ministros tenham participado da reunião e nenhuma decisão tenha sido tomada.
c) é suficiente que nenhum ministro tenha participado da reunião e duas decisões tenham sido tomadas.
d) é suficiente que dois ministros tenham participado da reunião e alguma decisão tenha sido tomada.
e) é necessário e suficiente que alguma decisão tenha sido tomada, independentemente da participação de ministros na reunião.

22. **(TRT-SP Anal. Jud. 2014 FCC)** Um dia antes da reunião anual com os responsáveis por todas as franquias de uma cadeia de lanchonetes, o diretor comercial recebeu um relatório contendo a seguinte informação:
Todas as franquias enviaram o balanço anual e nenhuma delas teve prejuízo neste ano.
Minutos antes da reunião, porém, ele recebeu uma mensagem em seu celular enviada pelo gerente que elaborou o relatório, relatando que a informação não estava correta. Dessa forma, o diretor pôde concluir que, necessariamente,
a) nem todas as franquias enviaram o balanço anual ou todas elas tiveram prejuízo neste ano.
b) nem todas as franquias enviaram o balanço anual ou pelo menos uma delas teve prejuízo neste ano.
c) nenhuma franquia enviou o balanço anual e todas elas tiveram prejuízo neste ano.
d) alguma franquia não enviou o balanço anual e todas elas tiveram prejuízo neste ano.
e) nenhuma franquia enviou o balanço anual ou pelo menos uma delas teve prejuízo neste ano.

23. **(MPU 2013 Cespe)** julgue os itens seguintes.
1. A negação da proposição "A licitação anterior não pode ser repetida sem prejuízo para a administração" está corretamente expressa por "A licitação anterior somente poderá ser repetida com prejuízo para a administração".
2. A negação da proposição "Não apareceram interessados na licitação anterior e ela não pode ser repetida sem prejuízo para a administração" está corretamente expressa por "Apareceram interessados na licitação anterior ou ela pode ser repetida sem prejuízo para a administração".

24. (PM-AC 2008 Cespe) Julgue o item a seguir.
    1. Se A é a proposição "Todo bom soldado é pessoa honesta", considere as proposições seguintes:
    B: Nenhum bom soldado é pessoa desonesta.
    C: Algum bom soldado é pessoa desonesta.
    D: Existe bom soldado que não é pessoa honesta.
    E: Nenhuma pessoa desonesta é um mau soldado.
    Nesse caso, todas essas 4 últimas proposições podem ser consideradas como enunciados para a proposição ¬A.

25. (TRT-10ª Região 2012 Cespe) Julgue o item a seguir.
    1. A negação da proposição "O motorista foi pego dirigindo veículo de categoria diferente daquela para a qual está habilitado" é "O motorista não foi pego dirigindo veículo de categoria igual àquela para a qual não está habilitado".

26. (TRT-RJ Téc. Jud. 2008 Cespe) Assinale a opção correspondente à negação correta da proposição "Os ocupantes de cargos em comissão CJ.3 e CJ.4 não têm direito à carteira funcional".
    a) Os ocupantes de cargos em comissão CJ.3 e CJ.4 têm direito à carteira funcional.
    b) Os ocupantes de cargos em comissão CJ.3 ou os ocupantes de cargos em comissão CJ.4 têm direito à carteira funcional.
    c) Não é o caso de os ocupantes de cargos em comissão CJ.3 e CJ.4 terem direito à carteira funcional.
    d) Nem ocupantes de cargos em comissão CJ.3, nem CJ.4 não têm direito à carteira funcional.
    e) Os ocupantes de cargos em comissão CJ.3 não têm direito à carteira funcional, mas os ocupantes de cargos em comissão CJ.4 têm direito à carteira funcional.

27. (TRT-ES Téc. Jud. 2009 Cespe) Julgue os itens a seguir.
    1. A proposição "Carlos é juiz e é muito competente" tem como negação a proposição "Carlos não é juiz nem é muito competente".
    2. A proposição "A Constituição brasileira é moderna ou precisa ser refeita" será V quando a proposição "A Constituição brasileira não é moderna nem precisa ser refeita" for F, e vice-versa.

28. (PC-ES 2010 Cespe) Julgue o próximo item, relativo à lógica sentencial, em que os símbolos ∧, ∨, ~ e → representam, respectivamente, as operações lógicas "e", "ou", "não" e "implicação".
    1. A negação da proposição (P∨~Q)∧R é (~P∨Q)∧(~R).

29. (TRE-RJ 2012 Cespe)
    P: Se não há autorização legislativa ou indicação dos recursos financeiros correspondentes, então, não há abertura de créditos suplementares ou de créditos especiais.
    Considerando a proposição acima, que tem por base o art. 167, inciso V, da Constituição Federal de 1988, julgue os itens seguintes.
    1. Na proposição P, a negação do consequente estaria corretamente expressa por: "Há abertura de créditos suplementares ou há abertura de créditos especiais".
    2. A negação da proposição P pode ser corretamente expressa por: "Se há autorização legislativa ou indicação dos recursos financeiros correspondentes, então há abertura de créditos suplementares ou de créditos especiais".

30. (TJ-ACRE 2012 Cespe) Julgue o item a seguir.
    1. A negação da proposição "Se João for eleito prefeito, demonstrará força política e disputará a eleição presidencial da República" é logicamente equivalente a "João é eleito prefeito, mas não demonstra força política e não disputará a eleição presidencial da República".

Capítulo 2 – Equivalência Lógica e Negação de Proposições

31. **(Serpro 2010 Cespe) Julgue o item seguinte:**
   1. As proposições "Não precisa mais capturar nem digitar o código de barras" e "Não precisa mais capturar ou digitar o código de barras" são equivalentes.

32. **(TRT-BA Téc. Jud. 2008 Cespe)** Considerando a proposição "Nesse processo, três réus foram absolvidos e os outros dois prestarão serviços à comunidade", simbolizada na forma A∧B, em que A é a proposição "Nesse processo, três réus foram absolvidos" e B é a proposição "Nesse processo, dois réus prestarão serviços à comunidade", julgue os itens que se seguem.
   1. A proposição (¬A)→A pode ser assim traduzida: Se, nesse processo, três réus foram condenados, então três réus foram absolvidos.
   2. É correto inferir, após o preenchimento da tabela abaixo, se necessário, que a tabela-verdade da proposição "Nesse processo, três réus foram absolvidos, mas pelo menos um dos outros dois não prestará serviços à comunidade" coincide com a tabela-verdade da proposição simbolizada por ¬(A→B).

A	B	¬B	A → B	¬(A → B)	A∧¬B
V	V				
V	F				
F	V				
F	F				

EQUIVALÊNCIA DE PROPOSIÇÕES

33. **(Ministério do Turismo 2014 ESAF)** A proposição "se Catarina é turista, então Paulo é estudante" é logicamente equivalente a
   a) Catarina não é turista ou Paulo não é estudante.
   b) Catarina é turista e Paulo não é estudante.
   c) Se Paulo não é estudante, então Catarina não é turista.
   d) Catarina não é turista e Paulo não é estudante.
   e) Se Catarina não é turista, então Paulo não é estudante.

34. **(ATA-MF 2009 ESAF)** X e Y são números tais que: Se X≤4, então Y>7. Sendo assim:
   a) Se Y≤7, então X>4.
   b) Se Y>7, então X≥4.
   c) Se X≥4, então Y<7.
   d) Se Y<7, então X≥4.
   e) Se X<4, então Y≥7.

35. **(Prefeitura do RJ - Agente da Fazenda 2010 ESAF)** Qual das proposições abaixo tem a mesma tabela verdade que a proposição:
"Se |a| < 3, então b ≤ 4 ", onde a e b são números reais?
   a) b ≤ 4 e |a| < 3.
   b) b > 4 ou |a| < 3.
   c) b > 4 e |a| < 3.
   d) b ≤ 4 ou |a| < 3.
   e) b ≤ 4 ou |a| ≥ 3.

36. **(AFRFB 2009 ESAF)** Considere a seguinte proposição: "Se chove ou neva, então o chão fica molhado". Sendo assim, pode-se afirmar que:
   a) Se o chão está molhado, então choveu ou nevou.
   b) Se o chão está seco, então não choveu e não nevou.
   c) Se o chão está molhado, então choveu e nevou.
   d) Se o chão está seco, então não choveu ou não nevou.
   e) Se o chão está seco, então choveu ou nevou.

37. **(ATRFB 2009 Esaf) A afirmação: "João não chegou ou Maria está atrasada" equivale logicamente a:**
   a) Se João não chegou, Maria está atrasada.
   b) João chegou e Maria não está atrasada.
   c) Se João chegou, Maria não está atrasada.
   d) Se João chegou, Maria está atrasada.
   e) João chegou ou Maria não está atrasada.

38. **(AFRFB 2012 ESAF) A afirmação "A menina tem olhos azuis ou o menino é loiro" tem como sentença logicamente equivalente:**
   a) se o menino é loiro, então a menina tem olhos azuis.
   b) se a menina tem olhos azuis, então o menino é loiro.
   c) se a menina não tem olhos azuis, então o menino é loiro.
   d) não é verdade que se a menina tem olhos azuis, então o menino é loiro.
   e) não é verdade que se o menino é loiro, então a menina tem olhos azuis.

39. **(DNIT 2013 ESAF) A proposição "Paulo é médico ou Ana não trabalha" é logicamente equivalente a:**
   a) Se Ana trabalha, então Paulo é médico.
   b) Se Ana trabalha, então Paulo não é médico.
   c) Paulo é médico ou Ana trabalha.
   d) Ana trabalha e Paulo não é médico.
   e) Se Paulo é médico, então Ana trabalha.

40. **(ANEEL Técnico 2006 ESAF) Se Elaine não ensaia, Elisa não estuda. Logo,**
   a) Elaine ensaiar é condição necessária para Elisa não estudar.
   b) Elaine ensaiar é condição suficiente para Elisa estudar.
   c) Elaine não ensaiar é condição necessária para Elisa não estudar.
   d) Elaine não ensaiar é condição suficiente para Elisa estudar.
   e) Elaine ensaiar é condição necessária para Elisa estudar.

41. **(TCE-MG 2007 FCC) São dadas as seguintes proposições:**
   (1) Se Jaime trabalha no Tribunal de Contas, então ele é eficiente.
   (2) Se Jaime não trabalha no Tribunal de Contas, então ele não é eficiente.
   (3) Não é verdade que, Jaime trabalha no Tribunal de Contas e não é eficiente.
   (4) Jaime é eficiente ou não trabalha no Tribunal de Contas.
   É correto afirmar que são logicamente equivalentes apenas as proposições de números
   a) 2 e 4
   b) 2 e 3
   c) 2, 3 e 4
   d) 1, 2 e 3
   e) 1, 3 e 4

42. **(Assembleia Legislativa/SP 2010 FCC) Durante uma sessão no plenário da Assembleia Legislativa, o presidente da mesa fez a seguinte declaração, dirigindo-se às galerias da casa:**
   "Se as manifestações desrespeitosas não forem interrompidas,
         então eu não darei início à votação".
   Esta declaração é logicamente equivalente à afirmação
   a) se as manifestações desrespeitosas continuarem, então o presidente da mesa começará a votação.
   b) se as manifestações desrespeitosas não continuarem, então o presidente da mesa não começará a votação.
   c) se o presidente da mesa deu início à votação, então as manifestações desrespeitosas foram interrompidas.

Capítulo 2 – Equivalência Lógica e Negação de Proposições

d) se o presidente da mesa não deu início à votação, então as manifestações desrespeitosas não foram interrompidas.
e) se as manifestações desrespeitosas forem interrompidas, então o presidente da mesa dará início à votação.

43. **(Auditor-Fiscal Tributário Municipal de São Paulo 2007 FCC) Considere a seguinte proposição:**
    "Se um Auditor-Fiscal Tributário não participa de projetos de aperfeiçoamento, então ele não progride na carreira."
    Essa proposição é tautologicamente equivalente à proposição:
    a) Não é verdade que, ou um Auditor-Fiscal Tributário não progride na carreira ou ele participa de projetos de aperfeiçoamento.
    b) Se um Auditor-Fiscal Tributário participa de projetos de aperfeiçoamento, então ele progride na carreira.
    c) Não é verdade que, um Auditor-Fiscal Tributário não participa de projetos de aperfeiçoamento e não progride na carreira.
    d) Ou um Auditor-Fiscal Tributário não progride na carreira ou ele participa de projetos de aperfeiçoamento.
    e) Um Auditor-Fiscal Tributário participa de projetos de aperfeiçoamento e progride na carreira.

44. **(Fiscal de Rendas da prefeitura do RJ 2010 Esaf) A proposição "um número inteiro é par se e somente se o seu quadrado for par" equivale logicamente à proposição:**
    a) se um número inteiro for par, então o seu quadrado é par, e se um número inteiro não for par, então o seu quadrado não é par.
    b) se um número inteiro for ímpar, então o seu quadrado é ímpar.
    c) se o quadrado de um número inteiro for ímpar, então o número é ímpar.
    d) se um número inteiro for par, então o seu quadrado é par, e se o quadrado de um número inteiro não for par, então o número não é par.
    e) se um número inteiro for par, então o seu quadrado é par.

45. **(MPOG Analista de Planejamento e Orçamento 2010 ESAF) Sejam F e G duas proposições e ~F e ~G suas respectivas negações. Marque a opção que equivale logicamente à proposição composta: F se e somente se G.**
    a) F implica G e ~G implica F.
    b) F implica G e ~F implica ~G.
    c) Se F então G e se ~F então G.
    d) F implica G e ~G implica ~F.
    e) F se e somente se ~G.

46. **(Agente de Trabalhos de Engenharia da prefeitura/RJ 2010 Esaf) Sendo x um número real, a proposição: $x^2 \geq 1$ se e somente se $x \geq 1$ ou $x \leq -1$ equivale logicamente à:**
    a) se $x = 1$, então $x^2 = 1$.
    b) se $x > 1$, então $x^2 > 1$.
    c) se $-1 < x < 1$, então $x^2 < 1$.
    d) se $-1 < x < 1$, então $x^2 < 1$, e se $x \geq 1$ ou $x \leq -1$, então $x^2 \geq 1$.
    e) se $-1 < x < 1$, então $x^2 < 1$, e se $x^2 \geq 1$, então $x \geq 1$ ou $x \leq -1$.

47. **(AFC-CGU 2012 ESAF) Seja D um conjunto de pontos da reta. Sejam K, F e L categorias possíveis para classificar D. Uma expressão que equivale logicamente à afirmação**
    "D é K se e somente se D é F e D é L" **é:**
    a) Se D é F ou D é L, então D é K e, se D não é K, então D não é F e D não é L.
    b) Se D é F e D é L, então D é K e, se D não é K, então D não é F ou D não é L.
    c) D não é F e D não é L se e somente se D não é K.
    d) Se D é K, então D é F e D é L e, se D não é K, então D não é F ou D não é L.
    e) D é K se e somente se D é F ou D é L.

48. (DNIT 2013 ESAF) A proposição composta p → p ∧ q é equivalente à proposição:
a) p ∨ q
b) p ∧ q
c) p
d) ~ p ∨ q
e) q

49. (ATA-MF 2012 ESAF) A proposição p ∧ (p → q) é logicamente equivalente à proposição:
a) p ∨ q
b) ~p
c) p
d) ~q
e) p ∧ q

50. (Agente Fiscal de Rendas/SP 2006 FCC) Dentre as alternativas abaixo, assinale a correta.
a) As proposições ~(p ∧ q) e (~p ∨ ~q) não são logicamente equivalentes.
b) A negação da proposição "Ele faz caminhada se, e somente se, o tempo está bom", é a proposição "Ele não faz caminhada se, e somente se, o tempo não está bom".
c) A proposição ~[p ∨ ~(p ∧ q)] é logicamente falsa.
d) A proposição "Se está quente, ele usa camiseta", é logicamente equivalente à proposição "Não está quente e ele usa camiseta".
e) A proposição "Se a Terra é quadrada, então a Lua é triangular" é falsa.

51. (SEFAZ-PE JATTE 2015 FCC) Observe a afirmação a seguir, feita pelo prefeito de uma grande capital.
    Se a inflação não cair ou o preço do óleo diesel aumentar,
    então o preço das passagens de ônibus será reajustado.
Uma maneira logicamente equivalente de fazer esta afirmação é:
a) Se a inflação cair e o preço do óleo diesel não aumentar, então o preço das passagens de ônibus não será reajustado.
b) Se a inflação cair ou o preço do óleo diesel aumentar, então o preço das passagens de ônibus não será reajustado.
c) Se o preço das passagens de ônibus for reajustado, então a inflação não terá caído ou o preço do óleo diesel terá aumentado.
d) Se o preço das passagens de ônibus não for reajustado, então a inflação terá caído ou o preço do óleo diesel terá aumentado.
e) Se o preço das passagens de ônibus não for reajustado, então a inflação terá caído e o preço do óleo diesel não terá aumentado.

52. (SEFAZ-PE JATTE 2015 FCC) Antes da rodada final do campeonato inglês de futebol, um comentarista esportivo apresentou a situação das duas únicas equipes com chances de serem campeãs, por meio da seguinte afirmação:
    "Para que o Arsenal seja campeão, é necessário que
    ele vença sua partida e que o Chelsea perca ou empate a sua."
Uma maneira equivalente, do ponto de vista lógico, de apresentar esta informação é: "Para que o Arsenal seja campeão, é necessário que ele
a) vença sua partida e o Chelsea perca a sua ou que ele vença a sua partida e o Chelsea empate a sua."
b) vença sua partida ou o Chelsea perca a sua ou que ele vença a sua partida ou o Chelsea empate a sua."
c) empate sua partida e o Chelsea perca a sua ou que ele vença a sua partida e o Chelsea não vença a sua."
d) vença sua partida e o Chelsea perca a sua e que ele vença a sua partida e o Chelsea empate a sua."
e) vença sua partida ou o Chelsea perca a sua e que ele vença a sua partida ou o Chelsea empate a sua."

Capítulo 2 – Equivalência Lógica e Negação de Proposições

53. **(Tribunal de Contas do Amapá 2012 FCC)** O responsável por um ambulatório médico afirmou:
    "Todo paciente é atendido com certeza, a menos que tenha chegado atrasado."
    De acordo com essa afirmação, conclui-se que, necessariamente,
    a) nenhum paciente terá chegado atrasado se todos tiverem sido atendidos.
    b) nenhum paciente será atendido se todos tiverem chegado atrasados.
    c) se um paciente não for atendido, então ele terá chegado atrasado.
    d) se um paciente chegar atrasado, então ele não será atendido.
    e) se um paciente for atendido, então ele não terá chegado atrasado.

54. **(TRT-AM Téc. Jud. 2012 FCC)** Um analista esportivo afirmou:
    "Sempre que o time X joga em seu estádio marca pelo menos dois gols."
    De acordo com essa afirmação, conclui-se que, necessariamente,
    a) o time X marca mais gols em seu estádio do que fora dele.
    b) o time X marca menos de dois gols quando joga fora de seu estádio.
    c) se o time X marcar um único gol em um jogo, este terá ocorrido fora de seu estádio.
    d) se o time X marcar três gols em um jogo, este terá ocorrido em seu estádio.
    e) o time X nunca é derrotado quando joga em seu estádio.

55. **(TST Téc. Jud. 2012 FCC)** A Seguradora Sossego veiculou uma propaganda cujo *slogan* era:
    "Sempre que o cliente precisar, terá Sossego ao seu lado."
    Considerando que o *slogan* seja verdadeiro, conclui-se que, necessariamente, se o cliente
    a) não precisar, então não terá Sossego ao seu lado.
    b) não precisar, então terá Sossego ao seu lado.
    c) não tiver Sossego ao seu lado, então não precisou.
    d) tiver Sossego ao seu lado, então não precisou.
    e) tiver Sossego ao seu lado, então precisou.

56. **(TRE-PI Téc. Jud. 2009 FCC)** Um dos novos funcionários de um cartório, responsável por orientar o público, recebeu a seguinte instrução:
    "Se uma pessoa precisar autenticar documentos, encaminhe-a ao setor verde."
    Considerando que essa instrução é sempre cumprida corretamente, pode-se concluir que, necessariamente,
    a) uma pessoa que não precise autenticar documentos nunca é encaminhada ao setor verde.
    b) toda pessoa encaminhada ao setor verde precisa autenticar documentos.
    c) somente as pessoas que precisam autenticar documentos são encaminhadas ao setor verde.
    d) a única função das pessoas que trabalham no setor verde é autenticar documentos.
    e) toda pessoa que não é encaminhada ao setor verde não precisa autenticar documentos.

57. **(Especialista em Políticas Públicas/SP 2009 FCC)** Um fornecedor do governo apresentou, no mês de abril, um contrato para realização de um serviço que seria pago somente em maio. O contrato trazia a seguinte cláusula:
    "Se o IPCA de abril for menor do que 2%, então os valores constantes no contrato não sofrerão qualquer correção."
    De acordo com essa cláusula, é correto concluir que, necessariamente, se
    a) os valores constantes no contrato sofreram uma correção de 2%, então o IPCA de abril foi, no mínimo, 2%.
    b) os valores constantes no contrato sofreram uma correção de 1%, então o IPCA de abril ficou entre 1% e 2%.
    c) o IPCA de abril foi 3%, então os valores do contrato sofreram algum tipo de correção.
    d) o IPCA de abril foi 1%, então os valores do contrato sofreram correção de, no mínimo, 1%.
    e) os valores constantes no contrato não sofreram qualquer correção, então o IPCA de abril foi, no máximo, 1%.

58. **(SEFAZ-SP Agente Fiscal de Rendas 2009 FCC)** Uma empresa mantém a seguinte regra em relação a seus funcionários:
   Se um funcionário tem mais de 45 anos de idade, então ele deverá, todo ano, realizar pelo menos um exame médico e tomar a vacina contra a gripe.
   Considerando que essa regra seja sempre cumprida, é correto concluir que, necessariamente, se um funcionário dessa empresa
   a) tem entre 55 e 60 anos de idade, então ele realiza um único exame médico por ano, além de tomar a vacina contra a gripe.
   b) tomou a vacina contra a gripe ou realizou exames médicos nos últimos dois anos, então ele tem pelo menos 47 anos de idade.
   c) anualmente realiza um exame médico e toma a vacina contra a gripe, então ele tem mais de 45 anos de idade.
   d) tem 40 anos de idade, então ele não realiza exames médicos anualmente ou não toma a vacina contra a gripe.
   e) não realizou nenhum exame médico nos últimos dois anos, então ele não tem 50 ou mais anos de idade.

59. **(TJ-Amapá Anal. Jud. 2014 FCC)** Considere a seguinte declaração, feita por um analista político fictício:
   "se o partido P conseguir eleger Senador no Estado F ou no Estado G, então terá a maioria no Senado".
   A partir da declaração do analista, é correto concluir que, necessariamente, se o partido P
   a) não tiver a maioria no Senado, então não terá conseguido eleger o senador no Estado G.
   b) tiver a maioria no Senado, então terá conseguido eleger o senador no Estado G.
   c) tiver a maioria no Senado, então terá conseguido eleger o senador no Estado F.
   d) não conseguiu eleger o senador no Estado F, então não terá a maioria no Senado.
   e) não conseguiu eleger o senador no Estado G, então não terá a maioria no Senado.

60. **(TRT-AM Anal. Jud. 2012 FCC)** Os adesivos (1) e (2), mostrados a seguir, estavam colados na mesma bomba de etanol de um posto de gasolina brasileiro.

Em relação a esse contexto, considere as hipóteses (X) e (Y) descritas abaixo.
(X) O etanol da bomba em questão não está límpido e incolor, e mesmo assim, está sendo comercializado.

(Y) A agência fiscalizadora proíbe o posto em questão de comercializar o etanol daquela bomba, apesar de ele estar límpido e incolor.

A ocorrência da hipótese (X) contradiz
a) apenas a afirmação do adesivo (1) e a ocorrência da hipótese (Y) contradiz apenas a afirmação do adesivo (2).
b) apenas a afirmação do adesivo (1) e a ocorrência da hipótese (Y) não contradiz as afirmações dos adesivos (1) e (2).
c) apenas a afirmação do adesivo (2) e a ocorrência da hipótese (Y) contradiz apenas a afirmação do adesivo (1).
d) as afirmações dos adesivos (1) e (2) e a ocorrência da hipótese (Y) contradiz apenas a afirmação do adesivo (2).
e) as afirmações dos adesivos (1) e (2) e a ocorrência da hipótese (Y) não contradiz as afirmações dos adesivos (1) e (2).

61. **(Prefeitura do RJ - Agente de Trabalhos de Engenharia 2010 ESAF)** Por definição, um triângulo equilátero é o que tem os três lados iguais. Considere então a proposição: "Um triângulo é equilátero se e somente se os três ângulos são iguais". Uma conclusão falsa desta proposição é:
a) uma condição necessária e suficiente para que um triângulo seja equilátero é a de que os três ângulos sejam iguais.
b) os três ângulos de um triângulo equilátero são iguais.
c) um triângulo é equilátero somente se os três ângulos são iguais.
d) se um dos ângulos de um triângulo é diferente de outro ângulo, então o triângulo não é equilátero.
e) se um triângulo não é equilátero, então os três ângulos são diferentes uns dos outros.

62. **(MTE - Auditor Fiscal do Trabalho 2010 ESAF)** Um poliedro convexo é regular se e somente se for: um tetraedro ou um cubo ou um octaedro ou um dodecaedro ou um icosaedro. Logo:
a) Se um poliedro convexo for regular, então ele é um cubo.
b) Se um poliedro convexo não for um cubo, então ele não é regular.
c) Se um poliedro não for um cubo, não for um tetraedro, não for um octaedro, não for um dodecaedro e não for um icosaedro, então ele não é regular.
d) Um poliedro não é regular se e somente se não for: um tetraedro ou um cubo ou um octaedro ou um dodecaedro ou um icosaedro.
e) Se um poliedro não for regular, então ele não é um cubo.

63. **(Câmara dos Deputados - Técnico Legislativo 2014 Cespe)** Considerando que P seja a proposição "Se o bem é público, então não é de ninguém", julgue os itens subsequentes.
1. A proposição P é equivalente à proposição "Se o bem é de alguém, então não é público".
2. A proposição P é equivalente à proposição "Se o bem é de todos, então é público".
3. A negação da proposição P está corretamente expressa por "O bem é público e é de todos".

64. **(ANTAQ 2014 Cespe)** Julgue os itens seguintes, acerca da proposição P: Quando acreditar que estou certo, não me importarei com a opinião dos outros.
1. A proposição P é logicamente equivalente a "Como não me importo com a opinião dos outros, acredito que esteja certo".
2. Se a proposição "Acredito que estou certo" for verdadeira, então a veracidade da proposição P estará condicionada à veracidade da proposição "Não me importo com a opinião dos outros".
3. Uma negação correta da proposição "Acredito que estou certo" seria "Acredito que não estou certo".

65. (TJ-SE Anal. Jud. 2014 Cespe) Considerando que P seja a proposição "Se os seres humanos soubessem se comportar, haveria menos conflitos entre os povos", julgue os itens seguintes.
    1. A proposição P é logicamente equivalente à proposição "Se houvesse menos conflitos entre os povos, os seres humanos saberiam se comportar".
    2. A proposição P é logicamente equivalente à proposição "Os seres humanos não sabem se comportar ou haveria menos conflitos entre os povos".
    3. Se a proposição "Os seres humanos sabem se comportar" for falsa, então a proposição P será verdadeira, independentemente do valor lógico da proposição "Há menos conflitos entre os povos".
    4. A negação da proposição P pode ser corretamente expressa pela proposição "Se os seres humanos não soubessem se comportar, não haveria menos conflitos entre os povos".

66. (INPI 2014 Cespe) Tendo como referência a proposição P: "Em outros países, seres vivos como microrganismos e animais geneticamente modificados são patenteáveis, desde que não sejam humanos", julgue os itens seguintes, acerca da lógica sentencial.
    1. A proposição P é logicamente equivalente a "Se não forem humanos, seres vivos como microrganismos e animais geneticamente modificados são patenteáveis em outros países".
    2. A negação da proposição P pode ser corretamente expressa por "Em outros países, seres vivos como microrganismos e animais geneticamente modificados são patenteáveis, desde que sejam humanos".

67. (INPI 2014 Cespe) Considere as seguintes proposições:
    P: O tempo previsto em lei para a validade da patente de um fármaco é curto, uma vez que o desenvolvimento de um remédio exige muito investimento e leva muito tempo.
    Q: O tempo previsto em lei para a validade da patente de um software é longo, já que o desenvolvimento de um software não exige muito investimento ou não leva muito tempo.
    Com base nessa argumentação, julgue os itens seguintes.
    1. Conforme a proposição P, o fato de o desenvolvimento de um remédio exigir muito investimento é condição suficiente para se afirmar que o tempo previsto em lei para a validade da patente de um fármaco é curto.
    2. A proposição Q é equivalente a "Se o desenvolvimento de um software não exige muito investimento ou não leva muito tempo, então o tempo previsto em lei para a validade da patente de um software é longo".
    3. A proposição "O tempo previsto em lei para a validade da patente de um fármaco é longo" constitui uma correta negação da proposição "O tempo previsto em lei para a validade da patente de um fármaco é curto".
    4. A negação da proposição "O desenvolvimento de um remédio exige muito investimento e leva muito tempo" está corretamente expressa por "O desenvolvimento de um remédio não exige muito investimento ou não leva muito tempo".

68. (TRE-GO Téc. Jud. 2015 Cespe) A respeito de lógica proposicional, julgue o item subsequente.
    1. A proposição "Todos os esquizofrênicos são fumantes; logo, a esquizofrenia eleva a probabilidade de dependência da nicotina" é equivalente à proposição "Se a esquizofrenia não eleva a probabilidade de dependência da nicotina, então existe esquizofrênico que não é fumante".

69. **(Polícia Federal 2013 Cespe)** Julgue o item subsequente.
    1. As proposições "A nomeação de Pedro Henrique para o cargo fica condicionada à não eliminação na investigação social" e "Ou Pedro Henrique é eliminado na investigação social ou é nomeado para o cargo" são logicamente equivalentes.

70. **(TRE-GO Téc. Jud. 2015 Cespe)** Considere as proposições P e Q apresentadas a seguir.
    P: Se H for um triângulo retângulo em que a medida da hipotenusa seja igual a c e os catetos meçam a e b, então $c^2 = a^2 + b^2$.
    Q: Se R for um número natural divisível por 3 e por 5, então R será divisível por 15.
    Tendo como referência as proposições P e Q, julgue os itens que se seguem, acerca de lógica proposicional.
    1. Se R for um número natural e se U, V e W forem as seguintes proposições:
    U: "R é divisível por 3";
    V: "R é divisível por 5";
    W: "R é divisível por 15";
    então a proposição ¬Q, a negação de Q, poderá ser corretamente expressa por U∧V∧(¬W).
    2. A proposição P será equivalente à proposição (¬R) ∨ S, desde que R e S sejam proposições convenientemente escolhidas.
    3. A veracidade da proposição P implica que a proposição "Se a, b e c são as medidas dos lados de um triângulo T, com $0 < a \leq b \leq c$ e $c^2 \neq a^2 + b^2$, então T não é um triângulo retângulo" é falsa.

71. **(TJ-Acre 2012 Cespe)** Em decisão proferida acerca da prisão de um réu, depois de constatado pagamento de pensão alimentícia, o magistrado determinou: "O réu deve ser imediatamente solto, se por outro motivo não estiver preso". Considerando que a determinação judicial corresponde a uma proposição e que a decisão judicial será considerada descumprida se, e somente se, a proposição correspondente for falsa, julgue os itens seguintes.
    1. As proposições "Se o réu não estiver preso por outro motivo, deve ser imediatamente solto" e "Se o réu não for imediatamente solto, então, ele está preso por outro motivo" são logicamente equivalentes.
    2. A negação da proposição relativa à decisão judicial estará corretamente representada por "O réu não deve ser imediatamente solto, mesmo não estando preso por outro motivo".

72. **(TJ-Acre 2012 Cespe)** Considerando que as proposições lógicas sejam representadas por letras maiúsculas, julgue o próximo item, relativo a lógica proposicional.
    1. As proposições "Luiz joga basquete porque Luiz é alto" e "Luiz não é alto porque Luiz não joga basquete" são logicamente equivalentes.

73. **(TRE-RJ 2012 Cespe)**
    P: Se não há autorização legislativa ou indicação dos recursos financeiros correspondentes, então, não há abertura de créditos suplementares ou de créditos especiais.
    Considerando a proposição acima, que tem por base o art. 167, inciso V, da Constituição Federal de 1988, julgue o item seguinte.
    1. A proposição P é logicamente equivalente à proposição "Se há abertura de créditos suplementares ou de créditos especiais, então há autorização legislativa ou indicação dos recursos financeiros correspondentes".

74. (TRT-10ª Região 2012 Cespe) Ao noticiar que o presidente do país X teria vetado um projeto de lei, um jornalista fez a seguinte afirmação.
   Se o presidente não tivesse vetado o projeto, o motorista que foi pego dirigindo veículo de categoria diferente daquela para a qual estava habilitado teria cometido infração gravíssima, punida com multa e apreensão do veículo, mas continuaria com a sua habilitação.
   Em face dessa afirmação, que deve ser considerada como proposição A, julgue o item a seguir.
   1. A proposição A é logicamente equivalente à seguinte proposição: O motorista que foi pego dirigindo veículo de categoria diferente daquela para a qual está habilitado não cometeu infração gravíssima, punida com multa e apreensão do veículo, ou não continua com sua habilitação, pois o presidente vetou o projeto.

75. (DETRAN-ES 2010 Cespe) Considerando a sentença "sempre que um motorista passar em excesso de velocidade por um radar, se o radar não estiver danificado ou desligado, o motorista levará uma multa", julgue os itens subsecutivos.
   1. A afirmação do enunciado é logicamente equivalente à sentença "se um motorista passar em excesso de velocidade por um radar e este não estiver danificado ou desligado, então o motorista levará uma multa".
   2. A sentença "o radar não está danificado ou desligado" é logicamente equivalente à sentença "o radar não está danificado e também não está desligado".

76. (PRF Técnico 2012 Cespe) Julgue o item a seguir:
   1. A proposição "Se não ajo como um homem da minha idade, sou tratado como criança, e se não tenho um mínimo de maturidade, sou tratado como criança" é equivalente a "Se não ajo como um homem da minha idade ou não tenho um mínimo de maturidade, sou tratado como criança".

77. (TRE-RJ 2012 Cespe) Julgue o item a seguir tendo como base a seguinte proposição P: "Se eu for barrado pela lei da ficha limpa, não poderei ser candidato nessas eleições, e se eu não registrar minha candidatura dentro do prazo, não concorrerei a nenhum cargo nessas eleições".
   1. A proposição P é logicamente equivalente a "Se eu for barrado pela lei da ficha limpa ou não registrar minha candidatura dentro do prazo, não poderei concorrer a nenhum cargo nessas eleições".

78. (Inspetor da Polícia Civil do Ceará 2012 Cespe) O exercício da atividade policial exige preparo técnico adequado ao enfrentamento de situações de conflito e, ainda, conhecimento das leis vigentes, incluindo interpretação e forma de aplicação dessas leis nos casos concretos. Sabendo disso, considere como verdadeiras as proposições seguintes.
   P1: Se se deixa dominar pela emoção ao tomar decisões, então o policial toma decisões ruins.
   P2: Se não tem informações precisas ao tomar decisões, então o policial toma decisões ruins.
   P3: Se está em situação de estresse e não teve treinamento adequado, o policial se deixa dominar pela emoção ao tomar decisões.
   P4: Se teve treinamento adequado e se dedicou nos estudos, então o policial tem informações precisas ao tomar decisões.

Com base nessas proposições, julgue os itens a seguir.
1. A negação de P4 é logicamente equivalente à proposição "O policial teve treinamento adequado e se dedicou nos estudos, mas não tem informações precisas ao tomar decisões".
2. Da proposição P3 é correto concluir que também será verdadeira a proposição "O policial que tenha tido treinamento adequado não se deixa dominar pela emoção ao tomar decisões, mesmo estando em situações de estresse".
3. A proposição formada pela conjunção de P1 e P2 é logicamente equivalente à proposição "Se se deixa dominar pela emoção ou não tem informações precisas ao tomar decisões, então o policial toma decisões ruins".
4. Admitindo-se como verdadeiras as proposições "O policial teve treinamento adequado" e "O policial tem informações precisas ao tomar decisões", então a proposição "O policial se dedicou nos estudos" será, necessariamente, verdadeira.

79. (Polícia Federal 2009 Cespe) A partir dessas informações, julgue o item que se segue.
    1. As proposições [A∨(¬B)]→(¬A) e [(¬A)∧B] ∨ (¬A) são equivalentes.

80. (EBC 2011 Cespe) Julgue o item a seguir, acerca de lógica proposicional.
    1. As proposições P∧Q→R e P→[Q→R] são logicamente equivalentes.

Capítulo 3

Diagramas Lógicos

3.1. Introdução

Estudaremos agora assunto amiúde exigido em provas – Diagramas Lógicos –, cujo conhecimento se mostrará igualmente útil na análise dos Argumentos Lógicos, objeto do próximo capítulo desta obra.

Versam sobre Diagramas Lógicos questões que envolvem termos como **todo**, **algum** e **nenhum**, e cuja solução requer que desenhemos figuras, normalmente círculos, que consistem nos chamados **diagramas**.

Aprenderemos quando e como usá-los, mediante explicações e exemplos resolvidos que apresentaremos.

As proposições formadas com os termos descritos acima são ditas **proposições categóricas**, e são elas:

- **Todo A é B**
- **Nenhum A é B**
- **Algum A é B**
- **Algum A não é B**

3.2. Definições das proposições categóricas

3.2.1. Todo A é B

Proposições do tipo **Todo A é B** afirmam que o conjunto A está contido no conjunto B, ou seja, todo elemento de A também é elemento de B, ou seja, A está contido em B.

Atenção: dizer que **Todo A é B** não significa o mesmo que **Todo B é A**. Por exemplo: Todo gaúcho é brasileiro ≠ Todo brasileiro é gaúcho

3.2.2. Nenhum A é B

Enunciados da forma **Nenhum A é B** afirmam que os conjuntos A e B são disjuntos, isto é, A e B não têm elementos em comum.

Dizer que **Nenhum A é B** é logicamente equivalente a dizer que **Nenhum B é A**. Por exemplo: Nenhum diplomata é analfabeto = Nenhum analfabeto é diplomata

3.2.3. Algum A é B

Por convenção universal em Lógica, proposições da forma **Algum A é B** estabelecem que **o conjunto A tem *pelo menos* um elemento em comum com o conjunto B**.

Contudo, quando dizemos que **Algum A é B**, pressupomos que **nem todo A é B**. Entretanto, no sentido lógico de **algum**, está perfeitamente correto afirmar que "alguns alunos são ricos", mesmo sabendo que "todos eles são ricos".

Dizer que **Algum A é B** é logicamente equivalente a dizer que **Algum B é A**. Por exemplo: Algum médico é poeta = Algum poeta é médico

Também, são equivalentes as expressões seguintes:

Algum A é B = Pelo menos um A é B = Existe um A que é B

Exemplo:

Algum poeta é médico = **Pelo menos um** poeta é médico = **Existe um** poeta que é médico

3.2.4. Algum A não é B

Proposições da forma **Algum A não é B** estabelecem que **o conjunto A tem *pelo menos* um elemento que não pertence ao conjunto B**.

Dizer que **Algum A não é B** é logicamente equivalente a dizer que **Algum A é não B**, e também é logicamente equivalente a dizer que **Algum não B é A**. Por exemplo:

Algum fiscal **não é** honesto = **Algum** fiscal **é não** honesto = **Algum não** honesto **é** fiscal

Atenção: dizer que **Algum A não é B não** significa o mesmo que **Algum B não é A**. Por exemplo:

Algum animal não é mamífero ≠ Algum mamífero não é animal

Importante: Nas proposições categóricas, usam-se também as variações gramaticais dos verbos **ser** e **estar**, tais como: **é**, **são**, **está**, **estão**, **foi**, **eram**,..., como elo de ligação entre **A** e **B**. Por exemplo: Todas as pessoas estão alegres; Nenhum homem foi à Lua; Algumas plantas eram carnívoras.

3.3. Relações entre as proposições categóricas

Como neste capítulo teremos várias questões envolvendo as palavras *todo*, *algum* e *nenhum*, resolvemos listar algumas regras que já foram vistas no capítulo anterior.

- "**Todo A não é B**" é equivalente a "**Nenhum A é B**"
- "**Nenhum A não é B**" é equivalente a "**Todo A é B**"
- A **negação** de "**Todo A é B**" é "**Algum A não é B**" (e vice-versa).
- A **negação** de "**Nenhum A é B**" é "**Algum A é B**" (e vice-versa).

3.4. Representação das proposições categóricas

As proposições categóricas serão representadas por diagramas de conjuntos para a solução de diversas questões.

Cada proposição categórica tem um significado em termos de conjunto, e isso definirá o desenho do diagrama. Veremos adiante que uma proposição categórica pode possuir mais de um desenho.

Junto com as representações das proposições categóricas, analisaremos a partir da verdade de uma das proposições categóricas, a verdade ou a falsidade das outras.

3.4.1. Representação gráfica de "Todo A é B"

Lembremos que **Todo A é B** significa em termos de conjunto que **todo elemento de A também é elemento de B**, ou seja, **A está contido em B**. Portanto, teremos **duas** representações possíveis:

a) O conjunto **A** dentro do conjunto **B**

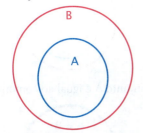

b) O conjunto **A** é igual ao conjunto **B**

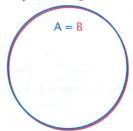

Em ambas as representações acima, observe que **A está contido em B**; daí, as duas representações são válidas para a proposição "**Todo A é B**".

- Quando "**Todo A é B**" é **verdadeira**, os valores lógicos das outras proposições categóricas serão os seguintes:

Nenhum A é B	é necessariamente falsa (pois é falsa nas duas representações).
Algum A é B	é necessariamente verdadeira (pois é verdadeira nas duas representações).
Algum A não é B	é necessariamente falsa (pois é falsa nas duas representações).

3.4.2. Representação gráfica de "Nenhum A é B"

Lembremos que **Nenhum A é B** significa em termos de conjunto que **A e B não têm elementos em comum**. Portanto, haverá **somente** uma representação:

a) Não há intersecção entre **A** e **B**

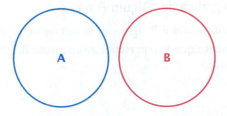

- Quando "**Nenhum A é B**" é **verdadeira**, os valores lógicos das outras proposições categóricas serão os seguintes:

Todo A é B	é necessariamente falsa (pois é falsa no desenho acima).
Algum A é B	é necessariamente falsa (pois é falsa no desenho acima).
Algum A não é B	é necessariamente verdadeira (pois é verdadeira no desenho acima).

3.4.3. Representação gráfica de "Algum A é B"

Lembremos que **Algum A é B** significa em termos de conjunto que **o conjunto A tem "pelo menos" um elemento em comum com o conjunto B**, ou seja, **há intersecção entre os círculos A e B**. Portanto, teremos **quatro** representações possíveis:

a) Os dois conjuntos possuem uma parte dos elementos em comum.

b) Todos os elementos de A estão em B.

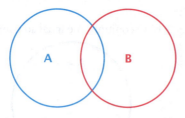
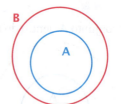

c) Todos os elementos de B estão em A.

d) O conjunto A é igual ao conjunto B

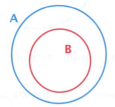
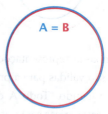

Em todas as quatro representações acima, observe que os círculos A e B possuem intersecção; daí, todas as quatro representações são válidas para a proposição "**Algum A é B**".

- Quando "**Algum A é B**" é verdadeira, os valores lógicos das outras proposições categóricas serão os seguintes:

Nenhum A é B	é necessariamente falsa (pois é falsa nas quatro representações).
Todo A é B	é indeterminada, pois pode ser verdadeira (em b e d) e pode ser falsa (em a e c).
Algum A não é B	é indeterminada, pois pode ser verdadeira (em a e c) e pode ser falsa (em b e d).

3.4.4. Representação gráfica de "Algum A não é B"

Lembremos que **Algum A não é B** significa em termos de conjunto que **o conjunto A tem *pelo menos* um elemento que não pertence ao conjunto B**. Isso pode ser obtido em até **três** representações possíveis:

a) Os dois conjuntos possuem uma parte dos elementos em comum.

b) Todos os elementos de B estão em A.

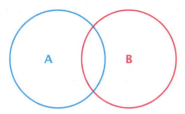

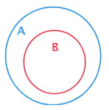

c) Não há elementos em comum entre os dois conjuntos.

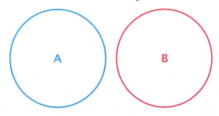

Em todas as três representações acima observe que **o conjunto A tem *pelo menos* um elemento que não pertence ao conjunto B**; daí, todas as três representações são válidas para a proposição "**Algum A não é B**".

- Quando "**Algum A não é B**" é verdadeira, os valores lógicos das outras proposições categóricas serão os seguintes:

Todo A é B	é necessariamente falsa (pois é falsa nas três representações).
Nenhum A é B	é indeterminada, pois pode ser verdadeira (em c) e pode ser falsa (em a e b).
Algum A é B	é indeterminada, pois pode ser verdadeira (em a e b) e pode ser falsa (em c).

Alguém vai perguntar: preciso **decorar** tudo isso? Na realidade, o melhor é buscar **entender** tudo isso! A rigor, conforme veremos pela resolução das questões abaixo, conseguiremos solucionar os problemas deste assunto praticamente mediante o desenho dos diagramas lógicos.

Ou seja, a coisa é bem mais fácil do que aparenta. Passemos às resoluções.

3.5. Exercícios Resolvidos

1. (FCC) Considerando "todo livro é instrutivo" como uma proposição verdadeira, é correto inferir que:
    a) "Nenhum livro é instrutivo" é uma proposição necessariamente verdadeira;
    b) "Algum livro é instrutivo" é uma proposição necessariamente verdadeira;
    c) "Algum livro não é instrutivo" é uma proposição verdadeira ou falsa;
    d) "Algum livro é instrutivo" é uma proposição verdadeira ou falsa;
    e) "Algum livro não é instrutivo" é uma proposição necessariamente verdadeira.

Solução:

Temos que a proposição "todo livro é instrutivo" é verdadeira. Baseando-se nesta proposição, construiremos as representações dos conjuntos dos livros e das coisas instrutivas. Como vimos anteriormente há duas representações possíveis:

a)   b)

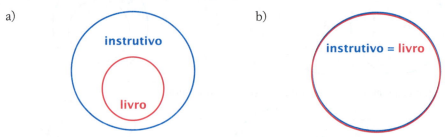

Facílima!

A **opção A** é descartada de pronto: "nenhum livro é instrutivo" implica a total dissociação entre os diagramas. E estamos com a situação inversa!

A **opção B** é perfeitamente escorreita! Percebam que nos dois desenhos acima os conjuntos em vermelho e em azul possuem elementos em comum. Resta necessariamente perfeito que "algum livro é instrutivo" é uma proposição necessariamente verdadeira.

Resposta: Alternativa B.

Já achamos a resposta correta, mas continuaremos a análise das outras opções.

A **opção C** é incorreta! Pois a proposição "algum livro não é instrutivo" é necessariamente falsa. Isso pode ser constatado nos dois desenhos acima, vejam que não há um livro sequer que não seja instrutivo.

A **opção D** é incorreta! Pois na análise da opção b já havíamos concluído que "algum livro é instrutivo" é uma proposição necessariamente verdadeira.

A **opção E** é incorreta! Pois na análise da opção c já havíamos concluído que "algum livro não é instrutivo" é uma proposição necessariamente falsa.

Vamos resolver mais algumas questões de concursos.

2. **(FCC) Considerando "toda prova de Lógica é difícil" uma proposição verdadeira, é correto inferir que:**
    a) "nenhuma prova de Lógica é difícil" é uma proposição necessariamente verdadeira;
    b) "alguma prova de Lógica é difícil" é uma proposição necessariamente verdadeira;
    c) "alguma prova de Lógica é difícil" é uma proposição verdadeira ou falsa;
    d) "alguma prova de Lógica não é difícil" é uma proposição necessariamente verdadeira;
    e) "alguma prova de Lógica não é difícil" é uma proposição verdadeira ou falsa.

Solução:

Temos que a proposição "**toda prova de Lógica é difícil**" é verdadeira. Baseando-se nesta proposição, construiremos as representações dos conjuntos das provas de Lógica e das coisas difíceis. Faremos duas representações da proposição supracitada. Em seguida, verificaremos as alternativas.

a)   b)

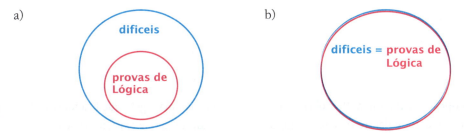

A **opção A** é descartada de pronto: "**nenhuma prova de Lógica é difícil**" implica a total dissociação entre os diagramas. E estamos com a situação inversa!

A **opção B** é perfeitamente correta! Percebam que nos dois desenhos acima os conjuntos em vermelho e em azul possuem elementos em comum. Resta necessariamente perfeito que "alguma prova de Lógica é difícil" é uma proposição necessariamente verdadeira.

Resposta: Alternativa B.

Já achamos a resposta correta, mas continuaremos a análise das outras opções.

A **opção C** é incorreta! Pois na análise da opção b já havíamos concluído que "algum livro é instrutivo" é uma proposição necessariamente verdadeira.

A **opção D** é incorreta! Pois a proposição "alguma prova de Lógica não é difícil" é necessariamente falsa. Isso pode ser constatado nos dois desenhos acima, vejam que não há uma prova de Lógica sequer que não seja difícil, ou seja, todas são difíceis.

A **opção E** é incorreta! Pois na análise da opção d já havíamos concluído que "algum livro não é instrutivo" é uma proposição necessariamente falsa.

3. (FCC) Sabe-se que existem pessoas desonestas e que existem corruptos. Admitindo-se verdadeira a frase "**Todos os corruptos são desonestos**", é correto concluir que:
   a) quem não é corrupto é honesto;
   b) existem corruptos honestos;
   c) alguns honestos podem ser corruptos;
   d) existem mais corruptos do que desonestos;
   e) existem desonestos que são corruptos.

Solução:

Temos que a proposição "**Todos os corruptos são desonestos**" é verdadeira. Baseando-se nesta proposição, construiremos as representações dos conjuntos dos corruptos e dos desonestos. Faremos somente uma das duas representações possíveis, que se segue abaixo. Faremos a outra representação depois, se houver necessidade.

A **opção A** é incorreta! Pois observe no desenho que há uma região que fica fora do círculo dos corruptos e dentro do círculo dos desonestos, indicando que existem pessoas que não são corruptas, mas são desonestas.

A **opção B** é claramente incorreta! Pois observe no desenho que não há corrupto que não seja desonesto. Ou seja, todos os corruptos são desonestos.

A **opção C** também é incorreta! Pois os honestos estão fora do círculo dos desonestos e os corruptos estão dentro. Logo, não pode haver honesto que seja corrupto.

A **opção D** também é incorreta! Pois temos que o círculo dos corruptos está dentro do círculo dos desonestos.

A **opção E** é perfeitamente correta! Pois as pessoas que estão dentro do círculo dos corruptos, além de serem corruptas são desonestas. Logo, existem desonestos que são corruptos.
Resposta: Alternativa E.

E caso tivéssemos as três opções abaixo (f, g e h), elas também estariam corretas?
f) existem mais desonestos do que corruptos;
g) algum desonesto não é corrupto;
h) pode haver algum desonesto que não seja corrupto.

Pelo desenho anterior, as letras **f**, **g** e **h** estão corretas, porém se desenharmos a outra possível representação para "**Todos os corruptos são desonestos**", como é mostrado abaixo, então elas se tornariam erradas.

Considerando somente as alternativas f, g e h. Temos que as letras f e g não devem ser marcadas como opção correta da questão. Porém, a letra h pode ser considerada como opção correta da questão, pois nesta alternativa existe a palavra "pode". Tendo a palavra "pode" é preciso apenas um desenho em que a afirmação seja verdadeira, o que tínhamos conseguido através do primeiro desenho.

4. (Esaf) Se é verdade que "Alguns A são R" e que "Nenhum G é R", então é necessariamente verdadeiro que:
   a) algum A não é G;
   b) algum A é G;
   c) nenhum A é G;
   d) algum G é A;
   e) nenhum G é A.

Solução:

Esta questão traz, no enunciado, duas proposições categóricas:
1. **Alguns A são R**
2. **Nenhum G é R**

Devemos fazer a representação gráfica de cada uma delas por círculos para ajudar-nos a obter a resposta correta.

Na verdade, para esta questão, não é necessário fazer representações gráficas, pois se observarmos as alternativas, já podemos excluir as alternativas **B** e **D** (pois **algum A é G** é o mesmo que **algum G é A**, e como não podemos ter duas respostas corretas, então devemos descartá-las). Também podemos excluir as alternativas **C** e **E** (pois **nenhum A é G** é o mesmo que **nenhum G é A**, e como não podemos ter duas respostas corretas, então devemos descartá-las). Só nos resta a alternativa **a**, então esta é a **opção correta da questão**.

Mas para efeitos didáticos também resolveremos esta questão por diagramas de círculos!

Vamos iniciar pela representação do **Nenhum G é R**, que é dada por dois círculos separados, sem nenhum ponto em comum.

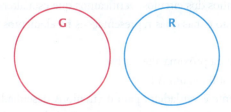

Como já foi visto, não há uma representação gráfica única para a proposição categórica do **Alguns A são R**, mas geralmente a representação em que os dois círculos se interceptam (mostrada abaixo) tem sido suficiente para resolver a maioria das questões.

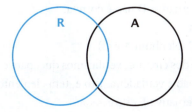

Agora devemos juntar os desenhos das duas proposições categóricas para analisarmos qual é a alternativa correta. Como a questão não informa sobre a relação entre os conjuntos **A** e **G**, então teremos diversas maneiras de representar graficamente os três conjuntos (**A**, **G** e **R**). Importante saber que a alternativa correta é aquela que é verdadeira em todas as representações possíveis.

Para facilitar a solução da questão não faremos todas as representações gráficas possíveis entre os três conjuntos, mas sim, uma representação de cada vez e passaremos a analisar qual é a alternativa que a satisfaz. Se houver somente uma alternativa nesta condição, então achamos a resposta correta; senão, desenharemos outra representação gráfica possível e testaremos somente as alternativas que foram verdadeiras no teste anterior.

Tomemos agora o seguinte desenho, em que fazemos duas representações: uma em que o conjunto **A** intercepta parcialmente o conjunto **G**, e outra em que não há intersecção entre eles.

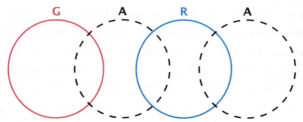

Testes das alternativas:

1º) Teste da alternativa **A** (algum A não é G)

Observando os desenhos dos círculos, verificamos que esta alternativa é verdadeira para os dois desenhos de A, isto é, nas duas representações há elementos em A que não estão em G.

Passemos para o teste da próxima alternativa.

2º) Teste da alternativa **B** (algum A é G)

A alternativa **B** somente é verdadeira para o círculo A desenhado à esquerda, pois para este se verifica que "Algum A é G". Porém, para o círculo A desenhado à direita, não é correto dizer que "Algum A é G", pois não há elementos em comum entre os círculos A e G. Como encontramos uma situação em que a proposição "Algum A é G" é falsa, então a alternativa **B** está errada.

Pelo mesmo motivo a alternativa **D** não é correta.

Passemos para a próxima.

3º) Teste da alternativa **C** (Nenhum A é G)

Observando os desenhos dos círculos, verificamos que, para o desenho de A que está mais a esquerda, esta alternativa não é verdadeira, isto é, tem elementos em A que estão em G.

Pelo mesmo motivo a alternativa **E** está errada.

Portanto,

Resposta: Alternativa A.

5. (Esaf) Sabe-se que existe pelo menos um A que é B. Sabe-se, também, que todo B é C. Segue-se, portanto, necessariamente que:
   a) todo C é B;
   b) todo C é A;
   c) algum A é C;
   d) nada que não seja C é A;
   e) algum A não é C.

Solução:

Antes de iniciarmos a análise das proposições trazidas no enunciado, vejamos a sentença da alternativa **D**: **nada que não seja C é A**. Tentemos transformar esta sentença em uma das proposições categóricas que conhecemos.

A sentença **nada que não seja C é A** significa o mesmo que **Nenhum não C é A**, e que podemos reescrever como **Nenhum A não é C**. Esta última é equivalente à proposição categórica **Todo A é C**. Pronto!

Também poderíamos chegar ao mesmo resultado acima de outra forma. Considerando A e B como conjuntos, a expressão **nada que não seja C é A** é equivalente a **nenhum elemento fora de C é elemento de A**. Ora, isso só será possível se desenharmos o conjunto A **contido** no conjunto B; logo, podemos afirmar que **Todo A é C**.

Vejamos agora o enunciado. Este traz duas proposições categóricas:
1. **Existe pelo menos um A que é B (= Algum A é B)**
2. **Todo B é C**

Devemos fazer a representação gráfica de cada uma delas por círculos para ajudar-nos a obter a resposta correta. (Na resolução da questão anterior fizemos algumas considerações importantes sobre as representações dos círculos para as proposições categóricas.)

Vamos iniciar pela representação da proposição categórica **Todo B é C**:

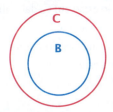

Para a proposição categórica do **Algum A é B**, usaremos a representação mostrada abaixo:

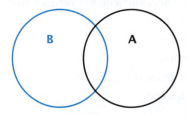

Agora devemos juntar os desenhos das duas proposições categóricas para analisarmos qual é a alternativa correta. Como a questão não informa sobre a relação entre os conjuntos A e C, então teremos diversas maneiras de representar graficamente os três conjuntos (A, B e C). Importante saber que a **alternativa correta será aquela que é verdadeira para quaisquer dessas representações**.

Usando o mesmo procedimento da questão anterior, passemos aos testes das alternativas usando o seguinte desenho (colocamos duas situações para o conjunto A):

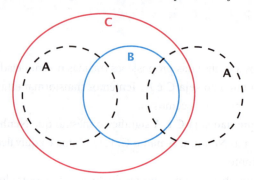

1º) Teste da alternativa **A** (todo C é B)
Observando o desenho acima, claramente esta alternativa está errada.
Passemos para o teste da próxima alternativa.
2º) Teste da alternativa **B** (todo C é A)
Observando o desenho acima, claramente esta alternativa está errada.
Passemos para a próxima.
3º) Teste da alternativa **C** (algum A é C)
Para as duas representações feitas para o conjunto A, esta alternativa é verdadeira.
4º) Teste da alternativa **D** (nada que não seja C é A)
Vimos que "nada que não seja C é A" é o mesmo que "todo A é C". Em um dos desenhos do conjunto A, há elementos de A que não estão em C, daí a afirmação que "todo A é C" está errada.
5º) Teste da alternativa **E** (algum A não é C)
Observe que em uma das representações do conjunto A, todos os elementos de A estão dentro de C, portanto esta alternativa está errada.

Resposta: Alternativa C.

6. (Esaf) Se é verdade que "Alguns escritores são poetas" e que "Nenhum músico é poeta", então, também é necessariamente verdade que:
   a) nenhum músico é escritor;
   b) algum escritor é músico;
   c) algum músico é escritor
   d) algum escritor não é músico;
   e) nenhum escritor é músico.

Solução:
Tratemos de traduzir as frases do enunciado para a linguagem dos diagramas. A começar pela primeira: "Alguns escritores são poetas." Como é que fica? Assim:

Agora, completando a resolução, traduziremos a segunda frase: "Nenhum músico é poeta." Desenharemos três situações para enquadrar a circunferência dos músicos, sempre obedecendo ao comando da referida frase. Teremos:

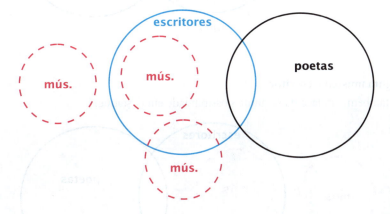

Ficou claro? Em todas as três situações desenhadas do diagrama dos músicos está sendo obedecida a ordem que **nenhum músico seja poeta**!

Uma vez concluído esse desenho, fica muito fácil confrontá-lo com as opções de resposta!

Concluiremos, de pronto, que a única resposta **necessariamente** verdadeira é a letra **D**. Vejamos as opções, uma a uma.

a) **nenhum músico é escritor.**

É falsa por quê? Por conta das duas possibilidades em destaque abaixo:

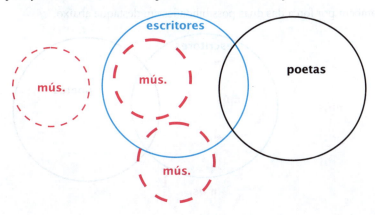

b) **Algum escritor é músico.**
Falsa! Por conta da seguinte possibilidade, em destaque abaixo:

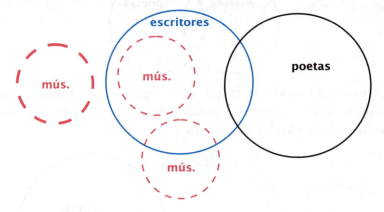

c) **Algum músico é escritor.**
Falsa também, em face da seguinte possibilidade em destaque:

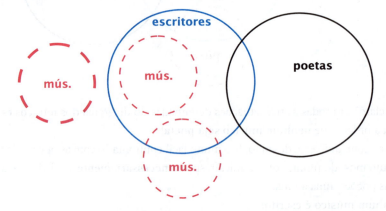

e) **Nenhum escritor é músico.**
Falso também por força das duas possibilidades em destaque abaixo:

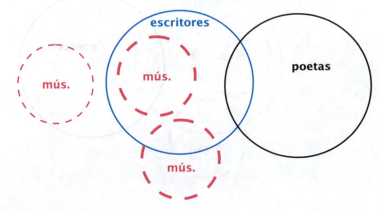

Por via de exceção, restou-nos a letra d, que será a resposta!

Mas onde está o **algum escritor que não é músico?** Na interseção dos diagramas dos escritores e dos poetas. Nesta pequena área, há pessoas que são, ao mesmo tempo, escritores e poetas. Logo, neste espaço há escritores que jamais serão músicos!

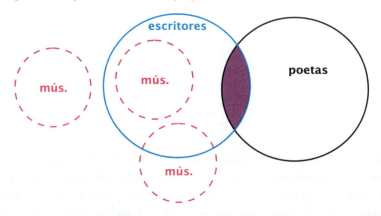

Resposta: Alternativa D.

Solução ALTERNATIVA:

Para encontrar a opção correta desta questão não era preciso ler o enunciado da questão, mas apenas observar as opções de resposta.

A proposição "nenhum músico é escritor" é equivalente a "nenhum escritor é músico". Logo, as alternativas **A** e **E** não podem estar corretas, pois senão teríamos duas corretas.

A proposição "algum escritor é músico" é equivalente a "algum músico é escritor". Logo, as alternativas **B** e **C** não podem estar corretas, pois senão teríamos duas corretas.

Só nos resta marcar a alternativa **D**! Só isso!

Moral da história: inicialmente compare as opções de resposta, pois poderemos cancelar algumas delas, podendo até obtermos a resposta correta da questão.

7. (Esaf) Em uma comunidade, todo trabalhador é responsável. Todo artista, se não for filósofo, ou é trabalhador ou é poeta. Ora, não há filósofo e não há poeta que não seja responsável. Portanto, tem-se que, necessariamente,
   a) todo responsável é artista;
   b) todo responsável é filósofo ou poeta;
   c) todo artista é responsável;
   d) algum filósofo é poeta;
   e) algum trabalhador é filósofo.

Solução:

O enunciado traz as seguintes afirmações:

1. Todo trabalhador é responsável.

2. Todo artista, se não for filósofo, ou é trabalhador ou é poeta.
3. Não há filósofo e não há poeta que não seja responsável.

Iniciaremos pelo desenho da primeira afirmação "Todo trabalhador é responsável."

Vamos passar à análise da terceira afirmação, porque esta faz uma relação entre o conjunto dos responsáveis e os conjuntos dos filósofos e o dos poetas, que permitirá fazer o desenho destes dois últimos conjuntos. A terceira afirmação feita foi: "Não há filósofo e não há poeta que não seja responsável." Isto é o mesmo que dizer: "Não há filósofo irresponsável e também não há poeta irresponsável." Permanece o mesmo sentido! Daí, os conjuntos dos filósofos e o dos poetas vão estar dentro do conjunto dos responsáveis.

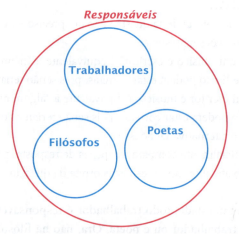

Observe, no desenho acima, que os três conjuntos (trabalhadores, filósofos e poetas) estão dentro do conjunto dos responsáveis. Desenhamos sem intersecção entre eles. Como a questão não afirma sobre a relação entre estes três conjuntos, então o desenho acima é uma das situações possíveis, mas é claro que existem outras situações, por exemplo, uma intersecção entre os três.

Na segunda afirmação, quando se diz que "Todo **artista**, se não for filósofo, ou é **trabalhador** ou é **poeta**," podemos concluir que para o artista só existem três situações possíveis:

"Todo artista é filósofo" ou "Todo artista é trabalhador" ou "Todo artista é **poeta**." Desta forma, o conjunto dos artistas ou está dentro do conjunto dos filósofos ou está dentro do conjunto dos trabalhadores ou está dentro do conjunto dos poetas.

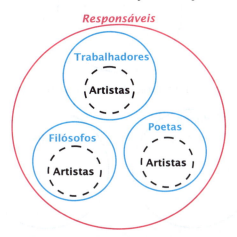

O próximo passo é analisar cada uma das alternativas a fim de encontrar a resposta correta. Lembrando que a resposta correta é aquela que é verdadeira para qualquer situação desenhada para os conjuntos. Após estas considerações, concluiremos facilmente que a alternativa correta só pode ser a **c**.

Resposta: Alternativa C.

8. (Esaf) Uma escola de arte oferece aulas de canto, dança, teatro, violão e piano. Todos os professores de canto são, também, professores de dança, mas nenhum professor de dança é professor de teatro. Todos os professores de violão são, também, professores de piano, e alguns professores de piano são, também, professores de teatro. Sabe-se que nenhum professor de piano é professor de dança, e como as aulas de piano, violão e teatro não têm nenhum professor em comum, então:
a) nenhum professor de violão é professor de canto;
b) pelo menos um professor de violão é professor de teatro;
c) pelo menos um professor de canto é professor de teatro;
d) todos os professores de piano são professores de canto;
e) todos os professores de piano são professores de violão.

Solução:
Vamos fazer passo a passo, até chegarmos ao desenho final.
Começando pela primeira frase: "todo professor de canto é professor de dança".

A segunda frase reza que "nenhum professor de dança é professor de teatro". Daí, teremos:

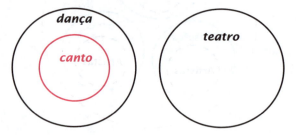

Segundo a terceira frase, "todos os professores de violão são também professores de piano".

Ora, até então, estávamos trabalhando com três grupos: professores de dança, canto e teatro. Nesta nova frase, surgiram dois novos grupos. Daí, como não temos ainda como saber a **localização** destes novos em relação aos primeiros grupos, preferível será deixarmos para trabalhar essa terceira frase daqui a pouco.

Adiante!

Quarta frase: "algum professor de piano é professor de teatro".
Teremos:

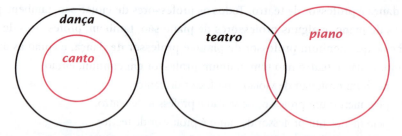

Agora, retornaremos à terceira frase – "todo professor de violão é professor de piano" – e teremos que:

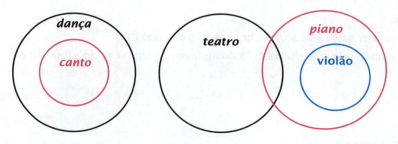

Por fim, a derradeira frase somente confirma a correção do desenho acima, quando diz que não há um só professor que ensine, ao mesmo tempo, piano, violão e teatro. Ou seja, não pode haver intersecção entre os círculos do teatro e violão.

Pronto!

Em vista do desenho acima, de imediato concluímos que a opção **a** está perfeitamente escorreita: (nenhum professor de violão é professor de canto).

Resposta: Alternativa A.

9. (Esaf) **Todos os alunos de Matemática são, também, alunos de inglês, mas nenhum aluno de inglês é aluno de História. Todos os alunos de Português são também alunos de informática, e alguns alunos de informática são também alunos de História. Como nenhum aluno de informática é aluno de inglês, e como nenhum aluno de Português é aluno de História, então:**
   a) pelo menos um aluno de Português é aluno de inglês;
   b) pelo menos um aluno de Matemática é aluno de História;
   c) nenhum aluno de Português é aluno de Matemática;
   d) todos os alunos de informática são alunos de Matemática;
   e) todos os alunos de informática são alunos de Português.

Solução:

O enunciado traz as seguintes afirmações:
   1. **Todos** os alunos de **Matemática** são, também, alunos de **inglês**.
   2. **Nenhum** aluno de **inglês** é aluno de **História**.
   3. **Todos** os alunos de **Português** são também alunos de **informática**.
   4. **Alguns** alunos de **informática** são também alunos de **História**.
   5. **Nenhum** aluno de **informática** é aluno de **inglês**.
   6. **Nenhum** aluno de **Português** é aluno de **História**.

Veja que há várias proposições categóricas, e devemos fazer a representação gráfica de cada uma para encontrar a resposta correta.

Por qual proposição categórica devemos iniciar os desenhos dos círculos? Não há uma ordem única na realização dos desenhos, devemos ir rabiscando um a um, de forma que ao final dos desenhos tenhamos atendido a todas as proposições categóricas.

Após efetuados os rabiscos para cada proposição categórica, chegamos ao seguinte desenho final:

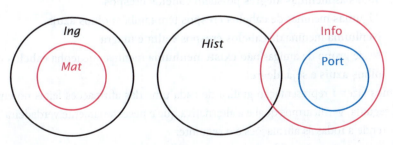

Talvez o círculo dos alunos de Português (círculo azul) seja o mais complicado de entender. Este círculo deve atender às afirmações 3 e 6 descritas acima. De acordo com a 3, o círculo do Português deve estar dentro do círculo dos alunos de Informática. E de acordo com a 6, não deve haver intersecção entre os círculos de Português e de História.

Passemos aos testes das alternativas:

1º) Teste da alternativa **A** (pelo menos um aluno de Português é aluno de inglês).
Pelo desenho, já descartamos essa alternativa.

2º) Teste da alternativa **B** (pelo menos um aluno de Matemática é aluno de História).
Também pelo desenho, descartamos essa alternativa.

3º) Teste da alternativa **C** (nenhum aluno de Português é aluno de Matemática).
Observando o desenho, vemos claramente que este item é **verdadeiro**.

4º) Teste da alternativa **D** (todos os alunos de informática são alunos de Matemática).
Pelo desenho, temos que esta alternativa está errada.

5º) Teste da alternativa **E** (todos os alunos de informática são alunos de Português).
Pelo desenho, temos que esta alternativa também está errada.

Resposta: Alternativa C.

10. (Esaf) Em um grupo de amigas, todas as meninas loiras são, também, altas e magras, mas nenhuma menina alta e magra tem olhos azuis. Todas as meninas alegres possuem cabelos crespos, e algumas meninas de cabelos crespos têm também olhos azuis. Como nenhuma menina de cabelos crespos é alta e magra, e como neste grupo de amigas não existe nenhuma menina que tenha cabelos crespos, olhos azuis e seja alegre, então:
a) pelo menos uma menina alegre tem olhos azuis;
b) pelo menos uma menina loira tem olhos azuis;
c) todas as meninas que possuem cabelos crespos são loiras;
d) todas as meninas de cabelos crespos são alegres;
e) nenhuma menina alegre é loira.

Solução:

O enunciado traz as seguintes afirmações:
1. **Todas** as **meninas loiras** são, também, **altas e magras**
2. **Nenhuma** menina **alta e magra** tem **olhos azuis**
3. **Todas** as **meninas alegres** possuem **cabelos crespos**
4. **Algumas** meninas de **cabelos crespos** têm também **olhos azuis**
5. **Nenhuma** menina de **cabelos crespos** é **alta e magra**
6. Neste grupo de amigas **não existe nenhuma** menina que tenha **cabelos crespos, olhos azuis** e **seja alegre**.

Devemos fazer a representação gráfica de cada uma das afirmações feitas no enunciado para, em seguida, verificarmos qual é a alternativa que é necessariamente verdadeira. O desenho que atende a todas as afirmações é o seguinte:

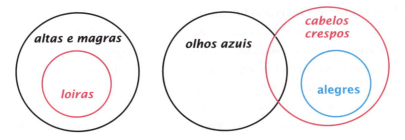

Pelo desenho acima, fica claro que a única opção correta é a letra E: "nenhum menina alegre é loira".
Resposta: Alternativa E.

11. **(Esaf)** Todos os alunos de Matemática são, também, alunos de inglês, mas nenhum aluno de inglês é aluno de História. Todos os alunos de Português são também alunos de informática, e alguns alunos de Informática são também alunos de História. Como nenhum aluno de informática é aluno de inglês, e como nenhum aluno de Português é aluno de História, então:
   a) pelo menos um aluno de Português é aluno de inglês;
   b) pelo menos um aluno de Matemática é aluno de História;
   c) nenhum aluno de Português é aluno de Matemática;
   d) todos os alunos de informática são alunos de Matemática;
   e) todos os alunos de informática são alunos de Português.

Solução:
Mais uma questão semelhante e de raciocínio e desenho idênticos! Vejamos:

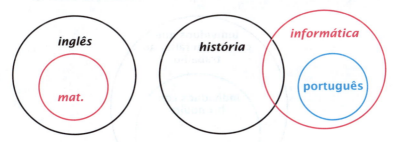

É impressionante como se repetem as resoluções extraídas de questões de provas diferentes! Mudam as palavras, mas o raciocínio é o mesmo!
Daí, pelo desenho acima, fica evidenciado que a opção correta é a letra C: "nenhum aluno de Português é aluno de Matemática".
Resposta: Alternativa C.

12. **(FCC)** As afirmações seguintes são resultados de uma pesquisa feita entre os funcionários de certa empresa.

Todo indivíduo que fuma tem bronquite.
Todo indivíduo que tem bronquite costuma faltar ao trabalho.
Relativamente a esses resultados, é correto concluir que:
a) existem funcionários fumantes que não faltam ao trabalho.
b) todo funcionário que tem bronquite é fumante.
c) todo funcionário fumante costuma faltar ao trabalho.
d) é possível que exista algum funcionário que tenha bronquite e não falte habitualmente ao trabalho.
e) é possível que exista algum funcionário que seja fumante e não tenha bronquite.

Solução:

Baseando-se na proposição: "Todo indivíduo que fuma tem bronquite", construiremos as representações dos conjuntos dos **indivíduos que fumam e dos que têm bronquite**. Faremos somente uma das duas representações possíveis para o "Todo", mostrada abaixo. Se houver necessidade, faz-se a outra.

Desenharemos o conjunto dos **indivíduos que costumam faltar ao trabalho**, com base na proposição: "Todo indivíduo que tem bronquite costuma faltar ao trabalho."

A **opção c** está claramente correta! Pois observe no desenho acima que o círculo dos fumantes está dentro do círculo dos indivíduos que costumam faltar ao trabalho. Resta necessariamente perfeito que "todo funcionário fumante costuma faltar ao trabalho" é necessariamente verdade.

Resposta: Alternativa C.

Capítulo 3 – Diagramas Lógicos

13. (FCC) Considere verdadeiras todas as três afirmações:
    I.   Todas as pessoas que estão no grupo de Alice são também as que estão no grupo de Benedito.
    II. Benedito não está no grupo de Celina.
    III. Dirceu está no grupo de Emília.
    Se Emília está no grupo de Celina, então:
    a) Alice está no grupo de Celina;
    b) Dirceu não está no grupo de Celina;
    c) Benedito está no grupo de Emília;
    d) Dirceu não está no grupo de Alice;
    e) Alice está no grupo de Emília.

Solução:
Da primeira afirmação, conclui-se que **Alice e Benedito pertencem ao mesmo grupo**. Vamos desenhar os dois dentro de um mesmo círculo.

A segunda afirmação é clara: **Benedito não está no grupo de Celina**. Com base nesta afirmação, desenharemos um círculo para Celina separado do círculo do Benedito.

Da segunda afirmação: **Dirceu está no grupo de Emília**, e da informação de que **Emília está no grupo de Celina**, conclui-se que Dirceu e Emília estão no grupo de Celina. Assim, teremos:

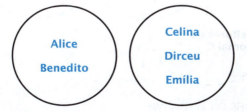

Verificando cada uma das alternativas, com base no desenho acima, é fácil concluir que a única alternativa correta é a **alternativa D**.

14. (FCC) Em uma cidade em que existem somente os jornais A, B e C tem-se as seguintes informações:
   I. Todos os leitores do jornal B leem também o jornal A.
   II. Alguns leitores do jornal C leem o jornal A.
   Então:
   a) se existir algum leitor do jornal C que também lê o jornal B, ele também lê o jornal A;
   b) alguns leitores do jornal B leem também o jornal C;
   c) alguns leitores do jornal A não leem o jornal B;
   d) todos os leitores do jornal A leem também o jornal B;
   e) pelo menos um leitor do jornal C lê também o jornal B.

Solução:

Temos as seguintes proposições categóricas:
I. Todos os leitores do jornal B leem também o jornal A.
II. Alguns leitores do jornal C leem o jornal A.
Passemos a representação da proposição I:

Acrescentamos ao desenho acima, o círculo dos **leitores do jornal C**, de acordo com a proposição II. Conforme já dissemos, devemos fazer mais de um círculo quando na proposição aparecer o termo **Alguns**.

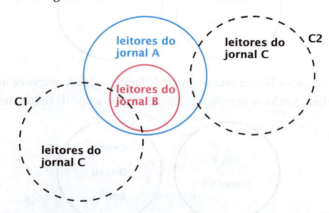

Agora, faremos o teste das alternativas:

Teste da alternativa **a** "se existir algum leitor do jornal C que também lê o jornal B, ele também lê o jornal A".

Nesta alternativa aparece uma condicional, e esta é a primeira questão deste capítulo em que isto ocorre.

Quando tivermos diante de uma condicional, temos que considerar que o antecedente ocorre. No caso desta questão, temos que considerar que "existe algum leitor do jornal C que também lê o jornal B". Com base nesta consideração, verificaremos se o consequente da condicional também ocorre.

Considerando que o leitor do jornal C lê o jornal B (**desenho C1**), então ele também será leitor de A, pois todos que leem B também leem A (proposição I).

Não devemos nos importar com o desenho C2, pois para este desenho o antecedente da condicional não pode ser atendido.

Resposta: Alternativa A.

Já encontramos a resposta da questão, mas verifiquemos também a alternativa **c**.

A proposição "Todos os leitores do jornal B leem também o jornal A", trazida no enunciado, pode ser representada de duas formas, a saber:

1ª) O círculo dos leitores do jornal B DENTRO do círculo dos leitores do jornal A; ou

2ª) O círculo dos leitores do jornal B IGUAL ao círculo dos leitores do jornal A.

A primeira representação acima normalmente é a que inicialmente usamos no momento de resolver uma questão de diagramas lógicos. Usando essa representação, constataremos que as alternativas **A** e **C** são verdadeiras. Como a questão só admite uma opção correta, devemos usar uma nova representação para as proposições a fim de descobrir qual dessas alternativas é a necessariamente verdadeira. Usando a segunda representação indicada acima, e analisando-se os desenhos dos círculos, constataremos rapidamente que a alternativa **C** é falsa, enquanto a alternativa A continua verdadeira. Como encontramos uma situação em que a alternativa **C** torna-se falsa, então esta alternativa não pode ser a resposta da questão.

15. (FCC) Sobre as consultas feitas a três livros X, Y e Z, um bibliotecário constatou que:
    - todas as pessoas que haviam consultado Y também consultaram X;
    - algumas pessoas que consultaram Z também consultaram X.

    De acordo com suas constatações, é correto afirmar que, com certeza,
    a) pelo menos uma pessoa que consultou Z também consultou Y;
    b) se alguma pessoa consultou Z e Y, então ela também consultou X;
    c) toda pessoa que consultou X também consultou Y;
    d) existem pessoas que consultaram Y e Z;
    e) existem pessoas que consultaram Y e não consultaram X.

Solução:

Como as duas sentenças trazidas no enunciado são proposições categóricas, então usaremos a representação por círculos para encontrarmos a resposta correta.

A representação de "todas as pessoas que haviam consultado Y também consultaram X" é dada por:

Agora desenharemos duas situações possíveis para a sentença "algumas pessoas que consultaram Z também consultaram X", que designaremos por V_1 e V_2 (é sempre bom fazermos pelo menos duas representações quando a sentença envolve o termo "Algum"):

Poderíamos ainda colocar o círculo vermelho em outras posições: dentro do círculo azul; dentro do círculo preto interceptando o círculo azul;... Mas inicialmente trabalharemos com somente os dois desenhos do círculo vermelho feitos acima.

Passemos ao teste das opções de resposta.

Alternativa **A**: "pelo menos uma pessoa que consultou Z também consultou Y".

Podemos observar que o círculo vermelho V_1 não tem intersecção com o círculo azul, por conseguinte, a alternativa **A** está errada.

Alternativa **B**: "se alguma pessoa consultou Z e Y, então ela também consultou X".

Esta alternativa está claramente correta porque considerando que a pessoa consultou Y, obviamente consultou X, pois o círculo do Y (em azul) está dentro do círculo do X (em preto). Portanto, **a alternativa está correta**.

Já obtemos a alternativa correta, mas mesmo assim continuaremos a análise das demais alternativas.

Alternativa **C**: "toda pessoa que consultou X também consultou Y".

Pode-se observar facilmente no desenho dos círculos que pode haver pessoas que consultaram X, mas não consultaram Y. Logo, a alternativa está errada.

Alternativa **D**: "existem pessoas que consultaram Y e Z".

Está errada, pelo mesmo motivo exposto na alternativa A.

Alternativa **E**: "existem pessoas que consultaram Y e não consultaram X".

Totalmente errada, uma vez que o círculo do Y está dentro do círculo do X.

Resposta: Alternativa B.

16. (FCC) **Algum X é Y. Todo X é Z.** Logo,
    a) algum Z é Y;
    b) algum X é Z;
    c) todo Z é X;
    d) todo Z é Y;
    e) algum X é Y.

Solução:

Temos as seguintes proposições categóricas trazidas no enunciado:
I. Algum X é Y.
II. Todo X é Z.
Primeiramente, desenharemos os círculos referentes a proposição II:

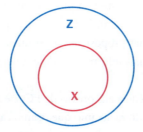

Agora, acrescentaremos o círculo do **Y** de acordo com o que está escrito na proposição I. Como de costume, faremos dois círculos:

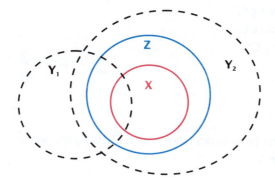

Passemos ao teste das alternativas:

Teste da alternativa **a** "algum Z é Y".

Nos dois desenhos de Y, temos que a proposição "algum Z é Y" é verdadeira.

Mas continuemos a fazer os testes das outras alternativas para termos certeza de estarmos marcando a correta.

Teste da alternativa **b** "algum X é Z".

É claro que esta proposição é verdadeira, pois como "todo X é Z", então necessariamente "algum X é Z".

Continuemos os testes, e no final decidiremos qual alternativa marcar.
Teste da alternativa **c** "todo Z é X".
Pelos desenhos, facilmente percebemos que esta proposição é totalmente falsa.
Teste da alternativa **d** "todo Z é Y".
De acordo com o desenho do círculo Y_1, percebemos que a proposição acima é falsa.
Teste da alternativa **e** "algum X é Y".
Como é dito no enunciado que "algum Y é X", então é claro que a proposição acima é verdadeira. Mais uma alternativa correta.

Encontramos que as alternativas **a**, **b** e **e** são corretas. Mas a FCC não anulou a questão e o gabarito definitivo apontava para a alternativa A. Então como devemos proceder? Verifique entre as alternativas aquela que é a "mais correta". A alternativa que usar mais informações do enunciado deve ser considerada como a "mais correta"!

A alternativa B é verdadeira por causa da proposição "Todo X é Z"; a alternativa E é verdadeira por causa da proposição "algum Y é X"; e para que a alternativa A fosse a correta tivemos que levar em conta as duas proposições do enunciado: "Todo X é Z" e "algum Y é X". Portanto, a alternativa que usa mais informações do enunciado é a **alternativa A**.
Resposta: Alternativa A.

Isso tem ocorrido com frequência em provas da FCC, e também ultimamente em provas da Esaf, portanto não esqueçam do raciocínio que usamos acima.

17. **(IPAD) Sabe-se que algum B não é A e que algum C é A. Podemos afirmar com certeza que:**
    a) algum A não é B;
    b) algum A não é C;
    c) nenhum B é C;
    d) algum B é C;
    e) algum A é C.

Solução:
Temos as seguintes proposições categóricas trazidas no enunciado:
I. algum B não é A.
II. algum C é A.
Primeiramente, desenharemos uma possível situação para a proposição I:

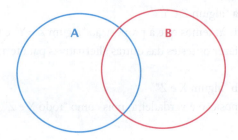

Agora, acrescentaremos o círculo do **C** de acordo com o que está escrito na proposição II. Desenharemos dois círculos como de costume.

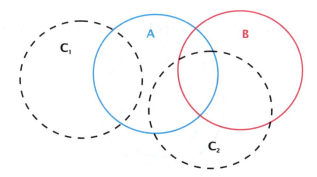

Passemos ao teste das alternativas:

Teste da alternativa **a** "Algum A não é B".
Pelos desenhos dos círculos que fizemos acima, esta alternativa é verdadeira. Mas mostraremos ao final desta questão que a proposição "Algum A não é B" não é necessariamente verdadeira.

Teste da alternativa **b** "Algum A não é C".
Também esta proposição é verdadeira com base nos desenhos acima, mas mostraremos ao final desta questão que a proposição "Algum A não é C" também não é necessariamente verdadeira.

Teste da alternativa **c** "Nenhum B é C".
Falsa! Pois o círculo C_2 apresenta intersecção com o círculo B.

Teste da alternativa **d** "Algum B é C".
Falsa! Pois o círculo C_1 não apresenta intersecção com o círculo B.

Teste da alternativa **e** "Algum A é C".
É dito no enunciado que "Algum C é A", e isso é o mesmo que "Algum A é C", logo esta proposição é sempre verdadeira.

Até o momento temos três alternativas corretas: **A**, **B** e **E**. Passemos a desenhar outras possíveis situações para os círculos de forma que descartemos duas dessas alternativas.

A proposição "Algum B não é A" do enunciado pode ser representada da seguinte forma:

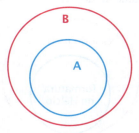

E a partir do desenho acima, a proposição "Algum A não é B", da alternativa A, torna-se falsa. Conclusão: a proposição "Algum A não é B" não é necessariamente verdadeira, daí devemos descartá-la.

A proposição "Algum C é A" do enunciado pode também ser representada da seguinte forma:

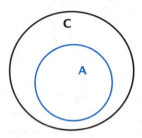

A partir do desenho acima, a proposição "Algum A não é C" da alternativa B torna-se falsa. Conclusão: a proposição "Algum A não é C" não é necessariamente verdadeira, daí devemos descartá-la.

Não há como tornar falsa a proposição da alternativa E, pois, como já dissemos, ela é equivalente a uma das proposições do enunciado.
Resposta: Alternativa E.

18. **(Esaf) Na formatura de Hélcio, todos os que foram à solenidade de colação de grau estiveram, antes, no casamento de Hélio. Como nem todos os amigos de Hélcio estiveram no casamento de Hélio, conclui-se que, dos amigos de Hélcio:**
    a) todos foram à solenidade de colação de grau de Hélcio e alguns não foram ao casamento de Hélio;
    b) pelo menos um não foi à solenidade de colação de grau de Hélcio;
    c) alguns foram à solenidade de colação de grau de Hélcio, mas não foram ao casamento de Hélio;
    d) foram à solenidade de colação de grau de Hélcio e nenhum foi ao casamento de Hélio;
    e) todos foram à solenidade de colação de grau de Hélcio e nenhum foi ao casamento de Hélio.

Solução:
Construindo a representação dos diagramas para a primeira frase ("Todos os que foram à formatura de Hélcio foram ao casamento de Hélio."), teremos:

Segunda frase: "nem todos os amigos de Hélcio foram ao casamento de Hélio"! Esta frase significa o mesmo que: alguns amigos **de Hélcio não foram ao casamento de Hélio**. Estes amigos estão representados por um X no desenho abaixo. Teremos as seguintes possibilidades:

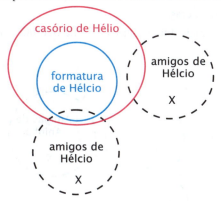

Pelo desenho acima, fica quase imediato concluir que a resposta da questão é a **letra B**: dos amigos de Hélcio, **pelo menos um não foi à solenidade de colação de grau de Hélcio**. Veja que nos dois círculos pontilhados, os amigos de Hélcio representados pelo X não foram ao casório de Hélio e, consequentemente, não foram à formatura de Hélio.

19. (Esaf) **Todas as amigas de Aninha que foram à sua festa de aniversário estiveram, antes, na festa de aniversário de Betinha. Como nem todas amigas de Aninha estiveram na festa de aniversário de Betinha, conclui-se que, das amigas de Aninha,**
    a) todas foram à festa de Aninha e algumas não foram à festa de Betinha;
    b) pelo menos uma não foi à festa de Aninha;
    c) todas foram à festa de Aninha e nenhuma foi à festa de Betinha;
    d) algumas foram à festa de Aninha mas não foram à festa de Betinha;
    e) algumas foram à festa de Aninha e nenhuma foi à festa de Betinha.

Solução:
Antes de resolvermos, façamos um paralelo entre este enunciado e o da questão anterior. Vejamos:

(Esaf/Serpro/2001) Todas as amigas de Aninha que foram à sua festa de aniversário estiveram, antes, na festa de aniversário de Betinha. Como nem todas amigas de Aninha estiveram na festa de aniversário de Betinha, conclui-se que, das amigas de Aninha,

(Esaf/MPOG/2002) Na formatura de Hélcio, todos os que foram à solenidade de colação de grau estiveram, antes, no casamento de Hélio. Como nem todos os amigos de Hélcio estiveram no casamento de Hélio, conclui-se que, dos amigos de Hélcio:

Ora, se olharmos com atenção, veremos que a essência destes dois enunciados é a mesma. O que muda são os personagens e os eventos. Na questão de cima, temos a Aninha e os eventos são: o aniversário de Aninha e o aniversário de Betinha. Na questão de baixo, temos o Hélcio e os eventos são: a formatura do Hélcio e o casamento do Hélio.

Em suma, as questões são idênticas. É o mesmo que aprender a somar maçãs, e agora alguém pedir que você some pêras.

Pois bem, reprisando o raciocínio desenvolvido na questão anterior, chegaremos ao seguinte desenho:

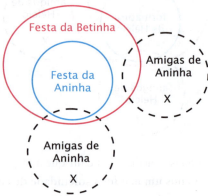

Resta evidente que a única resposta compatível com o desenho acima é a opção B – **pelo menos uma amiga de Aninha não foi à festa de Aninha**.
Resposta: Alternativa B.

20. **(FCC) Todos os que conhecem João e Maria admiram Maria. Alguns que conhecem Maria não a admiram. Logo:**
    a) todos os que conhecem Maria a admiram;
    b) ninguém admira Maria;
    c) Alguns que conhecem Maria não conhecem João;
    d) quem conhece João admira Maria;
    e) Só quem conhece João e Maria conhece Maria.

Solução:
Com base no enunciado da questão, estabeleceremos os seguintes conjuntos:
Conjunto X: conjunto das pessoas que **conhecem João e Maria**.
Conjunto Y: conjunto das pessoas que **admiram Maria**.
Conjunto Z: conjunto das pessoas que **conhecem Maria**.
Ora, todos que conhecem João e Maria é claro que conhecem Maria, portanto o conjunto X está contido no conjunto Z, simbolicamente: $X \subset Z$.

As representações simbólicas das frases do enunciado são as seguintes:
• A frase: "Todos os que conhecem João e Maria admiram Maria." Será representada por:

Todo X é Y.
- A frase: "Alguns que conhecem Maria não a admiram." Será representada por:

Algum Z não é Y.

Traduzindo para a linguagem dos diagramas, teremos:
- A começar pela primeira: "Todos os que conhecem João e Maria admiram Maria" (**Todo X é Y**).

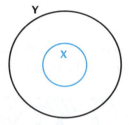

- Agora, completando a resolução, traduziremos a segunda frase: "Alguns que conhecem Maria não a admiram" (**Algum Z não é Y**). Lembre-se que X ⊂ Z! Teremos:

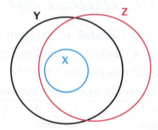

Uma vez concluído esse desenho, fica muito fácil confrontá-lo com as opções de resposta! Vejamos as opções, uma a uma.

a) todos os que conhecem Maria a admiram.

Traduzindo para a linguagem simbólica, teremos

Todo Z é Y.

Para que isto fosse verdade, seria necessário que o conjunto Z estivesse contido no conjunto Y, mas pelo desenho acima, percebemos que isto não ocorre. Logo, esta opção é falsa!

b) ninguém admira Maria.

Falsa! Por conta da seguinte frase do enunciado:

"Todos os que conhecem João e Maria admiram Maria."

c) alguns que conhecem Maria não conhecem João.

Segundo o enunciado, é verdade que algumas pessoas que conhecem Maria não a admiram. Para que não haja contradição, estas mesmas pessoas não devem conhecer João, pois, de acordo com o enunciado, as pessoas que conhecem João e Maria admiram Maria.

Alternativa correta!

Ainda testaremos as alternativas **d** e **e**.

d) quem conhece João admira Maria.

Falsa! O enunciado afirma somente que as pessoas que conhecem João e Maria admiram Maria, mas não fornece mais detalhes sobre o conjunto das pessoas que conhecem João. Portanto, não podemos necessariamente afirmar que: **quem conhece João admira Maria.**

e) só quem conhece João e Maria conhece Maria

Falsa! Pois pode haver outras pessoas que conhecem Maria!

Resposta: Alternativa C.

21. (FCC) No diagrama abaixo, o retângulo maior representa o conjunto de todos os alunos do 1º ano de Engenharia de uma faculdade e as outras três figuras representam os conjuntos desses alunos que foram aprovados nas disciplinas de Cálculo 1, Cálculo 2 e Álgebra Linear.

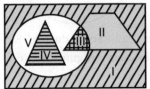

Cálculo 1 é pré-requisito para Cálculo 2, ou seja, um aluno só pode cursar Cálculo 2 se tiver sido aprovado em Cálculo 1. Além disso, sabe-se que nenhum aluno do 1º ano conseguiu ser aprovado ao mesmo tempo em Cálculo 2 e Álgebra linear. A tabela abaixo mostra a situação de três alunos nessas três disciplinas:

Aluno	Cálculo 1	Cálculo 2	Álgebra linear
Paulo	aprovado	aprovado	não aprovado
Marcos	não aprovado	não aprovado	aprovado
Jorge	aprovado	não aprovado	aprovado

Associando cada um desses alunos à região do diagrama mais apropriada para representá-los, temos:

a) Paulo-V. Marcos-III, Jorge-I;
b) Paulo-V. Marcos-II. Jorge-V;
c) Paulo-IV. Marcos-V, Jorge-I;
d) Paulo-IV. Marcos-II, Jorge-III;
e) Paulo-IV. Marcos-V, Jorge-III.

Solução:

As três figuras que estão dentro do triângulo são: um círculo (meio oval), um trapézio e um triângulo, e elas representam os conjuntos dos alunos que foram aprovados nas disciplinas de Cálculo 1, Cálculo 2 e Álgebra linear. Todas essas três figuras poderiam ser círculos, mas a FCC optou por figuras diferentes.

Tentaremos identificar qual é a disciplina que cada figura representa.

Como Cálculo 1 é pré-requisito para Cálculo 2, então todos os alunos que foram aprovados em Cálculo 2, também foram aprovados em Cálculo 1. Daí, o conjunto dos aprovados em Cálculo 2 está contido (dentro) no conjunto dos aprovados em Cálculo 1. E observe na figura dada na questão, que o triângulo está dentro do círculo. Daí: o **triângulo representa o conjunto dos aprovados em Cálculo 2** e o **círculo representa o conjunto do aprovados em Cálculo 1**. Só resta associar à disciplina de Álgebra Linear a figura do trapézio, daí o **trapézio representa os aprovados em Álgebra Linear**.

Na figura da questão também aparecem regiões hachuradas, que estão identificadas através dos algarismos romanos: I, II, III, IV e V. Observando o desenho, conclui-se que essas regiões têm os seguintes significados:

Região I: representa os alunos do 1º ano que não foram aprovados em nenhuma das disciplinas.

Região II: representa os alunos do 1º ano que foram aprovados <u>somente</u> em Álgebra Linear.

Região III: representa os alunos do 1º ano que foram aprovados em Álgebra Linear e Cálculo I.

Região IV: representa os alunos do 1º ano que foram aprovados em Cálculo 2, e é claro em Cálculo 1.

Região V: representa os alunos do 1º ano que foram aprovados **somente** em Cálculo 1.

Partiremos para descobrir quais são as regiões onde se encontram Paulo, Marcos e Jorge.

Da tabela fornecida na questão, temos que Paulo foi aprovado em Cálculo 1 e em Cálculo 2, mas não em Álgebra Linear. Portanto, **Paulo está na região IV**.

Temos que Marcos foi aprovado somente em Álgebra Linear. Daí, **Marcos está na região II**.

Quanto a Jorge, ele foi aprovado em Cálculo 1 e Álgebra Linear. Daí, **Jorge está na região III**.

Resposta: Alternativa D.

22. (FCC) Denota-se respectivamente por A e B os conjuntos de todos atletas da delegação olímpica argentina e brasileira em Atenas, e por M o conjunto de todos os atletas que irão ganhar medalhas nessas Olimpíadas. O diagrama mais adequado para representar possibilidades de intersecção entre os três conjuntos é:

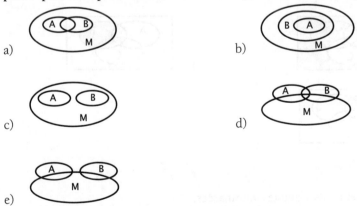

Solução:

Temos que:
- **A** representa o conjunto dos atletas da delegação olímpica **brasileira** em Atenas.
- **B** representa o conjunto dos atletas da delegação olímpica **argentina** em Atenas.
- **M** representa o conjunto de todos os atletas que **ganharão medalhas** nessas Olimpíadas.

Os diagramas de **A** e **B** não podem ter intersecção, pois não pode haver atletas olímpicos representando simultaneamente os dois países: Brasil e Argentina. Desta forma, já podemos descartar as alternativas **a**, **b** e **d** que apresentam intersecção entre os diagramas de **A** e **B**.

Segundo o diagrama da alternativa **c**, todos os atletas brasileiros e argentinos ganharão medalhas nas olimpíadas de Atenas. Com certeza essa situação é impossível, e, assim, devemos descartar a alternativa em questão.

Só nos resta a alternativa **e**. De acordo com o diagrama apresentado nesta alternativa, alguns atletas brasileiros e argentinos ganharão medalhas nas olimpíadas. Essa situação é a mais plausível!

Resposta: Alternativa E.

23. **(FCC) Seja A o conjunto de todas as pessoas com mais de 1,80m de altura, B o conjunto de todas as pessoas com mais de 80kg de massa, e C o conjunto de todas as pessoas com mais de 30 anos. Tânia diz que Lucas tem menos de 1,80m e mais de 80kg. Irene diz que Lucas tem mais de 80kg e mais de 30 anos. Sabendo que a afirmação de Tânia é verdadeira e a de Irene falsa, um diagrama cuja parte sombreada indica corretamente o conjunto ao qual Lucas pertence é:**

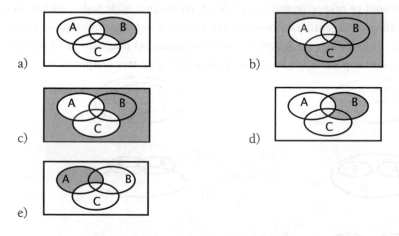

Solução:

Do enunciado, temos as seguintes informações:
- **A** é o conjunto de todas as pessoas com **mais de 1,80m**.
- **B** é o conjunto de todas as pessoas com **mais de 80kg** de massa.
- **C** é o conjunto de todas as pessoas com **mais de 30 anos**.

Capítulo 3 – Diagramas Lógicos

E são feitas as seguintes declarações:
- **Tânia** diz que Lucas tem **menos de 1,80m** e **mais de 80kg**.
- **Irene** diz que Lucas tem **mais de 80kg** e **mais de 30 anos** de idade.

Onde:
- A afirmação de **Tânia** é verdadeira e a de **Irene** é falsa.

A afirmação de Tânia é uma proposição composta usando o conectivo E para interligar os seus termos, assim, essa proposição composta é uma conjunção.

A afirmação de Tânia é verdadeira, daí: a conjunção é verdadeira. E relembrando: uma conjunção é verdadeira somente quando ambos os seus termos possuem valor lógico verdade. Logo, teremos:
- Lucas tem **menos de 1,80m** é verdade.
- Lucas tem **mais de 80kg** é verdade.

Passemos a analisar a afirmação de Irene. Esta afirmação também é uma conjunção, porém ela agora é falsa.

Os termos que compõe a conjunção da afirmação de Irene são os seguintes:

1º termo) Lucas tem **mais de 80Kg**.

2º termo) Lucas tem **mais de 30 anos**.

O **1º termo** acima tem valor lógico verdade (obtido na análise da afirmação de Tânia). Daí, o **2º termo** obrigatoriamente deve ser falso, a fim de que a afirmação de Irene seja falsa. Ou seja:
- Lucas tem **mais de 30 anos** é falso.

Daí: Lucas NÃO tem **mais de 30 anos**!

A partir dos resultados obtidos nas análises das declarações de Tânia e Irene, tentaremos descobrir a que conjunto (A, B ou C) Lucas pertence.
- Lucas tem **menos de 1,80m**! ⇒ Daí: **Lucas** está **fora do conjunto A**.
- Lucas tem **mais de 80 kg**! ⇒ Daí: **Lucas** está **dentro do conjunto B**.
- Lucas não tem **mais de 30 anos**! ⇒ Daí: **Lucas** está **fora do conjunto C**.

Obtemos que Lucas está fora de **A**, fora de **C** e dentro de **B**. Portanto, o diagrama cuja parte sombreada indica corretamente o conjunto ao qual Lucas pertence é o diagrama da alternativa **a**.

Resposta: Alternativa A.

24. (Bacen) Assinale a alternativa que contém uma contradição.
    a) todo espião não é vegetariano e algum vegetariano é espião;
    b) todo espião é vegetariano e algum vegetariano não é espião;
    c) nenhum espião é vegetariano e algum espião não é vegetariano;
    d) algum espião é vegetariano e algum espião não é vegetariano;
    e) todo vegetariano é espião e algum espião não é vegetariano.

Solução:

Na alternativa A quando se diz que "Todo espião não é vegetariano", isso quer dizer que não existe uma pessoa que seja ao mesmo tempo espião e vegetariano. Mas logo em seguida é dito que "Algum vegetariano é espião" significando que existe uma pessoa que é ao mesmo tempo espião e vegetariano. Está aí a contradição!
Resposta: Alternativa A.

3.6. Exercícios Propostos
01. (BAHIAGÁS 2010 FCC) Admita as frases seguintes como verdadeiras.
  I. Existem futebolistas (F) que surfam (S) e alguns desses futebolistas também são tenistas (T).
  II. Alguns tenistas e futebolistas também jogam vôlei (V).
  III. Nenhum jogador de vôlei surfa.
A representação que admite a veracidade das frases é:

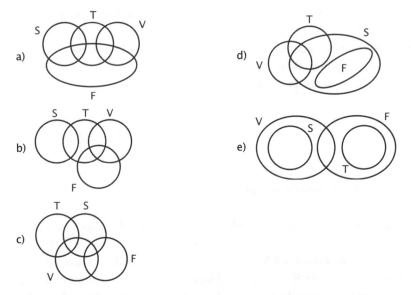

02. (SERPRO 2010 Cespe) Os diagramas lógicos, também denominados diagramas de Euler-Venn, são utilizados como auxiliares na solução de problemas envolvendo conjuntos.
Com base nessas considerações, julgue os itens a seguir.
  1. Considere os conjuntos dos políticos, dos advogados e dos católicos. Nesse caso, o diagrama seguinte pode ser usado para descrever a relação entre esses conjuntos.

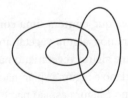

2. No Brasil, a relação entre eleitores, analfabetos e juízes pode ser representada pelo seguinte diagrama.

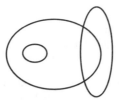

3. Considerando os conjuntos dos bacharéis, dos médicos e dos professores universitários, o diagrama que melhor representa a relação entre esses conjuntos é o ilustrado a seguir.

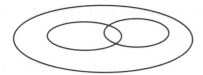

03. (SEFAZ-RJ 2011 FGV) Qual dos diagramas abaixo representa melhor a relação entre mulheres, mães e profissionais de contabilidade?

a) 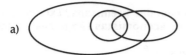   d)

b)    e)

c)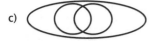

04. (TRT-MA Anal. Jud. 2014 FCC) Se nenhum XILACO é COLIXA, então
a) todo XILACO é COLIXA.
b) é verdadeiro que algum XILACO é COLIXA.
c) alguns COLIXA são XILACO.
d) é falso que algum XILACO é COLIXA.
e) todo COLIXA é XILACO.

05. (IPEA 2004 FCC) Considerando "toda prova de Lógica é difícil" uma proposição verdadeira, é correto inferir que
a) "nenhuma prova de Lógica é difícil" é uma proposição necessariamente verdadeira.
b) "alguma prova de Lógica é difícil" é uma proposição necessariamente verdadeira.
e) "alguma prova de Lógica é difícil" é uma proposição verdadeira ou falsa.
d) "alguma prova de Lógica não é difícil" é uma proposição necessariamente verdadeira.
e) "alguma prova de Lógica não é difícil" é uma proposição verdadeira ou falsa.

06. Admitindo-se verdadeira a frase "Todos os dingos são bambas", é correto concluir que
   a) quem não é dingo é bamba.
   b) existem dingos que não são bambas.
   c) alguns bambas não são dingos.
   d) existem mais bambas do que dingos.
   e) a quantidade de bambas pode ser igual a de dingos.

07. (ATA-MF 2012 ESAF) Em uma cidade as seguintes premissas são verdadeiras: Nenhum professor é rico. Alguns políticos são ricos. Então, pode-se afirmar que:
   a) Nenhum professor é político.
   b) Alguns professores são políticos.
   c) Alguns políticos são professores.
   d) Alguns políticos não são professores.
   e) Nenhum político é professor.

08. (Procuradoria Geral do Estado da Bahia 2013 FCC) Considere como verdadeiras as seguintes afirmações:
   "Algum pândego é trôpego."
   "Todo pândego é nefelibata."
   Deste modo, a assertiva necessariamente verdadeira é:
   a) Todo pândego trôpego não é nefelibata.
   b) Algum pândego trôpego não é nefelibata.
   c) Algum pândego é nefelibata.
   d) Todo pândego nefelibata é trôpego.
   e) Algum pândego que não é trôpego não é nefelibata.

09. (TRT-MG Anal. Jud. 2014 FCC) Diante, apenas, das premissas "Existem juízes", "Todos os juízes fizeram Direito" e "Alguns economistas são juízes", é correto afirmar que
   a) todos aqueles que fizeram Direito são juízes.
   b) todos aqueles que não são economistas também não são juízes.
   c) ao menos um economista fez Direito.
   d) ser juiz é condição para ser economista.
   e) alguns economistas que fizeram Direito não são juízes.

10. (TCE-SP 2012 FCC)
   Todos os jogadores são rápidos.
   Jorge é rápido.
   Jorge é estudante.
   Nenhum jogador é estudante.
   Supondo as frases verdadeiras pode-se afirmar que
   a) a intersecção entre o conjunto dos jogadores e o conjunto dos rápidos é vazia.
   b) a intersecção entre o conjunto dos estudantes e o conjunto dos jogadores não é vazia.
   c) Jorge pertence ao conjunto dos jogadores e dos rápidos.
   d) Jorge não pertence à intersecção entre os conjuntos dos estudantes e o conjunto dos rápidos.
   e) Jorge não pertence à intersecção entre os conjuntos dos jogadores e o conjunto dos rápidos.

11. (TRT-PA Téc. Jud. 2010 FCC) Em certo planeta, todos os Aleves são Bleves, todos os Cleves são Bleves, todos os Dleves são Aleves, e todos os Cleves são Dleves. Sobre os habitantes desse planeta, é correto afirmar que
   a) Todos os Dleves são Bleves e são Cleves.
   b) Todos os Bleves são Cleves e são Dleves.
   c) Todos os Aleves são Cleves e são Dleves.
   d) Todos os Cleves são Aleves e são Bleves.
   e) Todos os Aleves são Dleves e alguns Aleves podem não ser Cleves.

12. (EMBASA 2010 Cespe) Julgue o item seguinte.
1. Considerando que as proposições "As pessoas que, no banho, fecham a torneira ao se ensaboar são ambientalmente educadas" e "Existem crianças ambientalmente educadas" sejam V, então a proposição "Existem crianças que, no banho, fecham a torneira ao se ensaboar" também será V.

13. (TRF 3ª Região 2007 FCC) Se todos os jaguadartes são momorrengos e todos os momorrengos são cronópios então pode-se concluir que:
a) É possível existir um jaguadarte que não seja momorrengo.
b) É possível existir um momorrengo que não seja jaguadarte.
c) Todos os momorrengos são jaguadartes.
d) É possível existir um jaguadarte que não seja cronópio.
e) Todos os cronópios são jaguadartes.

14. Todo A é B, e Algum C é A, portanto:
a) algum A não é C
b) algum B não é C
c) algum B não é A
d) nenhum C é B
e) algum B é C

15. Se algum A é B e algum C não é B então se pode concluir que:
a) É possível existir um A que seja C.
b) Todo C não é B.
c) Algum A não é C.
d) É possível que todo A não seja B.
e) É possível que todo C seja B.

16. (TRF 1ª Região Téc. Jud. 2006 FCC) Algum X é Y. Todo X é Z. Logo,
a) algum Z é Y.
b) algum X é Z.
c) todo Z é X.
d) todo Z é Y.
e) algum X é Y.

17. (TJ-PE Téc. Jud. 2007 FCC) Todas as estrelas são dotadas de luz própria. Nenhum planeta brilha com luz própria. Logo,
a) todos os planetas são estrelas.
b) nenhum planeta é estrela.
c) todas as estrelas são planetas.
d) todos os planetas são planetas.
e) todas as estrelas são estrelas.

18. (TRE-PI Téc. Jud. 2009 FCC) Todos os advogados que trabalham numa cidade formaram-se na universidade X. Sabe-se ainda que alguns funcionários da prefeitura dessa cidade são advogados. A partir dessas informações, é correto concluir que, necessariamente,
a) existem funcionários da prefeitura dessa cidade formados na universidade X.
b) todos os funcionários da prefeitura dessa cidade formados na universidade X são advogados.
c) todos os advogados formados na universidade X trabalham nessa cidade.
d) dentre todos os habitantes dessa cidade, somente os advogados formaram-se na universidade X.
e) existem funcionários da prefeitura dessa cidade que não se formaram na universidade X.

19. (Agente Fiscal de Rendas/SP 2009 FCC) Considere o diagrama a seguir, em que U é o conjunto de todos os professores universitários que só lecionam em faculdades da cidade X, A é o conjunto de todos os professores que lecionam na faculdade A, B é o conjunto de todos os professores que lecionam na faculdade B e M é o conjunto de todos os médicos que trabalham na cidade X.

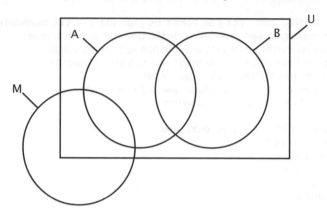

Em todas as regiões do diagrama, é correto representar pelo menos um habitante da cidade X. A respeito do diagrama, foram feitas quatro afirmações:
I. Todos os médicos que trabalham na cidade X e são professores universitários lecionam na faculdade A.
II. Todo professor que leciona na faculdade A e não leciona na faculdade B é médico.
III. Nenhum professor universitário que só lecione em faculdades da cidade X, mas não lecione nem na faculdade A e nem na faculdade B, é médico.
IV. Algum professor universitário que trabalha na cidade X leciona, simultaneamente, nas faculdades A e B, mas não é médico.
Está correto o que se afirma APENAS em
a) II e IV.
b) IV.
c) I.
d) I e III.
e) I, III e IV.

20. (TCE-PB 2006 FCC) Sobre as consultas feitas a três livros X, Y e Z, um bibliotecário constatou que:
• todas as pessoas que haviam consultado Y também consultaram X;
• algumas pessoas que consultaram Z também consultaram X.
De acordo com suas constatações, é correto afirmar que, com certeza,
a) pelo menos uma pessoa que consultou Z também consultou Y.
b) se alguma pessoa consultou Z e Y, então ela também consultou X.
c) toda pessoa que consultou X também consultou Y.
d) existem pessoas que consultaram Y e Z.
e) existem pessoas que consultaram Y e não consultaram X.

21. (TCE-PB 2006 FCC) Em uma cidade em que existem somente os jornais A, B, e C, tem-se as seguintes informações:
I. Todos os leitores do jornal B leem também o jornal A.
II. Alguns leitores do jornal C leem o jornal A.
Então:
a) se existir algum leitor do jornal C que também lê o jornal B, ele também lê o jornal A.
b) alguns leitores do jornal B leem também o jornal C.
c) alguns leitores do jornal A não leem o jornal B.
d) todos os leitores do jornal A leem também o jornal B.
e) pelo menos um leitor do jornal C lê também o jornal B.

22. **(MPU Técnico 2007 FCC)** Considere que as seguintes afirmações são verdadeiras:
    - Todo motorista que não obedece às leis de trânsito é multado.
    - Existem pessoas idôneas que são multadas.

    Com base nessas afirmações é verdade que
    a) se um motorista é idôneo e não obedece às leis de trânsito, então ele é multado.
    b) se um motorista não respeita as leis de trânsito, então ele é idôneo.
    c) todo motorista é uma pessoa idônea.
    d) toda pessoa idônea obedece às leis de trânsito.
    e) toda pessoa idônea não é multada.

23. **(TCE-SP 2010 FCC)** Considere as seguintes afirmações:
    - Todo escriturário deve ter noções de Matemática.
    - Alguns funcionários do Tribunal de Contas do Estado de São Paulo são escriturários.

    Se as duas afirmações são verdadeiras, então é correto afirmar que:
    a) Todo funcionário do Tribunal de Contas do Estado de São Paulo deve ter noções de Matemática.
    b) Se Joaquim tem noções de Matemática, então ele é escriturário.
    c) Se Joaquim é funcionário do Tribunal de Contas do Estado de São Paulo, então ele é escriturário.
    d) Se Joaquim é escriturário, então ele é funcionário do Tribunal de Contas do Estado de São Paulo.
    e) Alguns funcionários do Tribunal de Contas do Estado de São Paulo podem não ter noções de Matemática.

24. **(Procuradoria Geral do Estado da Bahia 2013 FCC)** Em uma feira, todas as barracas que vendem batata vendem tomate, mas nenhuma barraca que vende tomate vende espinafre. Todas as barracas que vendem cenoura vendem quiabo, e algumas que vendem quiabo, vendem espinafre. Como nenhuma barraca que vende quiabo vende tomate, e como nenhuma barraca que vende cenoura vende espinafre, então,
    a) todas as barracas que vendem quiabo vendem cenoura.
    b) pelo menos uma barraca que vende batata vende espinafre.
    c) todas as barracas que vendem quiabo vendem batata.
    d) pelo menos uma barraca que vende cenoura vende tomate.
    e) nenhuma barraca que vende cenoura vende batata.

25. **(TJ-Amapá Téc. Jud. 2014 FCC)** Alguns repórteres também são cronistas, mas não todos. Alguns cronistas são romancistas, mas não todos. Qualquer romancista é também: ou repórter ou cronista, mas não ambos. Supondo verdadeiras as afirmações, é possível concluir corretamente que
    a) há romancista que não seja repórter e também não seja cronista.
    b) os cronistas que são repórteres também são romancistas.
    c) não há repórter que seja cronista.
    d) não há cronista que seja romancista e repórter.
    e) há repórter que seja romancista e cronista.

26. **(Técnico do Conselho Nacional do Ministério Público 2015 FCC)** Nenhum bom investigador é acrítico (não crítico), e existem bons investigadores que são racionais. Do ponto de vista da lógica, utilizando apenas as informações dessa implicação segue, necessariamente, que alguns
    a) bons investigadores não são racionais.
    b) investigadores não são bons.
    c) racionais são acríticos.
    d) racionais são críticos.
    e) críticos não são racionais.

27. (SEFAZ/PE JATTE 2015 FCC) Na Escola Recife, todo professor de Desenho Geométrico ensina também Matemática. Alguns coordenadores, mas não todos, são professores de Matemática. Além disso, todos os pedagogos da Escola Recife são coordenadores, mas nenhum deles ensina Desenho Geométrico. Somente com estas informações, é correto concluir que na Escola Recife, necessariamente,
   a) pelo menos um pedagogo é professor de Matemática.
   b) nem todo pedagogo é professor de Matemática.
   c) existe um professor de Desenho Geométrico que não é coordenador.
   d) existe um coordenador que não é professor de Desenho Geométrico.
   e) todo pedagogo é professor de Desenho Geométrico.

28. (Especialização em Administração 2011 FGV) Nem todos os animais velozes são bons caçadores, mas todo animal que é um bom caçador é veloz.
   Sendo a frase acima verdadeira, assinale a única alternativa correta:
   a) Se um animal é veloz, então será bom caçador.
   b) Ser veloz não é condição necessária para um animal ser bom caçador.
   c) Ser veloz é condição suficiente para um animal ser bom caçador.
   d) Ser veloz é condição necessária, mas não suficiente, para um animal ser bom caçador.
   e) Há mais animais bons caçadores do que velozes.

29. (ANEEL Analista 2006 ESAF) Todo amigo de Luiza é filho de Marcos. Todo primo de Carlos, se não for irmão de Ernesto, ou é amigo de Luiza ou é neto de Tânia. Ora, não há irmão de Ernesto ou neto de Tânia que não seja filho de Marcos. Portanto, tem-se, necessariamente, que:
   a) todo filho de Marcos é irmão de Ernesto ou neto de Tânia.
   b) todo filho de Marcos é primo de Carlos.
   c) todo primo de Carlos é filho de Marcos.
   d) algum irmão de Ernesto é neto de Tânia.
   e) algum amigo de Luiza é irmão de Ernesto.

30. (Procuradoria Geral do Estado da Bahia 2013 FCC) A oposição é a espécie de inferência imediata pela qual é possível concluir uma proposição por meio de outra proposição dada, com a observância do princípio de não contradição. Neste sentido, que poderá inferir-se da verdade, falsidade ou indeterminação das proposições referidas na sequência abaixo se supusermos que a primeira é verdadeira?
   E se supusermos que a primeira é falsa?
   1ª – Todos os comediantes que fazem sucesso são engraçados.
   2ª – Nenhum comediante que faz sucesso é engraçado.
   3ª – Alguns comediantes que fazem sucesso são engraçados.
   4ª – Alguns comediantes que fazem sucesso não são engraçados.
   a) Se a 1ª é verdadeira, a 2ª é falsa, a 3ª é falsa e a 4ª é verdadeira. Se a 1ª é falsa, a 2ª é verdadeira, a 3ª e a 4ª são indeterminadas (tanto podem ser verdadeiras quanto falsas).
   b) Se a 1ª é verdadeira, a 2ª é falsa, a 3ª é falsa e a 4ª é verdadeira. Se a 1ª é falsa, a 2ª é verdadeira, a 3ª e a 4ª são verdadeiras.
   c) Se a 1ª é verdadeira, a 2ª é verdadeira, a 3ª é verdadeira e a 4ª é falsa. Se a 1ª é falsa, a 2ª é falsa, a 3ª e a 4ª são falsas.
   d) Se a 1ª é verdadeira, a 2ª é falsa, a 3ª é verdadeira e a 4ª é falsa. Se a 1ª é falsa, a 2ª é falsa, a 3ª e a 4ª são indeterminadas (tanto podem ser verdadeiras quanto falsas).
   e) Se a 1ª é verdadeira, a 2ª é falsa, a 3ª é verdadeira e a 4ª é falsa. Se a 1ª é falsa, a 2ª é falsa, a 3ª são indeterminadas (tanto podem ser verdadeiras quanto falsas) e a 4ª é verdadeira.

Capítulo 4

Lógica de Argumentação

4.1. Conceito

Trata-se o **argumento** de uma construção lógica, formada por proposições iniciais (ou premissas), que redundam em uma conclusão.

Dito de outra forma, **argumento** é a relação que associa um conjunto de proposições p_1, p_2,... p_n, chamadas **premissas** do argumento, a uma proposição **c**, dita **conclusão** do argumento.

São sinônimos dos termos **premissa** e **conclusão** os correspondentes **hipótese** e **tese**, respectivamente.

Vejamos alguns exemplos de **argumentos**:

1º Argumento p_1: Todos os cearenses são humoristas.
 p_2: Todos os humoristas gostam de música.
 c: Todos os cearenses gostam de música.

2º Argumento p_1: Todos os cientistas são loucos.
 p_2: Martiniano é louco.
 c: Martiniano é um cientista.

O tipo de **argumento** ilustrado nos exemplos acima é chamado **silogismo**.

Daí, **silogismo** é aquele **argumento** formado por duas premissas e a conclusão.

Os argumentos podem ter apenas uma premissa, ou várias; contudo, só haverá sempre uma única conclusão.

Um argumento é um conjunto de proposições. Mas nem todos os conjuntos de proposições são argumentos. Para que o seja, é necessário que essas proposições tenham certa estrutura: é preciso que uma delas (a conclusão) exprima a ideia que se quer defender, e que as demais (as premissas) sejam apresentadas como razões a favor dessa ideia.

Um raciocínio ou uma inferência é um argumento. Raciocinar ou inferir é retirar conclusões de premissas.

No estudo dos **argumentos lógicos**, nosso interesse consiste em verificar se eles são **válidos** ou **inválidos**! É isso o que nos interessa. Então, passemos a seguir a entender o que significa um **argumento válido** e um **argumento inválido**.

4.2. Validade do argumento

Um argumento pode ser classificado como **válido** ou **inválido**, nunca como verdadeiro ou falso.

4.2.1. Argumento válido

Dizemos que um argumento é **válido** (ou ainda **legítimo** ou **bem construído**), **quando a sua conclusão é uma consequência obrigatória do seu conjunto de premissas**.

Veremos em alguns exemplos adiante que as premissas e a própria conclusão poderão ser visivelmente falsas (e até absurdas!), e o argumento, ainda assim, será considerado válido. Isto pode ocorrer porque, na Lógica, o estudo dos argumentos não leva em conta a verdade ou a falsidade das premissas que compõem o argumento, mas tão somente a **validade** deste.

Exemplo 1. No silogismo...
p_1: Todos os homens são pássaros.
p_2: Nenhum pássaro é animal.
c: Portanto, nenhum homem é animal.

... a conclusão é uma consequência obrigatória das duas premissas, assim está perfeitamente bem construído, sendo, portanto, um argumento válido, muito embora o conteúdo das premissas e da conclusão sejam totalmente questionáveis.

Repetindo: o que vale é a **construção**, e não o seu **conteúdo**! Ficou claro? Se a **construção** está perfeita, então o argumento é **válido**, independentemente do conteúdo das premissas ou da conclusão!

Agora a questão mais importante: como saber se um determinado argumento é mesmo válido? Uma forma simples e eficaz de comprovar a validade de um argumento é utilizando-se de diagramas de conjuntos. Trata-se de uma técnica muito útil e que será usada com frequência em questões que pedem a verificação da validade de um argumento qualquer. Vejamos como funciona, usando esse exemplo acima.

Quando se afirma, na premissa p_1, que "todos os homens são pássaros", poderemos representar essa frase da seguinte maneira:

Observem que **todos** os elementos do conjunto menor (homens) estão incluídos, ou seja, pertencem ao conjunto maior (dos pássaros).

E será sempre essa a representação gráfica da frase "Todo A é B". Dois círculos, um dentro do outro, estando o círculo menor a representar o grupo de quem se segue à palavra **todo**.

Ficou claro? Pois bem! Façamos a representação gráfica da segunda premissa.

Temos, agora, a seguinte frase: "Nenhum pássaro é animal." Observemos que a **palavra-chave** desta sentença é **nenhum**. E a ideia que ela exprime é de uma total **dissociação** entre os dois conjuntos. Vejamos como fica sua representação gráfica:

Será sempre assim a representação gráfica de uma sentença "Nenhum A é B": dois conjuntos separados, sem nenhum ponto em comum.

Tomemos agora as representações gráficas das duas premissas vistas acima e as analisemos em conjunto. Teremos:

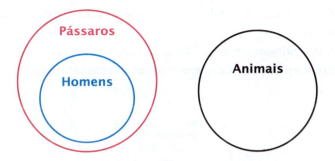

Agora, comparemos a conclusão do nosso argumento – **Nenhum homem é animal** – com o desenho das premissas acima. E aí? Será que podemos dizer que esta conclusão é uma consequência necessária das premissas? Claro que sim! Observemos que o conjunto dos homens está totalmente separado (**total dissociação!**) do conjunto dos animais.

Resultado: este é um **argumento válido**!

Para testar a validade do argumento acima, consideramos as duas premissas como verdadeiras, mesmo sabendo que eram absurdas. Perceberam?

Num raciocínio dedutivo (lógico) não é possível estabelecer a verdade de sua conclusão se as premissas não forem consideradas todas verdadeiras. Determinar a verdade ou falsidade das premissas é tarefa que incumbe à ciência, em geral, pois as premissas podem referir-se a qualquer tema, como Astronomia, Energia Nuclear, Medicina, Química, Direito etc., assuntos que talvez desconheçamos por completo! E ainda assim, teremos total condição de averiguar a validade do argumento!

Ficou entendido? Agora, vejamos o conceito de **argumento inválido**.

4.2.2. Argumento inválido

Dizemos que um argumento é **inválido** – também denominado **ilegítimo**, **mal construído**, **falacioso** ou **sofisma** – quando a verdade das premissas não é suficiente para garantir a verdade da conclusão.

Entenderemos melhor com um exemplo.

Exemplo 1.
p_1: Todas as crianças gostam de chocolate.
p_2: Patrícia não é criança.
c: Portanto, Patrícia não gosta de chocolate.

Veremos a seguir que este é um argumento inválido, falacioso, mal construído, pois as premissas **não garantem** (**não obrigam**) a verdade da conclusão.

Patrícia pode gostar de chocolate mesmo que não seja criança, pois a primeira premissa não afirmou que **somente** as crianças gostam de chocolate. Por este raciocínio já descobrimos que o argumento é inválido!

Da mesma forma que utilizamos diagramas de conjuntos para provar a validade do argumento anterior, provaremos, utilizando-nos do mesmo artifício, que o argumento em análise é inválido. Vamos lá:

Comecemos pela primeira premissa: "Todas as crianças gostam de chocolate." Já aprendemos acima como se representa graficamente esse tipo de estrutura. Teremos:

Analisemos agora o que diz a segunda premissa: "Patrícia não é criança." O que temos que fazer aqui é pegar o diagrama acima (da primeira premissa) e nele indicar onde poderá estar localizada a Patrícia, obedecendo o que consta nesta segunda premissa.

Vemos facilmente que a Patrícia só não pode estar dentro do círculo vermelho (das crianças). É a única restrição que faz a segunda premissa. Isto posto, concluímos que a Patrícia pode estar em dois lugares distintos do diagrama: 1º) Fora do conjunto maior; 2º) Dentro do conjunto maior (sem tocar o círculo vermelho!). Vejamos:

Finalmente, passemos à análise da conclusão: "Patrícia não gosta de chocolate." Ora, o que nos falta para sabermos se este **argumento** é válido, ou não, é justamente confirmar se esse resultado, ou seja, se esta conclusão, é necessariamente verdadeira! O que dizer? É necessariamente verdadeiro que Patrícia não gosta de chocolate? Olhando para o desenho acima, respondemos que **não**! Pode ser que ela não goste de chocolate (caso esteja fora do círculo azul), mas também pode ser que goste (caso esteja dentro do círculo azul)!

Enfim, o **argumento é inválido**, pois as premissas não **garantiram** a veracidade da conclusão!

Passemos a uma questão de concurso que versa sobre esse tema.

Exemplo 3. (Cespe-UnB) Julgue o item a seguir.
Considere o seguinte argumento:
    Cada prestação de contas submetida ao TCU que apresentar ato antieconômico é considerada irregular. A prestação de contas da Prefeitura de uma cidade foi considerada irregular. Conclui-se que a prestação de contas da Prefeitura dessa cidade apresentou ato antieconômico.
    Nessa situação, esse argumento é válido.

Solução:

A questão apresenta um argumento (um **silogismo**) e deseja saber se ele é válido. Ora, vimos que um argumento só será válido se a sua conclusão for uma **consequência obrigatória** do seu conjunto de premissas.

No argumento em tela temos duas premissas e a conclusão, que se seguem:

p_1: Cada prestação de contas submetida ao TCU que apresentar ato antieconômico é considerada irregular.

p_2: A prestação de contas da Prefeitura de uma cidade foi considerada irregular.

c: Conclui-se que a prestação de contas da Prefeitura dessa cidade apresentou ato antieconômico.

Usaremos a técnica dos diagramas para verificar a validade do argumento.

Começando pela primeira premissa, observemos que a palavra **cada** tem o mesmíssimo sentido de **toda**. Daí, teremos:

Analisemos agora a segunda premissa que afirma que "a prestação de contas da Prefeitura de uma cidade (qualquer) foi irregular".

Ora, no desenho a seguir, vamos indicar quais as possíveis localizações (se houver mais de uma!) desta **prestação de contas da cidade qualquer**.

Teremos:

Daí, verificamos que há **duas posições** em que a tal **prestação de contas desta cidade qualquer** poderia estar. Ora, por ser irregular, terá necessariamente que estar dentro do círculo maior (azul). Uma vez dentro do círculo azul (conta irregular), surgem duas novas possibilidades: ou estará dentro do círculo vermelho (conta com ato antieconômico), ou fora dele. Em outras palavras: a prestação de contas desta cidade qualquer, embora irregular, pode ter apresentado uma conta com ato antieconômico, **ou não**!

Analisemos agora a conclusão do argumento: "a prestação de contas da Prefeitura dessa cidade apresentou ato antieconômico". Será que esta é uma conclusão **necessária**, ou seja, obrigatória, em vista do que foi definido pelas premissas? A resposta, como vimos acima, é negativa!

Concluímos, pois, que se trata de um **argumento inválido**, e este item está errado!

4.3. Métodos de verificação da validade de um argumento

Vimos que a utilização de **diagramas de conjuntos** pode ajudar-nos a descobrir se um argumento é válido. Ocorre que, em alguns exercícios, será mais conveniente utilizarmos outros procedimentos. Aprenderemos a seguir os diferentes métodos que nos possibilitarão afirmar se um argumento é válido ou não!

O 1º método, mostrado a seguir, é o da utilização de **diagramas de conjuntos**.

4.3.1. 1º Método: Diagramas de Conjuntos

Por este método, fácil e rapidamente demonstraremos a validade de um argumento.

Ele deve ser utilizado quando as premissas apresentarem proposições categóricas, ou seja, nas premissas do argumento aparecem as palavras **todo**, **algum** e **nenhum** [ou os seus sinônimos: **cada um** (sinônimo de **todo**), **pelo menos um** (sinônimo de **algum**) etc.] Desse modo, as premissas podem ser representadas por diagramas de conjuntos.

A partir dos desenhos das premissas, verificaremos a validade do argumento. O argumento é **válido** quando verificarmos que a conclusão do argumento é uma consequência obrigatória das premissas, ou seja, o valor encontrado para a conclusão é obrigatoriamente verdadeiro.

Já fizemos nas seções 4.2.1 e 4.2.2, deste capítulo, alguns exercícios com uso deste método! Passemos, então, a conhecer o segundo método de teste de validade de um argumento.

4.3.2. 2º Método: Premissas verdadeiras

Este método deve ser utilizado quando houver uma **premissa** que seja uma **proposição simples** ou que esteja na forma de uma **conjunção**. [Uma proposição simples e uma conjunção têm apenas uma forma de ser verdade: quando o(s) termo(s) possui (possuem) valor lógico verdade.]

O primeiro passo para uso deste método é considerar as premissas como verdadeiras. A partir daí encontraremos os valores lógicos das proposições simples que compõem as premissas. Feito isto, substituiremos os valores lógicos encontrados nas proposições simples que compõem a conclusão do argumento.

Se a **conclusão** resultar numa proposição necessariamente verdadeira (assume somente o valor lógico verdade), então o argumento será considerado **VÁLIDO**. Mas se a conclusão for falsa, ou se ela admitir os dois valores lógicos (V ou F), então o argumento será considerado **INVÁLIDO**.

Exemplo 4. Diga se o argumento abaixo é válido ou inválido:

$p \vee q$
$\underline{\sim p}$
q

Solução:

Como interpretar este **argumento sem frases**? A primeira coisa a saber é que o que há acima da linha são as premissas, enquanto que abaixo dela encontra-se a conclusão! Neste caso, temos duas premissas e a conclusão (um **silogismo**).

As premissas e a conclusão deste argumento poderiam ser frases que foram traduzidas para linguagem simbólica.

As premissas e a conclusão do argumento possuem conectivos, então por meio das operações lógicas com os conectivos, descobriremos o valor lógico da **conclusão** do argumento, que deverá resultar em verdade, para que o argumento seja válido.

1º passo. Considerar as premissas como proposições verdadeiras:
- para a 1ª premissa: **p ∨ q** é verdade.
- para a 2ª premissa: **~p** é verdade.

2º passo. Tentaremos descobrir o valor lógico das proposições simples **p** e **q**, com a finalidade de encontrar o valor lógico da **conclusão**.

Vamos iniciar pela análise da 2ª premissa, pois se trata de uma proposição simples e, assim, só tem uma forma de ser verdadeira. (Se iniciássemos pela 1ª premissa não teríamos como obter de imediato o valor lógico de **p**, e nem de **q**.)
- Análise da 2ª premissa: **~p** é verdade

Como **~p** é verdade, logo **p** é F.
- Análise da 1ª premissa: **p ∨ q** é verdade

Substituindo **p** pelo valor lógico F na proposição **p ∨ q**, ficaremos com: F ∨ **q**. Para que esta disjunção seja verdadeira, é necessário que o valor lógico de **q** seja V.

Os resultados foram os seguintes:
- O valor lógico de **p** é Falso;
- O valor lógico de **q** é Verdade.

3º passo. Agora vamos utilizar os valores lógicos de **p** e **q** para encontrar o valor lógico da **conclusão**.

Como a conclusão é formada somente pela proposição simples **q**, então a conclusão tem o mesmo valor lógico de **q**, ou seja, verdade. Desta forma, o argumento é **VÁLIDO**!

Exemplo 5. Vamos verificar a validade do seguinte argumento:
1ª **premissa:** A → (~B ∧ C)
2ª **premissa:** ~A → B
3ª **premissa:** D ∧ ~C
Conclusão: B → ~D

Solução:

1º passo. Considerar as premissas como proposições verdadeiras:
- para a 1ª premissa: **A → (~B ∧ C)** é verdade
- para a 2ª premissa: **~A → B** é verdade
- para a 3ª premissa: **D ∧ ~C** é verdade

2º passo. Tentaremos descobrir o valor lógico das proposições simples **A**, **B**, **C** e **D**, com a finalidade de obter o valor lógico da **conclusão**. Vamos iniciar pela análise da 3ª premissa, pois somente esta pode fornecer de imediato o valor lógico de pelo menos uma proposição simples, conforme veremos a seguir.

- Análise da 3ª premissa: **D ∧ ~C** é verdade

Para que a proposição **D ∧ ~C** seja verdade, é necessário (segundo a tabela-verdade do conectivo E) que o valor lógico de **D** seja V e de **~C** também seja V (logo, o valor lógico de **C** é F).

- Análise da 1ª premissa: **A → (~B ∧ C)** é verdade

Como o valor lógico de **C** é F, então, independentemente do valor lógico de **B**, a conjunção (**~B ∧ C**) é Falsa.

Substituindo a conjunção, presente na 1ª premissa, pelo valor lógico F, ficaremos com: **A → F**. Pela tabela-verdade da condicional, sabemos que quando o consequente é falso, é necessário que o antecedente também seja falso para que a condicional seja verdadeira. Donde concluímos que o valor lógico de **A** é F.

- Análise da 2ª premissa: **~A → B** é verdade

O valor lógico de **A** é F, daí **~A** é V! Uma vez que o antecedente da condicional é V, é necessário que o consequente também seja V, para que a condicional seja verdadeira.

Em suma, obtemos o seguinte:

O valor lógico de **D** é V!
O valor lógico de **C** é F!
O valor lógico de **A** é F!
O valor lógico de **B** é V!

3º passo. Obtenção do valor lógico da conclusão:

A conclusão do argumento é dada pela condicional **B → ~D**, e sabemos que o valor lógico de **B** é V e o valor lógico de **D** também é V (logo **~D** é F). Qual será o valor lógico da conclusão?

Substituindo os valores lógicos de **B** por V e de **~D** por F na proposição da conclusão, teremos:

B → ~D = V → F = F

Como a **conclusão** é falsa, então o argumento é **INVÁLIDO**!

Exemplo 6. (Cespe-UnB) Julgue o item a seguir.

Considere como premissas as seguintes proposições:

"Ou o candidato é brasileiro nato ou o candidato não pode se inscrever no concurso para ingresso na carreira diplomática."

"O candidato não pode inscrever-se no concurso para ingresso na carreira diplomática."

Nesse caso, obtém-se uma argumentação lógica válida, se for apresentada como conclusão a proposição: "O candidato não é brasileiro nato."

Solução:

Representaremos as proposições simples na forma simbólica:

A = o candidato é brasileiro nato.

B = o candidato pode se inscrever no concurso para ingresso na carreira diplomática.

A partir dessas representações, podemos reescrever as premissas e a conclusão na forma simbólica:

1ª premissa: **ou A ou ¬B**

2ª premissa: **¬B**

Conclusão: **¬A**

Devemos considerar a proposição **ou A ou ¬B** como simplesmente **A ou ¬B**. Desta forma, o nosso argumento será:

1ª premissa: **A ou ¬B**

2ª premissa: **¬B**

Conclusão: **¬A**

1º passo. Façamos as premissas verdadeiras:

    1ª premissa: [**A ou ¬B**] = **V**

    2ª premissa: [**¬B**] = **V**

    Conclusão: **¬A**

2º passo. Encontrar os valores lógicos das proposições simples:

Da segunda premissa, como ¬B é **V**, logo B é **F**. Substituindo este resultado na primeira premissa, teremos:

    1ª premissa: [**A ou V**] = **V**

Como um dos termos da disjunção tem valor lógico verdade, então qualquer que seja o valor lógico de A, a 1ª premissa será verdadeira. Assim, o valor lógico de **A** está indeterminado: pode ser **V** ou **F**.

3º passo. Obtenção do valor lógico da conclusão:

Como o valor lógico de **A** pode ser **V** ou **F**, então a conclusão do argumento (¬A) pode ter valor lógico **F** ou **V**.

A argumentação lógica é considerada válida somente se a conclusão for necessariamente verdadeira. Como isso não ocorreu, a argumentação não é válida! Portanto, a afirmação do item está **errada**!

4.3.3. 3º Método: Tabela-verdade do argumento

Esta forma é mais indicada quando não se puder resolver pelos dois métodos anteriores.

Baseia-se na construção da tabela-verdade do argumento, destacando uma coluna para cada premissa e outra para a conclusão.

Após a construção da tabela verdade, verificar quais são as linhas da tabela em que os valores lógicos das premissas têm valor **V**. (As demais linhas da tabela-verdade devem ser descartadas.) Se, nas linhas em que as premissas são verdadeiras, os valores lógicos da coluna da conclusão forem **todos V**, então o argumento é **válido**! Consequentemente, se ao menos uma daquelas linhas corresponder a uma conclusão falsa, então o argumento é **inválido**.

O número de linhas da tabela-verdade de um argumento é dado pela fórmula:

Nº de Linhas da Tabela-Verdade = $2^{\text{nº de proposições simples}}$

Portanto, quanto mais proposições simples houver no argumento, mais trabalhosa será a construção da tabela-verdade.

Passemos a um exemplo com aplicação deste método.

Exemplo 7. Diga se o argumento abaixo é válido ou inválido:

$(p \wedge q) \to r$

$\dfrac{\sim r}{\sim p \vee \sim q}$

Solução:

1º passo. Construir a tabela-verdade do argumento.

Neste argumento temos três proposições simples (p, q e r), então a tabela-verdade do argumento terá **8 linhas** (=2^3).

Faremos somente uma tabela-verdade, em que as premissas e a conclusão corresponderão a colunas nesta tabela.

Observe que as premissas e a conclusão são obtidas pelos seguintes procedimentos:

A **1ª premissa** (5ª coluna da tabela) é obtida pela condicional entre a 4ª e a 3ª colunas.
A **2ª premissa** (6ª coluna) é obtida pela negação da 3ª coluna.
A **conclusão** (9ª coluna) é obtida pela disjunção entre a 7ª e a 8ª colunas.

	1ª	2ª	3ª	4ª	5ª	6ª	7ª	8ª	9ª
					1ª Premissa	**2ª Premissa**			**Conclusão**
	p	q	r	$(p \wedge q)$	$(p \wedge q) \to r$	$\sim r$	$\sim p$	$\sim q$	$\sim p \vee \sim q$
1ª	V	V	V	V	V	F	F	F	F
2ª	V	V	F	V	F	V	F	F	F
3ª	V	F	V	F	V	F	F	V	V
4ª	V	F	F	F	V	V	F	V	V
5ª	F	V	V	F	V	F	V	F	V
6ª	F	V	F	F	V	V	V	F	V
7ª	F	F	V	F	V	F	V	V	V
8ª	F	F	F	F	V	V	V	V	V

2º passo. Agora, vamos verificar quais são as linhas da tabela em que os valores lógicos das premissas são todos **V**. Daí, observamos que a 4ª, a 6ª e a 8ª linhas apresentam todas as premissas com valor lógico **V**. Devemos esquecer as outras linhas e focar somente nestas três.

Prosseguindo, temos que verificar qual é o valor lógico da conclusão correspondente a estas linhas (4ª, 6ª e 8ª). Nestas três linhas, a conclusão é **V**. Portanto, o **argumento é VÁLIDO**!

Exemplo 8. Diga se o argumento abaixo é válido ou inválido:
Se trabalho não posso estudar.
Trabalho ou serei aprovado em Matemática.
Trabalhei
Fui aprovado em Matemática.

Solução:
São três proposições simples que compõe esse argumento, então a tabela-verdade terá 8 linhas.
Vamos representar simbolicamente as proposições simples:
- **P = trabalho**
- **Q = estudo**
- **R = aprovado em Matemática**

Daí, nosso argumento em linguagem simbólica será o seguinte:
P1: **P → ~Q**
P2: **P ou R**
P3: **P**
C: **R**

Nossa **tabela-verdade** será a seguinte:

P	Q	R	~Q	1ª premissa P→~Q	2ª premissa P ou R	3ª premissa P	Conclusão R
V	V	V	F	F	V	V	V
V	V	F	F	F	V	V	F
V	F	V	V	V	V	V	V
V	F	F	V	V	V	V	F
F	V	V	F	V	V	F	V
F	V	F	F	V	F	F	F
F	F	V	V	V	V	F	V
F	F	F	V	V	F	F	F

Nossa análise se prenderá à terceira e à quarta linha, pois nestas linhas os valores lógicos das premissas são, simultaneamente, **verdadeiros**!

Qual é o valor lógico da conclusão na terceira e na quarta linha? Na terceira linha a conclusão é verdadeira, mas na quarta linha a conclusão é falsa.

Como a conclusão foi falsa na quarta linha, então o argumento é **INVÁLIDO**!

4.3.4. 4º Método: Conclusão falsa

Se os três métodos anteriores não forem aplicáveis, então podemos recorrer ainda a este 4º método.

Foi descrito no segundo método que se após a construção da **tabela-verdade** houver uma linha em que as colunas das premissas têm valor lógico V e a respectiva conclusão tem valor lógico F, então o argumento é **inválido**.

Capítulo 4 – Lógica de Argumentação

Ou seja, um argumento é válido se não ocorrer a situação em que as **premissas** são verdades e a **conclusão** é falsa. Este terceiro método baseia-se neste princípio!

Pelo terceiro método, devemos considerar as **premissas** como verdadeiras e a **conclusão** como falsa. Em seguida, averiguaremos se é possível a existência desta situação. Se confirmada esta possibilidade, então o argumento será **inválido**; caso contrário, o argumento será **válido**.

Exemplo 9. Vamos verificar a validade do seguinte argumento:

$A \rightarrow (B \vee C)$
$B \rightarrow \sim A$
$\underline{D \rightarrow \sim C}$
$A \rightarrow \sim D$

Solução:

Para a solução deste exemplo, vamos utilizar o 4º método. (Não podemos utilizar o 2º método, porque não aparece entre as premissas uma proposição simples ou uma conjunção; também não devemos utilizar o 3º método, pois a tabela-verdade ficaria muito grande: 2^4 = 16 linhas.)

De acordo com o 4º método, devemos considerar as **premissas** como verdadeiras e a **conclusão** como falsa.

1º passo. Considerar as **premissas verdades** e a **conclusão falsa**:

para a 1ª premissa: $A \rightarrow (B \vee C)$ é verdade
para a 2ª premissa: $B \rightarrow \sim A$ é verdade
para a 3ª premissa: $D \rightarrow \sim C$ é verdade
para a conclusão: $A \rightarrow \sim D$ é falso

2º passo. Quando usarmos este método de teste de validade, iniciaremos a análise dos valores lógicos das proposições simples pela proposição da conclusão.

Análise da conclusão: $A \rightarrow \sim D$ é falso

Em que situação uma condicional é falsa? Isso já sabemos: quando a 1ª parte é verdade e a 2ª parte é falsa. Daí, concluímos que o valor de **A** deve ser **V** e o de **~D** deve ser **F** (consequentemente **D** é **V**).

Análise da 2ª premissa: $B \rightarrow \sim A$ é verdade

Na análise da proposição da conclusão, obtemos que **A** é **V**. Substituindo, **A** por **V** na proposição acima, teremos: $B \rightarrow \sim V$, que é o mesmo que: $B \rightarrow F$. Como esta proposição deve ser verdade, conclui-se que **B** deve ser **F** (tabela-verdade da condicional).

Análise da 3ª premissa: $D \rightarrow \sim C$ é verdade

O valor lógico de **D** é **V**, obtido na análise da conclusão. Substituindo este valor lógico na proposição acima, teremos: $V \rightarrow \sim C$. Para que esta proposição seja verdade é necessário que a 2ª parte da condicional, **~C**, seja **V**. Daí, **C** é **F**.

Poderíamos ter analisado a 3ª premissa antes da 2ª, sem qualquer prejuízo à resolução.

Agora, só resta analisar a 1ª premissa: $A \rightarrow (B \vee C)$ é verdade

Obtivemos das análises anteriores os seguintes valores lógicos: **A** é **V**, **B** é **F**, **C** é **F** e **D** é **V**.

Substituindo alguns destes valores na proposição acima, teremos: **V → (F ∨ F)**. A disjunção (F ∨ F) é igual a F. A proposição passa para: **V → F**, e isto resulta em um valor lógico Falso. **Opa!!!** A consideração inicial é de que todas as premissas são verdadeiras; logo, a premissa **A → (B ∨ C)** deveria ser verdade!!!

Essa contradição nos valores lógicos ocorreu porque **não é possível** a existência da situação: **premissas verdadeiras** e **conclusão falsa**. Daí, concluímos que nosso argumento é **VÁLIDO**!

Para que o argumento fosse dito **inválido**, teria que ser possível a existência das premissas verdadeiras e conclusão falsa. Como isso não se confirmou, então o argumento é válido!

Exemplo 10. Classifique, quanto à validade, o seguinte argumento:

P ∨ Q
Q ∨ R
―――
P ∨ R

Solução:

Temos três proposições simples neste argumento, de sorte que não é muito conveniente usarmos o 3º método. Não podemos utilizar o 2º método, porque não aparece entre as premissas uma proposição simples ou uma conjunção. Tentaremos o 4º método!

Aplicação do 4º método:

Considerando a **conclusão** falsa e **premissas** verdadeiras. Teremos:

Conclusão: **P v R** é falso. Logo: **P** é **F** e **R** é **F**!

Agora, passemos a testar as premissas. Teremos:

1ª premissa: **P v Q** é verdade. Como **P** é falso, então **Q** tem que ser **V**!

2ª premissa: **Q v R** é verdade.

Os valores lógicos obtidos anteriormente, para **Q** e **R**, foram: **Q** é **V** e **R** é **F**. Substituindo estes valores lógicos na 2ª premissa (**Q v R**), teremos como resultado um valor verdadeiro. O que concorda com a consideração feita inicialmente de que a premissa era verdadeira.

Concluímos, então, que é possível existir a situação **premissas verdadeiras** e **conclusão falsa**. E quando isto ocorre, o argumento é dito **INVÁLIDO**!

Comparando o 4º método com o 3º método, neste último quando encontramos uma linha da tabela-verdade em que as **premissas são verdadeiras** e a **conclusão é falsa**, o argumento também é dito inválido!

4.4. Tabela comparativa dos métodos de verificação da validade de um argumento

Foram apresentados quatro métodos para testar a validade de um argumento. Se aplicarmos dois métodos diferentes num mesmo argumento, eles certamente conduzirão a um mesmo resultado. Contudo, muitas vezes haverá um método mais adequado para testar a validade de um determinado argumento.

Capítulo 4 – Lógica de Argumentação

Na sequência, um quadro que resume os quatro métodos, e quando se deve lançar mão de um ou de outro, em cada caso.

	Deve ser usado quando...	O argumento é válido quando...
1º Método **Diagramas Lógicos**	pudermos representar as premissas por meio de diagramas lógicos.	verificarmos que a conclusão é uma consequência obrigatória das premissas, ou seja, a conclusão é necessariamente verdade.
2º Método **Premissas Verdadeiras**	houver uma **premissa** que seja uma **proposição simples** ou que esteja na forma de uma **conjunção**.	o valor encontrado para a conclusão é necessariamente verdade.
3º Método **Tabela-Verdade**	em qualquer caso, mas **preferencialmente** quando o argumento tiver **no máximo três proposições simples**.	em todas as linhas da tabela em que os valores lógicos das premissas têm valor **V**, os valores lógicos da coluna da conclusão forem também **V**.
4º Método **Conclusão Falsa**	for inviável a aplicação dos métodos anteriores. Também é necessário que a **conclusão** seja uma **proposição simples** ou uma **disjunção** ou uma **condicional**.	**não for possível** a existência simultânea de **conclusão falsa** e **premissas verdadeiras**.

Vejamos mais o exemplo seguinte:

Exemplo 11. Diga se o argumento abaixo é válido ou inválido:

$$(p \wedge q) \to r$$
$$\underline{\sim r}$$
$$\sim p \vee \sim q$$

Solução:

Esse mesmo exercício foi resolvido anteriormente pelo método da **tabela-verdade**, pois estávamos interessados em ensinar como se usava a **tabela-verdade** na verificação da validade de um argumento.

Todavia, vamos seguir um roteiro baseado no quadro acima, para chegarmos ao melhor caminho de resolução. Poderemos usar as seguintes perguntas:

1ª pergunta: O argumento apresenta as palavras **todo**, **algum** ou **nenhum** (isso é indicativo de que podemos representar as premissas por diagramas lógicos)?

A resposta é **não**!

2ª pergunta: Há alguma das premissas que seja uma **proposição simples** ou uma **conjunção**?

A resposta é **sim**! A segunda proposição é (~r). Podemos optar então pelo 2º método? Sim, perfeitamente! Mas caso queiramos seguir adiante com uma próxima pergunta, teríamos:

3ª pergunta: O argumento contém no máximo três proposições simples?

A resposta é **sim**! Temos aí três proposições simples, logo o número de linhas da tabela-verdade será 8. Como a tabela está um pouco grande, é melhor priorizarmos outro método.

4ª pergunta: A conclusão tem a forma de uma **proposição simples** ou de uma **disjunção** ou de uma **condicional**?

A resposta também é **sim**! Nossa conclusão é uma **disjunção**! Ou seja, caso queiramos, poderemos utilizar, opcionalmente, o 4º método!

Vamos seguir dois caminhos: resolveremos a questão pelo 2º e pelo 4º métodos. Obviamente que, na prova, ninguém vai fazer isso! Basta resolver uma vez! Adiante:

Solução pelo 2º método

Pelo **2º método** devemos considerar as **premissas** verdadeiras e verificar o valor lógico da **conclusão**. Se a conclusão assumir somente o valor lógico verdade, então o argumento é **válido**. Caso contrário, o argumento é **inválido**.

Iniciaremos pela 2ª premissa, pois esta é uma proposição simples e, portanto, só há uma forma dela ser verdadeira.

2ª premissa é verdade.
   Daí: ~r é verdade.
   Logo: r é F!
1ª premissa é verdade.
   Daí: (p e q) → r é verdade.
   Da segunda premissa, obtivemos que o valor lógico de r é F. Substituindo r por F na premissa acima, teremos:

(p e q) → F é verdade.

A segunda parte da condicional acima é falsa. Assim, para que a condicional seja verdadeira, é necessário que a primeira parte da condicional seja também falsa, ou seja:

(p e q) é F

E quando uma **conjunção** é falsa? Temos três combinações de valores lógicos para **p** e **q** que tornam a conjunção falsa. Vejamos quais são:

   1ª) p é F, q é F   2ª) p é F, q é V   3ª) p é V, q é F

Testaremos as três combinações de valores lógicos para **p** e **q**, a fim de verificarmos o correspondente valor lógico da **conclusão**.

Conclusão: ~p ou ~q

1º teste: Substituindo **p** por F, e **q** por F na conclusão, teremos:
   ~F ou ~F = V ou V = V
2º teste: Substituindo **p** por F, e **q** por V na conclusão, teremos:
   ~F ou ~V = V ou F = V
3º teste: Substituindo **p** por V, e **q** por F na conclusão, teremos:
   ~V ou ~F = F ou V = V

A conclusão foi verdadeira para as três combinações, logo o argumento é **válido**!

Solução pelo 4º método

Considerando a **conclusão** falsa e **premissas** verdadeiras. Teremos:
   Conclusão: ~p v ~q é falso. Logo: p é V e q é V!
   Agora, passamos a testar as premissas, que são consideradas verdadeiras! Teremos:
   1ª premissa: (p ∧ q)→r é verdade. Sabendo que **p** e **q** são V, então a primeira parte da *condicional* será verdadeira; daí, a segunda parte não pode ser falsa. Logo, **r** é V.

2ª premissa: Sabendo que **r** é V, logo **~r** é F! **Opa!** A premissa deveria ser verdadeira, e não foi!

Como não foi possível haver a **existência simultânea da conclusão falsa e premissas verdadeiras**, então o argumento é **VÁLIDO**!

Nem poderia ser de outro modo! Sabemos que os distintos métodos, se aplicados da forma correta, não podem ter resultados diferentes.

4.5. Compreensão da estrutura de um argumento

Em um argumento, nem sempre são apresentadas primeiro as razões (premissas) que fundamentam a conclusão. Pode ocorrer de vir primeiro a ideia que se quer defender e só depois as razões que a justificam. Não podemos nos esquecer disso quando procuramos distinguir quem são as premissas e a conclusão num argumento.

Para distingui-las, temos algo que nos pode ajudar: os indicadores de premissas e os indicadores de conclusão, conforme pode ser visto na tabela a seguir:

Indicadores de premissas	Indicadores de conclusão
Ora...	Logo...
Dado que...	Portanto...
Porque...	Por isso...
Como...	Por conseguinte...
Visto que...	Segue-se...
Devido a...	Consequentemente...
A razão é que...	É por essa razão...
Por causa de...	Daí que..
	Concluo...

Normalmente, os indicadores de conclusão antecedem a conclusão, indicando-a facilmente. Também os indicadores de premissas surgem, normalmente, antes das premissas, o que permite identificá-las mais facilmente.

Exemplo 12. No argumento abaixo, identifique as premissas e a conclusão.

Argumento: Todo pensamento é um raciocínio, portanto todo pensamento é um movimento, visto que todos os raciocínios são movimentos.

Solução:
De acordo com os indicadores das premissas e da conclusão, podemos concluir que:
- As premissas são:
  P1: Todo pensamento é um raciocínio.
  P2: Todos os raciocínios são movimentos.
- E a conclusão é:
  C: Todo pensamento é um movimento.

4.6. Exercícios Resolvidos

1. (FCC) Considere o argumento seguinte:

    Se o controle de impostos é eficiente e é exercida a repressão à sonegação fiscal, então a arrecadação aumenta. Ou as penalidades aos sonegadores não são aplicadas, ou o controle de tributos é ineficiente. É exercida a repressão à sonegação fiscal. Logo se as penalidades aos sonegadores são aplicadas, então a arrecadação aumenta.

    Se para verificar a validade desse argumento for usada uma tabela-verdade qual deverá ser o seu número de linhas?

    a) 4;
    b) 8;
    c) 16;
    d) 32;
    e) 64.

Solução:

O número de linhas da tabela-verdade para verificar a validade de um argumento é dado por 2^n. Onde n é o número de proposições simples DIFERENTES que aparecem no argumento.

O argumento trazido no enunciado tem **4** proposições simples diferentes, as quais são:

1ª) A = o controle de impostos (= tributos) é eficiente
2ª) B = é exercida a repressão à sonegação fiscal
3ª) C = a arrecadação aumenta
4ª) D = as penalidades aos sonegadores são aplicadas

Logo, o nº de linhas da tabela-verdade é $2^n = 2^4 =$ **16 linhas**.

Resposta: Alternativa C.

2. (Cespe-UnB) Julgue os itens a seguir:

    Item 1. A seguinte argumentação é inválida.
    Premissa 1: Todo funcionário que sabe lidar com orçamento conhece contabilidade.
    Premissa 2: João é funcionário e não conhece contabilidade.
    Conclusão: João não sabe lidar com orçamento.
    Item 2. A seguinte argumentação é válida.
    Premissa 1: Toda pessoa honesta paga os impostos devidos.
    Premissa 2: Carlos paga os impostos devidos.
    Conclusão: Carlos é uma pessoa honesta.

Solução do item 1:

No argumento temos a presença de proposições categóricas, então é conveniente usarmos o 1º método de teste de validade de um argumento.

De acordo com a primeira premissa, temos que o conjunto dos funcionários que sabem lidar com orçamento está contido no conjunto dos que conhecem contabilidade. E de acordo com a segunda premissa, João deve ficar **fora** do conjunto dos que conhecem contabilidade. Assim, teremos o seguinte desenho:

Capítulo 4 – Lógica de Argumentação

João está fora do círculo azul, consequentemente fora do círculo vermelho, então "João não sabe lidar com orçamento." Desta forma, a conclusão do argumento é necessariamente verdadeira. Portanto, o argumento é **válido**!

Como esse item afirma que a argumentação é inválida, logo o mesmo está errado!

Solução do item 2:
De acordo com as duas premissas, teremos o seguinte desenho:

Carlos não é necessariamente uma pessoa honesta, pois observe que ele **pode** estar fora do círculo vermelho!

Como a conclusão do argumento não é necessariamente verdadeira, então o argumento é **inválido**! Como o item afirma que é válido, o mesmo está errado!

3. (Cespe) Julgue o item a seguir.
   Item 1. A argumentação
   – Se Lógica é fácil, então Sócrates foi mico de circo.
   – Lógica não é fácil.
   – Sócrates não foi mico de circo.
   É válida e tem a forma
   $P \to Q$
   $\neg P$
   $\neg Q$

Solução:
O argumento com suas premissas e conclusão é dado por:
   P1: Se Lógica é fácil, então Sócrates foi mico de circo.

P2: Lógica não é fácil.

C: Sócrates não foi mico de circo.

Se a questão não diz quem é a conclusão do argumento, e se não temos como descobrir pelo contexto, então devemos considerar sempre como sendo a última sentença!

Vamos fazer as seguintes definições para P e Q:

P = Lógica é fácil

Q = Sócrates foi mico de circo

Daí, a representação simbólica das premissas será dada por:

P1: $P \to Q$

P2: $\sim P$

C: $\sim Q$

Concluímos que a representação simbólica do argumento está correta. Temos agora que analisar a validade do argumento.

Qual o melhor método a ser utilizado? Vamos seguir o roteiro abaixo.

1ª Pergunta	O argumento apresenta as palavras todo, algum ou nenhum?
Resposta:	Não! Podemos, então, descartar o 1º método!
2ª Pergunta	Há alguma das premissas que seja uma proposição simples ou uma conjunção?
Resposta:	Sim! A segunda premissa é uma proposição simples! Se quisermos, poderemos usar o 2º método!
3ª Pergunta	O argumento contém no máximo três proposições simples?
Resposta:	Sim, apenas duas! Se quisermos, podemos usar o 3º método, facilmente!
4ª Pergunta	A conclusão tem a forma de uma proposição simples ou de uma disjunção ou de uma condicional?
Resposta:	Sim, também! A conclusão é uma proposição simples. Opcionalmente, poderemos igualmente usar o 4º método!

São três alternativas: poderemos concluir acerca da validade do argumento, por meio do 2º ou do 3º ou do 4º método! Optaremos pelo 3º método, e assim, construiremos a **tabela-verdade**! Teremos:

P	Q	1ª premissa $P \to Q$	2ª premissa $\sim P$	Conclusão $\sim Q$
V	V	V	F	F
V	F	F	F	V
F	V	V	V	F
F	F	V	V	V

Da **tabela-verdade** acima nos interessarão somente as duas últimas linhas! Por que isso? Porque são as duas únicas em que as premissas têm, simultaneamente, valor lógico verdade! Daí, para que o argumento fosse válido, seria preciso que a conclusão (última coluna) fosse também **verdade** nessas duas linhas! Como isso não ocorre (vide terceira linha!), diremos que o **argumento é inválido!**

O item está, portanto, errado.

4. (FCC) Observe a construção de um argumento:
Premissas: Todos os cachorros têm asas.
Todos os animais de asas são aquáticos.
Existem gatos que são cachorros.
Conclusão: Existem gatos que são aquáticos.
Sobre o argumento A, as premissas P e a conclusão C, é correto dizer que:
a) A não é válido, P é falso e C é verdadeiro;
b) A não é válido, P e C são falsos;
c) A é válido, P e C são falsos;
d) A é válido, P ou C são verdadeiros;
e) A é válido se P é verdadeiro e C é falso.

Solução:

A solução desta questão pode ser dividida em duas partes:

1ª parte: Quais são os valores lógicos das premissas (P) e da conclusão (C)?

Para encontrar o valor lógico das premissas (P) e da conclusão (C) devemos observar os seus respectivos conteúdos.

Ora, é fácil perceber que tudo que é dito nas premissas e na conclusão é certamente falso. Daí, P e C são falsos!

Observando as opções de resposta, devemos marcar a letra **b** ou a letra **c**. O que vai definir a resposta da questão é a análise da **validade do argumento**!

2ª parte: O argumento é válido ou inválido?

Um argumento é válido quando a conclusão é uma consequência obrigatória das premissas.

Não tem sentido prático analisar a validade de um argumento que tenha premissas falsas, como ocorre no argumento desta questão, mas o objetivo é testar a nossa habilidade de verificar a validade de um argumento.

Façamos tal análise com uso do 1º método (por meio de diagramas). Então de acordo com as premissas, teremos:

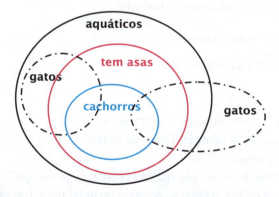

Fizemos dois desenhos para o conjunto dos gatos, a fim de verificar a veracidade da conclusão do argumento.

Nos dois desenhos que fizemos para o conjunto dos gatos, a conclusão "Existem gatos que são aquáticos" é verdadeira. Poderíamos fazer outros desenhos (obedecendo as premissas) para o conjunto dos gatos e a conclusão continuaria sendo verdadeira.

Como a conclusão do argumento é necessariamente verdadeira, o **argumento** é **válido**!

Vejam que apesar do conteúdo das premissas e conclusão serem falsos, a construção é perfeita em sua forma, o que nos leva a um argumento válido!

Resposta: Alternativa C.

5. **Assinale a alternativa que contém um argumento válido.**
   a) Alguns atletas jogam xadrez.
      Todos os intelectuais jogam xadrez.
      Conclusão: Alguns atletas são intelectuais.

Solução:

Façamos tal análise com uso do 1º método (por meio de diagramas). Então de acordo com as premissas, teremos:

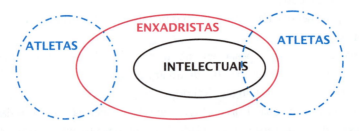

Fizemos dois desenhos para o conjunto dos atletas, a fim de verificar a veracidade da conclusão do argumento.

Observemos que não é um resultado necessário que haja um ponto em comum entre o diagrama dos intelectuais e dos atletas. Logo, a conclusão pode ser falsa (não é necessariamente verdadeira!), assim o argumento é **inválido**!

   b) Se estudasse tudo, eu passaria.
      Eu não passei.
      Conclusão: Eu não estudei tudo.

Solução:

Segundo método! Começando pela 2ª premissa. Teremos:
   • "**Eu não passei**" é **verdade**. Logo, "**eu passei**" é **falso**.

Da 1ª premissa, teremos:
   • "Se estudasse tudo, eu passaria" é **verdade**! Sabemos que o consequente desta condicional é falso, então o antecedente (**estudei tudo**) tem que ser **falso**!

Portanto, a conclusão "**Eu não estudei tudo**" é **verdadeira**! Consequentemente, o argumento é **válido**!

Capítulo 4 – Lógica de Argumentação

6. (FCC) No argumento: "Se estudo, passo no concurso. Se não estudo, trabalho. Logo, se não passo no concurso, trabalho," considere as proposições:
P: "estudo";
q: "passo no concurso"; e
r: "trabalho".
É verdade que:
a) p, q, ~p e r são premissas e ~q → r é a conclusão.
b) a forma simbólica do argumento é (p → q) → (~ p → r) |— (~q → r).
c) a validade do argumento é verificada por uma tabela- verdade com 16 linhas.
d) a validade do argumento depende dos valores lógicos e do conteúdo das proposições usadas no argumento.
e) o argumento é válido, porque a proposição [(p → q) ∧ (~p → r)] → (~q → r) é uma tautologia.

Solução:
Vamos separar as componentes do argumento trazido no enunciado:
1ª premissa: Se estudo, **então passo no concurso**.
2ª premissa: Se **não estudo**, então **trabalho**.
Conclusão: Se **não passo no concurso**, então **trabalho**.
Passemos as premissas e a conclusão para a forma simbólica:
1ª premissa: p → q.
2ª premissa: ~p → r.
Conclusão: ~q → r.
Agora, analisemos as alternativas.
Alternativa A: p, q, ~p e r são premissas e ~q → r é a conclusão.
As premissas do argumento são: 1ª) **p → q** e 2ª) **~p → r**. Portanto, a alternativa A está **errada**!

Alternativa B: a forma simbólica do argumento é (p → q) → (~ p→ r) |— (~q→ r).
A forma simbólica acima separa as premissas por meio do símbolo →, significando que a primeira premissa implica a segunda premissa. Está errado afirmar isso! Pois as premissas são independentes! A forma correta de separar as premissas é usando a vírgula ou o **e**. Portanto, o item já pode ser considerado como **errado**!
A separação entre o conjunto de premissas e a conclusão realmente é feita pelo símbolo |—, que significa **consequência lógica**. As seguintes formas simbólicas do argumento são corretas:
1ª forma: (p → q), (~ p→ r) |— (~q→ r).
2ª forma: (p → q) e (~ p→ r) |— (~q→ r).
Alternativa **errada**!

Alternativa C: validade do argumento é verificada por uma tabela-verdade com 16 linhas.
O número de linhas da tabela-verdade de um argumento é dado pela fórmula:
Nº de Linhas da Tabela-Verdade = $2^{n^{\underline{o}} \text{ de proposições simples}}$

Existem 3 proposições simples (**p**, **q**, **r**) presentes no argumento. Portanto, o número de linhas da tabela-verdade é:
Nº de Linhas da Tabela-Verdade = 2^3 = 8 linhas
Alternativa **errada**!

Alternativa D: a validade do argumento depende dos valores lógicos e do conteúdo das proposições usadas no argumento.

Um argumento é **válido quando a sua conclusão é uma consequência obrigatória do seu conjunto de premissas**. Se isso for verificado, ainda que os conteúdos das premissas e da própria conclusão sejam falsos, o argumento será válido.

Na Lógica, o estudo dos argumentos não leva em conta a verdade ou a falsidade das premissas que compõem o argumento, mas tão somente a relação de implicação entre o conjunto das premissas e a conclusão.

Alternativa **errada**!
Como todas as opções anteriores estão incorretas, então só nos resta marcar a alternativa E!
Resposta: Alternativa E.

Na alternativa E, é dito que o argumento é válido. Podemos provar isso através do 3º método ou do 4º método.

7. (FCC) Considere os argumentos abaixo:

Argumento	Premissas	Conclusão
I	a, a → b	b
II	~a, a → b	~b
III	~b, a → b	~a
IV	b, a → b	a

Indicando-se os argumentos legítimos por L e os ilegítimos por I, obtêm-se, na ordem dada,
a) L, I, L, I;
b) I, L, I, L;
c) I, I, I, I;
d) L, L, I, L;
e) L, L, L, L.

Solução:
Devemos verificar a validade dos quatro argumentos. Para isto, usaremos o **2º método**.

1º) **Argumento I:**
P1: a
P2: a → b
C: b

Solução:

1º passo. Considerar as premissas como proposições verdadeiras:
   1ª premissa: **a** é verdade
   2ª premissa: **a → b** é verdade

2º passo. Tentaremos descobrir o valor lógico das proposições simples **a** e **b** com a finalidade de obter o valor lógico da **conclusão**.

   Da 1ª premissa, temos que **a** é V.
   Da 2ª premissa, temos que **a → b** é verdade

Substituindo **a** por V na proposição **a → b**, ficaremos com: V → **b**. Esta condicional somente será verdadeira, se o valor de lógico de **b** for V.

Obtivemos os seguintes resultados:
   a é V!
   b é V!

3º passo. Obter o valor lógico da Conclusão:

A conclusão é dada pela proposição simples **b**, e sabemos que o valor lógico de **b** é verdade. Portanto, o valor lógico da **conclusão** é necessariamente verdade. Daí, o argumento é **válido** (ou **legítimo** ou **bem construído**).

2º) Argumento II:
P1: ~a
P2: a → b
C: ~b

Solução:

1º passo. Considerar as premissas como proposições verdadeiras:
   1ª premissa: **~a** é verdade
   2ª premissa: **a → b** é verdade

2º passo. Tentaremos descobrir o valor lógico das proposições simples **a** e **b** com a finalidade de obter o valor lógico da **conclusão**.

   Da 1ª premissa, temos que **~a** é verdade. Logo: **a** é F.
   Da 2ª premissa, temos que **a → b** é verdade

Substituindo **a** por F na proposição **a → b**, ficaremos com: F → **b**. Esta condicional será verdadeira tanto para **b** = F como para **b** = V.

Encontramos os seguintes resultados:
   a é F!
   b está indeterminado (pode ser V ou F)!

3º passo. Obter o valor lógico da conclusão:

A conclusão é dada pela proposição simples **~b**. E sabemos que **b** admite dois valores lógicos, assim:
- quando **b** = F, a conclusão **~b** terá valor lógico V.
- quando **b** = V, a conclusão **~b** terá valor lógico F.

Como a conclusão pode ser falsa, então o **argumento é inválido** (**ilegítimo** ou **mal construído**). O argumento somente é válido se a conclusão for necessariamente verdadeira!

Encontramos que o **1º argumento** é legítimo e que o **2º argumento** é ilegítimo. Com esses resultados já podemos marcar a **alternativa A** como correta.

8. (Cespe-UnB) Uma noção básica da lógica é a de que um argumento é composto de um conjunto de sentenças denominadas premissas e de uma sentença denominada conclusão. Um argumento é válido se a conclusão é necessariamente verdadeira sempre que as premissas forem verdadeiras. Com base nessas informações, julgue os itens que se seguem.
   Item 1. Toda premissa de um argumento válido é verdadeira.

Solução:
O enunciado desta questão traz o conceito de Argumento e explica quando um argumento é válido. Você também deve levar em consideração todas as explicações feitas neste capítulo sobre Argumento.

Já é do nosso conhecimento que a **análise da validade do argumento** se prende à forma, e não ao conteúdo das premissas (ou da conclusão!). Logo, mesmo uma premissa sendo absurda em seu conteúdo, ou seja, mesmo sendo falsa, pode perfeitamente gerar um argumento válido.

O item 1 está, portanto, errado!

Item 2. Se a conclusão é falsa, o argumento não é válido.

Solução:
Mesmo raciocínio do item anterior. O que é levado em conta na verificação da validade do argumento é se a construção é perfeita em sua forma. A conclusão pode ter conteúdo falso, e isso não necessariamente redundará em um argumento inválido!

O item 2 está errado!

Item 3. Se a conclusão é verdadeira, o argumento é válido.
Solução: Neste item, nada foi dito a respeito das premissas! E não podemos afirmar que o argumento é válido somente com base na conclusão!

O item 3 está errado!

Item 4. É válido o seguinte argumento: todo cachorro é verde, e tudo que é verde é vegetal, logo todo cachorro é vegetal.

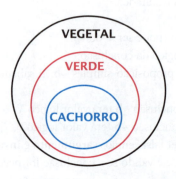

Os diagramas acima não deixam qualquer dúvida: a conclusão é resultado necessário das premissas! Ou seja, o **argumento é válido**.

O item 4 está, pois, **correto**!

9. (Esaf) Considere o seguinte argumento: "Se Soninha sorri, Sílvia é miss simpatia. Ora, Soninha não sorri. Logo, Sílvia não é miss simpatia." Este não é um argumento logicamente válido, uma vez que:
   a) a conclusão não é decorrência necessária das premissas;
   b) a segunda premissa não é decorrência lógica da primeira;
   c) a primeira premissa pode ser falsa, embora a segunda possa ser verdadeira;
   d) a segunda premissa pode ser falsa, embora a primeira possa ser verdadeira;
   e) o argumento só é válido se Soninha na realidade não sorri.

Solução:
Trata-se de uma questão meramente **conceitual**, e de resolução, portanto, imediata.
Se o enunciado está afirmando que o argumento é inválido, isso significa, tão somente, que a conclusão não é decorrência necessária (obrigatória) das premissas!
Resposta: Alternativa A.

10. Verifique a validade dos argumentos abaixo.
    a) $P \to Q$
       $R \to \neg Q$
       $\underline{R}$
       $\neg P$

Solução:
Aplicaremos aqui o 4º método (poderíamos aplicar também o 2º método facilmente). Teremos:

Conclusão: $\neg P$ é falso. Logo: **P é V**!
Considerando as **premissas verdadeiras** e testando-as, teremos:
1ª premissa: $P \to Q$ é verdade. Sabendo que **P é V**, então **Q** também tem que ser **V**!
2ª premissa: $R \to \neg Q$ é verdade. Sabendo que **Q é V**, então $\neg Q$ é **F**. Logo, o antecedente da condicional tem que ser também **F**. Daí, **R é F**.
3ª premissa: Na 2ª premissa encontramos que **R é F**. Substituindo esse valor lógico na 3ª premissa, esta se tornará **falsa**!

Conclui-se, então, que não é possível haver a **existência simultânea da conclusão falsa e premissas verdadeiras**, então o argumento é **VÁLIDO**!

Nem poderia ser de outro modo! Sabemos que os distintos métodos, se aplicados da forma correta, não podem ter resultados diferentes.

b) Se $x = 1$ e $y = z$, então $y > 2$
   $\underline{Y = 2}$
   $y \neq z$

Solução:
Aplicaremos o 1º método!
1º passo. Considerar as premissas verdadeiras:
- 2ª premissa é verdadeira!

Daí, **y=2** é **V**!
- 1ª premissa (Se **x = 1 e y = z**, então **y > 2**) é verdadeira!

Como **y = 2** é **V**, então **y > 2** (consequente da condicional) é **F**. Para que a condicional seja verdade é necessário que a primeira parte da condicional seja também **F**, ou seja, é falso que (**x = 1 e y = z**).

Temos três situações em que a conjunção (**x = 1 e y = z**) é falsa.
1ª) x = 1 é falso, e y = z é falso;
2ª) x = 1 é verdade, e y = z é falso;
3ª) x = 1 é falso, e y = z é verdade.

A conclusão do argumento é **y ≠ z**. Vamos analisar o seu valor lógico para cada uma das três situações acima.

Na 1ª situação: y = z é falso, daí: **y ≠ z** é verdade.
Na 2ª situação: y = z é falso, daí: **y ≠ z** é verdade.
Na 3ª situação: y = z é verdade, daí: **y ≠ z** é falso.

Na 1ª e na 2ª situação, a conclusão é verdadeira, mas na 3ª situação a conclusão é falsa.

Para que o argumento seja válido a conclusão deve ser necessariamente verdadeira! Como isto não ocorre, então o argumento é **INVÁLIDO**!

11. **Considere as premissas:**
    P1. Os bebês são ilógicos.
    P2. Pessoas ilógicas são desprezadas.
    P3. Quem sabe amestrar um crocodilo não é desprezado.
    Assinale a única alternativa que NÃO é uma consequência lógica das três premissas apresentadas.
    a) Bebês não sabem amestrar crocodilos.
    b) Pessoas desprezadas são ilógicas.
    c) Pessoas desprezadas não sabem amestrar crocodilos.
    d) Pessoas ilógicas não sabem amestrar crocodilos.
    e) Bebês são desprezados.

Solução:
Quando na 1ª premissa se diz: "Os bebês são ilógicos", a premissa se refere a algum bebê em específico? Claro que não! A premissa generaliza, ou seja, está dizendo que "todos os bebês são ilógicos". O mesmo acontece com as outras duas premissas. Podemos, pois, reescrever as premissas da forma seguinte (sem alterar o sentido delas):
    P1. Todos os bebês são ilógicos.
    P2. Todas as pessoas ilógicas são desprezadas.

P3. Todos que sabem amestrar um crocodilo não são desprezados.

E agora, qual o método de validade de argumento que devemos usar? Certamente o 1º método!

Trabalhando com o 1º método, teremos:

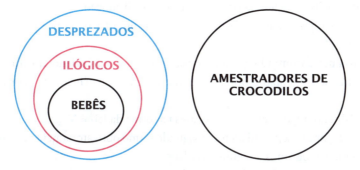

Analisando as opções de resposta, com base no desenho acima, verificamos que a única delas que NÃO apresenta um resultado necessariamente verdadeiro é justamente a constante na letra b. Pois pode haver pessoas desprezadas que não são ilógicas, como aquelas que estão fora do círculo vermelho, mas dentro do círculo azul.

12. (Cespe-UnB) Considere que as seguintes proposições são premissas de um argumento:
    1. César é o presidente do Tribunal de Contas e Tito é um conselheiro.
    2. César não é o presidente do Tribunal de Contas ou Adriano impõe penas disciplinares na forma da lei.
    3. Se Adriano é o vice-presidente do Tribunal de Contas, então Tito não é o corregedor.
    Com base nas definições apresentadas no texto acima, assinale a opção em que a proposição apresentada, junto com essas premissas, forma um argumento válido.
    a) Adriano não é o vice-presidente do Tribunal de Contas.
    b) Se César é o presidente do Tribunal de Contas, então Adriano não é o corregedor.
    c) Se Tito é corregedor, então Adriano é o vice-presidente do Tribunal de Contas.
    d) Tito não é o corregedor.
    e) Adriano impõe penas disciplinares na forma da lei.

Solução: Primeiramente, devemos considerar as premissas como verdadeiras. Teremos:
  1. César é o presidente do Tribunal de Contas **e** Tito é um conselheiro = **V**
  2. César não é o presidente do Tribunal de Contas **ou** Adriano impõe penas disciplinares na forma da lei = **V**
  3. **Se** Adriano é o vice-presidente do Tribunal de Contas, **então** Tito não é o corregedor = **V**

Agora, encontraremos os valores lógicos das proposições simples que compõe as premissas, por meio do conhecimento das tabelas-verdades dos conectivos: E, OU, SE...ENTÃO.

A primeira premissa é uma conjunção, e quando esta é verdadeira, obrigatoriamente as proposições que a compõem também são verdadeiras. Daí, encontramos duas verdades:
César é o presidente do Tribunal de Contas = **V**
Tito é um conselheiro = **V**
Passemos a analisar a segunda premissa que é uma disjunção.

2. César não é o presidente do Tribunal de Contas **ou** Adriano impõe penas disciplinares na forma da lei = **V**

Como havíamos encontrado que a proposição "César é o presidente do Tribunal de Contas" tem valor lógico **V**, então o primeiro termo da disjunção acima tem valor lógico **F**. Teremos:

2.{ **F** ou Adriano impõe penas disciplinares na forma da lei} = **V**

Para que a disjunção seja verdadeira, o segundo termo obrigatoriamente terá que ter valor lógico **V**. Assim, descobrimos a seguinte verdade:
Adriano impõe penas disciplinares na forma da lei = **V**

Até o momento, encontramos as seguintes verdades:
César é o presidente do Tribunal de Contas = **V**
Tito é um conselheiro = **V**
Adriano impõe penas disciplinares na forma da lei = **V**

Nesta questão, temos que utilizar alguns conceitos da legislação do Tribunal de Contas, por exemplo:

- Como é verdade que **Adriano impõe penas disciplinares na forma da lei**, e esta é uma atribuição do corregedor, então podemos afirmar que o **Adriano é corregedor**.
- Mesmo sendo corregedor, ele também pode ser vice-presidente, então fica indeterminado o valor lógico da proposição **Adriano é o vice-presidente do Tribunal de Contas** que está no primeiro termo da condicional da terceira premissa.
- E também fica indeterminado o valor lógico do segundo termo da condicional da terceira premissa: **Tito não é o corregedor**, pois embora Tito seja conselheiro, ele pode exercer o cargo de corregedor.

Todos os resultados encontrados foram:
– **César é o presidente do Tribunal de Contas** = **V**
– **Tito é um conselheiro** = **V**
– **Adriano impõe penas disciplinares na forma da lei** = **V**
– **Adriano é corregedor** = **V**
– **Adriano é o vice-presidente do Tribunal de Contas** = **indeterminado**
– **Tito não é o corregedor** = **indeterminado**

Passemos a analisar as opções de resposta, com base nos resultados acima.
Alternativa A. Adriano não é o vice-presidente do Tribunal de Contas = **indeterminado!**
                                    V   **F**

Alternativa B. **Se** César é o presidente do Tribunal de Contas, **então** Adriano não é o corregedor = **F!**

                                    indeterminado   indeterminado

Alternativa C. **Se** Tito é corregedor, **então** Adriano é o vice-presidente do Tribunal de Contas = **indeterminado!**

Esta condicional seria verdadeira, se ela fosse equivalente à condicional da terceira premissa. Vamos verificar!

A condicional equivalente à proposição da terceira premissa pode ser obtida através da seguinte regra: (p → q) = (~q → ~p), ou seja, inverte os termos e nega ambos.

Portanto, a forma equivalente da condicional da terceira premissa:

"Se Adriano é o vice-presidente do Tribunal de Contas, então Tito não é o corregedor."

é dada por:

"Se Tito é o corregedor, então Adriano não é o vice-presidente do Tribunal de Contas."

A condicional acima está diferente da condicional trazida neste item **c**; logo, esta última condicional não é equivalente à condicional da terceira premissa. Portanto, a condicional do item **c** continua **indeterminada**.

Alternativa D. Tito não é o corregedor = **indeterminado!**

Alternativa E. Adriano impõe penas disciplinares na forma da lei = **V**

Resposta: Alternativa E.

4.7. Exercícios Propostos

01. **Considere as seguintes premissas de um argumento:**
    Premissas: Todos os cachorros têm asas.
    Todos os animais de asas são aquáticos.
    Existem gatos que são cachorros.
    Julgue os itens seguintes:
    1. **A conclusão: "Existem gatos que não são aquáticos", torna o argumento válido.**
    2. **A conclusão: "Existem aquáticos que não são gatos", torna o argumento válido.**
    3. **A conclusão: "Não existem cachorros que não sejam aquáticos", torna o argumento válido.**

02. **(PGE-BA 2013 FCC) Há uma forma de raciocínio dedutivo chamado silogismo. Nesta espécie de raciocínio, será formalmente válido o argumento cuja conclusão é consequência que necessariamente deriva das premissas. Neste sentido, corresponde a um silogismo válido:**
    a) Premissa 1: Todo maceronte gosta de comer fubá.
       Premissa 2: As selenitas gostam de fubá.
       Conclusão: As selenitas são macerontes.
    b) Premissa 1: Todo maceronte gosta de comer fubá.
       Premissa 2: Todo maceronte tem asas.
       Conclusão: Todos que têm asas gostam de comer fubá.
    c) Premissa 1: Nenhum X é Y.
       Premissa 2: Algum X é Z.
       Conclusão: Algum Z não é Y.
    d) Premissa 1: Todo X é Y.
       Premissa 2: Algum Z é Y.
       Conclusão: Algum Z é X.
    e) Premissa 1: Capitu é mortal.
       Premissa 2: Nenhuma mulher é imortal.
       Conclusão: Capitu é mulher.

03. **(Auditor Fiscal de Vitória-ES 2007 Cespe)**
A Justiça é perfeita.
A lei foi feita pelo homem.
Toda obra humana é imperfeita.
Logo, a lei é injusta.
Com base nas assertivas que fazem parte do argumento apresentado acima, julgue os itens subsequentes.
1. A "lei foi feita pelo homem" é uma premissa desse argumento.
2. A "lei é injusta" é a conclusão desse argumento.
3. Trata-se de exemplo de argumento válido.

04. **(PC-ES 2010 Cespe)** Um argumento constituído por uma sequência de três proposições — P1, P2 e P3, em que P1 e P2 são as premissas e P3 é a conclusão — é considerado válido se, a partir das premissas P1 e P2, assumidas como verdadeiras, obtém-se a conclusão P3, também verdadeira por consequência lógica das premissas. A respeito das formas válidas de argumentos, julgue os próximos itens.
1. Considere a seguinte sequência de proposições:
P1 – Existem policiais que são médicos.
P2 – Nenhum policial é infalível.
P3 – Nenhum médico é infalível.
Nessas condições, é correto concluir que o argumento de premissas P1 e P2 e conclusão P3 é válido.
2. Se as premissas P1 e P2 de um argumento forem dadas, respectivamente, por "Todos os leões são pardos" e "Existem gatos que são pardos", e a sua conclusão P3 for dada por "Existem gatos que são leões", então essa sequência de proposições constituirá um argumento válido.

05. **(SEFAZ-SP 1997 FCC)** Assinale a alternativa em que ocorre uma conclusão verdadeira (que corresponde à realidade) e o argumento inválido (do ponto de vista lógico).
a) Sócrates é homem e todo homem é mortal, portanto, Sócrates é mortal.
b) Toda pedra é um homem, pois alguma pedra é um ser, e todo ser é homem.
c) Toda cadeira é um objeto, e todo objeto tem cinco pés, portanto, algumas cadeiras têm quatro pés.
d) Todo pensamento é um raciocínio, portanto, todo pensamento é um movimento, visto que todos os raciocínios são movimentos.
e) Todo cachorro mia, e nenhum gato mia, portanto, cachorros não são gatos.

06. **(ANCINE 2006 Cespe)** Uma argumentação verbal pode ser representada em forma simbólica implicativa do tipo $(P_1 \wedge P_2 \wedge ... \wedge P_n) \to Q$, em que $P_1, P_2, ..., P_n$, chamadas premissas e Q chamada conclusão.
Julgue a validade de cada argumentação descrita nos itens a seguir.
1. Premissa P_1: Se esse número é maior do que 5, então o quadrado desse número é maior do que 25.
Premissa P_2: Esse número não é maior do que 5.
Conclusão Q: O quadrado desse número não é maior do que 25.
2. Premissa P_1: Se a casa for perto do lago, então poderemos nadar.
Premissa P_2: Não poderemos nadar.
Conclusão Q: A casa não é perto do lago.

07. Considere os argumentos abaixo:

Argumento	Premissas	Conclusão
I	a ∨ b , ~c, a → c	~a ∧ b
II	~a ∧ b, a → c	~c
III	~b, a ↔ b	~a
IV	b → (a∧~c), ~a	a ↔ b

Capítulo 4 – Lógica de Argumentação

Indicando-se os argumentos legítimos por L e os ilegítimos por I, obtêm-se, na ordem dada,
a) L , I , L , L
b) L, I , I, L
c) I, I, L , L
d) L , L , I, I
e) L , I , L , I

08. **(Escrivão da Polícia Federal 2009 Cespe)**
    1. A sequência de proposições a seguir constitui uma dedução correta.
       Se Carlos não estudou, então ele fracassou na prova de Física.
       Se Carlos jogou futebol, então ele não estudou.
       Carlos não fracassou na prova de Física.
       Carlos não jogou futebol.

09. **(MRE 2008 Cespe) Julgue o item a seguir.**
    1. Considere que as premissas de um argumento incluem a proposição: "O barão do Rio Branco foi professor e San Tiago Dantas foi advogado". Nesse caso, a proposição "Se San Tiago Dantas não foi advogado, então o barão do Rio Branco foi professor" é uma conclusão que torna o argumento correto.

10. **(TRT-Piauí Anal. Jud. 2010 FCC)** Considere um argumento composto pelas seguintes premissas:
    – Se a inflação não é controlada, então não há projetos de desenvolvimento.
    – Se a inflação é controlada, então o povo vive melhor.
    – O povo não vive melhor.
    Considerando que todas as três premissas são verdadeiras, então, uma conclusão que tornaria o argumento válido é:
    a) A inflação é controlada.
    b) Não há projetos de desenvolvimento.
    c) A inflação é controlada ou há projetos de desenvolvimento.
    d) O povo vive melhor e a inflação não é controlada.
    e) Se a inflação não é controlada e não há projetos de desenvolvimento, então o povo vive melhor.

11. **(SEGER-ES 2011 Cespe)**
    — Começo de mês é tempo de receber salário.
    — Se as contas chegam, o dinheiro (salário) sai.
    — Se o dinheiro (salário) sai, a conta fica no vermelho muito rapidamente.
    — Se a conta fica no vermelho muito rapidamente, então a alegria dura pouco.
    — As contas chegam.
    Pressupondo que as premissas apresentadas acima sejam verdadeiras e considerando as propriedades gerais dos argumentos, julgue os itens subsequentes.
    1. A afirmação "Começo do mês é tempo de receber salário, porém a alegria dura pouco" é uma conclusão válida a partir das premissas apresentadas acima.
    2. A afirmação "Se as contas chegam, então a alegria dura pouco" é uma conclusão válida a partir das premissas apresentadas acima.

12. **(Agente Fiscal de Tributos Municipais de Teresina 2008 Cespe)** Um raciocínio lógico é uma sequência de proposições, e é denominado raciocínio lógico correto quando, considerando como V algumas das proposições da sequência — denominadas premissas —, e por consequência dessa veracidade, as demais proposições da sequência — denominadas conclusões —, também são V.
    Considere como premissas as proposições abaixo, que foram construídas a partir de alguns artigos do Código Municipal de Posturas da Prefeitura Municipal de Teresina:

A: Todos os estabelecimentos comerciais devem dispor de lixeira para uso público.
B: Todo proprietário de estabelecimento comercial é responsável pela manutenção da ordem no estabelecimento.
C: Se Mário é o proprietário do terreno, então Mário é o responsável pelo escoamento das águas pluviais que atingirem o terreno.
D: João tem mais de 18 anos ou João não pode comprar bebidas alcoólicas.
Considerando como V as proposições A, B, C e D e, com base nas definições acima, julgue os itens subsequentes.
1. Considerando-se também como premissa, além da proposição B, a proposição "Jorge é responsável pela manutenção da ordem no estabelecimento", então, está correto colocar como conclusão a proposição "Jorge é proprietário de estabelecimento comercial". E
2. A negação da proposição A é "Existem estabelecimentos comerciais que não dispõem de lixeira para uso público".
3. Se a proposição "Mário não é o responsável pelo escoamento das águas pluviais que atingirem o terreno" for também V, então a proposição "Mário não é o proprietário do terreno" é também V.
4. A sequência de proposições que tem como premissas a proposição D e a proposição "João não pode comprar bebidas alcoólicas", e tem como conclusão a proposição "João não tem mais de 18 anos", constitui um raciocínio lógico correto.
5. Considere que as proposições "Nenhum proprietário de terreno está isento de mantê-lo limpo" e "Todo proprietário de terreno paga imposto territorial pela sua propriedade" sejam as premissas de um argumento. Neste caso, se uma conclusão for a proposição "Nenhuma pessoa que paga imposto territorial pela propriedade de terreno está isenta de mantê-lo limpo", então essa sequência de proposições não constitui um raciocínio lógico correto.

13. (TRE-ES 2010 Cespe) Argumento é a afirmação de que uma sequência de proposições, denominadas premissas, acarreta outra proposição, denominada conclusão. Um argumento é válido quando a conclusão é verdadeira sempre que as premissas são todas verdadeiras.
    1. A partir das premissas "Se Joelson irá a uma festa e procurará uma namorada, então Joelson precisa cortar o cabelo", "Se Joelson é casado, então, não precisa cortar o cabelo" e "Se Joelson é casado, então, não procurará uma namorada", pode-se concluir corretamente que Joelson não é casado.
    2. O argumento cujas premissas são "Quem é casado não precisa cortar o cabelo" e "Quem vai procurar uma namorada precisa cortar o cabelo" e cuja conclusão é "Quem é casado não vai procurar uma namorada" é válido.

14. (Assembleia Legislativa do Ceará 2011 Cespe) A fim de convencer um cliente a contratar os serviços de cartão pré-pago, o gerente de uma instituição financeira argumentou com as seguintes proposições:
    P1: Se uma pessoa não possui conta-corrente nem cartão pré-pago, então ela efetua seus pagamentos em dinheiro.
    P2: Se uma pessoa efetua seus pagamentos em dinheiro, então ela carrega muito dinheiro no bolso.
    P3: Se uma pessoa carrega muito dinheiro no bolso, então ela corre o risco de ser assaltada.
    Com base na situação apresentada acima, julgue o item subsequente.
    1. O argumento composto pelas premissas P1, P2 e P3 e pela conclusão "Se uma pessoa possui conta-corrente ou cartão pré-pago, então ela não corre o risco de ser assaltada" é um argumento válido.

15. **(MPE-Tocantins Analista 2006 Cespe)** Uma argumentação é uma sequência finita de k proposições (que podem estar enumeradas) em que as (k -1) primeiras proposições ou são premissas (hipóteses) ou são colocadas na argumentação por alguma regra de dedução. A k-ésima proposição é a conclusão da argumentação. Com base nas informações acima, julgue os itens que se seguem.
   1. É correto afirmar que, simbolizada adequadamente, a argumentação abaixo é válida.
      1. Se um casal é feliz, então os parceiros têm objetivos comuns.
      2. Se os parceiros têm objetivos comuns, então trabalham no mesmo Ministério Público.
      3. Há rompimento se o casal é infeliz.
      4. Há rompimento se os parceiros não trabalham no mesmo Ministério Público.
   2. A sequência de proposições abaixo não é uma argumentação válida.
      1. Se Filomena levou a escultura ou Silva mentiu, então um crime foi cometido.
      2. Silva não estava em casa.
      3. Se um crime foi cometido, então Silva estava em casa.
      4. Filomena não levou a escultura.
   3. Considere o seguinte texto: "Se há mais pares de sapatos do que caixas para acomodá-los, então dois pares de sapatos são colocados em uma mesma caixa. Dois pares de sapatos são colocados em uma mesma caixa. Conclui-se então que há mais pares de sapatos do que caixas para acomodá-los".
   Nesse caso, o texto expressa uma argumentação que não é válida.
   4. Considere uma argumentação em que as duas proposições simbólicas abaixo são premissas, isto é, têm avaliação V.
      1. (A∧¬B) → C
      2. ¬C
   Neste caso, se a conclusão for a proposição (¬A∨B), tem-se uma argumentação válida.
   5. Considere que as proposições "Todo advogado sabe lógica" e "Todo funcionário do fórum é advogado" são premissas de uma argumentação cuja conclusão é "Todo funcionário do fórum sabe lógica". Então essa argumentação é válida.
   6. Considere uma argumentação em que duas premissas são da forma
      1. Nenhum A é B.
      2. Todo C é A.
   e a conclusão é da forma "Nenhum C é B". Essa argumentação não pode ser considerada válida.

16. **(INPI 2014 Cespe)** Das proposições P, Q, R, S e C listadas a seguir, P, Q, R e S constituem as premissas de um argumento, em que C é a conclusão:
   P: O tempo previsto em lei para a validade da patente de um fármaco é curto, uma vez que o desenvolvimento de um remédio exige muito investimento e leva muito tempo.
   Q: O tempo previsto em lei para a validade da patente de um software é longo, já que o desenvolvimento de um software não exige muito investimento ou não leva muito tempo.
   R: Se o tempo previsto em lei para a validade da patente de um fármaco é curto, a lei de patentes não atende ao fim público a que se destina.
   S: Se o tempo previsto em lei para a validade da patente de um software é longo, a lei de patentes não atende ao fim público a que se destina.
   C: Se o desenvolvimento de um remédio exige muito investimento, ou o desenvolvimento de um software não leva muito tempo, então a lei de patentes não atende ao fim público a que se destina.
   Com base nessa argumentação, julgue o item seguinte.
   1. O argumento apresentado não é um argumento válido.

17. **(TRE-RJ 2012 Cespe)** O cenário político de uma pequena cidade tem sido movimentado por denúncias a respeito da existência de um esquema de compra de votos dos vereadores. A dúvida quanto a esse esquema persiste em três pontos, correspondentes às proposições P, Q e R, abaixo:
    P: O vereador Vitor não participou do esquema;
    Q: O prefeito Pérsio sabia do esquema;
    R: O chefe de gabinete do prefeito foi o mentor do esquema.
    Os trabalhos de investigação de uma CPI da câmara municipal conduziram às premissas P1, P2 e P3 seguintes:
    P1: Se o vereador Vitor não participou do esquema, então o prefeito Pérsio não sabia do esquema.
    P2: Ou o chefe de gabinete foi o mentor do esquema, ou o prefeito Pérsio sabia do esquema, mas não ambos.
    P3: Se o vereador Vitor não participou do esquema, então o chefe de gabinete não foi o mentor do esquema.
    Considerando essa situação hipotética, julgue o item seguinte, acerca de proposições lógicas.
    1. Das premissas P1, P2 e P3, é correto afirmar que "O chefe de gabinete foi o mentor do esquema ou o vereador Vitor participou do esquema".

18. **(TRT-10ª Região 2012 Cespe)** Ao comentar sobre as razões da dor na região lombar que seu paciente sentia, o médico fez as seguintes afirmativas.
    P1: Além de ser suportado pela estrutura óssea da coluna, seu peso é suportado também por sua estrutura muscular.
    P2: Se você estiver com sua estrutura muscular fraca ou com sobrepeso, estará com sobrecarga na estrutura óssea da coluna.
    P3: Se você estiver com sobrecarga na estrutura óssea da coluna, sentirá dores na região lombar.
    P4: Se você praticar exercícios físicos regularmente, sua estrutura muscular não estará fraca.
    P5: Se você tiver uma dieta balanceada, não estará com sobrepeso.
    Tendo como referência a situação acima apresentada, julgue os itens seguintes, considerando apenas seus aspectos lógicos.
    1. Será válido o argumento em que as premissas sejam as proposições P2, P3, P4 e P5 e a conclusão seja a proposição "Se você praticar exercícios físicos regularmente e tiver uma dieta balanceada, não sentirá dores na região lombar".
    2. Se todas as afirmações feitas pelo médico forem verdadeiras, também será verdadeira a afirmação "Se você não sentisse dor na região lombar, então não estaria com sobrecarga na estrutura óssea da coluna".
    3. De acordo com as informações apresentadas, estar com a estrutura muscular fraca ou com sobrepeso é condição suficiente para o paciente sentir dores na região lombar.

19. **(Agente da Polícia Federal 2012 Cespe)** Um jovem, ao ser flagrado no aeroporto portando certa quantidade de entorpecentes, argumentou com os policiais conforme o esquema a seguir:
    Premissa 1: Eu não sou traficante, eu sou usuário;
    Premissa 2: Se eu fosse traficante, estaria levando uma grande quantidade de droga e a teria escondido;
    Premissa 3: Como sou usuário e não levo uma grande quantidade, não escondi a droga.
    Conclusão: Se eu estivesse levando uma grande quantidade, não seria usuário.
    Considerando a situação hipotética apresentada acima, julgue o item a seguir.
    1. Sob o ponto de vista lógico, a argumentação do jovem constitui argumentação válida.

20. **(Inspetor da Polícia Civil do Ceará 2012 Cespe)** O exercício da atividade policial exige preparo técnico adequado ao enfrentamento de situações de conflito e, ainda, conhecimento das leis vigentes, incluindo interpretação e forma de aplicação dessas leis nos casos concretos. Sabendo disso, considere como verdadeiras as proposições seguintes.
    P1: Se se deixa dominar pela emoção ao tomar decisões, então o policial toma decisões ruins.
    P2: Se não tem informações precisas ao tomar decisões, então o policial toma decisões ruins.
    P3: Se está em situação de estresse e não teve treinamento adequado, o policial se deixa dominar pela emoção ao tomar decisões.
    P4: Se teve treinamento adequado e se dedicou nos estudos, então o policial tem informações precisas ao tomar decisões.
    Com base nessas proposições, julgue os itens a seguir.
    1. Considerando que P1, P2, P3 e P4 sejam as premissas de um argumento cuja conclusão seja "Se o policial está em situação de estresse e não toma decisões ruins, então teve treinamento adequado", é correto afirmar que esse argumento é válido.
    2. A partir das proposições P2 e P4, é correto inferir que "O policial que tenha tido treinamento adequado e tenha se dedicado nos estudos não toma decisões ruins" é uma proposição verdadeira.

21. **(Câmara dos Deputados Técnico Legislativo 2014 Cespe)**
    P1: Não perco meu voto.
    P2: Se eu votar no candidato X, ele não for eleito e ele não me der um agrado antes da eleição, perderei meu voto.
    P3: Se eu votar no candidato X, ele for eleito e eu não for atingido por uma benfeitoria que ele faça depois de eleito, perderei meu voto.
    P4: Eu voto no candidato X.
    C: O candidato X me dará um agrado antes da eleição ou serei atingido por uma benfeitoria que ele fizer depois de eleito.
    A partir das proposições de P1 a P4 e da proposição C apresentadas acima, julgue os itens seguintes, que se referem à lógica sentencial.
    1. O argumento cujas premissas sejam as proposições P1, P2, P3 e P4 e cuja conclusão seja a proposição C será válido.
    2. A negação da proposição "Eu voto no candidato X, ele não é eleito e ele não me dá um agrado antes da eleição" está corretamente expressa por "Eu não voto no candidato X, ele é eleito e ele me dá um agrado antes da eleição".
    3. Se as proposições P1 e P4 e a proposição "o candidato X é eleito" forem verdadeiras, a proposição P3 será verdadeira, independentemente do valor lógico da proposição "não sou atingido por uma benfeitoria que o candidato faça após eleito". E
    4. Caso as proposições P1, P2 e P4 sejam verdadeiras, será verdadeira a proposição "o candidato X é eleito ou ele me dá um agrado antes da eleição".
    5. A proposição C é equivalente à seguinte proposição: "Se o candidato X não me der um agrado antes da eleição, serei atingido por uma benfeitoria que ele fizer após ser eleito".

22. **(INPI 2014 Cespe)** As proposições A, B e C listadas a seguir constituem as premissas de um argumento:
    A: Se a proteção de inventores é estabelecida atribuindo-lhes o monopólio da exploração comercial da invenção por um período limitado de tempo, então o direito de requerer uma patente de invenção contribui para o progresso da ciência.
    B: Se o direito de requerer uma patente de invenção é utilizado tão somente para prorrogar o monopólio de produtos meramente "maquiados", aos

quais nada efetivamente foi agregado, então esse direito não só não contribui para o progresso da ciência como também prejudica o mercado.
C: O direito de requerer uma patente de invenção, ou contribui para o progresso da ciência, ou prejudica o mercado, mas não ambos.
Tendo como referência essas premissas, em cada item a seguir é apresentada uma conclusão para o argumento. Julgue se a conclusão faz que a argumentação seja uma argumentação válida.
1. O direito de requerer uma patente de invenção contribui para o progresso da ciência ou prejudica o mercado.
2. Se a proteção de inventores é estabelecida atribuindo-lhes o monopólio da exploração comercial da invenção por um período limitado de tempo, então o direito de requerer uma patente de invenção não prejudica o mercado.
3. O direito de requerer uma patente de invenção, além de contribuir para o progresso da ciência, também prejudica o mercado.

23. (SEBRAE 2010 Cespe) Ainda tendo como referência as informações do texto, julgue o próximo item.
    1. Considere a sequência de proposições a seguir.
    A1: O concurso destina-se a selecionar candidatos a cargos dos níveis fundamental, médio e superior.
    A2: 2.700 candidatos se inscreveram para o concurso.
    A3: Nenhum candidato se inscreveu a cargos de níveis diferentes.
    A4: A quantidade de inscritos para os cargos de nível médio foi o dobro da quantidade de inscritos para os cargos de nível superior.
    A5: A quantidade de inscritos para os cargos de nível fundamental foi o triplo da quantidade de inscritos para os cargos de nível médio.
    B: Apenas 300 candidatos se inscreveram para os cargos de nível superior.
    Nesse caso, se as proposições de A1 a A5 forem premissas verdadeiras de um argumento e se B for a conclusão, então elas constituirão um argumento válido.

24. (Polícia Civil-ES 2009 Cespe) Julgue o item a seguir, acerca de raciocínio lógico.
    1. Considere que o delegado faça a seguinte afirmação para o acusado: "O senhor espanca a sua esposa, pois foi acusado de maltratá-la". Nesse caso, é correto afirmar que o argumento formulado pelo delegado constitui uma falácia.

25. (DETRAN-ES 2010 Cespe) No ambiente de trabalho, é comum se ouvir o seguinte dito popular: "Quem trabalha pouco erra pouco. Quem não trabalha não erra. Quem não erra é promovido. Logo, quem não trabalha é promovido."
    Com relação ao argumento desse dito popular, julgue os itens que se seguem.
    1. Do ponto de vista lógico, o argumento apresentado no dito popular é válido.
    2. Admitindo-se que a negação da sentença "aquela pessoa trabalha pouco" possa ser expressa por "aquela pessoa trabalha muito", das premissas do argumento do referido dito popular é correto concluir que "quem trabalha muito erra muito".

26. (INPI 2012 Cespe) Considere o seguinte argumento:
    Hoje vou ser muito feliz, pois as crianças são felizes em dias ensolarados. Nos dias nublados, algumas pessoas ficam tristes e a previsão, para o dia de hoje, é de dia ensolarado.
    Julgue os itens subsequentes, com base nesse argumento.
    1. A proposição "A previsão, para o dia de hoje, é de dia ensolarado" é a conclusão desse argumento.
    2. É correto afirmar que esse argumento é um argumento válido.

27. **(EMBASA 2010 Cespe)** Um argumento lógico é uma relação que associa uma sequência finita de k proposições P_i, $1 \leq i \leq k$, denominadas premissas, a uma proposição Q, denominada conclusão. Um argumento lógico será denominado válido se a veracidade das premissas garantir a veracidade da conclusão.
A partir dessas informações, considere as proposições listadas a seguir.

P_1: A atmosfera terrestre impede que parte da radiação solar refletida pela superfície terrestre seja irradiada para o espaço.

P_2: Esse fenômeno é chamado de efeito estufa.

P_3: Os gases na atmosfera responsáveis pelo efeito estufa, como o vapor de água e o CO_2, são chamados de gases do efeito estufa.

P_4: A emissão de alguns gases do efeito estufa pelas indústrias, pelas queimadas e pelo tráfego de veículos produzirá aumento no efeito estufa.

Q: A vida na Terra sofrerá grandes mudanças nos próximos 50 anos.

Com base nas definições e nas proposições enunciadas acima, julgue os itens que se seguem.

1. O argumento lógico em que P_1, P_2, P_3 e P_4 são as premissas e Q é a conclusão pode ser corretamente representado pela expressão $[P_1 \vee P_2 \vee P_3 \vee P_4] \to Q$.

2. O argumento lógico em que P_1, P_2, P_3 e P_4 são as premissas e Q é a conclusão é um argumento lógico válido.

Capítulo 5

Implicação Lógica

5.1. Introdução

Trata-se de tema instigante no contexto do Raciocínio Lógico.

Implicação lógica trata de um conjunto de afirmações, proposições simples ou compostas, cujo encadeamento lógico resultará em uma conclusão, a ser descoberta.

Esta conclusão será, normalmente, a resposta requisitada na questão da prova. Ressalte-se que, para ser considerada a resposta correta, tal conclusão deverá ser necessariamente verdadeira, para aquele conjunto de afirmações.

A propósito, em provas, questões pertinentes a este assunto são frequentemente cobradas.

Vejamos um exemplo de questão de implicação lógica, retirada de uma prova elaborada pela Esaf.

Exemplo 1. (Esaf) André é inocente ou Beto é inocente. Se Beto é inocente, então Caio é culpado. Caio é inocente se e somente se Dênis é culpado. Dênis é culpado. **Logo:**

a) Caio e Beto são inocentes.
b) André e Caio são inocentes.
c) André e Beto são inocentes.
d) Caio e Dênis são culpados.
e) André e Dênis são culpados.

Destacamos acima, nas cores vermelha e azul, as quatro afirmações do enunciado.

Três delas são proposições compostas (na ordem: uma disjunção, uma condicional, uma bicondicional) e apenas uma proposição simples.

Observe-se que ao final do enunciado aparece a palavra "Logo", indicando que devemos encontrar, entre as opções de resposta, aquela que traz uma conclusão necessariamente verdadeira.

Comparativamente, este tipo de questão se assemelha às de Argumento Lógico, nas quais as afirmações trazidas no enunciado da questão são as premissas do argumento, e a opção correta da questão é a conclusão que o torna válido.

Sobre essa analogia entre implicação lógica e argumento lógico, veja a questão seguinte retirada de uma prova da FCC.

Exemplo 2. (FCC) Um argumento é composto pelas seguintes premissas:
I. Se as metas de inflação não são reais, então a crise econômica não demorará a ser superada.
II. Se as metas de inflação são reais, então os superávits primários não serão fantasiosos.
III. Os superávits serão fantasiosos.

Para que o argumento seja válido, a conclusão deve ser:
a) a crise econômica não demorará a ser superada;
b) as metas de inflação são irreais ou os superávits são fantasiosos;
c) as metas de inflação são irreais e os superávits são fantasiosos;
d) os superávits econômicos serão fantasiosos;
e) as metas de inflação não são irreais e a crise econômica não demorará a ser superada.

Esta é também uma questão de implicação lógica, uma vez que temos proposições compostas no enunciado e ao final é pedida a conclusão para as afirmações. Também podemos afirmar que é uma questão de argumento, onde as premissas estão no enunciado da questão e a conclusão, que torna o argumento válido, é a opção correta da questão.

Podemos, pois, afirmar que uma questão de implicação lógica é de certa forma uma questão de argumento. Inclusive, para resolver as questões de implicações lógicas, utilizaremos os métodos de verificação de validade do argumento, visto no capítulo anterior.

5.2. Métodos de resolução

A maneira de resolver a questão dependerá da estrutura lógica das premissas, assim, dividiremos as questões de implicações lógicas em dois tipos:

1º) Implicações lógicas do tipo 1: quando houver, nas premissas trazidas no enunciado da questão, uma proposição simples ou uma conjunção. Assim, teremos uma sentença apropriada para ser o ponto de partida da resolução. E por que isso? Porque tais tipos de sentença só têm uma forma de ser verdadeira!

2º) Implicações lógicas do tipo 2: simplesmente, aquelas que não são do tipo 1, ou seja, que não aparece, entre as premissas, uma proposição simples ou uma conjunção.

5.2.1. Resolução de implicação lógica do tipo 1

Daremos início agora ao estudo do 1º tipo de implicação lógica.

Esse tipo de implicação lógica será resolvido facilmente através do **segundo método** de verificação da validade do argumento, visto no capítulo anterior.

Baseando-se no segundo método do Argumento, realizaremos os seguintes passos:

1º passo. Considerar as premissas verdadeiras e, com o conhecimento das **tabelas-verdade** dos conectivos, descobrir os valores lógicos das proposições simples presentes nas premissas.

2º passo. Substituir os valores lógicos das proposições simples, encontrados no passo anterior, em cada uma das opções de resposta. Aquela que for necessariamente verdadeira é a opção correta da questão.

Não há melhor maneira de se aprender do que por meio da resolução de questões! Passemos a elas.

Exemplo 1. (Esaf) André é inocente ou Beto é inocente. Se Beto é inocente, então Caio é culpado. Caio é inocente se e somente se Dênis é culpado. Ora, Dênis é culpado. Logo:

a) Caio e Beto são inocentes.
b) André e Caio são inocentes.
c) André e Beto são inocentes.
d) Caio e Dênis são culpados.
e) André e Dênis são culpados.

Solução:

O enunciado da questão apresenta quatro afirmações (premissas), que são apresentadas abaixo:

P1. André é inocente **ou** Beto é inocente.

P2. **Se** Beto é inocente, **então** Caio é culpado.

P3. Caio é inocente **se e somente se** Dênis é culpado.

P4. Dênis é culpado.

Apesar das premissas serem frases pequenas, nós as traduziremos para a forma simbólica. Para isso, vamos definir as seguintes proposições simples:

A = André é inocente

B = Beto é inocente

C = Caio é inocente

D = Dênis é inocente

Observe que colocamos "inocente" para todos. Isso foi feito para padronizar! Assim, a representação de "Caio é culpado", que aparece na segunda premissa, será **~C**.

Destarte, as frases traduzidas para a linguagem simbólica ficam assim:

P1. A ou B

P2. B → ~C

P3. C ↔ ~D

P4. ~D

Agora passemos à solução propriamente dita. Observemos os passos abaixo:

1º passo. Consideraremos as **premissas** como **verdadeiras** e, a partir do conhecimento das **tabelas-verdade** dos conectivos, vamos obter o valor lógico das proposições simples (A, B, C e D). Vejamos a sequência abaixo:

    a) Começaremos pela 4ª premissa, pois esta é uma proposição simples, e, portanto, só tem uma forma de ser verdadeira.

        P1.   A ou B
        P2.   B → ~C
        P3.   C ↔ ~D
        P4.   ~D   ⇒ ~D é V. Logo, D é F.

Resultado: O valor lógico de **D** é **F**.

    b) Substituir **D** por **F** (ou **~D** por **V**) na 3ª premissa:

        P1.   A ou B
        P2.   B → ~C
        P3.   C ↔ V   ⇒ para que a bicondicional seja verdade, é necessário que C seja V
        P4.   V

Resultado: O valor lógico de **C** é **V**.

    c) Substituir **C** por **V** (ou **~C** por **F**) na 2ª premissa

        P1.   A ou B
        P2.   B → F   ⇒ para que a condicional seja verdade, é necessário que B seja F.
        P3.   V ↔ V
        P4.   V

Resultado: O valor lógico de **B** é **F**.

    d) Substituir **B** por **F** na 1ª premissa

        P1.   A ou F   ⇒ para que a conjunção seja verdade, A deve ser V.
        P2.   F → F
        P3.   V ↔ V
        P4.   V

Resultado: O valor lógico de **A** é **V**.

- Compilando os resultados obtidos acima, teremos:

A é **V**, significa que "**André é inocente!**"
B é **F**, significa que "Beto é inocente" é falso. Daí: "**Beto é culpado!**"
C é **V**, significa que "**Caio é inocente!**"
D é **F**, significa que "Dênis é culpado" é falso. Daí: "**Dênis é inocente!**"

2º passo. De posse das verdades obtidas no 1º passo, verificar qual é a alternativa que traz uma proposição necessariamente verdadeira.
   a) Caio e Beto são inocentes → falso
   b) André e Caio são inocentes → verdade
   c) André e Beto são inocentes → falso
   d) Caio e Dênis são culpados → falso
   e) André e Dênis são culpados → falso

Resposta: Alternativa B.

Exemplo 2. (Esaf) Se Carina é amiga de Carol, então Carmem é cunhada de Carol. Carmem não é cunhada de Carol. Se Carina não é cunhada de Carol, então Carina é amiga de Carol. Logo,
   a) Carina é cunhada de Carmem e é amiga de Carol.
   b) Carina não é amiga de Carol ou não é cunhada de Carmem.
   c) Carina é amiga de Carol ou não é cunhada de Carol.
   d) Carina é amiga de Carmem e é amiga de Carol.
   e) Carina é amiga de Carol e não é cunhada de Carmem.

Solução:

O enunciado da questão traz três afirmações (premissas), que são apresentadas abaixo:

P1. **Se** Carina é amiga de Carol, **então** Carmem é cunhada de Carol.

P2. Carmem **não** é cunhada de Carol.

P3. **Se** Carina **não** é cunhada de Carol, **então** Carina é amiga de Carol.

Vamos traduzir simbolicamente as frases acima. Para isso, vamos definir as seguintes proposições simples:

A = Carina é amiga de Carol

B = Carina é cunhada de Carol

C = Carmem é cunhada de Carol

Destarte, as frases traduzidas para a linguagem simbólica ficam assim:

P1. $A \rightarrow C$

P2. $\sim C$

P3. $\sim B \rightarrow A$

Agora vamos à solução propriamente dita. Observe os passos a seguir:

1º passo. Considerando as **premissas** como **verdadeiras** e a partir do conhecimento das tabelas-verdade dos conectivos, vamos obter o valor lógico das proposições simples (A, B e C). Veja o procedimento sequencial feito abaixo:

a) Começamos pela 2ª premissa, pois esta é uma proposição simples, e, portanto, só possui uma forma de ser verdadeira.
P2. ~C ⇒ Como ~C é verdade, logo C é F
b) Substituir C pelo seu valor lógico F na 1ª premissa:
P1. A → F ⇒ para que a condicional seja verdade é necessário que A seja F
c) Substituir A pelo seu valor lógico F na 3ª premissa:
P3. ~B → F ⇒ para que a condicional seja verdade é necessário que ~B seja F, e daí B é V.

- Compilando os resultados obtidos acima, teremos:

A é F, significa que "**Carina não é amiga de Carol!**"
B é V, significa que "**Carina é cunhada de Carol!**"
C é F, significa que "**Carmem não é cunhada de Carol!**"

2º passo. De posse das verdades obtidas no 1º passo, verificaremos qual é a alternativa que traz uma proposição necessariamente verdadeira. Para isso, devemos observar os valores lógicos de cada termo e o conectivo presente na sentença.

Algumas alternativas abaixo apresentam sentenças onde um de seus termos tem valor lógico desconhecido. Contudo, observando o conectivo presente na sentença e o valor lógico do outro termo, teremos condições de descobrir o valor lógico da sentença.

       indeterminado   falso
a) Carina é cunhada de Carmem e Carina é amiga de Carol. → falso
       verdade   indeterminado
b) Carina não é amiga de Carol ou Carina não é cunhada de Carmem. → verdade
       falso   falso
c) Carina é amiga de Carol ou Carina não é cunhada de Carol. → falso
       indeterminado   falso
d) Carina é amiga de Carmem e Carina é amiga de Carol. → falso
       falso   indeterminado
e) Carina é amiga de Carol e Carina não é cunhada de Carmem. → falso

A única alternativa que traz uma proposição verdadeira é a letra "B" (resposta).

Exemplo 3. (Esaf) Surfo ou estudo. Fumo ou não surfo. Velejo ou não estudo. Ora, não velejo. Assim,
    a) estudo e fumo;
    b) não fumo e surfo;
    c) não velejo e não fumo;
    d) estudo e não fumo;
    e) fumo e surfo.

Solução:
O enunciado da questão apresenta quatro afirmações (premissas), que são apresentadas abaixo:
P1. Surfo **ou** estudo.
P2. Fumo **ou** não surfo.
P3. Velejo **ou** não estudo.
P4. Não velejo.

Ora, as premissas são frases pequenas, então não há necessidade de definir letras para representar as proposições simples. Vamos trabalhar do jeito que está!

Agora vamos à solução propriamente dita. Observemos os passos abaixo:

1º passo. Consideraremos as **premissas** como **verdadeiras** e, a partir do conhecimento das **tabelas-verdade** dos conectivos, vamos obter o valor lógico das proposições simples. Vejamos a sequência abaixo:

a) Iniciaremos pela 4ª premissa, pois esta é uma proposição simples, e, portanto, só tem uma forma de ser verdadeira.
P4.   Não velejo   (Como "Não velejo" é verdade, logo "velejo" é F

b) Substituir "velejo" por F na 3ª premissa
P3.   F ou não estudo   (para que a disjunção seja verdade é necessário que "não estudo" seja V. Daí "estudo" é F.

c) Substituir **"estudo"** por **F** na 1ª premissa
P1.   Surfo ou F   ⇒ para que a disjunção seja verdade é necessário que "surfo" seja V.

d) Substituir **"não surfo"** por **F** na 2ª premissa
P2.   Fumo ou F   ⇒ para que a disjunção seja verdade é necessário que "Fumo" seja V.

Encontramos as seguintes **verdades**:
"Não velejo!"; **"Não estudo"**; **"Surfo!"**; **"Fumo!"**

2º passo: De posse das verdades obtidas no 1º passo, verificar qual é a alternativa que traz uma proposição necessariamente verdadeira. Para isso, devemos observar os valores lógicos de cada termo e o conectivo presente na sentença.

a) estudo e fumo → falso
b) não fumo e surfo → falso
c) não velejo e não fumo → falso
d) estudo e não fumo → falso
e) fumo e surfo → verdade

Resposta: Alternativa E

Exemplo 4. (Esaf) Se a professora de Matemática foi à reunião, nem a professora de Inglês nem a professora de Francês deram aula. Se a professora de Francês não deu aula, a professora de Português foi à reunião. Se a professora de Português foi à reunião, todos os problemas foram resolvidos. Ora, pelo menos um problema não foi resolvido. Logo:

a) a professora de Matemática não foi à reunião e a professora de Francês não deu aula;
b) a professora de Matemática e a professora de Português não foram à reunião;
c) a professora de Francês não deu aula e a professora de Português não foi à reunião;
d) a professora de Francês não deu aula ou a professora de Português foi à reunião;
e) a professora de Inglês e a professora de Francês não deram aula.

Solução:
O enunciado da questão apresenta quatro afirmações (premissas), que são apresentadas abaixo:

P1. **Se** a professora de Matemática foi à reunião, **então nem** a professora de Inglês **nem** a professora de francês deram aula.

P2. **Se** a professora de Francês **não** deu aula, **então** a professora de Português foi à reunião.

P3. **Se** a professora de Português foi à reunião, **então** todos os problemas foram resolvidos.

P4. Pelo menos um problema **não** foi resolvido.

Na premissa **P1** aparece a palavra **nem**. Podemos reescrever esta premissa substituindo o **nem** por uma conjunção da seguinte forma:

P1. **Se** a professora de Matemática foi à reunião, **então** a professora de Inglês **não** deu aula **e** a professora de Francês **não** deu aula.

Na premissa **P3** temos a proposição: "todos os problemas foram resolvidos", e na premissa **P4** temos a proposição: "Pelo menos um problema **não** foi resolvido." Qual a relação entre estas duas proposições?

Ora, a proposição "Pelo menos um problema **não** foi resolvido" é a **negação** de "todos os problemas foram resolvidos". Vamos utilizar este resultado na representação simbólica das premissas que será feita a seguir.

Traduziremos as premissas para a forma simbólica. Para isso, vamos definir as seguintes proposições simples:

A = a professora de Matemática foi à reunião
B = a professora de Inglês deu aula
C = a professora de Francês deu aula
D = a professora de Português foi à reunião
E = todos os problemas foram resolvidos

Assim, as frases traduzidas para a linguagem simbólica serão as seguintes:
P1. A → (~B e ~C)

P2. ~C → D
P3. D → E
P4. ~E

Agora vamos à solução propriamente dita. Observemos os passos abaixo:

1º passo. Consideraremos as **premissas** como verdadeiras e a partir do conhecimento das **tabelas-verdade** dos conectivos, vamos obter o valor lógico das proposições simples. Veja a sequência abaixo:

a) Iniciaremos pela 4ª premissa, pois esta é uma proposição simples, e, portanto, só tem uma forma de ser verdadeira.
   P4.   ~E   ⇒ como ~E é V, então E é F

b) Substituir **E** por **F** na 3ª premissa
   P3.   D → F   ⇒ para que a condicional seja verdade, D deve ser F

c) Substituir **D** por **F** na 2ª premissa
   P2.   ~C → F   ⇒ para que a condicional seja verdade, ~C deve ser F, daí C é V

d) Substituir **~C** por **F** na 1ª premissa
   P1.   A → (~B e F) ⇒ A conjunção (~B e F) tem um termo F, daí o valor da conjunção também é F. Então a condicional passa a ser: A → F. Para que esta condicional seja verdadeira, A deve ser F.

O valor lógico de **B** não pôde ser encontrado na premissa P1. Portanto, o valor lógico de **B** está indeterminado.

Compilando os resultados obtidos acima, teremos:

A é F, significa que "**A professora de Matemática não foi à reunião!**".

B é indeterminado. Daí, não sabemos se é verdade ou se é falso que "a professora de Inglês deu aula".

C é V, significa que "**A professora de francês deu aula!**"

D é F, significa que "**A professora de Português *não* foi à reunião!**"

E é F, significa que "**Pelo menos um problema *não* foi resolvido!**"

2º passo. De posse das verdades obtidas no 1º passo, verificar qual é a alternativa que traz uma proposição necessariamente verdadeira.

           V   F

a) a de Matemática **não** foi à reunião **e** a de Francês **não** deu aula.   → F

           V   V

b) a de Matemática **não** foi à reunião **e** a de Português **não** foi à reunião. → V

           F   V

c) a de Francês **não** deu aula **e** a de Português **não** foi à reunião.   → F

           F   F

d) a de Francês **não** deu aula **ou** a de Português foi à reunião.   → F indeterminado   F

e) a de Inglês **não** deu aula **e** a de Francês não deu aula.   → F

Resposta: Alternativa B.

Exemplo 5. (Esaf) Se Vera viajou, nem Camile nem Carla foram ao casamento. Se Carla não foi ao casamento, Vanderleia viajou. Se Vanderleia viajou, o navio afundou. Ora, o navio não afundou. Logo:

    a)   Vera não viajou e Carla não foi ao casamento;
    b)   Camile e Carla não foram ao casamento;
    c)   Carla não foi ao casamento e Vanderleia não viajou;
    d)   Carla não foi ao casamento ou Vanderleia viajou;
    e)   Vera e Vanderleia não viajaram.

Solução: O enunciado da questão apresenta quatro afirmações (premissas), que são apresentadas abaixo:

P1. **Se** Vera viajou, **então nem** Camile **nem** Carla foram ao casamento.

P2. **Se** Carla **não** foi ao casamento, **então** Vanderleia viajou.

P3. **Se** Vanderleia viajou, **então** o navio afundou.

P4. O navio não afundou

Na 1ª premissa aparece a palavra **nem**. Vamos reescrever esta premissa tirando tal palavra, mas preservando o sentido:

P1. **Se** Vera viajou, **então** Camile **não** foi ao casamento **e** Carla **não** foi ao casamento.

Agora, vamos traduzir as premissas acima para a forma simbólica, a fim de tornar mais rápida a solução. Para isso, vamos definir as seguintes proposições simples:

A = Vera viajou

B = Vanderleia viajou

C = Camile foi ao casamento

D = Carla foi ao casamento

E = o navio afundou

Destarte, as frases traduzidas para a linguagem simbólica ficam assim:

P1. A → (~C e ~D)

P2. ~D → B

P3. B → E

P4. ~E

Passemos à solução propriamente dita. Observemos os passos abaixo:

1º passo. Consideraremos as **premissas** como **verdadeiras** e, a partir do conhecimento das **tabelas-verdade** dos conectivos, vamos obter o valor lógico das proposições simples (A, B, C, D e E). Vejamos a sequência abaixo:

    a)   Começamos pela 4ª premissa, pois esta é uma proposição simples, e, portanto, só tem uma forma de ser verdadeira.

        P4.   ~E   ⇒ Como ~E é verdade, logo E é F

b) Substituir **E** por **F** na 3ª premissa
P3.   B → F   ⇒ para que a condicional seja verdade é necessário que B tenha valor lógico F

c) Substituir **B** por **F** na 2ª premissa
P2.   ~D → F   ⇒ para que a condicional seja verdade é necessário que ~D tenha valor lógico F, daí D é V.

d) Substituir **D** por **V** (ou **~D** por **F**) na 1ª premissa
P1.   A → (~C e F)   ⇒ A conjunção (~C e F) tem um termo F, daí o valor da conjunção também é F. Logo a condicional torna-se: A → F. Esta condicional deve ser verdadeira, então A é F.

- Compilando os resultados obtidos acima, teremos:

A é F, significa que "Vera viajou" é falso. Daí: "**Vera *não* viajou!**".
B é F, significa que "Vanderleia viajou" é falso. Daí: "**Vanderleia *não* viajou!**".
D é V, significa que "**Carla foi ao casamento!**".
E é F, significa que "o navio afundou" é falso. Daí: "**O navio *não* afundou!**".

2º passo. De posse das verdades obtidas no 1º passo, verificar qual é a alternativa que traz uma proposição necessariamente verdadeira.

Não há necessidade de traduzir as frases das alternativas da questão para linguagem simbólica. Observe como é que descobriremos qual é a alternativa correta.

                V   F
a) Vera **não** viajou **e** Carla **não** foi ao casamento.   → F
      indeterminado   F
b) Camile **não** foi ao casamento **e** Carla **não** foi ao casamento.   → F
         F   V
c) Carla **não** foi ao casamento **e** Vanderleia **não** viajou.   → F
         F   F
d) Carla **não** foi ao casamento **ou** Vanderleia viajou.   → F
         V   V
e) Vera **não** viajou e Vanderleia **não** viajou.   → V

Resposta: Alternativa E.

Exemplo 6. (Esaf) Se M = 2x + 3y, então M = 4p + 3r. Se M = 4p + 3r, então M = 2w − 3r. Por outro lado, M = 2x + 3y, ou M = 0. Se M = 0, então M+H = 1. Ora, M+H ≠ 1. Logo,
  a) 2w − 3r = 0;
  b) 4p + 3r ≠ 2w − 3r;
  c) M ≠ 2x + 3y;
  d) 2x + 3y ≠ 2w − 3r;
  e) M = 2w − 3r.

Solução: O enunciado da questão traz cinco afirmações (premissas), que são descritas abaixo:

P1. **Se** M = 2x + 3y, **então** M = 4p + 3r.
P2. **Se** M = 4p+3r, **então** M = 2w − 3r.
P3. M = 2x + 3y, **ou** M = 0.
P4. **Se** M = 0, **então** M + H = 1.
P5. M + H ≠ 1

Quando a questão se apresenta desta forma é melhor não substituirmos as proposições simples por letras, mas somente simplificar os conectivos. Assim teremos:

P1. M = 2x+ 3y → M = 4p + 3r.
P2. M = 4p + 3r → M = 2w − 3r.
P3. M = 2x + 3y **ou** M = 0.
P4. M = 0 → M + H = 1.
P5. M + H ≠ 1

Observemos os passos de resolução:

1º passo. Consideraremos as **premissas** como verdadeiras e, a partir do conhecimento das **tabelas-verdade** dos conectivos, vamos obter o valor lógico das proposições simples. Veja a sequência abaixo:

   a) Iniciaremos pela 5ª premissa, pois esta é uma proposição simples, e, portanto, só tem uma forma de ser verdadeira.
      P5.   (M + H ≠ 1)   ⇒ Todas as premissas são verdadeiras, então (M + H ≠ 1) é V

   b) Substituir **(M + H = 1)** por **F** na 4ª premissa
      P4.   (M = 0) → F   ⇒ Esta condicional deve ser verdadeira, logo (M = 0) é F

   c) Substituir **(M = 0)** por **F** na 3ª premissa
      P3.   (M = 2x+3y) ou F ⇒ Para que esta disjunção seja verdade, é necessário que (M = 2x + 3y) tenha valor lógico V.

   d) Substituir **(M = 2x + 3y)** por **V** na 1ª premissa
      P1.   V → (M = 4p + 3r) ⇒ Para que esta condicional seja verdade, é necessário que (M = 4p + 3r) tenha valor lógico V.

   e) Substituir **(M = 4p + 3r)** por **V** na 2ª premissa
      P2.   V → (M = 2w − 3r) ⇒ Para que esta condicional seja verdade, é necessário que (M = 2w − 3r) tenha valor lógico V.

• Compilando os resultados obtidos acima, teremos:

(M + H ≠ 1) é verdade.
(M = 0) é **F**, significa que **(M ≠ 0)** é verdade.
(M = 2x + 3y) é verdade.

(M = 4p + 3r) é verdade.
(M = 2w − 3r) é verdade.

2º passo. De posse das verdades obtidas no 1º passo, verificar qual é a alternativa que traz uma proposição necessariamente verdadeira.
  a) 2w − 3r = 0
     Temos que M = 2w−3r e que M ≠ 0, daí **2w − 3r ≠ 0** → **Alternativa** falsa!
  b) 4p + 3r ≠ 2w − 3r
     Temos que M = 4p + 3r e que M = 2w − 3r, daí **4p + 3r = 2w − 3r** → **Alternativa** falsa!
  c) M ≠ 2x + 3y → Falso!
  d) 2x + 3y ≠ 2w − 3r
     Temos que M = 2x + 3y e que M = 2w − 3r, daí **2x + 3y = 2w − 3r** → **Alternativa** falsa!
  e) M = 2w − 3r → **Verdade!**
Resposta: Alternativa E.

Exemplo 7. (Esaf) Se Frederico é francês, então Alberto não é alemão. Ou Alberto é alemão, ou Egídio é espanhol. Se Pedro não é Português, então Frederico é francês. Ora, nem Egídio é espanhol nem Isaura é italiana. Logo:
  a) Pedro é Português e Frederico é francês;
  b) Pedro é Português e Alberto é alemão;
  c) Pedro não é Português e Alberto é alemão;
  d) Egídio é espanhol ou Frederico é francês;
  e) Se Alberto é alemão, Frederico é francês.

Solução: O enunciado da questão traz quatro afirmações (premissas), que são apresentadas abaixo:
  P1. **Se** Frederico é francês, **então** Alberto **não** é alemão.
  P2. **Ou** Alberto é alemão, **ou** Egídio é espanhol.
  P3. **Se** Pedro **não** é Português, **então** Frederico é francês.
  P4. **Nem** Egídio é espanhol **nem** Isaura é italiana.

Na premissa P4 aparece a palavra **nem**. Vamos reescrever esta premissa de outra maneira (sem mudar o sentido):
  P4. Egídio **não** é espanhol **e** Isaura **não** é italiana.

Traduziremos as premissas para a forma simbólica. Para isso, vamos definir as seguintes proposições simples:
  R = Frederico é francês
  A = Alberto é alemão
  P = Pedro é Português
  E = Egídio é espanhol
  I = Isaura é italiana

Destarte, as frases traduzidas para a linguagem simbólica ficam assim:
P1. R → ~A
P2. A ou E
P3. ~P → R
P4. ~E e ~I

Passemos à solução propriamente dita. Observemos os passos abaixo:

1º passo. Consideraremos as **premissas** como **verdadeiras** e, a partir do conhecimento das **tabelas-verdade** dos conectivos, vamos obter o valor lógico das proposições simples. Veja a sequência abaixo:

a) Iniciaremos pela 4ª premissa, pois esta é uma proposição composta que usa somente o conectivo "e", e, portanto, só tem uma forma de ser verdadeira.
P4. ~E e ~I ⇒ para que a conjunção seja verdade, ambos os seus termos devem ser V, daí ~E deve ser V e ~I deve ser V. Portanto, E é F e I é F.

b) Substituir **E** por **F** na 2ª premissa
P2. A ou F ⇒ para que a disjunção seja verdade, A deve ser V.

c) Substituir **A** por **V** (ou ~A por F) na 2ª premissa
P1. R → F ⇒ para que a condicional seja verdade, R deve ser F.

d) Substituir **R** por **F** na 2ª premissa
P3. ~P → F ⇒ para que a condicional seja verdade, ~P deve ser F, daí P é V.

- Compilando os resultados obtidos acima, teremos:

R é F, significa que "**Frederico *não* é francês!**".
A é V, significa que "**Alberto é alemão!**".
P é V, significa que "**Pedro é português!**".
E é F, significa que "**Egídio *não* é espanhol!**".
I é F, significa que "**Isaura *não* é italiana!**".

2º passo. De posse das verdades obtidas no 1º passo, verificaremos qual é a alternativa que traz uma proposição necessariamente verdadeira.

       V   F
a) Pedro é português e Frederico é francês → F
       V   V
b) Pedro é português e Alberto é alemão → V
      F   V
c) Pedro não é português e Alberto é alemão → F
      F   F
d) Egídio é espanhol ou Frederico é francês → F
      V   F
e) Se Alberto é alemão, então Frederico é francês. → F

Resposta: Alternativa B.

Capítulo 5 – Implicação Lógica

8. (Esaf) O rei ir à caça é condição necessária para o duque sair do castelo, e é condição suficiente para a duquesa ir ao jardim. Por outro lado, o conde encontrar a princesa é condição necessária e suficiente para o barão sorrir e é condição necessária para a duquesa ir ao jardim. O barão não sorriu. Logo,
   a) a duquesa foi ao jardim ou o conde encontrou a princesa;
   b) se o duque não saiu do castelo, então o conde encontrou a princesa;
   c) o rei não foi à caça e o conde não encontrou a princesa;
   d) o rei foi à caça e a duquesa não foi ao jardim;
   e) o duque saiu do castelo e o rei não foi à caça.

Solução: O enunciado da questão traz três afirmações (premissas), que são apresentadas abaixo:

P1. O rei ir à caça é **condição necessária** para o duque sair do castelo, **e** é **condição suficiente** para a duquesa ir ao jardim.

P2. O conde encontrar a princesa é **condição necessária e suficiente** para o barão sorrir **e** é **condição necessária** para a duquesa ir ao jardim.

P3. O barão **não** sorriu.

Para resolver esta questão devemos relembrar alguns conceitos dados no Capítulo 1:
1) A proposição condicional: "**Se p, então q**", pode ser expressa das seguintes formas:
"p é **condição suficiente para** q"
ou
"q é **condição necessária para** p".
2) A proposição bicondicional: "**p se e só se q**", pode ser expressa das seguintes maneiras:
"p é **condição suficiente e necessária para** q"
ou
"q é **condição suficiente e necessária para** p".
A partir disto vamos reescrever as premissas utilizando os conectivos do condicional (se... então) e do bicondicional (se e só se):

P1. **Se** o duque sair do castelo, **então** o rei vai à caça, **e**
se o rei vai à caça, **então** a duquesa vai ao jardim.

P2. O conde encontra a princesa **se e só se** o barão sorrir, **e**
se a duquesa vai ao jardim, **então** o conde encontra a princesa.

P3. O barão **não** sorriu.

Observação: A premissa P1 tem duas proposições compostas interligadas pelo conectivo E, sendo assim, podemos separar estas duas proposições compostas em premissas diferentes. O mesmo se aplica a premissa P2. Fazendo estas separações, teríamos ao todo cinco premissas em vez de três.

Agora vamos traduzir as premissas para a forma simbólica. Para isso, vamos definir as seguintes proposições simples:

D = o duque sair do castelo.
R = o rei vai à caça.
J = a duquesa vai ao jardim
C = o conde encontra a princesa.
B = o barão sorrir.

Destarte, as premissas traduzidas para a linguagem simbólica ficam assim:
P1. (D → R) e (R → J)
P2. (C ↔ B) e (J → C)
P3. ~B

Agora vamos à solução propriamente dita. Observe os passos abaixo:

1º passo. Considerando as **premissas** como **verdadeiras** e a partir do conhecimento das tabelas-verdade dos conectivos, vamos obter o valor lógico das proposições simples. Veja a sequência abaixo:

a) Iniciaremos pela 3ª premissa, pois esta é uma proposição simples, e, portanto, só tem uma forma de ser verdadeira.
   P1.   (D → R) e (R →J)
   P2.   (C ↔ B) e (J →C)
   P3.   ~B   Como ~B é V, então B é F

b) Substituir **B** por **F** na 2ª premissa
   P2.   (C ↔ F) e (J→ C) para que a conjunção seja verdade, ambos os seus termos devem ser verdade, daí (C ↔ F) é V, e (J → C) é V. Para que a bicondicional (C ↔ F) seja V, C deve ser F. E para que a condicional (J → C) seja V, J deve ser F, uma vez que C é F.

c) Substituir **J** por **F** na 1ª premissa
   P1.   (D →R) e (R → F) para que a conjunção seja verdade, ambos os seus termos devem ser verdade, daí (D → R) é V, e (R → F) é V. Para que a condicional (R → F) seja V, R deve ser F. E para que a condicional (D → R) seja V, D deve ser F, uma vez que R é F.

• Compilando os resultados obtidos acima, teremos:

D é **F**, significa que "O duque *não* sai do castelo!".
R é **F**, significa que "O rei *não* vai à caça!".
J é **F**, significa que "O duquesa *não* vai ao jardim!".
C é **F**, significa que "O conde *não* encontra a princesa!".
B é **F**, significa que "O barão *não* sorrir!".

2º passo. De posse das verdades obtidas no 1º passo, verificar qual é a alternativa que traz uma proposição necessariamente verdadeira.

        F   F

a) A duquesa foi ao jardim **ou** o conde encontrou a princesa.   → F

        V   F

b) **Se** o duque não saiu do castelo, **então** o conde encontrou a princesa. → F

        V   V

c) O rei não foi à caça **e** o conde não encontrou a princesa.   → V

        F   V

d) O rei foi à caça **e** a duquesa não foi ao jardim.   → F

        F   V

e) O duque saiu do castelo **e** o rei não foi à caça.   → F

Resposta: Alternativa C.

Exemplo 9. (Esaf) Se Iara não fala italiano, então Ana fala alemão. Se Iara fala italiano, então ou Ching fala chinês ou Débora fala dinamarquês. Se Débora fala dinamarquês, Elton fala espanhol. Mas Elton fala espanhol se e somente se não for verdade que Francisco não fala francês. Ora, Francisco não fala francês e Ching não fala chinês. Logo:

    a) Iara não fala italiano e Débora não fala dinamarquês;
    b) Ching não fala chinês e Débora fala dinamarquês;
    c) Francisco não fala francês e Elton fala espanhol;
    d) Ana não fala alemão ou Iara fala italiano;
    e) Ana fala alemão e Débora fala dinamarquês.

Solução:
Como vimos na aula passada, dividiremos nossa resolução em dois passos. Antes disso, convém traduzirmos as premissas do enunciado para a linguagem simbólica. Teremos:

    I: Iara fala italiano.
    A: Ana fala alemão.
    C: Ching fala chinês.
    D: Débora fala dinarmaquês.
    E: Elton fala espanhol.
    R: Francisco fala francês.

Uma vez definidas tais proposições simples, as sentenças do enunciado estarão assim traduzidas:

    P1: ~I → A
    P2: I → (C ou D)
    P3: D → E
    P4: E ↔ ~(~R)
    P5: ~R e ~C

Antes de passarmos à resolução propriamente dita, façamos uma rápida análise da quarta premissa (**P4**). O consequente da condicional da P4 traz uma **dupla negação**: ~(~R). Sabemos que duas negações juntas se cancelam, ou seja, ~(~R) = R.

Desta forma, a premissa P4 fica do seguinte modo:

P4: E ↔ R

Passemos aos passos efetivos de resolução.

1º passo. Consideraremos as **premissas** como verdadeiras e descobriremos, mediante a aplicação das **tabelas-verdade**, o valor lógico de cada uma das proposições simples. Teremos:

a) Iniciaremos pela 5ª premissa, uma vez que é uma **conjunção** e, como tal, só tem um jeito de ser verdadeira!
   P1. ~I → A
   P2. I → (C ou D)
   P3. D → E
   P4. E ↔ R
   P5. ~R e ~C   ⇒ ~R é V e ~C é V. Daí, R é F e C é F.

b) Substituir **C** por **F** na P2 e **R** por **F** na P4:
   P1. ~I → A
   P2. I → (F ou D)
   P3. D → E
   P4. E ↔ F   ⇒ Na bicondicional, ambas as sentenças têm que ter o mesmo valor lógico! Logo: E é F!

c) Substituir **E** por **F** na premissa P3:
   P1. ~I → A
   P2. I → (F ou D)
   P3. D → F   ⇒ Para que esta condicional seja verdadeira, é preciso que D seja também falsa. Logo: D é F!

d) Substituir **D** por **F** na premissa P2:
   P1. ~I → A
   P2. I → (F ou F)   ⇒ A disjunção que está na segunda parte desta condicional é falsa. Logo, para que a condicional seja verdadeira, é preciso que I seja também falsa. Logo: I é F!

e) Substituir **I** por **F** (ou ~**I** por **V**) na premissa P1:
   P1. V → A   ⇒ Para que esta condicional seja verdadeira, é preciso que A seja também verdadeira. Logo: A é V!

Compilando os resultados obtidos acima, teremos:

A é V   ⇒   "Ana fala alemão!".
C é F   ⇒   "Ching **não** fala chinês!".
D é F   ⇒   "Débora **não** fala dinamarquês!".

E é F   ⇒   "Elton **não** fala espanhol!".
R é F   ⇒   "Francisco **não** fala francês!".
I é F   ⇒   "Iara **não** fala italiano!".

2º passo. De posse das verdades obtidas acima, analisaremos as opções de resposta. Para isso, devemos observar os **valores lógicos** de cada termo e o **conectivo** presente na sentença. Teremos:

          V   V
a) Iara não fala italiano **e** Débora não fala dinamarquês.   → V
          V   F
b) Ching não fala chinês **e** Débora fala dinamarquês.   → F
          V   F
c) Francisco não fala francês **e** Elton fala espanhol.   → F
          F   F
d) Ana não fala alemão **ou** Iara fala italiano.   → F
          V   F
e) Ana fala alemão **e** Débora fala dinamarquês.   → F
Resposta: Alternativa A.

Exemplo 10. (Esaf) Quando não vejo Carlos, não passeio ou fico deprimida. Quando chove, não passeio e fico deprimida. Quando não faz calor e passeio, não vejo Carlos. Quando não chove e estou deprimida, não passeio. Hoje, passeio. Portanto, hoje:
a) vejo Carlos, e não estou deprimida, e chove, e faz calor;
b) não vejo Carlos, e estou deprimida, e chove, e faz calor;
c) vejo Carlos, e não estou deprimida, e não chove, e faz calor;
d) não vejo Carlos, e estou deprimida, e não chove, e não faz calor;
e) vejo Carlos, e estou deprimida, e não chove, e faz calor.

Solução:
Iniciaremos fazendo a tradução das proposições para a linguagem simbólica.
A = vejo Carlos
B = passeio
C = chove
D = estou deprimida
E = faz calor
Nossas premissas são, pois, as seguintes:
     P1.   ~A → ~B ou D
     P2.   C → ~B e D
     P3.   ~E e B → ~A
     P4.   ~C e D → ~B
     P5.   B

1º passo. Consideraremos as **premissas** como verdadeiras e descobriremos, mediante a aplicação das **tabelas-verdade**, o valor lógico de cada uma das proposições simples. Teremos:

a) Iniciaremos pela 5ª premissa, uma vez que é uma **proposição simples** e, como tal, só tem um jeito de ser verdadeira!

P1. ~A → ~B ou D
P2. C → ~B e D
P3. ~E e B → ~A
P4. ~C e D → ~B
P5. B → B é verdade.

b) Substitua **B** por **V** na premissa P3 e **~B** por **F** nas premissas P1, P2 e P4.

P1. ~A → F ou D
P2. C → F e D ⇒ A conjunção (segunda parte desta condicional) é falsa. Logo, para que a condicional seja verdadeira, é preciso que C seja F!
P3. ~E e V → ~A
P4. ~C e D → F

c) Substitua **C** por **F** na premissa P2 e **~C** por **V** na premissa P4.

P1. ~A → F ou D
P2. F → F e D
P3. ~E e V → ~A
P4. V e D → F ⇒ A conjunção (primeira parte desta condicional) terá que ser falsa. Para tanto, é preciso que D seja falso!

d) Substitua **D** por **F** nas premissas P1, P2 e P3.

P1. ~A → F ou F ⇒ A disjunção (segunda parte desta condicional) é falsa. Logo, para que a condicional seja verdadeira, é preciso que ~A seja F (daí: A é V!).
P3. ~E e V → ~A

e) Substitua ~A por F na premissa P3.
P3. ~E e V → F ⇒ Para que a condicional seja verdadeira, é preciso que a conjunção (primeira parte) seja falsa. Para tanto, teremos ~E seja falso (daí: E é V!).

Compilando os resultados obtidos acima, teremos:

B é V ⇒ "Passeio!"
C é F ⇒ "*Não* chove!"
D é F ⇒ "*Não* fico deprimida!"
A é V ⇒ "Vejo Carlos!"
E é V ⇒ "Faz calor!"

2º passo. De posse das verdades obtidas acima, analisaremos as opções de resposta. Teremos:

a) vejo Carlos, **e** não estou deprimida, **e** chove, **e** faz calor. → F

b) não vejo Carlos, **e** estou deprimida, **e** chove, **e** faz calor.   → F
c) vejo Carlos, **e** não estou deprimida, **e** não chove, **e** faz calor.   → V
d) não vejo Carlos, **e** estou deprimida, **e** não chove, **e** não faz calor.   → F
e) vejo Carlos, **e** estou deprimida, **e** não chove, **e** faz calor.   → F

Resposta: Alternativa C.

Exemplo 11. (Esaf) No final de semana, Chiquita não foi ao parque. Ora, sabe-se que sempre que Didi estuda, Didi é aprovado. Sabe-se, também, que, nos finais de semana, ou Dadá vai à missa ou vai visitar tia Célia. Sempre que Dadá vai visitar tia Célia, Chiquita vai ao parque, e sempre que Dadá vai à missa, Didi estuda. Então, no final de semana:
   a) Dadá foi à missa e Didi foi aprovado;
   b) Didi não foi aprovado e Dadá não foi visitar tia Célia;
   c) Didi não estudou e Didi foi aprovado;
   d) Didi estudou e Chiquita foi ao parque;
   e) Dadá não foi à missa e Didi não foi aprovado.

Solução:

Iniciemos fazendo uma tradução das proposições simples do enunciado para uma linguagem resumida. Teremos:
- **A** = Chiquita vai ao parque
- **B** = Didi estuda
- **C** = Didi é aprovado
- **D** = Dadá vai à missa
- **E** = Dadá vai visitar tia Célia

Agora, passando as premissas para o formato definido acima, teremos:
   P1.   ~A
   P2.   B → C
   P3.   D ou E
   P4.   E → A
   P5.   D → B

Passemos à resolução em si.

1º passo. Consideraremos as **premissas** como verdadeiras e descobriremos, mediante a aplicação das **tabelas-verdade**, o valor lógico de cada uma das proposições simples. Teremos:
   a) Iniciaremos pela 1ª premissa, uma vez que é uma **proposição simples** e, como tal, só tem um jeito de ser verdadeira!
      P1.   ~A   ⇒ ~A é verdade (daí, A é F!)
      P2.   B → C
      P3.   D ou E
      P4.   E → A
      P5.   D → B

b) Substituir **A** por **F** na premissa P4.
   P2.   B → C
   P3.   D ou E
   P4.   E → F   ⇒ Para que a condicional seja verdadeira, é preciso que E seja F
   P5.   D → B

c) Substituir **E** por **F** na premissa P3.
   P2.   B → C
   P3.   D ou F   ⇒ Para que a disjunção exclusiva seja verdadeira, é preciso que D seja também V
   P5.   D → B

d) Substituir **D** por **V** na premissa P5.
   P2.   B → C
   P5.   V → B   ⇒ Para que a condicional seja verdadeira, é preciso que B seja V

e) Substituir **B** por **V** na premissa P2.
   P2.   V → C   ⇒ Para que a condicional seja verdadeira, é preciso que C seja V

Compilando os resultados obtidos acima, teremos:
   A é F   ⇒   "Chiquita *não* vai ao parque!"
   E é F   ⇒   "Dadá *não* vai visitar tia Célia!"
   C é V   ⇒   "Dadá vai à missa!"
   B é V   ⇒   "Didi estuda!"
   C é V   ⇒   "Didi é aprovado!"

2º passo. De posse das verdades obtidas acima, analisaremos as opções de resposta. Teremos:
   a) Dadá foi à missa **e** Didi foi aprovado.   → V
   b) Didi não foi aprovado **e** Dadá não foi visitar tia Célia.   → F
   c) Didi não estudou **e** Didi foi aprovado.   → F
   d) Didi estudou **e** Chiquita foi ao parque.   → F
   e) Dadá não foi à missa **e** Didi não foi aprovado. → F

Resposta: Alternativa a.

Exemplo 12. (Esaf) Sabe-se que João estar feliz é condição necessária para Maria sorrir e condição suficiente para Daniela abraçar Paulo. Sabe-se, também, que Daniela abraçar Paulo é condição necessária e suficiente para a Sandra abraçar Sérgio. Assim, quando Sandra não abraça Sérgio:
   a) João está feliz, e Maria não sorri, e Daniela abraça Paulo;
   b) João não está feliz, e Maria sorri, e Daniela não abraça Paulo.
   c) João está feliz, e Maria sorri, e Daniela não abraça Paulo;
   d) João não está feliz, e Maria não sorri, e Daniela não abraça Paulo;
   e) João não está feliz, e Maria sorri, e Daniela abraça Paulo.

Solução:

Nesta questão, há um trabalho **preliminar** a ser realizado! Antes de iniciarmos os passos efetivos de resolução, teremos que **traduzir** essas tais **condições necessárias** e **condições suficientes** para a linguagem convencional de uma estrutura condicional (ou bicondicional, conforme o caso). Isso também já aprendemos como se faz. Teremos, pois, que:

- João estar feliz é condição necessária para Maria sorrir

É o mesmo que: **Se Maria sorri, então João está feliz.**

E:

- João estar feliz é condição suficiente para Daniela abraçar Paulo

É o mesmo que: **Se João está feliz, então Daniela abraça Paulo.**

Por fim, sabemos que:

- Daniela abraçar Paulo é condição necessária e suficiente para a Sandra abraçar Sérgio

É o mesmo que: **Daniela abraça Paulo se e somente se Sandra abraça Sérgio**

Feito isto, podemos reescrever as sentenças do enunciado, da seguinte forma:

P1. Maria sorri → João está feliz
P2. João está feliz → Daniela abraça Paulo
P3. Daniela abraça Paulo ↔ Sandra abraça Sérgio
P4. Sandra não abraça Sérgio

Podemos definir cada proposição simples por uma única letra, se assim o quisermos. Teremos:

- **M** = Maria sorri
- **J** = João está feliz
- **D** = Daniela abraça Paulo
- **S** = Sandra abraça Sérgio

Daí, traduziremos as premissas do enunciado para a linguagem reduzida da Lógica, da seguinte forma:

P1. M → J
P2. J → D
P3. D ↔ S
P4. ~S

Passemos à resolução em si.

1º passo. Consideraremos as **premissas** como verdadeiras e descobriremos, mediante a aplicação das **tabelas-verdade**, o valor lógico de cada uma das proposições simples. Teremos:

a) Iniciaremos pela 4ª premissa, uma vez que é uma **proposição simples** e, como tal, só tem um jeito de ser verdadeira!

P4. ~S ⇒ ~S é verdade (daí, S é F!)

b) Substituir **S** por F na premissa P3

P3. D ↔ F ⇒ Na bicondicional, as duas partes têm que ter o mesmo valor lógico. Daí: D é F.

c) Substituir **D** por **F** na premissa P2

   P2.   J → F   ⇒ Para que a condicional seja verdadeira, é preciso que J seja também F.

d) Substituir **J** por **F** na premissa P1

   P1.   M → F   ⇒ Para que a condicional seja verdadeira, é preciso que M seja também F.

Compilando os resultados obtidos acima, teremos:

S é F   ⇒   "Sandra *não* abraça Sérgio!"

D é F   ⇒   "Daniela *não* abraça Paulo!"

J é F   ⇒   "João *não* está feliz!"

M é F   ⇒   "Maria *não* sorri!"

2º passo. De posse das verdades obtidas acima, analisaremos as opções de resposta. Teremos:

a) João está feliz, **e** Maria não sorri, **e** Daniela abraça Paulo.   → F
b) João não está feliz, **e** Maria sorri, **e** Daniela não abraça Paulo.   → F
c) João está feliz, **e** Maria sorri, **e** Daniela não abraça Paulo.   → F
d) João não está feliz, **e** Maria não sorri, **e** Daniela não abraça Paulo.   → V
e) João não está feliz, e Maria sorri, e Daniela abraça Paulo.   → F

Resposta: Alternativa d.

Exemplo 13. (Esaf) Ou Anaís será professora, ou Anelise será cantora, ou Anamélia será pianista. Se Ana for atleta, então Anamélia será pianista. Se Anelise for cantora, então Ana será atleta. Ora, Anamélia não será pianista. Então:
   a)   Anaís será professora e Anelise não será cantora;
   b)   Anaís não será professora e Ana não será atleta;
   c)   Anelise não será cantora e Ana será atleta;
   d)   Anelise será cantora ou Ana será atleta;
   e)   Anelise será cantora e Anamélia não será pianista.

Solução:

Aqui, pela similitude dos nomes, é melhor fazer o seguinte:
- **A** = Anaís será professora
- **B** = Anelise será cantora
- **C** = Anamélia será pianista
- **D** = Ana será atleta

Daí, nossas premissas são as seguintes:

   P1.   A ou B ou C
   P2.   D → C

P3.   B → D
P4.   ~C

Passemos à resolução em si.

1º passo. Consideraremos as **premissas** como **verdadeiras** e descobriremos, mediante a aplicação das **tabelas-verdade**, o valor lógico de cada uma das proposições simples. Teremos:

a) Iniciaremos pela 4ª premissa, uma vez que é uma **proposição simples** e, como tal, só tem um jeito de ser verdadeira!
   P4.   ~C   ⇒ ~C é verdade (daí, C é F!)

b) Substituir **C** por **F** nas premissas P1 e P2
   P1.   A ou B ou F
   P2.   D → F   ⇒ Para que a condicional seja verdadeira, é preciso que D seja F.

c) Substituir **D** por **F** na premissa P3
   P1.   A ou B ou F
   P3.   B → F   ⇒ Para que a condicional seja verdadeira, é preciso que B seja F.

d) Substituir **D** por **F** na premissa P1
   P1.   A ou F ou F ⇒ Para que a disjunção seja verdadeira, é preciso que A seja V.

Compilando os resultados obtidos acima, teremos:

C é F   ⇒   "Anamélia **não** será pianista!"
D é F   ⇒   "Ana **não** será atleta!"
B é F   ⇒   "Anelise **não** será cantora!"
A é V   ⇒   "Anaís será professora!"

2º passo. De posse das verdades obtidas acima, analisaremos as opções de resposta. Teremos:

       V   V
a) Anaís será professora **e** Anelise não será cantora   → V
       F   V
b) Anaís não será professora **e** Ana não será atleta   → F
       V   F
c) Anelise não será cantora **e** Ana será atleta   → F
       F   F
d) Anelise será cantora **ou** Ana será atleta   → F
       F   V
e) Anelise será cantora **e** Anamélia não será pianista   → F

Resposta: Alternativa A.

Exemplo 14. (Esaf). José quer ir ao cinema assistir ao filme "Fogo contra Fogo", mas não tem certeza se o mesmo está sendo exibido. Seus amigos, Maria, Luís e Júlio têm opiniões discordantes sobre se o filme está ou não em cartaz. Se Maria estiver certa, então Júlio está enganado. Se Júlio estiver enganado, então Luís está enganado. Se Luís estiver enganado, então o filme não está sendo exibido. Ora, ou o filme "Fogo contra Fogo" está sendo exibido, ou José não irá ao cinema. Verificou-se que Maria está certa. Logo:
   a) o filme "Fogo contra Fogo" está sendo exibido;
   b) Luís e Júlio não estão enganados;
   c) Júlio está enganado, mas não Luís;
   d) Luís está engando, mas não Júlio;
   e) José não irá ao cinema.

Solução:
Começaremos atribuindo letras às proposições do enunciado. Teremos:
- **M** = Maria está certa
- **Ju** = Júlio está certo
- **L** = Luís está certo
- **Fi** = Filme sendo exibido
- **Jo** = José irá ao cinema

Agora, traduzindo as premissas da questão, teremos:
   P1.   M → ~Ju
   P2.   ~Ju → ~L
   P3.   ~L → ~Fi
   P4.   Fi ou ~Jo
   P5.   M

Passemos à resolução em si.

1º passo. Consideraremos as premissas como verdadeiras e descobriremos, mediante a aplicação das tabelas-verdade, o valor lógico de cada uma das proposições simples. Teremos:
   a) Iniciaremos pela 5ª premissa, uma vez que é uma proposição simples e, como tal, só tem um jeito de ser verdadeira!
      P5.   M   ⇒ M é v
   b) Substituir **M** por **V** na premissa P1
      P1.   V → ~Ju   ⇒ Para que a condicional seja verdadeira, é preciso que ~Ju seja V (daí, Ju é F)
   c) Substituir **~Ju** por **V** na premissa P2
      P2.   V → ~L   ⇒ Para que a condicional seja verdadeira, é preciso que ~L seja V (daí, L é F)

Capítulo 5 – Implicação Lógica

d) Substituir ~L por V na premissa P3
   P3.   V → ~Fi   ⇒ Para que a condicional seja verdadeira, é preciso que ~Fi seja V (daí, Fi é F)

e) Substituir Fi por F na premissa P4
   P4.   F ou ~Jo   ⇒ Para que a disjunção seja verdadeira, é preciso que ~Jo seja V (daí, Jo é F)

Compilando os resultados obtidos acima, teremos:
   M é V   → "Maria está certa!"
   Ju é F   → "Júlio está enganado!"
   L é F   → "Luís está enganado!"
   Fi é F   → "o filme não está sendo exibido!"
   Jo é F   → "José não irá ao cinema!"

2º passo. De posse das verdades obtidas acima, analisaremos as opções de resposta. Teremos:
   a) o filme "Fogo contra Fogo" está sendo exibido;   → F
   b) Luís não está enganado e Júlio não está enganado;   → F
   c) Júlio está enganado, e Luís não está enganado;   → F
   d) Luís está enganado, e Júlio não está enganado;   → F
   e) José não irá ao cinema.   → V

Resposta: Alternativa E.

Exemplo 15. (Esaf) Se Flávia é filha de Fernanda, então Ana não é filha de Alice. Ou Ana é filha de Alice, ou Ênia é filha de Elisa. Se Paula não é filha de Paulete, então Flávia é filha de Fernanda. Ora, nem Ênia é filha de Elisa nem Inês é filha de Isa.
   a) Paula é filha de Paulete e Flávia é filha de Fernanda.
   b Paula é filha de Paulete e Ana é filha de Alice.
   c) Paula não é filha de Paulete e Ana é filha de Alice.
   d) Ênia é filha de Elisa ou Flávia é filha de Fernanda.
   e) Se Ana é filha de Alice, Flávia é filha de Fernanda.

Solução:
Traduziremos as proposições simples do enunciado para a linguagem simbólica:
A: Flávia é filha de Fernanda.
B: Ana é filha de Alice.
C: Ênia é filha de Elisa.
D: Paula é filha de Paulete.
E: Inês é filha de Isa.

Uma vez definidas tais proposições simples, as premissas do enunciado estarão assim traduzidas:

P1. A → ~B
P2. B ou C
P3. ~D → A
P4. ~C e ~E

A premissa P4 foi escrita como **~C e ~E**, pois a sentença:
"**nem** Ênia é filha de Elisa **nem** Inês é filha de Isa."
é equivalente a:
"Ênia **não** é filha de Elisa **e** Inês **não** é filha de Isa."

Passemos aos passos efetivos de resolução.

1º passo. Consideraremos as **premissas** como verdadeiras e descobriremos, mediante a aplicação das **tabelas-verdade**, o valor lógico de cada uma das proposições simples. Teremos:

a) Iniciaremos pela 4ª premissa, uma vez que é uma **conjunção** e, como tal, só tem um jeito de ser verdadeira!
P4.   ~C e ~E   ⇒ ~C é V e ~E é V (daí: C é F e E é F)

b) Substituir **C** por F e **E** por F na premissa P2
P2.   B ou F   ⇒ Para que a disjunção seja verdadeira, é preciso que B seja V.

c) Substituir **B** por V (ou **~B** por F) na premissa P1
P1.   A → F   ⇒ Para que esta condicional seja verdadeira, é preciso que A seja F.

d) Substituir **A** por F na premissa P3
P3.   ~D → F   ⇒ Para que esta *condicional* seja verdadeira, é preciso que ~D seja F (logo: D é V!)

- Compilando os resultados obtidos acima, teremos:

B é V   ⇒   "Ana é filha de Alice!
D é V   ⇒   "Paula é filha de Paulete."
C é F   ⇒   "Ênia *não* é filha de Elisa."
E é F   ⇒   "Inês *não* é filha de Isa."
A é F   ⇒   "Flávia *não* é filha de Fernanda."

2º passo. De posse das verdades obtidas acima, analisaremos as opções de resposta. Teremos:

                V   F
a) Paula é filha de Paulete e Flávia é filha de Fernanda.   → F

Capítulo 5 – Implicação Lógica   255

        V   V
b) Paula é filha de Paulete e Ana é filha de Alice. → V
        F   V
c) Paula não é filha de Paulete e Ana é filha de Alice. → F
        F   F
d) Ênia é filha de Elisa ou Flávia é filha de Fernanda. → F
        V   F
e) Se Ana é filha de Alice, Flávia é filha de Fernanda. → F
Resposta: Alternativa B.

Exemplo 16. (FCC) Quando não vejo Lucia, não passeio ou fico deprimido. Quando chove, não passeio e fico deprimido. Quando não faz calor e passeio, não vejo Lucia. Quando não chove e estou deprimido, não passeio. Hoje, passeio. Portanto, hoje:
a)   vejo Lucia, e não estou deprimido, e não chove, e faz calor;
b)   não vejo Lucia, e estou deprimido, e chove, e faz calor;
c)   não vejo Lucia, e estou deprimido, e não chove, e não faz calor;
d)   vejo Lucia, e não estou deprimido, e chove, e faz calor;
e)   vejo Lucia, e estou deprimido, e não chove, e faz calor.

Solução:
Traduziremos as proposições simples do enunciado para a linguagem simbólica:
L: vejo Lucia.
P: passeio.
D: deprimido.
C: chove.
O: faz calor.

Uma vez definidas tais proposições simples, as sentenças (ou premissas) do enunciado estarão assim traduzidas:
    P1. ~L → (~P ou D)
    P2. C → (~P e D)
    P3. (~O e P) → ~L
    P4. (~C e D) → ~P
    P5. P

Passemos aos passos efetivos de resolução.
1º passo. Consideraremos as **premissas** como verdadeiras e descobriremos, mediante a aplicação das **tabelas-verdade**, o valor lógico de cada uma das proposições simples. Teremos:
    a) Iniciaremos pela 5ª premissa, uma vez que é uma **proposição simples**!
        P5.   P   ⇒ P é V

b) Substituir **P** por **V** em P3 e **~P** por **F** em P1, P2 e P4
   P1.   ~L → (F ou D)
   P2.   C → (F e D)   ⇒ O segundo termo desta condicional é falso, pois temos uma conjunção com um de seus termos falso. Para que esta condicional seja verdadeira, é preciso que a proposição C seja F.
   P3.   (~O e V) → ~L
   P4.   (~C e D) → F

c) Substituir **C** por **F** (ou **~C** por **V**) em P4
   P1.   ~L → (F ou D)
   P3.   (~O e V) → ~L
   P4.   (V e D) → F   ⇒ O primeiro termo desta condicional é a conjunção (V e D), que resulta na proposição D. A condicional fica, então, sendo D → F. Para que esta condicional seja verdadeira, é preciso que a proposição D seja F!

d) Substituir **D** por **F** em P1:
   P1.   ~L → (F ou F)   ⇒ Para que esta condicional seja verdadeira, é preciso que a proposição ~L seja F. Logo: L é V!
   P3.   (~O e V) → ~L

e) Substituir **L** por **V** (ou **~L** por **F**) em P3
   P3.   (~O e V) → F   ⇒ O primeiro termo desta condicional é a conjunção (~O e V), que resulta na proposição ~O. A condicional fica, então, sendo ~O → F. Para que esta condicional seja verdadeira, é preciso que a proposição ~O seja F. Logo: O é V!

- Compilando os resultados obtidos acima, teremos:
   P é V   ⇒   "Passeio!".
   L é V   ⇒   "Vejo Lucia!".
   O é V   ⇒   "Faz calor!".
   C é F   ⇒   "*Não* chove!".
   D é F   ⇒   "*Não* estou deprimido!".

2º passo. De posse das verdades obtidas acima, analisaremos as opções de resposta. Como todas as alternativas são conjunções, então fica fácil de perceber que a **alternativa correta é a letra A**.

Exemplo 17. (Esaf) As seguintes afirmações, todas elas verdadeiras, foram feitas sobre a ordem de chegada dos participantes de uma prova de ciclismo:
1. Guto chegou antes de Aires e depois de Dada;
2. Guto chegou antes de Juba e Juba chegou antes de Aires, se e somente se Aires chegou depois de Dada;

3. Cacau não chegou junto com Juba, se e somente se Aires chegou junto com Guto.

Logo:
a) Cacau chegou antes de Aires, depois de Dada e junto com Juba;
b) Guto chegou antes de Cacau, depois de Dada e junto com Aires;
c) Aires chegou antes de Dada, depois de Juba e antes de Guto;
d) Aires chegou depois de Juba, depois de Cacau e junto com Dada;
e) Juba chegou antes de Dada, depois de Guto e junto com Cacau.

Solução: As sentenças (ou premissas) do enunciado são as seguintes:
1. Guto chegou antes de Aires **e** depois de Dada;
2. Guto chegou antes de Juba **e** Juba antes de Aires ↔ Aires chegou depois de Dada;
3. Cacau não chegou junto com Juba ↔ Aires chegou junto com Guto.

Agora, passemos aos passos efetivos de resolução.

1º passo. Consideraremos as **premissas** como verdadeiras e descobriremos, mediante a aplicação das **tabelas-verdade**, o valor lógico de cada uma das proposições simples. Teremos:

a) Iniciaremos pela 1ª premissa, uma vez que é uma **conjunção** e, como tal, só tem um jeito de ser verdadeira!

Ambos os termos da conjunção são verdadeiros, daí resulta:
Guto chegou antes de Aires é verdade!
Guto chegou depois de Dada é verdade!

De acordo com estes resultados, podemos estabelecer a seguinte ordem de chegada para os três ciclistas:

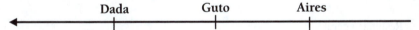

Ou seja, Dada chegou na frente de Guto e este na frente de Aires.

b) Empregaremos os resultados obtidos acima na segunda premissa.
Temos a seguinte bicondicional:
"Guto chegou antes de Juba **e** Juba antes de Aires ↔ Aires chegou depois de Dada."

De acordo com o desenho da ordem de chegada dos ciclistas, o segundo termo desta bicondicional é V. Daí, é necessário que o primeiro termo também seja V para que obtenhamos uma bicondicional verdadeira. Logo:
"Guto chegou antes de Juba e Juba antes de Aires" é verdade!

E como a sentença acima é uma conjunção, então ambos os termos devem ser verdadeiros:
Guto chegou antes de Juba é verdade!
Juba chegou antes de Aires é verdade!

De acordo com estes resultados, podemos acrescentar mais informações ao desenho da ordem de chegada dos ciclistas:

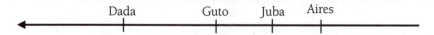

c) Passemos à última premissa.
Temos a seguinte bicondicional:
"Cacau não chegou junto com Juba ↔ Aires chegou junto com Guto."

De acordo com o último desenho da ordem de chegada dos ciclistas, o segundo termo da bicondicional é **F**. Daí, é necessário que o primeiro termo também seja **F** para que obtenhamos uma bicondicional verdadeira. Logo:
Cacau não chegou junto com Juba é falso!

Daí, a verdade é:
Cacau chegou junto com Juba!

Atualizaremos o desenho da ordem de chegada dos ciclistas:

- Resultado geral:
1º lugar: Danilo.
2º lugar: Guto.
3º lugar: Empate entre Juba e Cacau.
4º lugar: Aires.

2º passo. Análise das alternativas da questão.
Com base na ordem de chegada que obtivemos, a **alternativa correta** é:
 a) Cacau chegou antes de Aires, depois de Dada e junto com Juba

Exemplo 18. (Esaf) Perguntado sobre as notas de cinco alunas (Alice, Beatriz, Cláudia, Denise e Elenise), um professor de Matemática respondeu com as seguintes afirmações:
 1. "A nota de Alice é maior do que a de Beatriz e menor do que a de Cláudia";

2. "A nota de Alice é maior do que a de Denise e a nota de Denise é maior do que a de Beatriz, se e somente se a nota de Beatriz é menor do que a de Cláudia";
3. "Elenise e Denise não têm a mesma nota, se e somente se a nota de Beatriz é igual à de Alice".

Sabendo-se que todas as afirmações do professor são verdadeiras, conclui-se corretamente que a nota de:

a) Alice é maior do que a de Elenise, menor do que a de Cláudia e igual à de Beatriz.
b) Elenise é maior do que a de Beatriz, menor do que a de Cláudia e igual à de Denise.
c) Beatriz é maior do que a de Cláudia, menor do que a de Denise e menor do que a de Alice.
d) Beatriz é menor do que a de Denise, menor do que a de Elenise e igual à de Cláudia.
e) Denise é maior do que a de Cláudia, maior do que a de Alice e igual à de Elenise.

Solução: Faremos as seguintes representações simbólicas:
A = nota de Alice
B = nota de Beatriz
C = nota de Cláudia
D = nota de Denise
E = nota de Elenise

Teremos as seguintes premissas na forma simbólica:
P1. A > B e A < C
P2. A > D e D > B ↔ B < C
P3. E ≠ D ↔ B = A

Agora, passemos aos passos efetivos de resolução.

1º passo. Consideraremos as **premissas** como verdadeiras e descobriremos, mediante a aplicação das **tabelas-verdade**, o valor lógico de cada uma das proposições simples. Teremos:

a) Iniciaremos pela 1ª premissa, uma vez que é uma **conjunção** e, como tal, só tem um jeito de ser verdadeira!

Ambos os termos da conjunção são verdadeiros, daí resulta:
A > B é V!
A < C é V!

De acordo com estes resultados, podemos estabelecer a seguinte ordem para as notas:

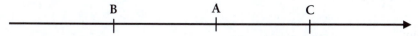

b) Empregaremos os resultados obtidos acima na 2ª premissa.
Temos a seguinte bicondicional:
"A > D e D > B ↔ B < C."

De acordo com o desenho acima, o consequente da bicondicional (**B < C**) é **V**. Daí, é necessário que o antecedente seja **V** para que obtenhamos uma bicondicional verdadeira. Logo:
"**A > D e D > B**" é **V**!

E como a sentença acima é uma conjunção, então ambos os termos devem ser verdadeiros:
A > D é **V**!
D > B é **V**!

De acordo com estes resultados, podemos acrescentar mais informações ao desenho da ordem das notas:

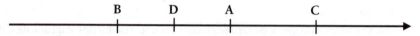

c) Analisemos a última premissa.
Temos a seguinte bicondicional:
"**E ≠ D ↔ B = A**"

De acordo com o último desenho, o segundo termo (**B = A**) da bicondicional é **F**. Daí, é necessário que o primeiro termo também seja **F** para que obtenhamos uma bicondicional verdadeira. Logo:
E ≠ D é **F**! Daí, **E = D** é **V**!
Atualizemos o desenho da ordem das notas:

2º passo. Análise das alternativas da questão.
Com base na ordem obtida para as notas, a alternativa correta é:
b) Elenise é maior do que a de Beatriz, menor do que a de Cláudia e igual à de Denise.

Exemplo 19. (Esaf) Se $X \geq Y$, então $Z > P$ ou $Q \leq R$. Se $Z > P$, então $S \leq T$. Se $S \leq T$, então $Q \leq R$. Ora, $Q > R$, logo:
  a) $S > T$ e $Z \leq P$;
  b) $S \geq T$ e $Z > P$;
  c) $X \geq Y$ e $Z \leq P$;
  d) $X > Y$ e $Z \leq P$;
  e) $X < Y$ e $S < T$.

Solução:
Nesta questão as proposições simples já são – elas próprias – letras! Daí, só nos resta colocá-las na linguagem da Lógica. Teremos:
  P1. $(X \geq Y) \rightarrow (Z > P)$ ou $(Q \leq R)$
  P2. $(Z > P) \rightarrow (S \leq T)$

P3.   (S ≤ T) → (Q ≤ R)
P4.   Q > R

1º passo. Consideraremos as **premissas** como verdadeiras e descobriremos, mediante a aplicação das **tabelas-verdade**, o valor lógico de cada uma das proposições simples. Teremos:
  a) Iniciaremos pela 4ª premissa, uma vez que é uma **proposição simples** e, como tal, só tem um jeito de ser verdadeira!
     P1.   (X ≥ Y) → (Z > P) ou (Q ≤ R)
     P2.   (Z > P) → (S ≤ T)
     P3.   (S ≤ T) → (Q ≤ R)
     P4.   Q > R   ⇒ (Q > R) é V

Como **(Q > R) é V**, então **(Q ≤ R) é F**!
  b) Substituir **(Q ≤ R)** por **F** nas premissas P1 e P3:
     P1.   (X ≥ Y) → (Z > P) ou F
     P2.   (Z > P) → (S ≤ T)
     P3.   (S ≤ T) → F   ⇒ Para que a condicional seja verdadeira, é preciso que (S ≤ T) seja F
  c) Substituir **(S ≤ T)** por **F** na premissa P2:
     P1.   (X ≥ Y) → (Z > P) ou F
     P2.   (Z > P) → F   ⇒ Para que a *condicional* seja verdadeira, é preciso que (Z > P) seja F
  d) Substituir **(Z > P)** por **F** na premissa P1:
     P1.   (X ≥ Y) → F ou F   ⇒ A disjunção (segunda parte da condicional) é falsa. Daí, para que a condicional seja verdadeira, é preciso que (X ≥ Y) seja F

Compilando os resultados obtidos acima, teremos:
  (Q > R) é V   ⇒   É verdade que (Q > R).
  (S ≤ T) é F   ⇒   É verdade que (S > T).
  (Z > P) é F   ⇒   É verdade que (Z ≤ P).
  (X ≥ Y) é F   ⇒   É verdade que (X < Y).

2º passo. De posse das verdades obtidas acima, analisaremos as opções de resposta. Teremos:
  a) (S > T) e (Z ≤ P) = V e V = V
  b) (S ≥ T) e (Z > P) = F e F = F
  c) (X ≥ Y) e (Z ≤ P) = F e V = F
  d) (X > Y) e (Z ≤ P) = F e V = F
  e) (X < Y) e (S < T) = V e F = F

Resposta: Alternativa A.

Exemplo 20. (FCC) Um argumento é composto pelas seguintes premissas:

Se as metas de inflação não são reais, então a crise econômica não demorará a ser superada.

Se as metas de inflação são reais, então os superávits primários não serão fantasiosos.

Os superávits serão fantasiosos.

Para que o argumento seja válido, a conclusão deve ser:
a) A crise econômica não demorará a ser superada.
b) As metas de inflação são irreais ou os superávits são fantasiosos.
c) As metas de inflação são irreais e os superávits são fantasiosos.
d) Os superávits econômicos serão fantasiosos.
e) As metas de inflação não são irreais e a crise econômica não demorará a ser superada.

Solução:

Não faremos a tradução das proposições simples do enunciado para a linguagem simbólica. Passemos ao 1º passo da resolução.

1º passo. Consideraremos as **premissas** como verdadeiras e descobriremos, mediante a aplicação das **tabelas-verdade**, o valor lógico de cada uma das proposições simples. Teremos:

a) Iniciaremos pela 3ª premissa, uma vez que é uma **proposição simples** e, como tal, só tem um jeito de ser verdadeira!

P3. "**Os superávits serão fantasiosos**" = Verdade!

b) Análise da 2ª premissa:

Obtemos da premissa P3 que é verdade que "**os superávits serão fantasiosos**", logo o segundo termo da condicional da premissa P2: "**os superávits primários** *não* **serão fantasiosos**" é F!

Para que a condicional da premissa P2 seja verdade, é necessário que o antecedente seja F. Daí:

"**As metas de inflação são reais**" = Falso!

c) Análise da 1ª premissa:

Obtemos da premissa P2 que "**as metas de inflação são reais**" é F, logo o antecedente da condicional da premissa P1: "**as metas de inflação** *não* **são reais**" é V!

Para que a condicional da premissa P1 seja verdade, é necessário que o consequente seja V. Daí:

"**A crise econômica não demorará a ser superada**" = Verdade!

2º passo. De posse das verdades obtidas acima, analisaremos as opções de resposta. Teremos:

    V

a) A crise econômica não demorará a ser superada.   → V

    V   F

b) As metas de inflação são irreais ou os superávits são fantasiosos.   → V

    V   F

c) As metas de inflação são irreais e os superávits são fantasiosos.   → F

Capítulo 5 – Implicação Lógica

       V

d) Os superávits econômicos serão fantasiosos.   → V

       F   V

e) As metas de inflação não são irreais e a crise econômica não demorará a ser superada. → F

Encontramos que as alternativas **a**, **b** e **d** são verdadeiras, contudo só pode haver uma opção correta! Então qual delas devemos marcar?

Dentro do capítulo de Diagramas Lógicos resolvemos uma questão que também tinha mais de uma opção correta, e a sugestão foi marcar a opção que fosse a "mais correta". Da mesma forma que fizemos na questão de Diagramas Lógicos, a questão "mais correta" será aquela que utiliza mais informações do enunciado.

O gabarito desta questão apontava para a alternativa A. Por que ela seria a "mais correta"? Observe que para concluir que a proposição trazida na alternativa A é verdadeira, tivemos que usar todas as premissas: iniciamos na premissa P3, depois passamos para P2 e finalmente analisamos P1. Enquanto que para a proposição trazida na alternativa B foram usadas somente as premissas P3 e P2; e a trazida na alternativa D, somente a premissa P3.

Então fiquem espertos, caso isso ocorra novamente em um próximo concurso, vocês já sabem que devem marcar a alternativa que usa mais informações do enunciado. Proceda assim, e não se confie nos recursos.

Resposta: Alternativa A.

Exemplo 21. (FCC) Aquele policial cometeu homicídio. Mas centenas de outros policiais cometeram homicídios, se aquele policial cometeu. Logo:
- a) centenas de outros policiais não cometeram homicídio;
- b) aquele policial não cometeu homicídio;
- c) aquele policial cometeu homicídio;
- d) centenas de outros policiais cometeram homicídios;
- e) Nenhum policial cometeu homicídio.

Solução: De acordo com o enunciado, temos duas premissas:

1ª) Aquele policial cometeu homicídio.

2ª) Mas centenas de outros policiais cometeram homicídios, se aquele policial cometeu.

Podemos reescrever a frase "Mas centenas de outros policiais cometeram homicídios, se aquele policial cometeu" como "**Se aquele policial cometeu homicídio, então centenas de outros policiais cometeram homicídios.**"

Assim, as novas premissas são:

1ª) Aquele policial cometeu homicídio.

2ª) Se aquele policial cometeu homicídio, então centenas de outros policiais cometeram homicídios.

Vamos considerar as premissas como verdadeiras:

1ª) Aquele policial cometeu homicídio = V

2ª) Se aquele policial cometeu homicídio, então centenas de outros policiais cometeram homicídios = V

Com isso, encontramos que:

Aquele policial cometeu homicídio = V

Esta mesma proposição aparece como antecedente da condicional na segunda premissa. Logo, o consequente deverá também ser V para que a condicional seja verdadeira. Ou seja:

Centenas de outros policiais cometeram homicídios = V

Com base nestas duas verdades que encontramos, devemos observar qual é a opção correta da questão. As alternativas **c** e **d** estão corretas! Quando há mais de uma opção correta na questão, temos que observar qual delas se ampara em mais premissas.

A proposição da alternativa C é verdadeira com base na primeira premissa. Já a proposição da alternativa **D** foi verdadeira com base nas duas premissas. Portanto, devemos escolher a **alternativa D** como resposta da questão.

Resposta: Alternativa D.

Exemplo 22. (Esaf) **Determinado rio passa pelas cidades A, B e C. Se chove em A, o rio transborda. Se chove em B, o rio transborda e, se chove em C, o rio não transborda. Se o rio transbordou, pode-se afirmar que:**

    a)   choveu em A e choveu em B;

    b)   não choveu em C;

    c)   choveu em A ou choveu em B;

    d)   choveu em C;

    e)   choveu em A.

Solução: Devemos considerar todas as sentenças do enunciado como verdadeiras:

1ª. [Se **chove em A**, então **o rio transborda**] = V

2ª. [Se **chove em B**, então **o rio transborda**] = V

3ª. [Se **chove em C**, então **o rio não transborda**] = V

4ª. [**O rio transbordou**] = V

Pela 4ª sentença, temos que "**o rio transbordou**" é V. Logo, "**o rio não transborda**" que aparece na 3ª sentença tem valor lógico F. Temos, então, na 3ª premissa:

3ª [Se **chove em C**, então F] = V

Como o consequente da condicional é F, obrigatoriamente o antecedente também terá que ser F para que a condicional seja V. Logo, "**Chove em C**" é F. Quer dizer que "**não chove em C**" é V.

Os consequentes da 1ª e 2ª sentenças são iguais e, portanto, possuem o mesmo valor lógico V. E qual é o valor lógico do antecedente destas duas sentenças para que a condicional seja verdadeira? Como o consequente é verdade, o antecedente fica indeterminado: pode ser V ou F. Daí, concluímos:

"**Choveu em A**" pode ser V ou F, e "**choveu em B**" também pode ser V ou F.

Pela análise dos valores lógicos, encontramos que:

"**Não chove em C**" é **V**!

"**Choveu em A**" é indeterminado (pode ser **V** ou **F**).

"**Choveu em B**" é indeterminado (pode ser **V** ou **F**).

A partir destes resultados, a única opção necessariamente verdadeira é a da **alternativa b**.

Resposta: Alternativa B.

Exemplo 23. (Esaf) **Se Maria vai ao cinema, Pedro ou Paulo vão ao cinema. Se Paulo vai ao cinema, Teresa e Joana vão ao cinema. Se Pedro vai ao cinema, Teresa e Ana vão ao cinema. Se Tereza não foi ao cinema, pode-se afirmar que:**

a) Ana não foi ao cinema;
b) Paulo não foi ao cinema;
c) Pedro não foi ao cinema;
d) Maria não foi ao cinema;
e) Joana não foi ao cinema.

Solução: Temos as premissas:

1ª) Se Maria vai ao cinema, Pedro ou Paulo vão ao cinema.

2ª) Se Paulo vai ao cinema, Teresa e Joana vão ao cinema.

3ª) Se Pedro vai ao cinema, Teresa e Ana vão ao cinema.

4ª) Se Teresa não foi ao cinema

Devemos considerar todas as premissas como verdadeiras.

Pela última premissa, encontramos que "Teresa não foi ao cinema" é **V**! Ou seja, a proposição "Teresa foi ao cinema" é **F**!

Como "Teresa foi ao cinema" é **F**, então o consequente da **3ª premissa**: "Teresa e Ana vão ao cinema" também é **F**. Logo, o antecedente dessa premissa tem que ser **F** para que ela seja verdadeira. Portanto, a proposição "Pedro vai ao cinema" é **F**!

Como "Teresa foi ao cinema" é **F**, então o consequente da **2ª premissa**: "Teresa e Joana vão ao cinema" também é **F**. Logo, o antecedente dessa premissa tem que ser **F** para que ela seja verdadeira. Portanto, a proposição "Paulo vai ao cinema" é **F**!

Como as proposições "Pedro vai ao cinema" e "Paulo vai ao cinema" são **F**, então o consequente da **1ª premissa** é **F**. Logo, o antecedente dessa premissa tem que ser **F** para que ela seja verdadeira. Portanto, a proposição "Maria vai ao cinema" é **F**!

"Concluindo, encontramos que:

"Teresa foi ao cinema" é **F**! Logo: Teresa NÃO foi ao cinema!

"Pedro vai ao cinema" é **F**! Logo: Pedro NÃO foi ao cinema!

"Paulo vai ao cinema é" **F**! Logo: Paulo NÃO foi ao cinema!

"Maria vai ao cinema é" **F**! Logo: Maria NÃO foi ao cinema!

Com estes resultados, podemos afirmar que as alternativas **B**, **C** e **D** estão corretas. Mas como devemos marcar somente uma opção correta, temos que verificar qual destas alternativas pode ser considerada a **mais correta**.

Para chegar à conclusão de que "Maria vai ao cinema" é **F**, fizemos uso de todas as premissas (iniciamos pela 4ª premissa, passamos pela 3ª e 2ª premissas, e por fim a 1ª premissa). Desta forma, devemos considerar a alternativa **d** (Maria NÃO foi ao cinema) como a **mais correta**!
Resposta: Alternativa D.

Esta questão foi anulada pela Esaf; talvez devido à existência de mais de uma opção correta, ou porque no enunciado aparece a Teresa com **s** e depois aparece a Tereza com **z**. De qualquer forma siga a orientação de marcar a **mais correta**.

Exemplo 24. (Cespe-UnB) Considere que sejam verdadeiras as proposições:
I.   Todos advogados ingressam no tribunal por concurso público;
II. José ingressou no tribunal por concurso público; e
III. João não é advogado ou João não ingressou no tribunal por concurso público.
Nesse caso, também é verdadeira a proposição:
a) José é advogado;
b) João não é advogado;
c) Se José não ingressou no tribunal por concurso público, então José é advogado;
d) João não ingressou no tribunal por concurso público;
e) José ingressou no tribunal por concurso público e João é advogado.

Solução: As seguintes proposições são verdadeiras:
   I. Todos advogados ingressam no tribunal por concurso público = **V**;
   II. José ingressou no tribunal por concurso público = **V**;
   III. João não é advogado ou João não ingressou no tribunal por concurso público = **V**.
Inicialmente, podemos afirmar que a proposição III, que é uma disjunção, tem três possibilidades de ser verdadeira, a saber:
1ª) João não é advogado = **V**, e
João não ingressou no tribunal por concurso público = **V**
2ª) João não é advogado = **V**, e
João não ingressou no tribunal por concurso público = **F**
3ª) João não é advogado = **F**, e
João não ingressou no tribunal por concurso público = **V**
Na terceira possibilidade, temos que "João não é advogado" é **F**, daí é verdade que "**João é advogado!**". Sendo isto verdade, então "João não ingressou no tribunal por concurso público" não pode ser **V**, pois foi dito que "Todos advogados ingressam no tribunal por concurso público". Assim, a terceira possibilidade supracitada deve ser descartada. Restou-nos as possibilidades:
1ª) João não é advogado = **V**, e
João não ingressou no tribunal por concurso público = **V**
2ª) João não é advogado = **V**, e

Capítulo 5 – Implicação Lógica

João não ingressou no tribunal por concurso público = **F**

Donde concluímos que:
- "João não é advogado" é **V**!
- "João não ingressou no tribunal por concurso público" está **indeterminado**: pode ser **V** ou **F**.

Passemos à análise das alternativas:

Alternativa A: João não ingressou no tribunal por concurso público.

Conforme conclusão acima, essa proposição pode ser verdadeira ou falsa, logo não devemos marcar esta alternativa!

Alternativa B: José ingressou no tribunal por concurso público e João é advogado.

Como encontramos que "João não é advogado" é **V**, então "João é advogado" é **F**. Daí, a conjunção acima é falsa, independentemente do valor lógico da primeira parte da conjunção. Daí, o item está errado!

Alternativa C: José é advogado.

Esta proposição está indefinida. Logo não devemos marcar esta alternativa!

Alternativa D: João não é advogado.

Conforme conclusão acima, essa proposição é verdadeira! Daí, item **CERTO**!

Alternativa E: Se José não ingressou no tribunal por concurso público, então José é advogado.

O primeiro termo da condicional: "José não ingressou no tribunal por concurso público" é **F**, portanto independentemente do valor lógico do segundo termo da condicional, esta será verdadeira! Daí, item **CERTO**!

Devemos marcar a **alternativa d**, porque ela está **mais correta**, uma vez que precisamos usar as proposições I e III para chegar à conclusão de que "João não é advogado".

Exemplo 25. (Esaf) Se X está contido em Y, então X está contido em Z. Se X está contido em P, então X está contido em T. Se X não está contido em Y, então X está contido em P. Ora, X não está contido em T. Logo,

a) Z está contido em T e Y está contido em X;
b) X está contido em Y e X não está contido em Z;
c) X está contido em Z e X não está contido em Y;
d) Y está contido em T e X está contido em Z;
e) X não está contido em P e X está contido em Y.

Solução:

Podemos representar simbolicamente a afirmação "está contido" pelo símbolo $\subset$, e "não está contido" por $\not\subset$. Usando essa simbologia, teremos a seguinte situação para as premissas:

P1. $X \subset Y \rightarrow X \subset Z$
P2. $X \subset P \rightarrow X \subset T$
P3. $X \not\subset Y \rightarrow X \subset P$
P4. $X \not\subset T$

Temos que considerar todas as premissas como **verdadeiras**. Posto isso, a 4ª premissa que é uma proposição simples fica com valor lógico **V**.

- $X \not\subset T$ = **V**. Logo, **X não está contido em T**!

Como **X não está contido em T**, então o consequente da condicional da 2ª premissa é **F**! Para que esta premissa seja verdadeira, o antecedente também deve ser **F**. Daí:

- $X \subset P$ = **F**. Logo, **X não está contido em P**!

Com este resultado, então o consequente da condicional da 3ª premissa é **F**! Para que esta premissa seja verdadeira, o antecedente também deve ser **F**. Daí:

- $X \not\subset Y$ = **F**. Logo, **X está contido em Y**!

Então o antecedente da condicional da 1ª premissa é **V**! Para que esta premissa seja verdadeira, o consequente também deve ser **V**. Daí:

- $X \subset Z$ = **V**. Logo, **X está contido em Z**!

Encontramos as seguintes verdades:
- X não está contido em T: $X \not\subset T$
- X não está contido em P: $X \not\subset P$
- X está contido em Y: $X \subset Y$
- X está contido em Z: $X \subset Z$

Usando esses resultados nas opções de resposta, teremos:
a) $Z \subset T$ e $Y \subset X$ = **indeterminado** e **F** = **F**
b) $X \subset Y$ e $X \not\subset Z$ = **V** e **F** = **F**
c) $X \subset Z$ e $X \not\subset Y$ = **V** e **F** = **F**
d) $Y \subset T$ e $X \subset Z$ = **indeterminado** e **V** = **indeterminado**
e) $X \not\subset P$ e $X \subset Y$ = **V** e **V** = **V**

A única alternativa verdadeira foi a letra **E**.
Resposta: Alternativa E.

Exemplo 26. (FCC) No universo U, sejam P, Q, R, S e T propriedades sobre os elementos de U. (K(x) quer dizer que o elemento x de U satisfaz a propriedade K e isso pode ser válido ou não). Para todo x de U considere válidas as premissas seguintes:
- P(x)
- Q(x)
- [R(x) → S(x)] → T(x)
- [P(x) ∧ Q(x) ∧ R(x)] → S(x)

É verdade que:
a) R(x) é válida;
b) S(x) é válida;
c) T(x) é válida;
d) Nada se pode concluir sem saber se R(x) é ou não válida;
e) Não há conclusão possível sobre R(x), S(x) e T(x).

Solução:

O enunciado da questão traz um texto meio complicado de se entender, mas não é necessário compreender todo o enunciado para resolver a questão. Vamos nos ater somente ao que é dito ao final do enunciado: **"considere válidas as premissas seguintes"**.

Quando se diz para considerar **válidas** as premissas, podemos afirmar que é o mesmo que considerar como **verdadeiras** as premissas.

Vamos reescrever as premissas abaixo, sem colocar o parêntese "(x)", mas somente as letras **P, Q, R, S e T**. Teremos:

P1: P
P2: Q
P3: [R → S] → T
P4: [P ∧ Q ∧ R] → S

Vamos fazer as premissas verdadeiras:
P1: P = V
P2: Q = V
P3: [R → S] → T = V
P4: [P ∧ Q ∧ R] → S = V

Ao fazer as premissas verdadeiras, e como as premissas P1 e P2 são proposições simples, obtemos:
- P = V
- Q = V

Substituindo **P** e **Q** pelos seus respectivos valores lógicos na premissa P4, teremos:
P4: [V ∧ V ∧ R] → S

Sabemos que V ∧ V = V, logo:
P4: [V ∧ R] → S

A conjunção V ∧ R é igual à proposição simples **R**, pois o V é elemento neutro na conjunção. Daí:
P4: R → S

Como consideramos que as premissas eram verdadeiras, então **R → S** (resultado da premissa P4) é **V**.

Na premissa P3 aparece a proposição **R → S**, vamos substituir essa proposição pelo seu valor lógico V. Teremos:
P3: V → T

A condicional **V → T** deve ser verdadeira, e isso somente será possível se o valor lógico de **T** for **V**.

Juntamos abaixo todos os resultados obtidos ao considerar as premissas verdadeiras:
P = V, Q = V, (R → S) = V, T = V

Com base nesses resultados, devemos analisar as opções de resposta. A alternativa C: "**T(x) é válida**" pode ser reescrita como "**T é verdade**". E como podemos constatar nos resultados acima, isso está correto!

Resposta: Alternativa C.

5.2.2. Resolução de implicação lógica do tipo 2

Daremos início agora ao estudo do 2º tipo de **implicação lógica**. Até o momento, estudamos um tipo de enunciado, em que havia sempre (pelo menos) uma sentença apropriada para ser o ponto de partida da resolução. E por que isso? Porque esta tal sentença estava na forma de uma **proposição simples** ou de uma **conjunção**. Assim, só haveria uma forma de ela ser verdadeira!

Na sequência, veremos questões um pouco mais, digamos, interessantes: nelas, não haverá nenhuma sentença em forma de **proposição simples** ou de **conjunção**, de sorte que não estará previamente definido qual o ponto de partida da resolução. A análise se aprofunda um pouco.

Aprenderemos esse tipo de resolução da mesma forma que aprendemos o anterior: resolvendo questões. Na sequência, apresentamos vários enunciados de provas recentes, em que se trabalha esse segundo tipo de implicações lógicas.

Com um pouco de calma e paciência, aprenderemos tranquilamente. Adiante.

Exemplo 1. (Esaf) Se não durmo, bebo. Se estou furioso, durmo. Se durmo, não estou furioso. Se não estou furioso, não bebo. Logo:
 a) não durmo, estou furioso e não bebo;
 b) durmo, estou furioso e não bebo;
 c) não durmo, estou furioso e bebo;
 d) durmo, não estou furioso e não bebo;
 e) não durmo, não estou furioso e bebo.

Solução:
Resolveremos esta questão de duas formas diferentes!
Temos, no enunciado, as seguintes premissas:
P1: **Se não** durmo, bebo.
P2: **Se** estou furioso, durmo.
P3: **Se** durmo, **não** estou furioso.
P4: **Se não** estou furioso, **não** bebo.

Indicaremos essas premissas para a seguinte representação simbólica:
D = **D**urmo

B = Bebo
E = Estou furioso
Traduzindo-as para a forma simbólica, teremos:
P1. ~D → B
P2. E → D
P3. D → ~E
P4. ~E → ~B

1ª Solução:
Nas soluções das questões de implicação lógica feitas anteriormente, o **1º passo** consistia em somente considerar as **premissas** como **verdadeiras**. Acrescentaremos a este 1º passo os seguintes procedimentos:
- Atribuiremos um valor lógico (**V** ou **F**) para uma das proposições simples (neste caso, **D**, **B** ou **E**). De preferência, escolha a proposição simples que mais se repete.
- Finalmente, substituiremos este valor lógico (escolhido acima) nas premissas e verificaremos, mediante a aplicação das **tabelas-verdade**, se está correto, ou seja, se não vai se observar alguma **contradição** entre os resultados obtidos.

Vamos escolher a proposição **E** que aparece no antecedente da condicional de P2, e atribuiremos o valor lógico **V** (se atribuíssemos **F**, não teríamos como descobrir o valor lógico de **D** em P2, pois para **D** = **V** ou **D** = **F** a premissa P2 seria verdadeira).

Vamos executar os passos a seguir para testar a hipótese criada por nós: **E** = **V**.

1º passo. Consideraremos as **premissas** como **verdadeiras** e **E** = **V** (hipótese!), e descobriremos, mediante a aplicação das **tabelas-verdade**, o valor lógico de cada uma das proposições simples. Também verificaremos se ocorre alguma contradição na hipótese. Teremos:

a) Substituir **E** por **V** em P2 e ~**E** por **F** em P3 e P4:
P1. ~D → B
P2. V → D ⇒ Para que a condicional seja verdadeira, é preciso que D seja V.
P3. D → F ⇒ Para que a condicional seja verdadeira, é preciso que D seja F.
P4. F → ~B

Opa!!! Houve uma **contradição**: na premissa P2 achamos que **D** é **V** e na premissa P3 achamos que **D** é **F**. Isso não é admissível! Daí, a hipótese **E** = **V** está incorreta, ou seja, o valor lógico de **E** não pode ser **V**. Portanto, o valor lógico de **E** é **F**!

Como foi alterado o valor lógico da proposição simples **E**, então retornaremos ao início do 1º passo:

a) Substituir nas PREMISSAS INICIAIS o **E** por **F** em P2 e ~**E** por **V** em P3 e P4:
P1. ~D → B
P2. F → D
P3. D → V
P4. V → ~B ⇒ Para que a *condicional* seja verdadeira, é preciso que ~B seja V. Daí, B é F.

b) Substituir **B** por **F** em P1:

P1. ~D → F ⇒ Para que a *condicional* seja verdadeira, é preciso que ~D seja F. Daí, D é V!

P2. F → D

P3. D → V

c) Substituir **D** por **V** em P2 e P3, para certificarmos que todas as premissas são verdadeiras.

P2. F → V = Verdade!

P3. V → V = Verdade!

Compilando os resultados obtidos acima, teremos:

E é F ⇒ Não estou furioso!

B é F ⇒ Não bebo!

D é V ⇒ Durmo!

2º passo. De posse das verdades obtidas acima, analisaremos as opções de resposta. Teremos:

a) não durmo, estou furioso e não bebo; → F

b) durmo, estou furioso e não bebo; → F

c) não durmo, estou furioso e bebo; → F

d) durmo, não estou furioso e não bebo; → V

e) não durmo, não estou furioso e bebo. → F

Resposta: Alternativa D.

2ª Solução:

Esta solução baseia-se no Método da Tabela-Verdade, visto no capítulo anterior. Devemos construir a tabela-verdade para **cada uma das premissas**! Como faremos uma comparação entre os valores lógicos obtidos das premissas, é interessante que construamos uma única tabela que contenha todas elas, conforme é mostrado abaixo.

P1: ~D → B

P2: E → D

P3: D → ~E

P4: ~E → ~B

	D	B	E	P1 ~D → B	P2 E → D	P3 D → ~E	P4 ~E → ~A
1ª	V	V	V	V	V	F	V
2ª	V	V	F	V	V	V	F
3ª	V	F	V	V	V	F	V
4ª	V	F	F	V	V	V	V
5ª	F	V	V	V	F	V	V
6ª	F	V	F	V	V	V	F
7ª	F	F	V	F	F	V	V
8ª	F	F	F	F	V	V	V

Capítulo 5 – Implicação Lógica

Temos que verificar qual(is) é(são) a(s) linha(s) da tabela acima cujos valores lógicos das **premissas** são todos **V**. Encontramos esta situação apenas na **4ª linha**!

Passemos a observar na 4ª linha quais são os valores lógicos das proposições simples **D**, **B** e **E**. Os valores lógicos são: **V**, **F** e **F**, respectivamente.

Resultados: D é V, daí: **durmo!**
      B é F, daí: **não bebo!**
      E é F, daí: **não estou furioso!**
      Portanto, a resposta é a **alternativa D**.

A solução utilizando a construção da tabela-verdade das premissas é aconselhável se a questão trouxer no máximo três proposições simples. Pois, com quatro proposições simples a tabela-verdade das premissas teria 16 linhas (=2^4), ficando impraticável a sua construção.

Na análise da tabela-verdade somente nos interessa as linhas em que as premissas são V, então, quando encontramos numa linha da tabela um valor lógico F para umas das premissas, não é necessário completar o restante da linha. Com isso, ganha-se tempo na resolução da questão.

Exemplo 2. (Esaf) Se Fulano é culpado, então Beltrano é culpado. Se Fulano é inocente, então ou Beltrano é culpado, ou Sicrano é culpado, ou ambos, Beltrano e Sicrano, são culpados. Se Sicrano é inocente, então Beltrano é inocente. Se Sicrano é culpado, então Fulano é culpado. Logo:

a)   Fulano é inocente, e Beltrano é inocente, e Sicrano é inocente;
b)   Fulano é culpado, e Beltrano é culpado, e Sicrano é inocente;
c)   Fulano é culpado, e Beltrano é inocente, e Sicrano é inocente;
d)   Fulano é inocente, e Beltrano é culpado, e Sicrano é culpado;
e)   Fulano é culpado, e Beltrano é culpado, e Sicrano é culpado.

Solução: Temos aqui as seguintes premissas:

P1. **Se** Fulano é culpado, **então** Beltrano é culpado

P2. **Se** Fulano é inocente, **então** ou Beltrano é culpado, ou Sicrano é culpado, ou ambos, Beltrano e Sicrano, são culpados.

P3. **Se** Sicrano é inocente, **então** Beltrano é inocente.

P4. **Se** Sicrano é culpado, **então** Fulano é culpado.

No consequente da condicional da premissa **P2**, aparece o termo "ou ambos são culpados" ao final da disjunção. Isso significa que é uma **disjunção inclusiva**! Caso aparecesse "mas não ambos" ao final da disjunção, aí seria uma **disjunção exclusiva**!

Indicaremos as premissas com a seguinte representação simbólica:

U = **F**ulano é culpado

B = **B**eltrano é culpado

S = **S**icrano é culpado

Traduzindo para a forma simbólica, teremos:
P1: U → B
P2: ~U → (B ou S)
P3: ~S → ~B
P4: S → U

Iniciemos fazendo uma escolha: vamos escolher a proposição **U** que aparece na 1ª parte da condicional de P1, e atribuir a ela o valor lógico **V** (se atribuíssemos **F** não teríamos como descobrir o valor lógico de **B** em P1, pois para B = V ou para B = F a premissa seria verdadeira).

Vamos executar os passos abaixo para testar a hipótese criada por nós: U = V.

1º passo. Consideraremos as **premissas** como **verdadeiras** e **U = V** (hipótese!), e descobriremos, mediante a aplicação das **tabelas-verdade**, o valor lógico de cada uma das proposições simples. Também verificaremos se ocorre alguma contradição na hipótese. Teremos:

a) Substituir **U** por **V** em P1 e P4, e **~U** por **F** em P2:

   P1.   V → B   ⇒ Para que a condicional seja verdadeira, é preciso que B seja V.
   P2.   F → (B ou S)
   P3.   ~S → ~B
   P4.   S → V

b) Substituir **B** por **V** em P2, e **~B** por **F** em P3:

   P2.   F → (V ou S)
   P3.   ~S → F   ⇒ Para que a condicional seja verdadeira, é preciso que ~S seja F. Daí, S é V!
   P4.   S → V

c) Substituir **S** por **V** em P2 e P4, para certificarmos que todas as premissas são verdadeiras.

   P2.   F → (V ou V)   = Verdade!
   P4.   V → V   = Verdade!

Encontramos os valores lógicos de todas as proposições simples, sem haver qualquer problema na hipótese **U = V**.

Compilando os resultados obtidos acima, teremos:

   U é V ⇒ Fulano é culpado!
   B é V ⇒ Beltrano é culpado!
   S é V ⇒ Sicrano é culpado!

2º passo. De posse das verdades obtidas acima e analisando as opções de resposta, conclui-se que a opção correta é a **alternativa E**.

Exemplo 3. (Esaf) Homero não é honesto, ou Júlio é justo. Homero é honesto, ou Júlio é justo, ou Beto é bondoso. Beto é bondoso, ou Júlio não é justo. Beto não é bondoso, ou Homero é honesto. Logo,
 a)   Beto é bondoso, Homero é honesto, Júlio não é justo;
 b)   Beto não é bondoso, Homero é honesto, Júlio não é justo;
 c)   Beto é bondoso, Homero é honesto, Júlio é justo;

d) Beto não é bondoso, Homero não é honesto, Júlio não é justo;
e) Beto não é bondoso, Homero é honesto, Júlio é justo.

Solução: Vamos usar a seguinte representação simbólica:

H = **H**omero é honesto

J = **J**úlio é justo

B = **B**eto é bondoso

Traduzindo as premissas para a forma simbólica, teremos:

P1. ~H ou J

P2. H ou J ou B

P3. B ou ~J

P4. ~B ou H

Vamos escolher a proposição **J** que aparece em P1, e atribuir a ela o valor lógico **F**. (Se atribuíssemos **V** não teríamos como descobrir o valor lógico de **H** em P1, pois para H = V ou para H = F a premissa seria sempre verdadeira.)

Vamos executar os passos abaixo para testar a hipótese criada por nós: **J = F**.

1º passo. Consideraremos as **premissas** como **verdadeiras** e **J = F** (hipótese!), e descobriremos, mediante a aplicação das **tabelas-verdade**, o valor lógico de cada uma das proposições simples. Também verificaremos se ocorre alguma contradição na hipótese. Teremos:

a) Substituir J por **F** em P1 e P2, e ~J por **V** em P3:

    P1.   ~H ou F   ⇒ Para que a disjunção seja verdadeira, é preciso que ~H seja V. Daí, H é **F**!

    P2.   H ou F ou B

    P3.   B ou V

    P4.   ~B ou H

b) Substituir **H** por **F** em P2 e P4:

    P2.   F ou F ou B   ⇒ Para que a disjunção seja verdadeira, é preciso que B seja V!

    P3.   B ou V

    P4.   ~B ou F   ⇒ Para que a disjunção seja verdadeira, é preciso que ~B seja V! Daí, B é **F**!

Opa!!! Houve uma **contradição**: na premissa P2 achamos que **B** é **V** e na premissa P4 achamos que **B** é **F**! Daí, a hipótese **J = F** está incorreta, ou seja, o valor lógico de **J** não pode ser **F**. Portanto, o valor lógico de **J** é **V**.

Como foi alterado o valor lógico da proposição simples **J**, então retornaremos ao início do 1º passo:

a) Substituir J por **V** em P1 e P2, e ~J por **F** em P3:

    P1.   ~H ou V

    P2.   H ou V ou B

    P3.   B ou F   ⇒ Para que a disjunção seja verdadeira, é preciso que B seja V!

    P4.   ~B ou H

b) Substituir **B** por **V** em P2, e **~B** por **F** em P4:
   P1.   ~H ou V
   P2.   H ou V ou V
   P4.   F ou H   ⇒ Para que a disjunção seja verdadeira, é preciso que H seja V!

c) Substituir **H** por **V** em P2, e **~H** por **F** em P1, para confirmar que essas premissas são verdadeiras:
   P1.   F ou V   = Verdade!
   P2.   V ou V ou V   = Verdade!

Compilando os resultados obtidos acima, teremos:

   H é V ⇒   Homero é honesto!

   J é V ⇒   Júlio é justo!

   B é V ⇒   Beto é bondoso!

2º passo. De posse das verdades obtidas acima e analisando as opções de resposta, conclui-se que a opção correta é a **alternativa C**.

Exemplo 4. (Esaf) Se André é culpado, então Bruno é inocente. Se André é inocente, então Bruno é culpado. Se André é culpado, Leo é inocente. Se André é inocente, então Leo é culpado. Se Bruno é inocente, então Leo é culpado. Logo, André, Bruno e Leo são, respectivamente:
a) culpado, culpado, culpado;
b) inocente, culpado, culpado;
c) inocente, culpado, inocente;
d) inocente, inocente, culpado;
e) culpado, culpado, inocente.

Solução:
Temos, no enunciado, as seguintes premissas:
P1: **Se** André é culpado, **então** Bruno é inocente.
P2: **Se** André é inocente, **então** Bruno é culpado.
P3: **Se** André é culpado, **então** Leo é inocente.
P4: **Se** André é inocente, **então** Leo é culpado.
P5: **Se** Bruno é inocente, **então** Leo é culpado

Vamos atribuir letras às proposições simples:
A = **A**ndré é inocente
B = **B**runo é inocente
L = **L**eo é inocente

Capítulo 5 – Implicação Lógica

Traduzindo as premissas para a forma simbólica, obteremos:

P1: ~A → B
P2: A → ~B
P3: ~A → L
P4: A → ~L
P5: B → ~L

Vamos considerar a hipótese **A = V**! Vamos executar os passos mostrados a seguir, para testar esta hipótese, ou seja, verificar se é correto afirmar que **A** é **V**.

1º passo. Consideraremos as **premissas** como **verdadeiras** e **A = V** (hipótese!), e descobriremos, mediante a aplicação das **tabelas-verdade**, o valor lógico de cada uma das proposições simples. Também verificaremos se ocorre alguma contradição na hipótese. Teremos:

a) Substitua **A** por **V** em P2 e P4, e **~A** por **F** em P1 e P3:

    P1.   F → B
    P2.   V → ~B ⇒ Para que a condicional seja verdadeira, é preciso que ~B seja V. Daí, B é **F**!
    P3.   F → L
    P4.   V → ~L ⇒ Para que a condicional seja verdadeira, é preciso que ~L seja V. Daí, L é **F**!
    P5:   B → ~L

b) Substitua **B** por **F** em P1 e P5, e **L** por **F** em P3, para certificarmos que todas as premissas são verdadeiras.

    P1.   F → F   = verdade!
    P3.   F → F   = verdade!
    P5:   F → V   = verdade!

Todas as premissas são verdadeiras! Logo, a hipótese estabelecida está correta!
Portanto, temos os seguintes resultados:

    1º) A é V   ⇒ André é inocente!
    2º) B é F   ⇒ Bruno **não** é inocente!
    3º) L é F   ⇒ Leo **não** é inocente!

2º passo. De posse dos resultados e analisando as opções de resposta, conclui-se que a opção correta é a **alternativa B**.

Exemplo 5. (Esaf) Maria tem três carros: um Gol, um Corsa e um Fiesta. Um dos carros é branco, o outro é preto, e o outro é azul. Sabe-se que: 1) ou o Gol é branco, ou o Fiesta é branco, 2) ou o Gol é preto, ou o Corsa é azul, 3) ou o Fiesta é azul, ou o Corsa é azul, 4) ou o Corsa é preto, ou o Fiesta é preto. Portanto, as cores do Gol, do Corsa e do Fiesta são, respectivamente,

    a)   branco, preto, azul;
    b)   preto, azul, branco;

c) azul, branco, preto;
d) preto, branco, azul;
e) branco, azul, preto.

Solução: O enunciado informa que:
Maria tem três carros: um Gol, um Corsa e um Fiesta.
Um dos carros é branco, o outro é preto, e o outro é azul.

Também temos, no enunciado, as seguintes premissas:
P1: ou o **Gol é branco**, ou o **Fiesta é branco**.
P2: ou o **Gol é preto**, ou o **Corsa é azul**.
P3: ou o **Fiesta é azul**, ou o **Corsa é azul**.
P4: ou o **Corsa é preto**, ou o **Fiesta é preto**.

As disjunções que aparecem nas premissas P1, P3 e P4 são **disjunções exclusivas**, uma vez que foi informado no enunciado que os carros são de cores diferentes.
Todavia, devemos considerar que a disjunção da premissa P2 é uma **disjunção inclusiva**, pois as duas proposições simples da disjunção podem ser ambas verdadeiras.
Desta forma, para distinguir a disjunção inclusiva da disjunção exclusiva, usaremos para a primeira o conectivo OU, e para a última o conectivo OU (OU sublinhado). Teremos:
P1: **Gol é branco** ou **Fiesta é branco**
P2: **Gol é preto** ou **Corsa é azul**
P3: **Fiesta é azul** ou **Corsa é azul**
P4: **Corsa é preto** ou **Fiesta é preto**
Como o enunciado da questão não traz uma proposição simples nem uma conjunção, então, para a solução desta questão, temos que:
- considerar todas as premissas verdadeiras;
- estabelecer uma hipótese: atribuir um valor lógico (**V** ou **F**) para uma das proposições simples; e
- verificar se a hipótese estabelecida está correta, por meio da substituição da proposição simples pelo seu valor lógico nas premissas.

Vamos estabelecer a hipótese: "**Fiesta é branco**" = **V**! E passemos ao teste desta hipótese.
1º passo. Consideraremos as **premissas** como **verdadeiras** e "Fiesta é branco" = **V** (hipótese!), e descobriremos, mediante a aplicação das **tabelas-verdade**, o valor lógico de cada uma das proposições simples. Também verificaremos se ocorre alguma contradição na hipótese. Teremos:
a) Substituir "**Fiesta é branco**" por **V** em P1, "**Fiesta é azul**" por **F** em P3, e "**Fiesta é preto**" por **F** em P4:
P1: **Gol é branco** ou **V** ⇒ Para que a **disjunção exclusiva** seja verdadeira, é preciso que "**Gol é branco**" seja **F**!
P2: **Gol é preto** ou **Corsa é azul**

P3: **F** ou **Corsa é azul** ⇒ Para que a **disjunção exclusiva** seja verdadeira, é preciso que "**Corsa é azul**" seja **V**!

P4: **Corsa é preto** ou **F** ⇒ Para que a **disjunção exclusiva** seja verdadeira, é preciso que "**Corsa é preto**" seja **V**!

Opa!!! Houve uma **contradição**: na premissa P2, achamos "**Corsa é azul**" = **V**, e na premissa P4, achamos "**Corsa é preto**" = **V**. Isso não pode ocorrer, pois cada tipo de carro possui somente uma cor! Daí, a hipótese "**Fiesta é branco**" = **V** está incorreta, ou seja, o valor lógico de "**Fiesta é branco**" não pode ser **V**. Portanto, o valor lógico de "**Fiesta é branco**" é **F**!

Como foi alterado o valor lógico da proposição simples "**Fiesta é branco**", então retornaremos ao início do 1º passo:

a) Substituir "**Fiesta é branco**" por **F** em P1:

P1: **Gol é branco** ou **F** ⇒ Para que a **disjunção exclusiva** seja verdadeira, é preciso que "**Gol é branco**" seja **V**!

P2: **Gol é preto** ou **Corsa é azul**

P3: **Fiesta é azul** ou **Corsa é azul**

P4: **Corsa é preto** ou **Fiesta é preto**

b) Como descobrimos que o **Gol é branco**, então substitua "**Gol é preto**" por **F** em P2:

P2: **F** ou **Corsa é azul** ⇒ Para que a **disjunção** seja verdadeira, é preciso que "**Corsa é azul**" seja **V**!

P3: **Fiesta é azul** ou **Corsa é azul**

P4: **Corsa é preto** ou **Fiesta é preto**

Descobrimos que o **Gol é branco** e que o **Corsa é azul**, logo o **Fiesta é preto**!

Portanto, a resposta é a **alternativa E**.

Exemplo 6. (Esaf) De três irmãos – José, Adriano e Caio –, sabe-se que ou José é o mais velho, ou Adriano é o mais moço. Sabe-se, também, que ou Adriano é o mais velho, ou Caio é o mais velho. Então, o mais velho e o mais moço dos três irmãos são, respectivamente:

a) Caio e José;
b) Caio e Adriano;
c) Adriano e Caio;
d) Adriano e José;
e) José e Adriano.

Solução: Temos, no enunciado, as seguintes premissas:

P1: ou **José é o mais velho**, ou **Adriano é o mais moço**.

P2: ou **Adriano é o mais velho**, ou **Caio é o mais velho**.

A disjunção da premissa P1 é uma **disjunção inclusiva**, pois ambas as proposições simples que compõem a disjunção podem ser verdadeiras.

A disjunção da premissa P2 é uma **disjunção exclusiva**, uma vez que somente uma pessoa pode ser o **mais velho**.

Desta forma, para distinguir a disjunção inclusiva da disjunção exclusiva, usaremos para a primeira o conectivo OU, e para a última o conectivo OU (OU sublinhado). Teremos:

P1: **José é o mais velho** ou **Adriano é o mais moço**.

P2: **Adriano é o mais velho** ou **Caio é o mais velho**.

Como o enunciado da questão não traz uma proposição simples nem uma conjunção, então, para a solução desta questão, temos que:
- considerar todas as premissas verdadeiras;
- estabelecer uma hipótese: atribuir um valor lógico (**V** ou **F**) para uma das proposições simples; e
- verificar se a hipótese estabelecida está correta, por meio da substituição da proposição simples pelo seu valor lógico nas premissas.

Vamos estabelecer a hipótese: "**Adriano é o mais velho**" = **V**! E passemos ao teste desta hipótese.

1º passo. Consideraremos as **premissas** como verdadeiras e "**Adriano é o mais velho**" = **V** (hipótese!), e descobriremos, mediante a aplicação das **tabelas-verdade**, o valor lógico de cada uma das proposições simples. Também verificaremos se ocorre alguma contradição na hipótese. Teremos:

a) Como **Adriano é o mais velho** (por hipótese!), então as proposições simples que aparecem nas duas premissas terão os seguintes valores lógicos:

"José é o mais velho" = **F**;

"Adriano é o mais moço" = **F**;

"Caio é o mais velho" = **F**.

Substituindo as proposições pelos seus valores lógicos nas premissas, teremos:

P1: **F** ou **F**

P2: **V** ou **F**

Opa!!! Observe que a premissa P1 terá valor lógico **F**. Isso não pode ocorrer! As premissas devem ser verdadeiras! Portanto, devemos descartar a hipótese "**Adriano é o mais velho**" = **V**.

Como "**Adriano é o mais velho**" não pode ser **V**, então certamente "**Adriano é o mais velho**" = **F**!

Como foi alterado o valor lógico da proposição simples "**Adriano é o mais velho**", então retornaremos ao início do 1º passo:

a) Substituir "**Adriano é o mais velho**" por **F** em P2:

P1: **José é o mais velho** ou **Adriano é o mais moço**.

P2: **F** ou **Caio é o mais velho**. ⇒ Para que a **disjunção exclusiva** seja verdadeira, é preciso que "**Caio é o mais velho**" seja **V**!

Como **Caio é o mais velho**, então a proposição "**José é o mais velho**", em P1, tem valor lógico **F**!

b) Substituir "**José é o mais velho**" por **F** em P1:

P1: **F** ou **Adriano é o mais moço**. ⇒ Para que a **disjunção** seja verdadeira, é preciso que "**Adriano é o mais moço**" seja **V**!

Portanto, o mais velho e o mais moço dos três irmãos são:

Caio é o mais velho!

Adriano é o mais moço!

Resposta: Alternativa B.

Exemplo 7. (Esaf) Se Pedro não bebe, ele visita Ana. Se Pedro bebe, ele lê poesias. Se Pedro não visita Ana, ele não lê poesias. Se Pedro lê poesias, ele não visita Ana. Segue--se, portanto que, Pedro:
a) bebe, visita Ana, não lê poesias;
b) não bebe, visita Ana, não lê poesias;
c) bebe, não visita Ana, lê poesias;
d) não bebe, não visita Ana, não lê poesias;
e) não bebe, não visita Ana, lê poesias.

Solução:

Temos, no enunciado, as seguintes premissas:

P1: **Se** Pedro **não** bebe, ele visita Ana.

P2: **Se** Pedro bebe, ele lê poesias.

P3: **Se** Pedro **não** visita Ana, ele **não** lê poesias.

P4: **Se** Pedro lê poesias, ele **não** visita Ana.

Podemos resolver esta questão pelo método de estabelecer uma hipótese, como fizemos nas soluções das últimas questões. Podemos também resolvê-la pelo método da Tabela-Verdade, uma vez que há apenas três proposições simples. Embora, o primeiro método seja mais rápido, escolheremos o último para praticarmos mais este método, pois ele nos será útil em questões diferentes que veremos mais adiante.

Vamos atribuir letras as proposições simples;

B = Pedro **b**ebe

A = Pedro visita **A**na

P = Pedro lê **p**oesias

Traduzindo as premissas para a forma simbólica, obteremos:

P1: $\sim B \to A$

P2: $B \to P$

P3: $\sim A \to \sim P$

P4: $P \to \sim A$

Devemos construir a tabela-verdade para **cada uma das premissas**! Como faremos uma comparação entre os valores lógicos obtidos das premissas é interessante que construamos uma única tabela que contenha todas elas, conforme é mostrado abaixo.

	B	A	P	P1 ~B → A	P2 B → P	P3 ~A → ~P	P4 P → ~A
1ª	V	V	V	V	V	V	F
2ª	V	V	F	V	F	V	V
3ª	V	F	V	V	V	F	V
4ª	V	F	F	V	F	V	V
5ª	F	V	V	V	V	V	F
6ª	F	V	F	V	V	V	V
7ª	F	F	V	F	V	F	V
8ª	F	F	F	F	V	V	V

Temos que verificar qual é a linha da tabela acima, cujos valores lógicos das **premissas** são todos **V**. Encontramos esta situação na **6ª linha**!

Passemos a observar na 6ª linha, quais são os valores lógicos das proposições simples **B**, **A** e **P**.

Resultados: B é **F**, daí: **Pedro não bebe!**

A é **V**, daí: **Pedro visita Ana!**

P é **F**, daí: **Pedro não lê poesias!**

Resposta: Alternativa B.

Exemplo 8. (Esaf) Se Luís estuda História, então Pedro estuda Matemática. Se Helena estuda Filosofia, então Jorge estuda Medicina. Ora, Luís estuda História ou Helena estuda Filosofia. Logo, segue-se necessariamente que:
a) Pedro estuda Matemática **ou** Jorge estuda Medicina;
b) Pedro estuda Matemática **e** Jorge estuda Medicina;
c) **Se** Luís não estuda História, **então** Jorge não estuda Medicina;
d) Helena estuda Filosofia **e** Pedro estuda Matemática;
e) Pedro estuda Matemática **ou** Helena não estuda Filosofia.

Solução: Esta questão é uma **implicação lógica do tipo 2**, pois nenhuma das premissas é uma proposição simples ou uma conjunção.

Observe que nas questões anteriores, as opções de resposta (a, b, c, d, e) eram formadas somente por afirmações interligadas pelo conectivo **e** ou por vírgula (que funciona da mesma maneira que o conectivo **e**). Nesta questão, as alternativas **a**, **c** e **e** apresentam outros conectivos. Quando isso ocorrer, ou seja, se algumas ou todas as alternativas apresentarem conectivos que não sejam o conectivo **e**, então não é aconselhável utilizarmos o método de estabelecer uma hipótese. Para esse caso, podemos utilizar o método da Tabela-Verdade, ou ainda, um outro método, chamado de **Encadeamento Lógico**. Vejamos como funciona este método!

Temos as seguintes premissas:

P1: **Se** Luís estuda História, **então** Pedro estuda Matemática.

P2: Se Helena estuda Filosofia, **então** Jorge estuda Medicina.

P3: Luís estuda História **ou** Helena estuda Filosofia.

Usaremos a seguinte representação simbólica:

L = **L**uís estuda História

P = **P**edro estuda Matemática

H = **H**elena estuda Filosofia

J = **J**orge estuda Medicina

Traduzindo as premissas para a forma simbólica, teremos:

P1: L → P

P2: H → J

P3: L ou H

Para fazer o encadeamento é necessário que todas as premissas sejam condicionais. A disjunção da premissa P3 pode ser transformada em uma condicional por meio da regra: **(p ou q) = (~p → q)**. Assim, a disjunção **L ou H** é equivalente à condicional **~L → H**.

O encadeamento lógico é similar a um jogo de dominó, onde cada condicional (premissa) é uma peça. E, igualmente ao jogo, teremos que juntar as peças (as condicionais) de forma que **o segundo termo de uma das peças seja igual ao primeiro termo da peça seguinte.**

Para facilitar esse encadeamento, coloquemos ao lado de cada premissa, e entre parênteses, a forma equivalente de cada condicional. Esta forma equivalente é obtida aplicando-se a regra de equivalência: **(p → q)=(~q → ~p)**, ou seja, **inverte-se** a ordem dos termos e **negam-se** os mesmos.

P1. L → P   (~P → ~L)

P2. H → J   (~J → ~H)

P3. ~L → H   (~H → L)

Agora, vamos efetuar o encadeamento das premissas.

Podemos iniciar o encadeamento com qualquer premissa. Escolhamos a premissa P1: **L → P**. Coloquemos esta peça (condicional) na *mesa*:

L → P

Para continuar o jogo, temos que escolher uma peça que encaixe à esquerda ou à direita da peça acima. Temos que escolher entre as peças que restam:

P2. H → J   (~J → ~H)

P3. ~L → H   (~H → L)

Vamos selecionar a forma equivalente da premissa P3, a peça **~H → L**, e colocá-la à esquerda da peça **L → P**. Teremos:

~H → L L → P

Agora, temos que escolher uma peça que encaixe à esquerda de **~H → L**, ou à direita de **L → P**. Resta-nos somente a premissa P2:

P2. H → J   (~J → ~H)

Vamos colocar a peça **~J → ~H** à esquerda da peça **~H → L**. Teremos:

~J → ~H ~H → L L → P

Pronto! Já usamos todas as premissas!

O próximo passo é formar um encadeamento sem repetir as proposições simples que aparecem juntas na sequência de peças (destacadas nas cores vermelha e azul, logo abaixo).

~J → ~H ~H → L L → P

Então, a partir da sequência acima formaremos o seguinte encadeamento:

~J → ~H → L → P

A sequência de peças construída permitirá sempre obter dois encadeamentos! O outro encadeamento é obtido aplicando-se a regra de equivalência da condicional, isto é, os termos:

1º → 2º → 3º → 4º

são invertidos e negados, e passaremos a ter a sequência:

~4º → ~3º → ~2º → ~1º

Aplicando esse procedimento no encadeamento ~J → ~H → L → P, teremos: o P que é o 4º termo, passará a ser ~P como 1º termo; o L que é o 3º termo, passará a ser ~L como 2º termo; e assim por diante. Teremos, então:

~P → ~L → H → J

A partir das premissas, obtemos, então, os seguintes encadeamentos:

1º) ~J → ~H → L → P

2º) ~P → ~L → H → J

O próximo passo é analisar as opções de resposta.

Caso tenhamos alguma opção de resposta que não seja uma condicional, teremos que transformá-la em uma condicional. (Lembrando que as únicas proposições que não podem ser transformadas em condicionais são a conjunção e a disjunção exclusiva.) Deste modo, poderemos analisar somente as opções **a**, **c** e **e**. Abaixo, escrevemos estas alternativas em suas formas simbólicas.

a) P ou J

c) L → ~J

e) P ou ~H

Passemos as alternativas **a** e **e** para a forma condicional:

a) ~P → J

c) L → ~J

e) ~P → ~H

Temos que verificar se estas condicionais aparecem em um dos dois encadeamentos que construímos. Se aparecer é porque a alternativa está correta!

A condicional ~P → J aparece em um dos dois encadeamentos? Não é necessário que os dois termos da condicional apareçam juntos, mas apenas que estejam na mesma ordem: o ~P aparecendo antes do J. Temos isso em um dos dois encadeamentos? Sim! Observe no **1º encadeamento** que o termo ~P vem antes do termo J. Portanto, a condicional ~P → J é uma opção correta!

Resposta: Alternativa A.

Vamos testar também as alternativas **c** e **e**.

A condicional **L → ~J** aparece em um dos dois encadeamentos? Não! O termo **L** aparece no 2º encadeamento, porém o termo **~J**, que deveria estar depois do termo **L**, está vindo antes. Logo, a condicional **L→~J** não é resposta da questão!

E a condicional **~P → ~H** aparece em um dos dois encadeamentos? Também não! O termo **~P** aparece no 1º encadeamento, porém o termo **~H** nem aparece nesse encadeamento. Logo, a condicional **~P → ~H** não é resposta da questão!

Alguém poderia perguntar: "E se as alternativas que foram testadas no encadeamento (a, c e e) não fossem a resposta, restariam duas alternativas com o conectivo **e**. Como poderíamos dar prosseguimento a essa questão?".

Nas questões de estruturas lógicas do tipo 2, onde nem todas as alternativas são conjunção, a alternativa que é uma disjunção ou a alternativa que é uma condicional, normalmente, é a resposta da questão. (Pois uma disjunção e uma condicional têm até três combinações de valores lógicos que as tornam verdadeiras, enquanto que a conjunção tem apenas uma.)

Se nenhuma das alternativas **a**, **c** e **e** fosse a resposta da questão, caso raríssimo, então teríamos que partir para o teste das alternativas **b** e **d**. Entretanto, o teste não seria pelo método do encadeamento.

Como as alternativas **b** e **d** são conjunções, então elas serão verdadeiras somente se ambos os seus termos forem **V**! Por exemplo, se resolvêssemos testar a alternativa **b**, então deveríamos considerar **Pedro estuda Matemática** com valor lógico **V** e **Jorge estuda Medicina** também com valor lógico **V**. Depois substituiríamos essas duas proposições pelos seus valores lógicos nas premissas. Caso obtenhamos premissas verdadeiras, então a alternativa estará correta.

Na verdade, só através dessas substituições não podemos garantir que a opção está correta. É necessário que as alternativas que são disjunção e condicional não estejam corretas! Portanto, **o teste da conjunção só pode ser feito após a análise das alternativas que são disjunção e condicional, através do método do encadeamento.**

Passemos a mais alguns exemplos de condicionais a fim de treinar mais essa parte de análise das opções de resposta. Verificaremos se as condicionais abaixo podem ser opções corretas desta questão.

f) **~H → P**
g) **H → ~P**
h) **J → ~P**

Temos que observar os encadeamentos:
1º) **~J → ~H → L → P**
2º) **~P → ~L → H → J**

Comecemos pela condicional **~H → P**.
- A condicional **~H → P**

No 2º encadeamento, aparece o termo **~H** e logo adiante está o termo **P**, então esta condicional satisfaz o encadeamento. Ela poderia ser uma opção correta da questão!
- A condicional **H → ~P**

No 1º encadeamento, aparece o termo **H**, mas o termo **~P** não está depois, mas sim antes. Logo, a condicional **H → ~P** não satisfaz o encadeamento. Assim, ela não pode ser uma opção correta da questão!

- A condicional **J → ~P**

No 1º encadeamento, aparece o termo **J**, mas o termo **~P** não está depois, mas sim antes. Logo, a condicional **J→~P** não satisfaz o encadeamento. Assim, ela não pode ser uma opção correta da questão!

Vimos que quando uma das opções de resposta é uma disjunção, devemos transformá-la na equivalente condicional. E se uma das opções de resposta for uma bicondicional, como devemos proceder?

A bicondicional é uma conjunção de duas condicionais, ou seja:

A ↔ B = (A → B) e (B → A)

Assim, para que a bicondicional seja uma opção correta da questão é necessário que **as duas condicionais** satisfaçam o encadeamento lógico.

Faremos um outro exemplo de encadeamento para testar a bicondicional, pois não tem como uma bicondicional satisfazer a um dos encadeamentos construídos anteriormente.

Considere a bicondicional **~B ↔ C** e o seguinte encadeamento: **A → C → ~B → ~A → C**. A partir desse encadeamento, podemos formar o outro encadeamento equivalente: **~C → A → B → ~C → ~A**. Portanto, temos os seguintes encadeamentos:

1º) A → C → ~B → ~A → C

2º) ~C → A → B → ~C → ~A

A bicondicional **~B ↔ C** é equivalentemente representada por **(~B → C) e (C → ~B)**. Vamos verificar se estas duas condicionais estão presentes em um dos dois encadeamentos.

A condicional **(~B → C)** está presente no 1º encadeamento (observe os termos em azul no encadeamento abaixo).

A → C → ~B → ~A → C

A condicional **(C → ~B)** está presente no 1º encadeamento (observe os termos em azul no encadeamento abaixo).

A → C → ~B → ~A → C

Portanto, a bicondicional **~B ↔ C** é uma possível resposta da questão!

Exemplo 9. (Esaf) Se não leio, não compreendo. Se jogo, não leio. Se não desisto, compreendo. Se é feriado, não desisto. Então,
   a) se jogo, não é feriado;
   b) se não jogo, é feriado;
   c) se é feriado, não leio;
   d) se não é feriado, leio;
   e) se é feriado, jogo.

Solução: Esta questão é uma **implicação lógica do tipo 2**, pois nenhuma das premissas é uma proposição simples ou uma conjunção.

Observe que todas as opções de resposta são condicionais. Dissemos, no início da solução da questão anterior, que caso haja **pelo menos uma** alternativa que não seja uma conjunção, então não é aconselhável utilizarmos o método de estabelecer uma hipótese. Nesse caso, devemos utilizar o método da **Tabela-Verdade** ou o método do **Encadeamento Lógico**.

Como a questão apresenta quatro proposições simples, não é aconselhável utilizarmos o método da **tabela-verdade**. Assim, usaremos o método do **Encadeamento Lógico**.

O enunciado traz as seguintes premissas:

P1. **Se** não leio, **então** não compreendo.

P2. **Se** jogo, **então** não leio.

P3. **Se** não desisto, **então** compreendo.

P4. **Se** é feriado, **então** não desisto.

Usaremos a seguinte representação simbólica:

L = Leio

C = Compreendo

J = Jogo

D = Desisto

E = fEriado

Traduzindo as premissas para a forma simbólica, teremos:

P1: ~L → ~C

P2: J → ~L

P3: ~D → C

P4: E → ~D

Todas as premissas já são condicionais. Partamos, então, para o encadeamento delas.

Para facilitar o encadeamento, coloquemos ao lado de cada premissa, e entre parênteses, a forma equivalente de cada condicional.

P1: ~L → ~C (C → L)

P2: J → ~L (L → ~J)

P3: ~D → C (~C → D)

P4: E → ~D (D → ~E)

Podemos iniciar o encadeamento com qualquer premissa. Escolhamos a forma equivalente da premissa P1. C → L. Coloquemos esta peça (condicional) na **mesa**:

C→L

Para continuar o jogo, temos que escolher uma peça que encaixe à esquerda ou à direita da peça acima. Temos que escolher entre as peças que restam:

P2: J → ~L (L → ~J)

P3: ~D → C (~C → D)

P4: E → ~D (D → ~E)

Vamos selecionar a premissa P3. a peça ~D → C, e colocá-la à esquerda da peça C → L. Teremos:

~D → C C → L

Agora, temos que escolher uma peça que encaixe à esquerda de ~D → C, ou à direita de C→L. Para isso, resta-nos as premissas:
P2: J → ~L (L → ~J)
P4: E → ~D (D → ~E)
Vamos selecionar a premissa P4, a peça E → ~D, e colocá-la à esquerda da peça ~D → C. Teremos:
E→~D ~D→C C→L
Ainda falta uma premissa para completar a sequência de peças. É a premissa:
P2. J → ~L (L → ~J)
Vamos colocar a peça L → ~J, da premissa P2, à direita da peça C → L. Teremos:
E → ~D ~D → C C → L L → ~J
Pronto!
O próximo passo é formar um encadeamento sem repetir as proposições simples que aparecem juntas na sequência de peças (destacadas nas cores vermelha e azul, logo abaixo).
E → ~D ~D → C C → L L → ~J
Então, a partir da sequência acima formaremos o seguinte encadeamento:
E → ~D → C → L → ~J
A sequência de peças construída permitirá sempre obter dois encadeamentos! O outro encadeamento é obtido aplicando-se a regra de equivalência da condicional, isto é, os termos:
1º → 2º → 3º → 4º
são invertidos e negados, e passaremos a ter a sequência:
~4º → ~3º → ~2º → ~1º
Aplicando esse procedimento no encadeamento, encontraremos o encadeamento:
J → ~L → ~C → D → ~E
A partir das premissas, obtemos, então, os seguintes encadeamentos:
1º) J → ~L → ~C → D → ~E
2º) E → ~D → C → L → ~J

As opções de resposta são todas proposições condicionais e são escritas na forma simbólica do seguinte modo:
 a) J → ~E;
 b) ~J → E;
 c) E → ~L;
 d) ~E → L;
 e) E → J.

Temos que verificar se estas condicionais aparecem em um dos dois encadeamentos que construímos. Se aparecer é porque a alternativa está correta!
A condicional J → ~E aparece em um dos dois encadeamentos? Sim, observe no **1º encadeamento** que o termo J vem antes do termo ~E. Portanto, a condicional J → ~E é uma opção correta!

Resposta: Alternativa A.

Vamos testar também as demais alternativas.

A condicional ~J → E aparece em um dos dois encadeamentos? Não! O termo ~J aparece no 2º encadeamento, porém o termo E não vem depois, mas sim antes.

A condicional E → ~L aparece em um dos dois encadeamentos? Também não! O termo E aparece no 2º encadeamento, porém o termo ~L nem aparece nesse encadeamento.

A condicional ~E → L aparece em um dos dois encadeamentos? Não! O termo ~E aparece no 1º encadeamento, porém o termo L nem aparece nesse encadeamento.

A condicional E → J aparece em um dos dois encadeamentos? Também não! O termo E aparece no 2º encadeamento, porém o termo J nem aparece nesse encadeamento.

Está confirmado que a resposta é a **alternativa A**!

Exemplo 10. (Esaf) Se Pedro é inocente, então Lauro é inocente. Se Roberto é inocente, então Sônia é inocente. Ora, Pedro é culpado ou Sônia é culpada. Segue-se logicamente, portanto, que:
 a) Lauro é culpado e Sônia é culpada;
 b) Sônia é culpada e Roberto é inocente;
 c) Pedro é culpado ou Roberto é culpado;
 d) Se Roberto é culpado, então Lauro é culpado;
 e) Roberto é inocente se e somente se Lauro é inocente.

Solução: Temos, no enunciado, as seguintes premissas:
P1: **Se** Pedro é inocente, **então** Lauro é inocente.
P2: **Se** Roberto é inocente, **então** Sônia é inocente.
P3: Pedro é culpado **ou** Sônia é culpada.
Vamos atribuir letras às proposições simples;
P = Pedro é inocente
L = Lauro é inocente
R = Roberto é inocente
S = Sônia é inocente
Traduzindo as premissas para a forma simbólica, obteremos:
P1: P → L
P2: R → S
P3: ~P ou ~S

Nesta questão, há quatro proposições simples (P, L, R e S), de maneira que fica muito trabalhoso utilizar o método da Tabela-verdade. Como nas alternativas de resposta aparece uma **disjunção** na alternativa **c** e uma **condicional** na alternativa **d**, é mais aconselhável utilizarmos o Método do Encadeamento.

Para fazer o encadeamento é necessário que todas as premissas sejam condicionais. A disjunção da premissa P3 pode ser transformada em uma condicional por meio da regra: **(p ou q) = (~p → q)**. Assim, a disjunção **~P ou ~S** é equivalente à condicional **P → ~S**.

Para facilitar o encadeamento das premissas, coloquemos ao lado de cada uma delas, e entre parênteses, a forma equivalente de cada condicional.
P1: **P → L**   (~L → ~P)
P2: **R → S**   (~S → ~R)
P3: **P → ~S**   (S → ~P)
Agora, vamos efetuar o encadeamento das premissas.
Podemos iniciar o encadeamento com qualquer premissa. Escolhamos a premissa P1: **P → L**. Coloquemos esta peça (condicional) na **mesa**:
P → L
Para continuar o jogo, temos que escolher uma peça que encaixe a esquerda ou a direita da peça acima. Temos que escolher entre as peças que restam:
P2: **R → S**   (~S → ~R)
P3: **P → ~S**   (S → ~P)
Nenhuma dessas peças se encaixa na peça **P → L**. Isso é possível de acontecer, não tem problema. Vamos deixar essa peça de lado, e passemos as outras peças.

Escolhamos a peça **R → S**, da premissa P2, para iniciarmos o encadeamento:
R → S
Agora, temos que escolher uma peça que encaixe á esquerda ou à direita de **R → S**. Só poderemos usar a premissa P3, pois, como já vimos, a premissa P1 não faz encadeamento com outras peças.

Temos que usar a peça **S → ~P**, forma equivalente da premissa P3, e colocá-la à direita da peça **R → S**. Teremos:
R → S S → ~P
Terminamos por aqui, pois a premissa P1 não faz encadeamento com as outras premissas.

O próximo passo é formar um encadeamento sem repetir as proposições simples que aparecem juntas na sequência de peças.
R → S S → ~P
Então, a partir da sequência acima formaremos o seguinte encadeamento:
R → S → ~P
A sequência de peças construída permitirá sempre obter dois encadeamentos! O outro encadeamento é dado por:
P → ~S → ~R

A partir das premissas, obtemos, então, os seguintes encadeamentos:
1º) R → S → **~P**
2º) P → ~S → ~R
E a premissa P1? Temos que também levar em consideração a premissa P1 (**P → L**) ao analisar as opções de resposta. Assim, vamos considerá-la como **3º encadeamento**, e a sua

forma condicional equivalente (~L → ~P), como 4º **encadeamento**. Teremos um total de 4 encadeamentos! Os quais são:

1º) R → S → ~P
2º) P → ~S → ~R
3º) P → L
4º) ~L → ~P

O próximo passo é analisar as opções de resposta.

Caso tenhamos alguma opção de resposta que não seja uma condicional, teremos que transformá-la em uma condicional. Poderemos analisar somente as opções **c**, **d** e **e**. Abaixo, escrevemos estas alternativas em suas formas simbólicas.

c) ~P ou ~R;
d) ~R → ~L;
e) R ↔ L.

Passando as alternativas C e E para a forma condicional, teremos:

c) P → ~R
d) ~R → ~L
e) R → L e L → R

Temos que verificar se estas condicionais aparecem em um dos quatro encadeamentos que construímos. Se aparecer é porque a alternativa está correta!

A condicional P → ~R aparece em um dos quatro encadeamentos? Sim! Observe no **2º encadeamento** que o termo P vem antes do termo ~R. Portanto, a condicional P → ~R é uma opção correta!

Resposta: Alternativa C.

Vamos testar também as alternativas D e E.

A condicional ~R → ~L aparece em um dos quatro encadeamentos? Não! O termo ~R aparece no 2º encadeamento, porém o termo ~P nem aparece nesse encadeamento. Logo, a condicional ~R → ~L não é resposta da questão!

Para que a alternativa E esteja correta é necessário que as duas condicionais (R → L e L → R) apareçam em um dos encadeamentos.

1ª) Primeira condicional: R → L

A condicional R → L aparece em um dos quatro encadeamentos? Não! Logo, já podemos descartar a alternativa E.

Exemplo 11. (Esaf) Se Alice é feliz, Otávio é rico. Se Otávio é rico, Elga não é feliz. Se Elga não é feliz, Alice é feliz. A análise do encadeamento lógico dessas três afirmações permite concluir que elas:

a) implicam necessariamente que Otávio é rico e que Elga não é feliz;
b) implicam necessariamente que Alice é feliz;
c) são consistentes entre si quer Alice seja feliz, quer Alice não seja feliz;
d) são equivalentes a dizer que Alice é feliz;
e) são inconsistentes entre si.

Solução: Vamos resolver esta questão por encadeamento lógico, como a própria questão sugere.

Temos as seguintes premissas:

P1. **se** Alice é feliz, **então** Otávio é rico;

P2. **se** Otávio é rico, **então** Elga não é feliz;

P3. **se** Elga não é feliz, **então** Alice é feliz.

Vamos usar a seguinte representação simbólica para as proposições simples:

A = **A**lice é feliz

O = **O**távio é rico

E = **E**lga é feliz

Traduzindo as premissas para a forma simbólica, teremos:

P1. $A \rightarrow O$

P2. $O \rightarrow \sim E$

P3. $\sim E \rightarrow A$

Observemos que é muito fácil encadear estas premissas. Iniciaremos o encadeamento por P1, seguido de P2 e finalmente por P3, assim teremos:

$A \rightarrow O \rightarrow \sim E \rightarrow A$

Observe que esse encadeamento **inicia** e **termina** pela mesma proposição. Sempre que isso ocorrer, as proposições simples admitirão os dois valores lógicos (**V** e **F**), ou seja:

- A pode ser **V** ou **F**! $\Rightarrow$ "Alice é feliz" ou "Alice não é feliz."
- O pode ser **V** ou **F**! $\Rightarrow$ "Otávio é rico" ou "Otávio não é rico."
- E pode ser **V** ou **F**! $\Rightarrow$ "Elga é feliz" ou "Elga não é feliz."

Por meio de uma análise rápida das alternativas da questão, percebemos que a alternativa correta só pode ser a **C**, ou seja, são admissíveis, neste encadeamento, as duas sentenças: "Alice seja feliz" e "Alice não seja feliz." Ambas as sentenças são **consistentes**!

Resposta: Alternativa C.

Exemplo 12. (Esaf) Se Pedro é pintor ou Carlos é cantor, Mário não é médico e Sílvio não é sociólogo. Dessa premissa pode-se corretamente concluir que:

a) se Pedro é pintor e Carlos não é cantor, Mário é médico ou Sílvio é sociólogo;

b) se Pedro é pintor e Carlos não é cantor, Mário é médico ou Sílvio não é sociólogo;

c) Se Pedro é pintor e Carlos é cantor, Mário é médico e Sílvio não é sociólogo;

d) se Pedro é pintor e Carlos é cantor, Mário é médico ou Sílvio é sociólogo;

e) se Pedro não é pintor ou Carlos é cantor, Mário não é médico e Sílvio é sociólogo.

Solução:

Uma questão interessante! Para simplificar a solução, definiremos as seguintes proposições simples:

- **P** = **P**edro é pintor

- C = **C**arlos é cantor
- M = **M**ário é médico
- S = **S**ílvio é sociólogo

Daí, a sentença trazida pelo enunciado será a seguinte: (P ou C) → (~M e ~S).
Até aqui, tudo bem? Vamos em frente!
A questão quer saber qual das opções de resposta traz uma conclusão decorrente da sentença do enunciado.
Podemos considerar que estamos diante de um argumento formado por apenas uma premissa (que está no enunciado) e uma conclusão (que será a opção correta da questão). Procuramos a conclusão que torna o argumento válido.

Para resolver a questão é aconselhável também traduzir para a linguagem simbólica cada uma das alternativas. Executando esse procedimento, obtemos:
 a) (P e ~C) → (M ou S)
 b) (P e ~C) → (M ou ~S)
 c) (P e C) → (M e ~S)
 d) (P e C) → (M ou S)
 e) (~P ou C) → (~M e S)

Qual método de teste de validade de argumento usaremos na solução desta questão?

- Pelo **1º método** não dá, pois não tem como usar os diagramas lógicos;
- E o **2º método**? Não tem como, pois não há presença de proposição simples ou conjunção na premissa trazida no enunciado.
- E o **3º método**? Temos 4 proposições simples, portanto a tabela-verdade do argumento terá 16 linhas. Com esta quantidade de linhas fica impraticável a construção da tabela. Mas como temos apenas uma premissa, podemos trabalhar somente com as combinações de valores-lógicos que tornam a premissa verdadeira. Assim, reduziremos bastante a quantidade de linhas da tabela-verdade (serão apenas 7 linhas);
- Podemos utilizar o **4º método**, uma vez que a conclusão do argumento (proposição de cada opção de resposta) é uma condicional;
- O **método do encadeamento** não pode ser utilizado, pois temos apenas uma premissa no enunciado.

Para a solução da questão utilizaremos o 4º método de teste de validade de um argumento. Neste método devemos considerar as premissas verdades e a conclusão falsa, e averiguar se essa situação é possível de ocorrer. Se possível, então o argumento é inválido; caso contrário, o argumento é válido.

Vamos analisar as alternativas:

→ **Análise da alternativa A:** (P e ~C) → (M ou S)

Vamos considerar que a proposição trazida nesta alternativa é a **conclusão** do argumento. Pelo 4º método, devemos designar o valor lógico falso para a proposição da conclusão. Daí: (P e ~C) → (M ou S) é falso.

Para que esta condicional tenha valor lógico falso é necessário que a 1ª parte, (P e ~C), tenha valor V e a 2ª parte, (M ou S), tenha valor F. Daí:
- Para que (P e ~C) seja V, é necessário que: P é V e ~C é V (logo, C é F).
- Para que (M ou S) seja F, é necessário que: M é F e S é F.

Em suma: P é V, C é F, M é F e S é F.

A premissa (P ou C) → (~M e ~S) pode ser verdade com esses valores lógicos? Vamos testar substituindo os valores lógicos:

(V ou F) → (~F e ~F), que é o mesmo que: (V ou F) → (V e V).

Resolvendo esta última proposição, obtemos V → V, que resulta no valor lógico V.

Portanto, acabamos de verificar que é possível existir a situação: premissa verdade e conclusão falsa. Logo, esta conclusão não torna o argumento válido, ou seja, a conclusão não é consequência obrigatória da premissa. Portanto, a alternativa A não é a correta.

→ **Análise da alternativa B:** (P e ~C) → (M ou ~S)

Agora vamos considerar que a proposição trazida nesta alternativa é a conclusão do argumento. Pelo 4º método, devemos designar o valor lógico falso para a proposição da conclusão. Daí: (P e ~C) → (M ou ~S) é falso.

Para que esta condicional tenha valor lógico falso é necessário que a 1ª parte, (P e ~C), tenha valor V e a 2ª parte, (M ou ~S), tenha valor F. Daí:
- Para que (P e ~C) seja V, é necessário que: P é V e ~C é V (e é claro C é F).
- Para que (M ou ~S) seja F, é necessário que: M é F e ~S é F (e é claro S é V).

Em suma: P é V, C é F, M é F e S é V.

A premissa (P ou C) → (~M e ~S) pode ser verdade com esses valores lógicos? Vamos testar substituindo os valores lógicos:

(V ou F) → (~F e ~V), que é o mesmo que: (V ou F) → (V e F).

Resolvendo esta última proposição, obtemos V → F, que resulta no valor lógico F.

Portanto, acabamos de verificar que **não é possível** existir a situação: premissa verdade e conclusão falsa. Logo, esta conclusão torna o argumento válido, ou seja, a conclusão é consequência obrigatória da premissa. Portanto, a **alternativa B** é a resposta da questão.

Resposta: Alternativa B.

5.3. Exercícios Propostos

IMPLICAÇÕES LÓGICAS (TIPO 1)

01. **(Ministério do Turismo 2014 ESAF)** As seguintes premissas são verdadeiras:
 - Se Paulo não trabalha terça-feira, então Maria trabalha sábado.
 - Se Ana não trabalha domingo, então Samuel não trabalha sexta-feira.
 - Se Samuel trabalha sexta-feira, então Maria não trabalha sábado.
 - Samuel trabalha sexta-feira.

Logo, pode-se afirmar que:
a) Paulo trabalha terça-feira e Maria trabalha sábado.
b) Paulo não trabalha terça-feira ou Maria trabalha sábado.
c) Maria trabalha sábado e Ana não trabalha domingo.
d) Ana não trabalha domingo e Paulo trabalha terça-feira.
e) Se Maria trabalha sábado, então Ana não trabalha domingo.

02. **(ATA-MF 2013 ESAF)** Considere verdadeiras as premissas a seguir:
 - se Ana é professora, então Paulo é médico;
 - ou Paulo não é médico, ou Marta é estudante;
 - Marta não é estudante.

Sabendo-se que os três itens listados acima são as únicas premissas do argumento, pode-se concluir que:
a) Ana é professora.
b) Ana não é professora e Paulo é médico.
c) Ana não é professora ou Paulo é médico.
d) Marta não é estudante e Ana é Professora.
e) Ana é professora ou Paulo é médico.

03. **(ATA-MF 2014 ESAF)** Em um argumento, as seguintes premissas são verdadeiras:
 - Se o Brasil vencer o jogo, então a França não se classifica.
 - Se a França não se classificar, então a Itália se classifica.
 - Se a Itália se classificar, então a Polônia não se classifica.
 - A Polônia se classificou.

Logo, pode-se afirmar corretamente que:
a) a Itália e a França se classificaram.
b) a Itália se classificou e o Brasil não venceu o jogo.
c) a França se classificou ou o Brasil venceu o jogo.
d) a França se classificou e o Brasil venceu o jogo.
e) a França se classificou se, e somente se, o Brasil venceu o jogo.

04. **(PGE-BA 2013 FCC)** Alice irá ao País das Maravilhas quando imaginar ou perder o medo. Se Alice perder o medo,
a) Alice não irá ao País das Maravilhas, pois não vai imaginar.
b) Alice irá ao País das Maravilhas.
c) Alice vai necessariamente imaginar.
d) Alice não irá, também, imaginar.
e) Alice não vai imaginar.

05. (ATA-MF 2012 ESAF) Se Marta é estudante, então Pedro não é professor. Se Pedro não é professor, então Murilo trabalha. Se Murilo trabalha, então hoje não é domingo. Ora, hoje é domingo. Logo,
a) Marta não é estudante e Murilo trabalha.
b) Marta não é estudante e Murilo não trabalha.
c) Marta é estudante ou Murilo trabalha.
d) Marta é estudante e Pedro é professor.
e) Murilo trabalha e Pedro é professor.

06. (AFRFB 2012 ESAF) Caso ou compro uma bicicleta. Viajo ou não caso. Vou morar em Pasárgada ou não compro uma bicicleta. Ora, não vou morar em Pasárgada. Assim,
a) não viajo e caso.
b) viajo e caso.
c) não vou morar em Pasárgada e não viajo.
d) compro uma bicicleta e não viajo.
e) compro uma bicicleta e viajo.

07. (ATRFB 2012 ESAF) Se Paulo é irmão de Ana, então Natália é prima de Carlos. Se Natália é prima de Carlos, então Marta não é mãe de Rodrigo. Se Marta não é mãe de Rodrigo, então Leila é tia de Maria. Ora, Leila não é tia de Maria. Logo
a) Marta não é mãe de Rodrigo e Paulo é irmão de Ana.
b) Marta é mãe de Rodrigo e Natália é prima de Carlos.
c) Marta não é mãe de Rodrigo e Natália é prima de Carlos.
d) Marta é mãe de Rodrigo e Paulo não é irmão de Ana.
e) Natália não é prima de Carlos e Marta não é mãe de Rodrigo.

08. (AFC-STN 2013 ESAF) As variáveis X, Y, Z, P e Q podem assumir os valores x_1, y_2, z_3, p_4, q_5. Sabe-se que X = x_1 ou Y = y_2. Se Z = z_3, então P = p_4. Se P ≠ p_4, então Y ≠ y_2. X ≠ x_1 e Q ≠ q_5. A partir disso, e sabendo que todas as afirmações são verdadeiras, pode-se, com certeza, concluir que:
a) Y = y_2 e P = p_4
b) X = x_1 e Y = y_2
c) P = p_4 e X = x_1
d) X ≠ x_1 e Y = y_2
e) Z ≠ z_3 e P = p_4

09. (ATA-MF 2009 ESAF) Entre os membros de uma família existe o seguinte arranjo: Se Márcio vai ao Shopping, Marta fica em casa. Se Marta fica em casa, Martinho vai ao Shopping. Se Martinho vai ao Shopping, Mario fica em casa. Dessa maneira, se Mário foi ao Shopping, pode-se afirmar que:
a) Marta ficou em casa.
b) Martinho foi ao Shopping.
c) Márcio não foi ao Shopping e Marta não ficou em casa.
d) Márcio e Martinho foram ao shopping.
e) Márcio não foi a shopping e Martinho foi ao shopping.

10. (MPU 2004 ESAF)Quando não vejo Carlos, não passeio ou fico deprimida. Quando chove, não passeio e fico deprimida. Quando não faz calor e passeio, não vejo Carlos. Quando não chove e estou deprimida, não passeio. Hoje, passeio. Portanto, hoje
a) vejo Carlos, e não estou deprimida, e chove, e faz calor.
b) não vejo Carlos, e estou deprimida, e chove, e faz calor.

c) vejo Carlos, e não estou deprimida, e não chove, e faz calor.
d) não vejo Carlos, e estou deprimida, e não chove, e não faz calor.
e) vejo Carlos, e estou deprimida, e não chove, e faz calor.

11. **(SEFAZ-SP APOFP 2009 ESAF) Se Maria vai ao cinema, Pedro ou Paulo vão ao cinema. Se Paulo vai ao cinema, Tereza e Joana vão ao cinema. Se Pedro vai ao cinema, Tereza e Ana vão ao cinema. Se Tereza não foi ao cinema, pode-se afirmar que:**
   a) Ana não foi ao cinema.
   b) Joana não foi ao cinema.
   c) Pedro foi ao cinema.
   d) Paulo foi ao cinema.
   e) Maria não foi ao cinema.

12. **(AFC-STN 2008 ESAF) Ao resolver um problema de matemática, Ana chegou à conclusão de que: x=a e x=p, ou x=e. Contudo, sentindo-se insegura para concluir em definitivo a resposta do problema, Ana telefona para Beatriz, que lhe dá a seguinte informação: x≠e. Assim, Ana corretamente conclui que:**
   a) $x \neq a$ ou $x \neq e$
   b) $x = a$ ou $x = p$
   c) $x = a$ e $x = p$
   d) $x = a$ e $x \neq p$
   e) $x \neq a$ e $x \neq p$

13. **(AFC-CGU 2006 ESAF) Se X está contido em Y, então X está contido em Z. Se X está contido em P, então X está contido em T. Se X não está contido em Y, então X está contido em P. Ora, X não está contido em T. Logo:**
   a) Z está contido em T e Y está contido em X.
   b) X está contido em Y e X não está contido em Z.
   c) X está contido em Z e X não está contido em Y.
   d) Y está contido em T e X está contido em Z.
   e) X não está contido em P e X está contido em Y.

14. **(ANA 2009 ESAF) Determinado rio passa pelas cidades A, B e C. Se chove em A, o rio transborda. Se chove em B, o rio transborda e, se chove em C, o rio não transborda. Se o rio transbordou, pode-se afirmar que:**
   a) choveu em A e choveu em B.
   b) não choveu em C.
   c) choveu em A ou choveu em B.
   d) choveu em C.
   e) choveu em A.

15. **(AFC-CGU 2006 ESAF) Ana é artista ou Carlos é compositor. Se Mauro gosta de música, então Flávia não é fotógrafa. Se Flávia não é fotógrafa, então Carlos não é compositor. Ana não é artista e Daniela não fuma. Pode-se, então, concluir corretamente que**
   a) Ana não é artista e Carlos não é compositor.
   b) Carlos é compositor e Flávia é fotógrafa.
   c) Mauro gosta de música e Daniela não fuma.
   d) Ana não é artista e Mauro gosta de música.
   e) Mauro não gosta de música e Flávia não é fotógrafa.

16. **(MPOG 2005 ESAF) Carlos não ir ao Canadá é condição necessária para Alexandre ir à Alemanha. Helena não ir à Holanda é condição suficiente para Carlos ir ao Canadá. Alexandre não ir à Alemanha é condição necessária para Carlos não ir ao Canadá. Helena ir à Holanda é condição suficiente para Alexandre ir à Alemanha. Portanto:**
   a) Helena não vai à Holanda, Carlos não vai ao Canadá, Alexandre não vai à Alemanha.
   b) Helena vai à Holanda, Carlos vai ao Canadá, Alexandre não vai à Alemanha.
   c) Helena não vai à Holanda, Carlos vai ao Canadá, Alexandre não vai à Alemanha.
   d) Helena vai à Holanda, Carlos não vai ao Canadá, Alexandre vai à Alemanha.
   e) Helena vai à Holanda, Carlos não vai ao Canadá, Alexandre não vai à Alemanha.

17. **Se Pedro foi ao teatro, nem Roberto nem Mário assistiram à aula. Se Mário não assistiu a aula, a Ana assistiu ao filme. Se a Ana assistiu ao filme, todas as suas irmãs ficaram tristes. Ora, pelo menos um irmã de Ana não ficou triste. Logo,**
   a) Pedro não foi ao teatro e Mário não assistiu a aula.
   b) Pedro não foi ao teatro e Ana não assistiu ao filme.
   c) Mário não assistiu a aula e Ana não assistiu ao filme.
   d) Mário não assistiu a aula ou Ana assistiu ao filme.
   e) Roberto assistiu a aula e Mário não assistiu a aula.

18. **(TRT-ES Analista Judiciário 2009 Cespe) Uma dedução é uma sequência de proposições em que algumas são premissas e as demais são conclusões. Uma dedução é denominada válida quando tanto as premissas quanto as conclusões são verdadeiras. Suponha que as seguintes premissas sejam verdadeiras.**
   I. Se os processos estavam sobre a bandeja, então o juiz os analisou.
   II. O juiz estava lendo os processos em seu escritório ou ele estava lendo os processos na sala de audiências.
   III. Se o juiz estava lendo os processos em seu escritório, então os processos estavam sobre a mesa.
   IV. O juiz não analisou os processos.
   V. Se o juiz estava lendo os processos na sala de audiências, então os processos estavam sobre a bandeja.
   A partir do texto e das informações e premissas acima, é correto afirmar que a proposição
   1. "Se o juiz não estava lendo os processos em seu escritório, então ele estava lendo os processos na sala de audiências" é uma conclusão verdadeira.
   2. "Se os processos não estavam sobre a mesa, então o juiz estava lendo os processos na sala de audiências" não é uma conclusão verdadeira.
   3. "Os processos não estavam sobre bandeja" é uma conclusão verdadeira.
   4. "Se o juiz analisou os processos, então ele não esteve no escritório" é uma conclusão verdadeira.

19. **(TRT-Bahia Téc. Jud. 2013 FCC) Analisando a tabela de classificação do campeonato de futebol amador do bairro antes da realização da última rodada, o técnico do União concluiu que, caso seu time vencesse sua última partida ou o time do Camisa não ganhasse seu último jogo, então o União seria campeão. Sabendo que o União não se sagrou campeão, pode-se concluir que, necessariamente,**
   a) o Camisa perdeu seu jogo e o União perdeu o seu.
   b) o Camisa venceu seu jogo e o União venceu o seu.
   c) o Camisa empatou seu jogo e o União empatou ou perdeu o seu.
   d) o Camisa empatou seu jogo e o União venceu o seu.
   e) o Camisa venceu seu jogo e o União empatou ou perdeu o seu.

Capítulo 5 – Implicação Lógica 299

20. (TRT-Alagoas Téc. Jud. 2014 FCC) Considere verdadeiras as afirmações:
    I. Se Ana for nomeada para um novo cargo, então Marina permanecerá em seu posto.
    II. Marina não permanecerá em seu posto ou Juliana será promovida.
    III. Se Juliana for promovida então Beatriz fará o concurso.
    IV. Beatriz não fez o concurso.
    A partir dessas informações, pode-se concluir corretamente que
    a) Beatriz foi nomeada para um novo cargo.
    b) Marina permanecerá em seu posto.
    c) Beatriz não será promovida.
    d) Ana não foi nomeada para um novo cargo.
    e) Juliana foi promovida.

21. (TRT-Alagoas Anal. Jud. 2014 FCC) Se o diretor está no escritório, então Rodrigo não joga no computador e Tomás não ouve rádio. Se Tomás não ouve rádio, então Gabriela pensa que Tomás não veio. Se Gabriela pensa que Tomás não veio, então ela fica mal humorada. Gabriela não está mal humorada. A partir dessas informações, é possível concluir, corretamente, que
    a) o diretor não está no escritório e Tomás não ouve rádio.
    b) Gabriela pensa que Tomás não veio e Tomás não ouve rádio.
    c) o diretor está no escritório e Tomás ouve rádio.
    d) Tomás não ouve rádio e Gabriela não pensa que Tomás não veio.
    e) o diretor não está no escritório e Gabriela não pensa que Tomás não veio.

22. (METRÔ SP 2014 FCC) Ou Carlos fica nervoso ou Júlia grita. Se Manuel chega correndo, então Júlia não grita. Se Manuel não chega correndo, então Marina descansa. Marina não descansa. A partir dessas informações, pode-se concluir corretamente que
    a) Manuel chega correndo e Júlia grita.
    b) Marina descansa.
    c) Carlos não fica nervoso e Marina descansa.
    d) Carlos fica nervoso.
    e) Se Manuel não fica nervoso, então Marina grita.

23. (TRF 4ª Região 2014 FCC) Considere verdadeiras as afirmativas:
    – Se não fui ao mercado, então não fiz compras.
    – Comprei creme e sabonete.
    – Ou comprei queijo ou comprei iogurte.
    – Comprei cereal ou comprei pão.
    A partir dessas afirmações, pode-se concluir que
    a) fui ao mercado e comprei sabonete.
    b) não comprei nem queijo nem iogurte.
    c) não fui ao mercado.
    d) só comprei creme.
    e) não comprei cereal nem pão.

24. (TRT-MA Téc. Jud. 2014 FCC) Ou como macarronada ou como arroz e feijão. Se estou com muita fome, então como arroz e feijão. Se não estou com muita fome, então como saladas. Hoje, na hora do almoço, não comi saladas. A partir dessas informações, pode-se concluir corretamente, que hoje, na hora do almoço,
    a) não estava com muita fome.
    b) não comi arroz e feijão.
    c) comi saladas no jantar.
    d) comi arroz e feijão.
    e) comi macarronada.

25. (TRT-SP Anal. Jud. 2014 FCC) Considere as três afirmações a seguir, todas verdadeiras, feitas em janeiro de 2013.
I. Se o projeto X for aprovado até maio de 2013, então um químico e um biólogo serão contratados em junho do mesmo ano.
II. Se um biólogo for contratado, então um novo congelador será adquirido.
III. Se for adquirido um novo congelador ou uma nova geladeira, então o chefe comprará sorvete para todos.
Até julho de 2013, nenhum biólogo havia sido contratado. Apenas com estas informações, pode-se concluir que, necessariamente, que
a) não foi adquirida uma nova geladeira.
b) o chefe não comprou sorvete para todos.
c) o projeto X não foi aprovado até maio de 2013.
d) nenhum químico foi contratado.
e) não foi adquirido um novo congelador.

26. (TRT-RJ Téc. Jud. 2014 FCC) Considere as seguintes afirmações como verdadeiras:
– Carlos só jantaria com Júlia se tomasse o ônibus das 19 horas.
– Júlia só jantaria com Carlos se ele a convidasse.
– Carlos só conseguiria tomar o ônibus das 19 horas se o seu chefe o liberasse mais cedo do serviço.
– Carlos tomou o ônibus das 19 horas.
A partir dessas informações é possível concluir que
a) Carlos jantou com Júlia.
b) O chefe de Carlos o liberou mais cedo do serviço.
c) Júlia aceitou o convite de Carlos.
d) Carlos não jantou com Júlia.
e) Carlos não convidou Júlia para o jantar.

27. (TRT-RJ Téc. Jud. 2014 FCC) Considere as afirmações:
I. Ou caí, ou escorreguei.
II. Escorreguei ou tropecei.
III. Caí ou deitei.
IV. Tropecei ou deitei.
V. Se escorreguei, então não deitei.
Das afirmações, sabe-se que a afirmação (III) é falsa e as outras verdadeiras. Deste modo, conclui-se corretamente que
a) Tropecei e escorreguei.
b) Escorreguei e caí.
c) Tropecei e deitei.
d) Não escorreguei e tropecei.
e) Caí e deitei.

28. (AFC-CGU 2006 ESAF) Perguntado sobre as notas de cinco alunas (Alice, Beatriz, Cláudia, Denise e Elenise), um professor de Matemática respondeu com as seguintes afirmações:
1. "A nota de Alice é maior do que a de Beatriz e menor do que a de Cláudia";
2. "A nota de Alice é maior do que a de Denise e a nota de Denise é maior do que a de Beatriz, se e somente se a nota de Beatriz é menor do que a de Cláudia";
3. "Elenise e Denise não têm a mesma nota, se e somente se a nota de Beatriz é igual à de Alice".

Sabendo-se que todas as afirmações do professor são verdadeiras, conclui-se corretamente que a nota de:
a) Alice é maior do que a de Elenise, menor do que a de Cláudia e igual à de Beatriz.
b) Elenise é maior do que a de Beatriz, menor do que a de Cláudia e igual à de Denise.
c) Beatriz é maior do que a de Cláudia, menor do que a de Denise e menor do que a de Alice.
d) Beatriz é menor do que a de Denise, menor do que a de Elenise e igual à de Cláudia.
e) Denise é maior do que a de Cláudia, maior do que a de Alice e igual à de Elenise.

29. (AFC-STN 2008 ESAF) As seguintes afirmações, todas elas verdadeiras, foram feitas sobre a ordem dos valores assumidos pelas variáveis X, Y, Z, W e Q:
i) X < Y e X > Z;
ii) X < W e W < Y se e somente se Y > Z;
iii) Q ≠ W se e somente se Y = X.
Logo:
a) Y > W e Y = X
b) Q < Y e Q > Z
c) X = Q
d) Y = Q e Y > W
e) W < Y e W = Z

30. (Agente de Polícia Federal 2014 Cespe) As seguintes premissas referem-se a uma argumentação hipotética:
– Se Paulo é inocente, então João ou Jair é culpado.
– Se João é culpado, então Jair é inocente.
– Se Jair é culpado, então, no depoimento de José e no de Maria, todas as afirmações de José eram verdadeiras e todas as afirmações de Maria eram falsas.
Com referência a essas premissas, julgue os próximos itens.
1. Se Maria, em seu depoimento, disse que Paulo é inocente, e se Paulo for de fato inocente, então é correto afirmar que Jair é culpado.
2. Se Jair é culpado, é correto inferir que João é inocente.

IMPLICAÇÕES LÓGICAS (TIPO 2)

31. (MPOG e ENAP 2006 ESAF) Ana, Beatriz e Carla desempenham diferentes papéis em uma peça de teatro. Uma delas faz o papel de bruxa, a outra o de fada, e a outra o de princesa. Sabe-se que: ou Ana é bruxa, ou Carla é bruxa; ou Ana é fada, ou Beatriz é princesa; ou Carla é princesa, ou Beatriz é princesa; ou Beatriz é fada, ou Carla é fada. Com essas informações conclui-se que os papéis desempenhados por Ana e Carla são, respectivamente:
a) bruxa e fada
b) bruxa e princesa
c) fada e bruxa
d) princesa e fada
e) fada e princesa

32. (AFC-STN 2013 ESAF) P não é número, ou R é variável. B é parâmetro ou R não é variável. R não é variável ou B não é parâmetro. Se B não é parâmetro, então P é número. Considerando que todas as afirmações são verdadeiras, conclui-se
a) B é parâmetro, P é número, R não é variável.
b) P não é número, R não é variável, B é parâmetro.
c) B não é parâmetro, P é número, R não é variável.
d) R não é variável, B é parâmetro, P é número.
e) R não é variável, P não é número, B não é parâmetro.

33. (AFC-CGU 2008 ESAF) Três meninos, Pedro, Iago e Arnaldo, estão fazendo um curso de informática. A professora sabe que os meninos que estudam são aprovados e os que não estudam não são aprovados. Sabendo-se que: se Pedro estuda, então Iago estuda; se Pedro não estuda, então Iago ou Arnaldo estudam; se Arnaldo não estuda, então Iago não estuda; se Arnaldo estuda então Pedro estuda. Com essas informações pode-se, com certeza, afirmar que:
   a) Pedro, Iago e Arnaldo são aprovados.
   b) Pedro, Iago e Arnaldo não são aprovados.
   c) Pedro é aprovado, mas Iago e Arnaldo são reprovados.
   d) Pedro e Iago são reprovados, mas Arnaldo é aprovado.
   e) Pedro e Arnaldo são aprovados, mas Iago é reprovado.

34. (Agente Fiscal de Rendas-SP 2009 FCC) Considere as seguintes afirmações:
   I. Se ocorrer uma crise econômica, então o dólar não subirá.
   II. Ou o dólar subirá, ou os salários serão reajustados, mas não ambos.
   III. Os salários serão reajustados se, e somente se, não ocorrer uma crise econômica.
   Sabendo que as três afirmações são verdadeiras, é correto concluir que, necessariamente,
   a) o dólar não subirá, os salários não serão reajustados e não ocorrerá uma crise econômica.
   b) o dólar subirá, os salários não serão reajustados e ocorrerá uma crise econômica.
   c) o dólar não subirá, os salários serão reajustados e ocorrerá uma crise econômica.
   d) o dólar subirá, os salários serão reajustados e não ocorrerá uma crise econômica.
   e) o dólar não subirá, os salários serão reajustados e não ocorrerá uma crise econômica.

35. (AFC-CGU 2006 ESAF) Amigas desde a infância, Beatriz, Dalva e Valna seguiram diferentes profissões e hoje uma delas é arquiteta, outra é psicóloga, e outra é economista. Sabe-se que ou Beatriz é a arquiteta ou Dalva é a arquiteta. Sabe-se, ainda, que ou Dalva é a psicóloga ou Valna é a economista. Sabe-se, também, que ou Beatriz é a economista ou Valna é a economista. Finalmente, sabe-se que ou Beatriz é a psicóloga ou Valna é a psicóloga. As profissões de Beatriz, Dalva e Valna são, pois, respectivamente,
   a) psicóloga, economista, arquiteta.
   b) arquiteta, economista, psicóloga.
   c) arquiteta, psicóloga, economista.
   d) psicóloga, arquiteta, economista.
   e) economista, arquiteta, psicóloga.

36. (AFRFB 2012 ESAF) Se Anamara é médica, então Angélica é médica. Se Anamara é arquiteta, então Angélica ou Andrea são médicas. Se Andrea é arquiteta, então Angélica é arquiteta. Se Andrea é médica, então Anamara é médica. Considerando que as afirmações são verdadeiras, segue-se, portanto, que:
   a) Anamara, Angélica e Andrea são arquitetas.
   b) Anamara é médica, mas Angélica e Andrea são arquitetas.
   c) Anamara, Angélica e Andrea são médicas.
   d) Anamara e Angélica são arquitetas, mas Andrea é médica.
   e) Anamara e Andrea são médicas, mas Angélica é arquiteta.

Capítulo 5 – Implicação Lógica

37. **(AFRFB 2012 ESAF)** Se Ana é pianista, então Beatriz é violinista. Se Ana é violinista, então Beatriz é pianista. Se Ana é pianista, Denise é violinista. Se Ana é violinista, então Denise é pianista. Se Beatriz é violinista, então Denise é pianista. Sabendo-se que nenhuma delas toca mais de um instrumento, então Ana, Beatriz e Denise tocam, respectivamente:
   a) piano, piano, piano.
   b) violino, piano, piano.
   c) violino, piano, violino.
   d) violino, violino, piano.
   e) piano, piano, violino.

38. **(AFRFB 2009 ESAF)** Se $\alpha = \sqrt[3]{e}$, então $\beta = \sqrt[3]{e}\ e$. Se $\alpha = e^3$, então β ou δ são iguais a $\sqrt[3]{e}$. Se $\delta = e^3$, então $\beta = e^3$. Se $\delta = \sqrt[3]{e}$, então $\alpha = \sqrt[3]{e}$. Considerando que as afirmações são verdadeiras, segue-se, portanto, que:
   a) $\alpha = \beta = \delta = \sqrt[3]{e}$
   b) $\alpha = \beta = \delta = e^3$
   c) $\alpha = \sqrt[3]{e}$, mas $\beta = \delta = e^3$
   d) $\alpha = \beta = e^3$, mas $\delta = \sqrt[3]{e}$
   e) $\alpha = \delta = \sqrt[3]{e}$, mas $\beta = e^3$

39. **(Auditor Fiscal de Natal 2008 ESAF)** X, Y e Z são números inteiros. Um deles é par, outro é ímpar, e o outro é negativo. Sabe-se que: ou X é par, ou Z é par; ou X é ímpar, ou Y é negativo; ou Z é negativo, ou Y é negativo; ou Y é ímpar, ou Z é ímpar. Assim:
   a) X é par, Y é ímpar e Z é negativo.
   b) X é par, Y é negativo e Z é ímpar.
   c) X é ímpar, Y é negativo e Z é par.
   d) X é negativo, Y é par e Z é ímpar.
   e) X é ímpar, Y é par e Z é negativo.

40. **(MPOG 2008 ESAF)** Se X > Y, então Z > Y; se X < Y, então Z > Y ou W > Y; se W < Y, então Z < Y; se W > Y, então X > Y. Com essas informações pode-se, com certeza, afirmar que:
   a) X > Y; Z > Y; W > Y
   b) X < Y; Z < Y; W < Y
   c) X > Y; Z < Y; W < Y
   d) X < Y; W < Y; Z > Y
   e) X > Y; W < Y; Z > Y

41. **(APO-MPOG 2010 ESAF)** Há três suspeitos para um crime e pelo menos um deles é culpado. Se o primeiro é culpado, então o segundo é inocente. Se o terceiro é inocente, então o segundo é culpado. Se o terceiro é inocente, então ele não é o único a sê-lo. Se o segundo é culpado, então ele não é o único a sê-lo. Assim, uma situação possível é:
   a) Os três são culpados.
   b) Apenas o primeiro e o segundo são culpados.
   c) Apenas o primeiro e o terceiro são culpados.
   d) Apenas o segundo é culpado.
   e) Apenas o primeiro é culpado.

42. **(ANEEL Analista 2006 ESAF)** Pedro toca piano se e somente se Vítor toca violino. Ora, Vítor toca violino, ou Pedro toca piano. Logo,
   a) Pedro toca piano, e Vítor não toca violino.
   b) se Pedro toca piano, então Vítor não toca violino.
   c) se Pedro não toca piano, então Vítor toca violino.
   d) Pedro não toca piano, e Vítor toca violino.
   e) Pedro toca piano, e Vítor toca violino.

43. **(TRF 4ª Região Anal. Jud. 2010 FCC)** Considere que as seguintes proposições são verdadeiras:
   1. *Se um Analista é competente, então ele não deixa de fazer planejamento.*
   2. *Se um Analista é eficiente, então ele tem a confiança de seus subordinados.*
   3. *Nenhum Analista incompetente tem a confiança de seus subordinados.*
   De acordo com essas proposições, com certeza é verdade que:
   a) Se um Analista deixa de fazer planejamento, então ele não é eficiente.
   b) Se um Analista não é eficiente, então ele não deixa de fazer planejamento.
   c) Se um Analista tem a confiança de seus subordinados, então ele é eficiente.
   d) Se um Analista tem a confiança de seus subordinados, então ele é incompetente.
   e) Se um Analista não é eficiente, então ele não tem a confiança de seus subordinados.

44. **(Agente de Polícia Federal 2014 Cespe)** As seguintes premissas referem-se a uma argumentação hipotética:
   - Se Paulo é inocente, então João ou Jair é culpado.
   - Se João é culpado, então Jair é inocente.
   - Se Jair é culpado, então, no depoimento de José e no de Maria, todas as afirmações de José eram verdadeiras e todas as afirmações de Maria eram falsas.
   Com referência a essas premissas, julgue o próximo item.
   1. Considerando as proposições P: Paulo é inocente; Q: João é culpado; R: Jair é culpado; S: José falou a verdade no depoimento; e T: Maria falou a verdade no depoimento, é correto concluir que P → Q∨S∨T.

45. **(AFTN 1998 ESAF)** Considere as afirmações: A) se Patrícia é uma boa amiga, Vítor diz a verdade; B) se Vítor diz a verdade, Helena não é uma boa amiga; C) se Helena não é uma boa amiga, Patrícia é uma boa amiga. A análise do encadeamento lógico dessas três afirmações permite concluir que elas:
   a) são equivalentes a dizer que Patrícia é uma boa amiga
   b) implicam necessariamente que Patrícia é uma boa amiga
   c) implicam necessariamente que Vítor diz a verdade e que Helena não é uma boa amiga
   d) são consistentes entre si, quer Patrícia seja uma boa amiga, quer Patrícia não seja uma boa amiga
   e) são inconsistentes entre si

46. **(ANEEL 2006 ESAF)** Se X é y ou A é z, M não é r e S não é p. Dessa premissa pode-se corretamente concluir que,
   a) se X é y e A não é z, M é r ou S não é p.
   b) se X é y e A não é z, M é r ou S é p.
   c) se X é y e A é z, M é r e S não é p.
   d) se X é y e A é z, M é r ou S é p.
   e) se X não é y ou A é z, M não é r e S é p.

47. (Agente de Trabalhos de Engenharia – prefeitura RJ 2010 ESAF) Por definição, um triângulo equilátero é o que tem os três lados iguais. Considere então a proposição: "Um triângulo é equilátero se e somente se os três ângulos são iguais". Uma conclusão falsa desta proposição é:
a) uma condição necessária e suficiente para que um triângulo seja equilátero é a de que os três ângulos sejam iguais.
b) os três ângulos de um triângulo equilátero são iguais.
c) um triângulo é equilátero somente se os três ângulos são iguais.
d) se um dos ângulos de um triângulo é diferente de outro ângulo, então o triângulo não é equilátero.
e) se um triângulo não é equilátero, então os três ângulos são diferentes uns dos outros.

48. (Fiscal do Trabalho 2010 ESAF) Um poliedro convexo é regular se e somente se for: um tetraedro ou um cubo ou um octaedro ou um dodecaedro ou um icosaedro. Logo:
a) Se um poliedro convexo for regular, então ele é um cubo.
b) Se um poliedro convexo não for um cubo, então ele não é regular.
c) Se um poliedro não for um cubo, não for um tetraedro, não for um octaedro, não for um dodecaedro e não for um icosaedro, então ele não é regular.
d) Um poliedro não é regular se e somente se não for: um tetraedro ou um cubo ou um octaedro ou um dodecaedro ou um icosaedro.
e) Se um poliedro não for regular, então ele não é um cubo.

Capítulo 6

Verdades e Mentiras

6.1. Introdução

Versa o presente estudo de tema tão interessante quanto de fácil compreensão.

"Verdades e Mentiras" é o nome que demos a tipo específico de questão, cujo enunciado nos apresenta uma situação qualquer, envolvendo normalmente alguns "personagens", que irão declarar algo.

A declaração de cada um dos envolvidos está no cerne da resolução do problema. Todavia, não se sabe, *a priori*, qual dessas afirmações é veraz ou mentirosa!

Aí está o trabalho do investigador! Usando o raciocínio lógico, seremos capazes de descobrir, por exemplo, quem entrou no circo sem pagar, ou mesmo quem roubou as laranjas do pomar real...

O reconhecimento de uma questão de "Verdades e Mentiras" é inequívoco e imediato.

Conheceremos as técnicas de resolução mediante os exemplos apresentados e minuciosamente comentados a seguir.

De início, aprendamos como identificar esse tipo de questão.

Dividiremos os exemplos em três tipos, ilustrados a seguir com trechos extraídos de questões de concursos recentes:

1º) Presença de pessoas mentindo:

"Sabendo-se que apenas um dos suspeitos mentiu e que todos os outros disseram a verdade..."

"Tânia sempre fala a verdade; Janete às vezes fala a verdade; Angélica nunca fala a verdade."

"As tias de Zilda sempre contam a verdade e as irmãs de Zilda sempre mentem."

"Uma empresa produz androides de dois tipos: os de tipo V, que sempre dizem a verdade, e os de tipo M, que sempre mentem."

"Majestade, apenas um dos cinco acusados é culpado, e ele disse a verdade; os outros quatro são inocentes e todos os quatro mentiram."

"Numa ilha dos mares do sul convivem três raças distintas de ilhéus: os zel(s) só mentem, os del(s) só falam a verdade e os mel(s) alternadamente falam verdades e mentiras..."

"Conhecendo suas amigas, Fernanda sabe que duas delas estão mentindo e que as demais estão dizendo a verdade."

"Os vingos sempre dizem a verdade; já os mingos sempre mentem."

2º) Existência de declarações falsas:

"Ao comunicarem a classificação final, cada juiz anunciou duas colocações, sendo uma delas verdadeira e a outra falsa:..."

"Cada testemunha descreveu corretamente uma e apenas uma das características do assaltante,..."

3º) Inscrições falsas:

"Se somente um dos rótulos dizia a verdade, então, em tal dia, os documentos recebidos..."

"Alertado por um mago de que uma e somente uma dessas inscrições é falsa (sendo as duas outras verdadeiras),..."

"Soube, então, que, em uma das três vilas, todos os sinais têm indicações erradas; em outra, todos os sinais têm indicações corretas; e na outra um sinal tem indicação correta e outro sinal tem indicação errada (não necessariamente nesta ordem)."

"Verdades e Mentiras" é assunto quase desprovido de teoria! E o aprenderemos pelo mero estudo das resoluções de várias questões de concurso.

6.2. Exercícios Resolvidos

1. (Esaf) Um crime foi cometido por uma e apenas uma pessoa de um grupo de cinco suspeitos: Armando, Celso, Edu, Juarez e Tarso. Perguntados sobre quem era o culpado, cada um deles respondeu:
   Armando: "Sou inocente."
   Celso: "Edu é o culpado."
   Edu: "Tarso é o culpado."
   Juarez: "Armando disse a verdade."
   Tarso: "Celso mentiu."
   Sabendo-se que apenas um dos suspeitos mentiu e que todos os outros disseram a verdade, pode-se concluir que o culpado é:
   a) Armando;
   b) Celso;
   c) Edu;
   d) Juarez;
   e) Tarso.

Solução:

Percebemos que as cinco pessoas envolvidas na trama do enunciado (Armando, Celso, Edu, Juarez e Tarso) estão fazendo, cada qual, uma declaração, que pode ser veraz ou mentirosa! Como procederemos?

O primeiro passo será, senão outro, relacionar todas as declarações feitas no enunciado. Façamos isso:

- Armando: "Sou inocente."
- Celso: "Edu é o culpado."
- Edu: "Tarso é o culpado."
- Juarez: "Armando disse a verdade."
- Tarso: "Celso mentiu."

Agora, veremos que, além das declarações, o enunciado dessas questões de "verdades e mentiras" **sempre** nos fornecerão uma (ou mais de uma) **informação adicional**.

Estas informações adicionais serão a base do raciocínio que iremos desenvolver para resolver a questão. Em geral, são informações referentes às pessoas envolvidas na situação do enunciado, ou referentes ao número de pessoas que estariam mentindo ou dizendo a verdade, em suas declarações.

Procuremos nesse nosso enunciado, se há e quais são essas informações adicionais.

Achamos? Claro. São as seguintes:

1ª) O crime foi cometido por uma e apenas uma pessoa.

Podemos inclusive traduzir essa informação apenas como sendo:

- Só há um culpado!

E, teremos ainda:

2ª) Apenas um dos suspeitos mentiu e todos os outros disseram a verdade.

Traduziremos por:

- Só há um mentiroso!

Percebamos que, até aqui, nada fizemos, além de reunir os dados do enunciado, com os quais iremos trabalhar a nossa resolução. Mas esse procedimento é ESSENCIAL!

Passemos à resolução propriamente dita!

Como só há um mentiroso no grupo dos cinco suspeitos, então teremos cinco possíveis hipóteses de quem diz a verdade e quem mente. Vejam abaixo estas possibilidades associadas às declarações de cada suspeito. (Usamos M para **mentira** e V para **verdade**!)

DECLARAÇÕES	HIPÓTESES				
	1ª	2ª	3ª	4ª	5ª
1. **Armando**: "Sou inocente."	M	V	V	V	V
2. **Celso**: "Edu é o culpado."	V	M	V	V	V
3. **Edu**: "Tarso é o culpado."	V	V	M	V	V
4. **Juarez**: "Armando disse a verdade."	V	V	V	M	V
5. **Tarso**: "Celso mentiu."	V	V	V	V	M

No esquema anterior, o que representa a **1ª hipótese**? Resposta: a **1ª hipótese** supõe que **Armando** está **mentido**. Fica perfeitamente claro que as demais pessoas estarão dizendo a verdade, haja vista que sabemos que **só há um mentiroso**!

E agora, o que fazer? Em princípio, deveríamos testar cada hipótese, a fim de descobrirmos a correta. Porém, como forma de economizar tempo na resolução, analisaremos previamente as declarações, a fim de verificarmos a possibilidade de descartar, de antemão, uma ou mais das hipóteses.

Ora, se a informação adicional do enunciado disse que só há uma declaração mentirosa, procuraremos duas declarações que **não** possam ser **verdadeiras** ao mesmo tempo.

A segunda e a terceira declaração podem ser ambas verdadeiras? Obviamente que não! Do contrário, haveria dois culpados: Edu e Tarso! Daí, concluímos que uma delas deve ser mentira e a outra, verdade. Observemos na tabela acima, que somente a 2ª hipótese e a 3ª hipótese obedecem a esta conclusão. Devemos descartar, pois, as outras hipóteses!

Neste momento, podemos testar as duas hipóteses restantes (2ª e 3ª), para verificarmos a correta, ou podemos ainda procurar mais duas declarações que não possam ser ambas verdadeiras, a fim de descartar mais outra hipótese. Vamos optar por esta última solução!

A segunda e a quinta declaração podem ser ambas verdadeiras? Novamente não!

Vejamos:

DECLARAÇÕES	HIPÓTESES				
	1ª	2ª	3ª	4ª	5ª
1. **Armando**: "Sou inocente."		V	V		
2. **Celso**: "Edu é o culpado."		M	V		
3. **Edu**: "Tarso é o culpado."		V	M		
4. **Juarez**: "Armando disse a verdade."		V	V		
5. **Tarso**: "Celso mentiu."		V	V		

E por que não podem ser ambas verdadeiras estas duas declarações? Ora, para que a segunda declaração seja veraz, é necessário que Celso esteja dizendo a verdade. Concordam? Porém, pela quinta declaração, Tarso afirma que Celso mente, ocorrendo, assim, uma contradição.

Assim, como Celso não pode estar sendo veraz e mentiroso ao mesmo tempo, concluímos que, entre estas duas declarações (2ª e 5ª), uma delas será mentira e a outra, verdade. Com isto, a terceira hipótese é também sumariamente descartada!

Tendo em vista que a 1ª, a 4ª e a 5ª hipóteses já haviam sido descartadas anteriormente, e que a 3ª hipótese acaba de ser eliminada por esta nossa última análise, restou apenas uma hipótese capaz de ser a **boa**, aquela que resolverá a questão: a **segunda hipótese**.

DECLARAÇÕES	HIPÓTESES				
	1ª	2ª	3ª	4ª	5ª
1. **Armando**: "Sou inocente."		V			
2. **Celso**: "Edu é o culpado."		M			
3. **Edu**: "Tarso é o culpado."		V			
4. **Juarez**: "Armando disse a verdade."		V			
5. **Tarso**: "Celso mentiu."		V			

E de acordo com esta **segunda hipótese**, temos que **Celso mente** e os **outros dizem a verdade**! Como **Edu** diz a **verdade**, então é verdadeira a sua declaração: "Tarso é o culpado." Assim, descobrimos que **o culpado é Tarso**!
Resposta: Alternativa E.

Para fins didáticos, vejamos uma análise detalhada da segunda hipótese.
Testar uma hipótese significa extrair as conclusões que ela propõe. Teremos:
CONCLUSÕES OBTIDAS DA 2ª HIPÓTESE:
- Da primeira declaração, extraímos que, se é VERDADE o que Armando está dizendo, então: **Armando é inocente**.
- Da segunda declaração, extraímos que, se é MENTIRA o que Celso está declarando, então: **Edu é inocente**.
- Da terceira declaração, extraímos que, se é VERDADE o que Edu está declarando, então: **Tarso é culpado**.
- Da quarta declaração, extraímos que, se é VERDADE o que Juarez está declarando, então: **Armando diz a verdade**.

Neste momento, temos que nos reportar ao ARMANDO, e confirmar se ele, nesta nossa hipótese, está mesmo dizendo a verdade! E aí? Armando diz a verdade ou não? Sim, ele diz. Então, esta nossa quarta conclusão está COERENTE com as demais.

- Da quinta e última declaração, extraímos que, se é VERDADE o que Tarso está dizendo, então: **Celso mentiu**.

Também aqui nos reportaremos ao CELSO, e conferiremos se ele de fato mentiu! E aí, Celso mentiu ou não? Sim! Pela nossa hipótese em análise, Celso de fato mentiu. Deste modo, novamente, não achamos nenhuma INCOMPATIBILIDADE entre essa conclusão e as demais.

Feita essa análise, indagamos: as conclusões que extraímos da nossa SEGUNDA HIPÓTESE estão COMPATÍVEIS ENTRE SI? Estão de acordo com o que mandam as INFORMAÇÕES ADICIONAIS? Ou, ao contrário, estariam entrando em choque umas com as outras?

Ora, observamos que as conclusões são COMPATÍVEIS entre si, e estão plenamente de acordo com as informações adicionais do enunciado. Daí, diremos que esta segunda hipótese é a que de fato resolve a questão!

Quem foi o culpado do crime? O culpado foi **Tarso**, e somente ele! Questão respondida.

2. **(Esaf)** Cinco colegas foram a um parque de diversões e um deles entrou sem pagar. Apanhados por um funcionário do parque, que queria saber qual deles entrou sem pagar, eles informaram:
   "Não fui eu, nem o Manuel", disse Marcos.
   "Foi o Manuel ou a Maria", disse Mário.
   "Foi a Mara", disse Manuel.
   "O Mário está mentindo", disse Mara.
   "Foi a Mara ou o Marcos", disse Maria.

Sabendo-se que um e somente um dos cinco colegas mentiu, conclui-se logicamente que quem entrou sem pagar foi:
a) Mário;
b) Marcos;
c) Mara;
d) Manuel;
e) Maria.

Solução:

Novamente temos aqui cinco pessoas envolvidas na situação do enunciado. Cada qual faz uma declaração, e não sabemos, *a priori*, quem está falando a verdade ou quem está mentindo. Daí, não resta dúvida: estamos diante de uma questão de "verdades & mentiras".

Reunindo as DECLARAÇÕES e as INFORMAÇÕES ADICIONAIS do enunciado, teremos:
- INFORMAÇÕES ADICIONAIS:
    1º) Só há um que entrou sem pagar.
    2º) Só há um mentiroso.

- DECLARAÇÕES:
    1º) **Marcos:** "Não foi o Marcos; Não foi o Manuel."
    2º) **Mário:** "Foi o Manuel ou foi a Maria."
    3º) **Manuel:** "Foi a Mara."
    4º) **Mara:** "Mário está mentindo."
    5º) **Maria:** "Foi a Mara ou foi o Marcos."

Como só há um mentiroso entre os cinco colegas, então teremos cinco possíveis hipóteses de quem diz a verdade e quem mente. Vejamos a seguir essas possíveis hipóteses associadas às declarações de cada um deles. (Usamos M para **mentira** e V para **verdade**!)

DECLARAÇÕES	HIPÓTESES				
	1ª	2ª	3ª	4ª	5ª
1. **Marcos**: "Não foi o Marcos; Não foi o Manuel."	M	V	V	V	V
2. **Mário**: "Foi o Manuel ou foi a Maria."	V	M	V	V	V
3. **Manuel**: "Foi a Mara."	V	V	M	V	V
4. **Mara**: "Mário está mentindo."	V	V	V	M	V
5. **Maria**: "Foi a Mara ou foi o Marcos."	V	V	V	V	M

Com já dissemos na questão anterior, em princípio, deveríamos testar cada hipótese a fim de descobrirmos a correta. Mas, para ganhar tempo, analisaremos previamente as declarações, verificando a possibilidade de descartar, de antemão, algumas hipóteses.

Procuremos duas declarações que **não** possam ser simultaneamente verdadeiras.

A segunda e a terceira declaração podem ser ambas verdadeiras? A resposta é **não**! Do contrário, haveria mais de uma pessoa que entrou sem pagar! Daí, concluímos que, entre a 2ª e a 3ª declarações, uma delas deve ser mentira e a outra, verdade. Observem na tabela acima, que somente a 2ª hipótese e a 3ª hipótese obedecem a esta conclusão, donde se conclui que descartaremos as demais!

Neste momento, podemos testar as duas hipóteses restantes (2ª e 3ª) para verificarmos a correta, ou podemos procurar mais duas declarações que não podem ser ambas verdadeiras. Novamente, optaremos por esta última solução!

A segunda e a quarta declaração podem ser ambas verdadeiras? Novamente não! Pois para que a segunda declaração seja verdadeira é necessário que Mário diga a verdade. Todavia, na quarta declaração, Mara afirma que Mário mente, ocorrendo, assim, uma contradição.

Daí, concluímos que, entre a 2ª e a 4ª declarações, uma delas deve ser mentira e a outra, verdade.

Observem na tabela acima, que somente a 2ª e a 4ª hipóteses obedecem a esta conclusão (descartaremos as outras hipóteses!). Pela análise feita anteriormente, havíamos descartado a 4ª hipótese, de sorte que a única que restou, finalmente, como válida foi a **segunda**.

Desta segunda hipótese, temos que **Mário mente** e os **outros dizem a verdade**! Como **Manuel** diz a **verdade**, então é verdadeira a sua declaração: "Foi a Mara". Assim, descobrimos que quem entrou sem pagar foi **Mara**!

Resposta: Alternativa C.

Novamente, para fins didáticos, vejamos uma análise detalhada da segunda hipótese. Testaremos a **segunda hipótese**, extraindo dela as nossas conclusões. Teremos:

CONCLUSÕES OBTIDAS DA 2ª HIPÓTESE:
- Da primeira declaração, extraímos que, se é **VERDADE** o que Marcos está dizendo, então: **Não foi o Marcos e não foi o Manuel**.
- Da segunda declaração, extraímos que, se é **MENTIRA** o que Mário está dizendo, então: **Não foi o Manuel e não foi a Maria**.
- Da terceira declaração, extraímos que, se é **VERDADE** o que Manuel está dizendo, então: **Foi a Mara**.
- Da quarta declaração, extraímos que, se é **VERDADE** o que Mara está dizendo, então: **Mário está mentindo**.

Aqui, como já sabemos, temos que parar, e procurar saber se o Mário está mesmo mentindo, ou se não está. E aí, de acordo com a nossa hipótese II, o Mário está realmente mentindo? SIM. Vemos, pois, que esta quarta conclusão está coerente. Sigamos em frente!

- Da última declaração, extraímos que, se é **VERDADE** o que Maria está dizendo, então: **Foi a Mara ou foi o Marcos**.

Isso quer dizer que um dos dois entrou no parque sem pagar. Ou um, ou outro! Vamos analisar o que nos dizem as demais conclusões que extraímos acima, acerca da Mara e acerca do Marcos. A primeira conclusão nos diz: "**Não foi o Marcos**". E a terceira conclusão nos diz: "**Foi a Mara**". Então está perfeito! Ou seja, essa nossa última conclusão (Foi a Mara ou foi o Marcos) está inteiramente de acordo, inteiramente compatível com as demais conclusões.

Enfim, percebemos que a segunda HIPÓTESE, que acabamos de analisar, forneceu-nos conclusões que não conflitaram entre si, e nem foram incompatíveis com as INFORMAÇÕES ADICIONAIS do enunciado. Em outras palavras: a HIPÓTESE II funcionou! É ela quem nos dará a resposta da questão. E então, quem foi a pessoa que entrou sem pagar? Foi a **Mara**. Questão respondida.

3. (Esaf) Três amigos – Luís, Marcos e Nestor – são casados com Teresa, Regina e Sandra (não necessariamente nesta ordem). Perguntados sobre os nomes das respectivas esposas, os três fizeram as seguintes declarações:
   Nestor: "Marcos é casado com Teresa."
   Luís: "Nestor está mentindo, pois a esposa de Marcos é Regina."
   Marcos: "Nestor e Luís mentiram, pois a minha esposa é Sandra."
   Sabendo-se que o marido de Sandra mentiu e que o marido de Teresa disse a verdade, segue-se que as esposas de Luís, Marcos e Nestor são, respectivamente:
   a) Sandra, Teresa, Regina;
   b) Sandra, Regina, Teresa;
   c) Regina, Sandra, Teresa;
   d) Teresa, Regina, Sandra;
   e) Teresa, Sandra, Regina.

Solução:
Sem mais delongas, transcrevamos as **informações adicionais** do enunciado e as **declarações**. Teremos:
- INFORMAÇÕES ADICIONAIS:
  1ª) O marido de Sandra mentiu.
  2ª) O marido de Tereza disse a verdade.

- DECLARAÇÕES:
  1ª) Nestor: "Marcos é casado com Tereza."
  2ª) Luís: "Marcos e casado com Regina."
  3ª) Marcos: "Marcos é casado com Sandra."

Usando a informação de que o marido de Tereza disse a verdade, podemos estabelecer as seguintes hipóteses:
1ª Hipótese) O marido de Tereza (que diz a verdade) é **Nestor**.
2ª Hipótese) O marido de Tereza (que diz a verdade) é **Luís**.
3ª Hipótese) O marido de Tereza (que diz a verdade) é **Marcos**.
Vamos testar as hipóteses, iniciando pela **primeira**.

- Teste da 1ª hipótese: "O marido de Tereza (que diz a verdade) é **Nestor**."
  Estamos supondo (nesta primeira HIPÓTESE) que o Nestor disse a VERDADE e que ele é o marido de Tereza.

Vejamos o que foi que o Nestor, falando a VERDADE, declarou: "**Marcos é casado com Tereza**". Ora, tal declaração está inconsistente com a hipótese! Viram isso? Assim, devemos descartar esta última.

- Teste da 2ª hipótese: "O marido de Tereza (que diz a verdade) é **Luís**."

Estamos supondo (nesta segunda HIPÓTESE) que **Luís** disse a VERDADE e que ele é o marido de Tereza.

Vejamos o que foi que o Luís, falando a VERDADE, declarou: "**Marcos é casado com Regina**." Esta declaração não entra em conflito com a hipótese!

E ao considerar a declaração como verdadeira, uma vez que partiu de Luís, encontramos que **Marcos é casado com Regina**. Daí, o **Nestor é casado com a Sandra**!

A segunda hipótese está correta!

Pronto! Chegamos à definição dos três casais:
- Luís é casado com Tereza;
- Marcos é casado com Regina; e
- Nestor é casado com Sandra.

Resposta: Alternativa D.

4. (Esaf) Uma empresa produz androides de dois tipos: os de tipo V, que sempre dizem a verdade, e os de tipo M, que sempre mentem. Dr. Turing, um especialista em Inteligência Artificial, está examinando um grupo de cinco androides – rotulados de Alfa, Beta, Gama, Delta e Épsilon –, fabricados por essa empresa, para determinar quantos entre os cinco são do tipo V. Ele pergunta a Alfa: "Você é do tipo M?" Alfa responde, mas Dr. Turing, distraído, não ouve a resposta. Os androides restantes fazem, então, as seguintes declarações:
Beta: "Alfa respondeu que sim".
Gama: "Beta está mentindo".
Delta: "Gama está mentindo".
Épsilon: "Alfa é do tipo M".
Mesmo sem ter prestado atenção à resposta de Alfa, Dr. Turing pôde, então, concluir corretamente que o número de androides do tipo V, naquele grupo, era igual a:
a) 1;
b) 2;
c) 3;
d) 4;
e) 5.

Solução:

Transcrevamos as **informações adicionais** do enunciado e as **declarações**. Teremos:
- INFORMAÇÕES ADICIONAIS:
    1ª) Os androides do tipo V sempre dizem a verdade.
    2ª) Os androides do tipo M sempre mentem.

- DECLARAÇÕES:
  1º) **Alfa**: (resposta não ouvida!)
  2º) **Beta**: Alfa respondeu que sim.
  3º) **Gama**: Beta está mentindo.
  4º) **Delta**: Gama está mentindo.
  5º) **Épsilon**: Alfa é do tipo M.

Não é difícil matar a charada neste enunciado. Bastava prestar atenção à pergunta que foi feita ao Alfa. Foi a seguinte: "Alfa, você é do tipo M?" Ora, o tipo M é o tipo dos mentirosos. Daí, em outras palavras, a pergunta dirigida ao Alfa foi essa: "Alfa, você mente?"

Essa é uma pergunta que, em qualquer caso, só admite uma única resposta: a negação.

Pois, se perguntarmos a alguém veraz se ele mente, a resposta será **não**.

Por outro lado, se perguntarmos a alguém mentiroso se ele mente, a resposta também será **não**!

Resumindo: em qualquer questão de raciocínio lógico em que só haja pessoas sempre verazes ou sempre mentirosas, quando uma dessas pessoas for questionada, se é mentirosa, a resposta a essa pergunta será sempre NÃO!

Foi isso, portanto, que o Alfa respondeu. Teremos:

1º) **Alfa**: Não sou do tipo M.
2º) **Beta**: Alfa respondeu que sim.
3º) **Gama**: Beta está mentindo.
4º) **Delta**: Gama está mentindo.
5º) **Épsilon**: Alfa é do tipo M.

Agora, vamos analisar a declaração de Beta. O que ele disse? Disse que "Alfa respondeu que sim." Beta está dizendo a verdade ou está mentindo? Mentindo! Pois Alfa, conforme já havíamos concluído, respondeu que **não**! Logo, **Beta é mentiroso**!

Passemos à declaração do Gama. Ele disse que "Beta está mentindo." O Gama está correto? Sim! Está dizendo a verdade, uma vez que havíamos concluído que Beta mente. Logo, **Gama está dizendo a verdade**!

Vamos ao Delta: ele diz que "Gama está mentindo." Está certo isso? Não! Está errado. Vimos que o Gama é veraz. Logo, **Delta é mentiroso**!

Restaram duas declarações: a do Épsilon e a do Alfa. Épsilon diz que Alfa é mentiroso. Ora, se for verdadeira a declaração do Épsilon, então Épsilon será veraz, e Alfa será mentiroso. Contrariamente, se Épsilon estiver mentindo, então Alfa estará dizendo a verdade.

Desse modo, concluímos que, entre Épsilon e Alfa, haverá somente um que mente e somente um que diz a verdade, embora não sabemos quem seja o veraz e o mentiroso. Ora, só queremos saber o número daqueles que dizem a verdade. Logo, concluímos que os verazes são **Gama** e um **segundo androide**, que poderá ser **Alfa** ou **Épsilon**, um ou outro.

Ou seja, o número de androides verazes é igual a dois.
Resposta: Alternativa B.

5. (Esaf) Três amigas, Tânia, Janete e Angélica, estão sentadas lado a lado em um teatro. Tânia sempre fala a verdade; Janete às vezes fala a verdade; Angélica nunca fala a verdade. A que está sentada à esquerda diz: "Tânia é quem está sentada no meio." A que está sentada no meio diz: "Eu sou Janete." Finalmente, a que está sentada à direita diz: "Angélica é quem está sentada no meio." A que está sentada à esquerda, a que está sentada no meio e a que está sentada à direita são, respectivamente:
   a) Janete, Tânia e Angélica;
   b) Janete, Angélica e Tânia;
   c) Angélica, Janete e Tânia;
   d) Angélica, Tânia e Janete;
   e) Tânia, Angélica e Janete.

Solução:

Temos três amigas: Tânia, Janete e Angélica, que estão sentadas lado a lado em um teatro.

Sabemos sobre as três amigas que:
1) **Tânia** sempre fala a verdade.
2) **Janete** às vezes fala a verdade.
3) **Angélica** nunca fala a verdade.

Temos as seguintes declarações:
1) A que está sentada à **esquerda** diz: "Tânia é quem está sentada no meio."
2) A que está sentada no **meio** diz: "Eu sou Janete."
3) A que está sentada à **direita** diz: "Angélica é quem está sentada no meio."

Considere as seguintes posições no teatro, com as respectivas declarações:

ESQUERDA	MEIO	DIREITA
Tânia está no meio!	Eu sou Janete!	Angélica está no meio!

Temos que **Tânia sempre fala a verdade**. Logo, não pode ser a da esquerda nem pode ser a do meio, restando, assim, a posição **direita** para **Tânia**.

ESQUERDA	MEIO	DIREITA
		Tânia
Tânia está no meio!	Eu sou Janete!	Angélica está no meio!

Como Tânia está à direita e sempre fala a verdade, a sua declaração: "**Angélica está no meio**" é verdade! Descobrimos, então, a posição da Angélica. E esta declara que ela é Janete. Isto está de acordo com o que é dito no enunciado: Angélica sempre mente!

ESQUERDA	MEIO	DIREITA
	Angélica	Tânia
Tânia está no meio!	Eu sou Janete!	Angélica está no meio!

Só resta a posição **esquerda**, que claramente será ocupada pela única que ainda não tem posição, a **Janete**. Esta faz a seguinte declaração: "Tânia está no meio", e aí descobrimos que também ela mente! Isso não contraria as informações dadas no enunciado: Janete às vezes fala a verdade (ou seja, ela pode mentir!).

ESQUERDA	MEIO	DIREITA
Janete	Angélica	Tânia
Tânia está no meio!	Eu sou Janete!	Angélica está no meio!

Portanto, obtemos as seguintes posições para as três amigas:

Na esquerda: **Janete**.

No meio: **Angélica**.

Na direita: **Tânia**.

Resposta: Alternativa B.

6. (Esaf) Três homens são levados à presença de um jovem lógico. Sabe-se que um deles é um honesto marceneiro, que sempre diz a verdade. Sabe-se, também, que um outro é um pedreiro, igualmente honesto e trabalhador, mas que tem o estranho costume de sempre mentir, de jamais dizer a verdade. Sabe-se, ainda, que o restante é um vulgar ladrão que ora mente, ora diz a verdade. O problema é que não se sabe quem, entre eles, é quem. À frente do jovem lógico, esses três homens fazem, ordenadamente, as seguintes declarações:

O primeiro diz: "Eu sou o ladrão."

O segundo diz: "É verdade; ele, o que acabou de falar, é o ladrão."

O terceiro diz: "Eu sou o ladrão."

Com base nestas informações, o jovem lógico pode, então, concluir corretamente que:

a) o ladrão é o primeiro e o marceneiro é o terceiro;

b) o ladrão é o primeiro e o marceneiro é o segundo;

c) o pedreiro é o primeiro e o ladrão é o segundo;

d) o pedreiro é o primeiro e o ladrão é o terceiro;

e) o marceneiro é o primeiro e o ladrão é o segundo.

Solução:

Temos as seguintes informações sobre os três homens:

1) O marceneiro sempre diz a **verdade**;
2) O pedreiro sempre **mente**;
3) O ladrão ora **mente**, ora diz a **verdade**.

Os três homens fazem as seguintes declarações:
1) O primeiro homem diz: "Eu sou o ladrão."
2) O segundo homem diz: "É verdade; ele, o que acabou de falar, é o ladrão."
3) O terceiro homem diz: "Eu sou o ladrão."

Pela questão, não se sabe quem, entre eles, é quem! Faremos algumas suposições para identificar os homens que fizeram as declarações! Vamos supor a um dos declarantes que ele diz a verdade (ou seja, é o marceneiro), e depois testaremos esta suposição! Assim, devemos realizar três testes, conforme mostramos abaixo:

1º teste: Supor que o **primeiro homem** que declara é o **marceneiro**;
2º teste: Supor que o **segundo homem** que declara é o **marceneiro**;
3º teste: Supor que o **terceiro homem** que declara é o **marceneiro**.

Realizando os testes:
- **1º teste:** Supor que o **primeiro homem** que declara é o **marceneiro**:
  O primeiro homem declara: "Eu sou o ladrão!" Portanto, este homem não pode ser o marceneiro, pois o marceneiro sempre diz a verdade, e assim nunca se declararia que é ladrão! Concluímos que **o primeiro homem não é o marceneiro**!

Veja que tanto o primeiro homem quanto o terceiro homem declaram a mesma coisa! Daí, o **3º teste** terá um resultado similar ao obtido pelo 1º teste: **o marceneiro não pode ser o terceiro homem!**

Então, com certeza, o **2º teste** terá um resultado positivo, pois foi o único que restou! Donde concluímos que o segundo homem é o marceneiro!

E como o segundo homem é o marceneiro, então é verdadeira a sua declaração! Daí, obtemos que **o primeiro homem diz a verdade**!

Como o **primeiro homem** diz a verdade, então ele é o ladrão (não pode ser o pedreiro, pois este sempre mente!). Resta que o terceiro homem é o pedreiro, que sempre mente!

Resposta: Alternativa B.

7. (Esaf) Cinco amigas, Ana, Bia, Cati, Dida e Elisa, são tias ou irmãs de Zilda. As tias de Zilda sempre contam a verdade e as irmãs de Zilda sempre mentem. Ana diz que Bia é tia de Zilda. Bia diz que Cati é irmã de Zilda. Cati diz que Dida é irmã de Zilda. Dida diz que Bia e Elisa têm diferentes graus de parentesco com Zilda, isto é: se uma é tia a outra é irmã. Elisa diz que Ana é tia de Zilda. Assim, o número de irmãs de Zilda neste conjunto de cinco amigas é dado por:

a) 1;
b) 2;
c) 3;
d) 4;
e) 5.

Solução:

O enunciado traz as seguintes informações:

Há cinco amigas: Ana, Bia, Cati, Dida e Elisa, que são tias ou irmãs de Zilda.

As **tias** de Zilda sempre **contam a verdade** e as **irmãs** de Zilda **sempre mentem**.

Também, temos as seguintes declarações feitas pelas cinco amigas:
1) Ana diz: Bia é tia de Zilda.
2) Bia diz: Cati é irmã de Zilda.
3) Cati diz: Dida é irmã de Zilda.
4) Dida diz: Bia e Elisa têm diferentes graus de parentesco com Zilda.
5) Elisa diz: Ana é tia de Zilda.

Vamos supor que a primeira declarante seja tia de Zilda, ou seja, estamos supondo que **Ana é tia de Zilda**, e como as tias sempre dizem a verdade, então **Ana sempre diz a verdade**! Agora, testaremos esta suposição:

Ana diz: Bia é tia de Zilda.	→ Como Ana diz a verdade, então Bia é tia de Zilda! Logo, **Bia diz a verdade**!
Bia diz: Cati é irmã de Zilda	→ Também Bia diz a verdade, então Cati é irmã de Zilda! Logo, **Cati mente**!
Cati diz: Dida é irmã de Zilda	→ Temos que Cati mente, então Dida não é irmã de Zilda, mas sim tia de Zilda! Logo, **Dida diz a verdade**!
Dida diz: Bia e Elisa têm diferentes graus de parentesco com Zilda.	→ Como Dida diz a verdade, e como obtemos anteriormente que Bia é tia de Zilda, então concluímos que Elisa é irmã de Zilda! Logo, **Elisa mente**!
Elisa diz: Ana é tia de Zilda	→ Elisa mente, logo **Ana não é tia de Zilda**! Porém, isto contradiz a suposição inicial que fizemos: **Ana é tia de Zilda**! Como ocorreu uma contradição, então a suposição inicial está errada, restando-nos considerar que, certamente, **Ana é irmã de Zilda**!

Sabendo que **Ana é irmã de Zilda**, faremos uma nova análise nas declarações de cada amiga, para identificarmos cada uma delas quanto ao parentesco com Zilda.

Ana diz: Bia é tia de Zilda.	→ Como **Ana é irmã de Zilda**, logo **Ana mente**, daí Bia não é tia de Zilda, mas sim irmã! Logo, **Bia mente**!
Bia diz: Cati é irmã de Zilda	→ Como Bia mente, então Cati não é irmã de Zilda, mas sim tia! Logo, **Cati diz a verdade**!
Cati diz: Dida é irmã de Zilda	→ Temos que Cati diz a verdade, então Dida é irmã de Zilda! Logo, **Dida mente**!

Capítulo 6 – Verdades e Mentiras

Dida diz:	→ Como Dida mente, então Bia e Elisa têm iguais graus de parentesco com Zilda, como obtemos anteriormente que Bia é irmã de Zilda, então concluímos que Elisa também é irmã de Zilda! Logo, **Elisa mente**!
Bia e Elisa têm diferentes graus de parentesco com Zilda.	
Elisa diz: Ana é tia de Zilda	→ Elisa mente, então **Ana não é tia de Zilda**! Este resultado está de acordo com o que estabelecemos inicialmente!

Resultados obtidos:
Ana é irmã de Zilda!
Bia é irmã de Zilda!
Cati é tia de Zilda!
Dida é irmã de Zilda!
Elisa é irmã de Zilda!
Resposta: Alternativa D.

8. (Esaf) Cinco moças, Ana, Beatriz, Carolina, Denise e Eduarda, estão vestindo blusas vermelhas ou amarelas. Sabe-se que as moças que vestem blusas vermelhas sempre contam a verdade e as que vestem blusas amarelas sempre mentem. Ana diz que Beatriz veste blusa vermelha. Beatriz diz que Carolina veste blusa amarela. Carolina, por sua vez, diz que Denise veste blusa amarela. Por fim, Denise diz que Beatriz e Eduarda vestem blusas de cores diferentes. Por fim, Eduarda diz que Ana veste blusa vermelha. Desse modo, as cores das blusas de Ana, Beatriz, Carolina, Denise e Eduarda são, respectivamente:
   a) amarela, amarela, vermelha, vermelha e amarela;
   b) vermelha, vermelha, vermelha, amarela e amarela;
   c) vermelha, amarela, amarela, amarela e amarela;
   d) vermelha, amarela, vermelha, amarela e amarela;
   e) amarela, amarela, vermelha, amarela e amarela;

Solução:
Sobre quem mente e fala a verdade, sabemos que:
- as moças que vestem blusas vermelhas sempre contam a verdade;
- as que vestem blusas amarelas sempre mentem.

Temos as seguintes declarações:
1) Ana diz: Beatriz veste blusa vermelha.
2) Beatriz diz: Carolina veste blusa amarela.
3) Carolina diz: Denise veste blusa amarela.
4) Denise diz: Beatriz e Eduarda vestem blusas de cores diferentes.
5) Eduarda diz: Ana veste blusa vermelha.

Vamos estabelecer uma hipótese e depois testá-la.

Considere a hipótese: "**Ana veste blusa vermelha.**" E analisaremos passo a passo as declarações de cada uma das cinco moças.

1º) Como quem veste blusa vermelha sempre conta a verdade, então a declaração de Ana é verdadeira. Daí, é verdade que "**Beatriz veste blusa vermelha.**" Logo, Beatriz sempre conta a verdade!

2º) Como Beatriz sempre conta a verdade, então sua declaração é verdadeira. Daí, é verdade que "**Carolina veste blusa amarela.**" Logo, Carolina sempre mente!

3º) Como Carolina sempre mente, então sua declaração é falsa. Daí, é falso que "Denise veste blusa amarela", então a verdade é: "**Denise veste blusa vermelha.**" Logo, Denise sempre conta a verdade!

4º) Como Denise sempre conta a verdade, então sua declaração é verdadeira. Daí, é verdade que "**Beatriz e Eduarda vestem blusas de cores diferentes.**" Como já sabemos que Beatriz veste blusa vermelha, então Eduarda deve vestir blusa amarela. Logo, Eduarda sempre mente!

5º) Como Eduarda sempre mente, então sua declaração é falsa. Daí, é falso que "Ana veste blusa vermelha", então a verdade é: "**Ana veste blusa amarela.**" Isto está confrontando a hipótese estabelecida, logo a hipótese deve ser descartada!

Concluímos que Ana não pode estar vestindo blusa vermelha, logo **Ana está vestindo blusa amarela**. Assim, Ana sempre mente! A partir desse resultado, descobriremos as cores das blusas das outras moças.

1º) Como Ana sempre mente, a sua declaração é falsa. Daí, é falso que "Beatriz veste blusa vermelha", então a verdade é: "**Beatriz veste blusa amarela.**" Logo, Beatriz sempre mente!

2º) Como Beatriz sempre mente, então sua declaração é falsa. Daí, é falso que "Carolina veste blusa amarela", então a verdade é: "**Carolina veste blusa vermelha.**" Logo, Carolina sempre conta a verdade!

3º) Como Carolina sempre conta a verdade, então sua declaração é verdadeira. Daí, é verdade que "**Denise veste blusa amarela.**" Logo, Denise sempre mente!

4º) Como Denise sempre mente, então sua declaração é falsa. Daí, é falso que "Beatriz e Eduarda vestem blusas de cores diferentes", logo a verdade é: "**Beatriz e Eduarda vestem blusas de cores iguais**". Como já sabemos que Beatriz veste blusa amarela, então Eduarda também deve vestir blusa amarela. Logo, Eduarda sempre mente!

Capítulo 6 – Verdades e Mentiras   323

5º) Como Eduarda sempre mente, então sua declaração é falsa. Daí, é falso que "Ana veste blusa vermelha", logo a verdade é: "**Ana veste blusa amarela.**"

A partir desses resultados, concluímos que a opção correta é a alternativa e.

9. (Esaf) Cinco aldeões foram trazidos à presença de um velho rei, acusados de haver roubado laranjas do pomar real. Abelim, o primeiro a falar, falou tão baixo que o rei que era um pouco surdo não ouviu o que ele disse. Os outros quatro acusados disseram:
Bebelim: Cebelim é inocente.
Cebelim: Dedelim é inocente.
Dedelim: Ebelim é culpado.
Ebelim: Abelim é culpado.
O mago Merlim, que vira o roubo das laranjas e ouvira as declarações dos cinco acusados, disse então ao rei: Majestade, apenas um dos cinco acusados é culpado, e ele disse a verdade; os outros quatro são inocentes e todos os quatro mentiram. O velho rei, que embora um pouco surdo era muito sábio, logo concluiu corretamente que o culpado era:
a) Abelim;
b) Bebelim;
c) Cebelim;
d) Dedelim;
e) Ebelim.

Solução:
Comecemos relacionando as informações adicionais que o enunciado nos forneceu. São as seguintes:
- **Abelim** não foi ouvido;
- Só há um culpado;
- O culpado é veraz (diz a verdade!);
- Os inocentes estão todos mentindo.

A partir das informações acima concluímos que somente **um diz a verdade** (o culpado!) e **quatro mentem** (os inocentes!).
Passemos agora a relacionar as declarações dos envolvidos na situação em tela. Observemos que os nomes dessas pessoas começam com A, B, C, D e E. Usaremos, portanto, apenas suas iniciais. Teremos:

B diz:	C é inocente
C diz:	D é inocente
D diz:	E é culpado
E diz:	A é culpado

Temos cinco hipóteses sobre quem é o culpado (ou A, ou B, ou C, ou D, ou E). Podemos testar cada uma destas hipóteses para encontrar o verdadeiro culpado. Mas tentaremos reduzir o número de hipóteses para facilitar a solução da questão.

Sabemos que só um diz a verdade e os outros quatro mentem! Agora, passemos a analisar as declarações.

As duas primeiras declarações podem ser verdadeiras? Não, porque somente um diz a verdade. E essas mesmas duas declarações podem ser mentirosas (falsas)? Não, porque se fossem falsas, significaria que C e D são culpados, mas só há um culpado. Portanto, uma das duas primeiras declarações é verdadeira e a outra é mentirosa.

Do exposto acima, estabeleceremos as duas hipóteses seguintes:

	1ª Hipótese	2ª Hipótese
B diz: C é inocente	Verdade	Mentira
C diz: D é inocente	Mentira	Verdade
D diz: E é culpado	Mentira	Mentira
E diz: A é culpado	Mentira	Mentira

O que nos resta fazer agora é testar as duas hipóteses, a fim de verificar qual delas é a **boa**! Comecemos pelo **teste** da primeira hipótese. Teremos:
- B diz a verdade, logo: **C é inocente**;
- C mente, logo: **D é culpado**;

Ora, paremos por aí. Se foi concluído acima que **D é culpado**, conclui-se que ele teria que dizer a verdade, pois isso foi previsto pelo enunciado (o culpado é veraz!).

Porém, de acordo com essa primeira hipótese, temos que **D mente**.

Ou seja, houve um conflito entre as conclusões desta hipótese e as informações do enunciado. Conclusão: a primeira hipótese não é a boa!

Passemos ao teste da segunda hipótese. Teremos:
- B mente, logo: **C é culpado**;
- C diz a verdade, logo: **D é inocente**;

Podemos dar continuidade a esta análise? Sim, pois até agora, o culpado C é aquele que diz a verdade! Em frente!
- D mente, logo: **E é inocente**;
- E mente, logo: **A é inocente**.

De acordo, pois, com as conclusões emanadas da segunda hipótese, encontramos o seguinte resultado: só há um culpado, que é o **Cebelim**, e ele é o único que diz a verdade!

Resultado este totalmente compatível com as informações da questão!

Logo,

Resposta: Alternativa C.

Capítulo 6 – Verdades e Mentiras

10. **(Esaf)** Três suspeitos de haver roubado o colar da rainha foram levados à presença de um velho e sábio professor de Lógica. Um dos suspeitos estava de camisa azul, outro de camisa branca e o outro de camisa preta. Sabe-se que um e apenas um dos suspeitos é culpado e que o culpado às vezes fala a verdade e às vezes mente. Sabe-se, também, que dos outros dois (isto é, dos suspeitos que são inocentes), um sempre diz a verdade e o outro sempre mente. O velho e sábio professor perguntou, a cada um dos suspeitos, qual entre eles era o culpado. Disse o de camisa azul: "Eu sou o culpado." Disse o de camisa branca, apontando para o de camisa azul: "Sim, ele é o culpado." Disse, por fim, o de camisa preta: "Eu roubei o colar da rainha; o culpado sou eu." O velho e sábio professor de Lógica, então, sorriu e concluiu corretamente que:
   a) o culpado é o de camisa azul e o de camisa preta sempre mente;
   b) o culpado é o de camisa branca e o de camisa preta sempre mente;
   c) o culpado é o de camisa preta e o de camisa azul sempre mente;
   d) o culpado é o de camisa preta e o de camisa azul sempre diz a verdade;
   e) o culpado é o de camisa azul e o de camisa azul sempre diz a verdade.

Solução:
As informações adicionais do enunciado são as seguintes:
- Os envolvidos vestem camisa branca, ou azul ou preta;
- Só há um culpado;
- O culpado às vezes mente e às vezes fala a verdade;
- Entre os inocentes, um sempre mente e o outro sempre fala a verdade.

As declarações dos envolvidos foram, conforme o enunciado, as seguintes:

Camisa Azul:	Eu sou o culpado
Camisa Branca:	O de camisa azul é o culpado
Camisa Preta:	Eu sou o culpado

Podemos estabelecer três hipóteses sobre quem é o culpado, são as seguintes:

	1ª Hipótese	2ª Hipótese	3ª Hipótese
Camisa Azul	culpado	inocente	inocente
Camisa Branca	inocente	culpado	inocente
Camisa Preta	inocente	inocente	culpado

Vamos aos *testes* das hipóteses acima, iniciando pela primeira hipótese.

- **Teste da 1ª hipótese:**
  Camisa Azul é culpado! Daí:

Pela declaração dada pelo Camisa Azul ("Eu sou o culpado"), temos que ele fala a verdade! Isso está de acordo com o enunciado, pois o culpado às vezes fala a verdade.

Camisa Branca é *inocente*! Daí:

Pela declaração dada pelo Camisa Branca ("O de camisa azul é o culpado"), temos que ele diz a verdade! Isso está de acordo com o enunciado, *pois* um dos inocentes sempre fala a verdade.

Camisa Preta é *inocente*! Daí:

Pela declaração dada pelo Camisa Preta ("Eu sou o culpado"), temos que ele mente! Isso está de acordo com o enunciado, pois um dos inocentes sempre mente.

Está tudo compatível, de modo que concluímos que a **1ª Hipótese** é a boa!

Caso testássemos a segunda e a terceira hipótese (faça isso!), constataríamos que, em ambas as hipóteses, os dois inocentes mentem! E isso não é admissível, segundo o enunciado.

Conclusão:

Resposta: Alternativa A.

11. (Esaf) Quatro amigos, André, Beto, Caio e Dênis, obtiveram os quatro primeiros lugares em um concurso de oratória julgado por uma comissão de três juízes. Ao comunicarem a classificação final, cada juiz anunciou duas colocações, sendo uma delas verdadeira e a outra falsa:

Juiz 1: "André foi o primeiro; Beto foi o segundo."
Juiz 2: "André foi o segundo; Dênis foi o terceiro."
Juiz 3: "Caio foi o segundo; Dênis foi o quarto."

Sabendo que não houve empates, o primeiro, o segundo, o terceiro e o quarto colocados foram, respectivamente,

a) André, Caio, Beto, Denis;
b) André, Caio, Dênis, Beto;
c) Beto, André, Dênis, Caio;
d) Beto, André, Caio, Denis;
e) Caio, Beto, Dênis, André.

Solução:

A única informação adicional que temos é que, entre as declarações dos juízes, uma será verdadeira e a outra, falsa.

Faremos aqui uma tabela para facilitar nosso raciocínio. Teremos:

Juiz 1	André foi o 1º	Beto foi o 2º
Juiz 2	André foi o 2º	Dênis foi o 3º
Juiz 3	Caio foi o 2º	Dênis foi o 4º

Para criarmos a primeira hipótese, podemos supor que as declarações do Juiz 1 são, respectivamente, **verdadeira** e **falsa**. Caso haja alguma contradição durante a análise desta hipótese, então as declarações do Juiz 1 serão, respectivamente, falsa e verdadeira. Vamos analisar a hipótese inicialmente estabelecida.

Juiz 1	André foi o 1º	Beto foi o 2º
	verdade	mentira
Juiz 2	André foi o 2º	Dênis foi o 3º
Juiz 3	Caio foi o 2º	Dênis foi o 4º

Feito isso, daremos continuidade à análise das declarações dos demais juízes, de acordo com o que foi previsto na hipótese acima. Teremos:

- Juiz 2:
  – **André foi o 2º**: Terá que ser mentira (uma vez que já era sabido que André foi o 1º);
  – **Dênis foi o 3º**: Terá que ser verdade (uma vez que a declaração acima foi mentira)

- Juiz 3:
  – **Dênis foi o 4º**: Terá que ser mentira (uma vez que já era sabido que Dênis foi o 3º);
  – **Caio foi o 2º**: Terá que ser verdade (uma vez que a declaração acima foi mentira).

De acordo com a análise supra, teríamos, finalmente, os seguintes resultados:
1º colocado: André;
2º colocado: Caio;
3º colocado: Denis;
4º colocado: Beto.

Resultado este inteiramente compatível com o enunciado, ou seja, não houve empates e as declarações dos juízes têm, todas elas, uma verdade e uma mentira!
Resposta: Alternativa B.

12. (Esaf) Percival encontra-se à frente de três portas, numeradas de 1 a 3, cada uma das quais conduz a uma sala diferente. Em uma das salas encontra-se uma linda princesa; em outra, um valioso tesouro; finalmente, na outra, um feroz dragão. Em cada uma das portas encontra-se uma inscrição:
    Porta 1: "Se procuras a linda princesa, não entres; ela está atrás da porta 2."
    Porta 2: "Se aqui entrares, encontrarás um valioso tesouro; mas cuidado: não entres na porta 3 pois atrás dela encontra-se um feroz dragão."
    Porta 3: "Podes entrar sem medo pois atrás desta porta não há dragão algum."
    Alertado por um mago de que uma e somente uma dessas inscrições é falsa (sendo as duas outras verdadeiras), Percival conclui, então, corretamente que atrás das portas 1, 2 e 3 encontram-se, respectivamente:
    a) o feroz dragão, o valioso tesouro, a linda princesa;
    b) a linda princesa, o valioso tesouro, o feroz dragão;

c) o valioso tesouro, a linda princesa, o feroz dragão;
d) a linda princesa, o feroz dragão, o valioso tesouro;
e) o feroz dragão, a linda princesa, o valioso tesouro.

Solução:
As informações adicionais são as seguintes:
- Há, atrás das três portas, uma princesa, um dragão e um tesouro;
- Somente uma porta é *mentirosa*; as outras duas, verdadeiras.

As inscrições das portas são as seguintes:

| Porta 1: Princesa na porta 2 |
| Porta 2: Tesouro na porta 2 e dragão na porta 3 |
| Porta 3: Dragão não está aqui |

Sabemos que só há uma porta *mentirosa*. Agora, vamos fazer as seguintes perguntas:

A porta 1 e a porta 2 podem ambas dizer a verdade? Não, porque uma diz que na porta 2 está a **princesa** e a outra diz que na porta 2 está o **tesouro**.

A porta 1 e a porta 2 podem ambas mentir? Não, porque segundo o enunciado somente uma porta mente.

Como as portas 1 e 2 não podem ambas está dizendo a verdade, e nem ambas mentindo, logo uma porta mente e a outra diz a verdade. Com isso, podemos criar as seguintes hipóteses:

	1ª Hipótese	2ª Hipótese
Porta 1: Princesa na porta 2	Verdade	Mentira
Porta 2: Tesouro na porta 2 e dragão na 3	Mentira	Verdade
Porta 3: Dragão não está aqui	Verdade	Verdade

O teste da segunda hipótese não sobrevive, sequer, a um olhar mais apurado. Senão, vejamos: nela é dito, pela porta 2, que o dragão está na porta 3. E a porta 3, por sua vez, diz que o dragão não está aí. Ou seja, conclusões incompatíveis que nos fazem concluir que a hipótese 2 não é a boa!

Testando a primeira hipótese, e já sabendo que é a hipótese boa, teremos:
- Porta 1 é veraz, logo: **Princesa na porta 2**;
- Porta 3 é veraz, logo: **Dragão não está na porta 3**.

Ora, se é verdade que o dragão não está na porta 3, e que quem está na porta 2 é a princesa, resta que o dragão só poderia estar, finalmente, na porta 1. Consequentemente, o tesouro está na porta 3.

Até o momento não houve contradições!
- Porta 2 mente:

A inscrição da porta 2 é uma conjunção, e como tal, ela será falsa se um de seus termos for falso. O termo "Tesouro na porta 2" é falso (o tesouro está é na porta 3), logo a inscrição da porta 2 é falsa. Isso está de acordo com a 1ª hipótese!

Capítulo 6 – Verdades e Mentiras

Daí, as conclusões emanadas desta primeira hipótese são as seguintes:

Porta 1:	Dragão
Porta 2:	Princesa
Porta 3:	Tesouro

Resposta: Alternativa E.

13. (Esaf) Depois de um assalto a um banco, quatro testemunhas deram quatro diferentes descrições do assaltante segundo quatro características, a saber: estatura, cor de olhos, tipo de cabelos e usar ou não bigode.
Testemunha 1: "Ele é alto, olhos verdes, cabelos crespos e usa bigode."
Testemunha 2: "Ele é baixo, olhos azuis, cabelos crespos e usa bigode."
Testemunha 3: "Ele é de estatura mediana, olhos castanhos, cabelos lisos e usa bigode."
Testemunha 4: "Ele é alto, olhos negros, cabelos crespos e não usa bigode."
Cada testemunha descreveu corretamente uma e apenas uma das características do assaltante, e cada característica foi corretamente descrita por uma das testemunhas.
Assim, o assaltante é:
a) baixo, olhos azuis, cabelos lisos e usa bigode;
b) alto, olhos azuis, cabelos lisos e usa bigode;
c) baixo, olhos verdes, cabelos lisos e não usa bigode;
d) estatura mediana, olhos verdes, cabelos crespos e não usa bigode;
e) estatura mediana, olhos negros, cabelos crespos e não usa bigode.

Solução:
Comecemos com as informações adicionais do enunciado. Teremos:
- Cada testemunha descreveu corretamente apenas uma das características;
- Cada característica foi descrita corretamente por apenas uma das testemunhas.

Daí, deduzimos que se houver duas respostas iguais acerca de uma característica qualquer, essa resposta não poderá ser verdadeira!

Façamos a seguinte tabela:

	Estatura?	Cor dos olhos?	Cabelos?	Usa bigode?
Testemunha 1	Alta	Verdes	Crespos	Usa
Testemunha 2	Baixa	Azuis	Crespos	Usa
Testemunha 3	Mediana	Castanhos	Lisos	Usa
Testemunha 4	Alta	negros	crespos	Não usa

Nosso teste consistirá, a princípio em identificar respostas iguais, referentes a cada característica descrita. Estas respostas, já sabemos, serão todas falsas! Teremos:

	Estatura?	Cor dos olhos?	Cabelos?	Usa bigode?
Testemunha 1	~~Alta~~	Verdes	~~Crespos~~	~~Usa~~
Testemunha 2	Baixa	Azuis	~~Crespos~~	~~Usa~~
Testemunha 3	Mediana	Castanhos	Lisos	~~Usa~~
Testemunha 4	~~Alta~~	negros	~~Crespos~~	Não usa

Somente por essa análise inicial, já podemos chegar a duas conclusões:
- a testemunha 3 disse a verdade sobre os cabelos: são lisos;
- a testemunha 4 disse a verdade sobre o bigode: não é usado.

Como o enunciado disse que cada testemunha acertou apenas uma característica, resta que as demais respostas dessas duas que acabamos de tratar (terceira e quarta) serão necessariamente falsas. Vejamos como fica:

	Estatura?	Cor dos olhos?	Cabelos?	Usa bigode?
Testemunha 1	~~Alta~~	Verdes	~~Crespos~~	~~Usa~~
Testemunha 2	Baixa	Azuis	~~Crespos~~	~~Usa~~
Testemunha 3	~~Mediana~~	~~Castanhos~~	Lisos	~~Usa~~
Testemunha 4	~~Alta~~	~~negros~~	~~Crespos~~	Não usa

Daí, só restou uma resposta possível para a estatura. Qual? **Baixa**! E essa é a resposta da Testemunha 2. Daí, as demais respostas da Testemunha 2 são necessariamente falsas. Teremos:

	Estatura?	Cor dos olhos?	Cabelos?	Usa bigode?
Testemunha 1	~~Alta~~	Verdes	~~Crespos~~	~~Usa~~
Testemunha 2	Baixa	~~Azuis~~	~~Crespos~~	~~Usa~~
Testemunha 3	~~Mediana~~	~~Castanhos~~	Lisos	~~Usa~~
Testemunha 4	~~Alta~~	~~negros~~	~~Crespos~~	Não usa

Finalmente, restou apenas uma possibilidade para a cor dos olhos! As características reais desse ladrão são as seguintes em destaque:

	Estatura?	Cor dos olhos?	Cabelos?	Usa bigode?
Testemunha 1	~~Alta~~	**Verdes**	~~Crespos~~	~~Usa~~
Testemunha 2	**Baixa**	~~Azuis~~	~~Crespos~~	~~Usa~~
Testemunha 3	~~Mediana~~	~~Castanhos~~	**Lisos**	~~Usa~~
Testemunha 4	~~Alta~~	~~negros~~	~~Crespos~~	**Não usa**

Ou seja, o ladrão é **baixo**, tem **olhos verdes**, **cabelos lisos** e **não usa bigode**.
Resposta: Alternativa C.

14. **(FCC)** Em relação aos países A, B, C, D e E que irão participar das Olimpíadas de Atenas neste ano, quatro pessoas fizeram os seguintes prognósticos de classificação:

João	O país melhor colocado será B
Luís	O país melhor colocado será B ou D
Teresa	O país melhor colocado não será D e nem C
Célia	O país E não será o melhor colocado

Se após as Olimpíadas for verificado que apenas duas pessoas acertaram seu próprio prognóstico, conclui-se que o melhor colocado, entre os cinco países, foi

a) A;
b) B;
c) C;
d) D;
e) E.

Solução:

A solução mais indicada para esta questão é considerar cada um dos países como vencedor, e verificar quantos acertaram e quantos erraram o prognóstico.

Vamos iniciar pelo **país A**.

- Se o vencedor foi o **país A**, quem acertou e quem errou?

De acordo com os prognósticos que cada um fez, temos os seguintes resultados:

João	errou
Luís	errou
Teresa	acertou
Célia	acertou

Houve duas pessoas que acertaram e duas pessoas que erraram o prognóstico. Isso está de acordo com o enunciado da questão. Portanto, já descobrimos que é o vencedor das Olimpíadas é o **país A. (Resposta)**.

Porém, essa questão tinha duas respostas, pois a alternativa D também está correta. Vamos verificá-la.

- Se o vencedor foi o **país D**, quem acertou e quem errou?

De acordo com os prognósticos que cada um fez, temos os seguintes resultados:

João	errou
Luís	acertou
Teresa	errou
Célia	acertou

Novamente obtemos duas pessoas acertando e duas errando o prognóstico. Logo, a opção D também está correta.

15. (FCC) Um número de 1 a 10 foi mostrado para três pessoas. Cada pessoa fez a seguinte afirmação sobre o número:
Pessoa I: o número é divisível apenas por 1 e por ele mesmo.
Pessoa II: o número é ímpar.
Pessoa III: o número é múltiplo de 5.
Considerando que apenas duas pessoas dizem a verdade, o total de números distintos que podem ter sido mostrados às três pessoas é:
a) 2;
b) 3;
c) 4;
d) 5;
e) 6.

Solução:

Somente um dos números de 1 a 10 foi mostrado as três pessoas, mas não sabemos qual. Testaremos um por um para encontrarmos os possíveis números mostrados. A cada teste analisaremos se as pessoas dizem a verdade ou mentem. Se no teste houver duas pessoas dizendo a verdade e uma mentindo, então o teste é válido, ou seja, o número pode ter sido mostrado às três pessoas, caso contrário, descartaremos o número testado.

- Considere que o número mostrado é o **1**.
  A pessoa I estará dizendo a verdade.
  A pessoa II estará dizendo a verdade.
  A pessoa III estará mentindo.
  Teste válido!

- Considere que o número mostrado é o **2**.
  A pessoa I estará dizendo a verdade.
  A pessoa II estará mentindo.
  A pessoa III estará mentindo.
  Teste inválido!

- Considere que o número mostrado é o **3**.
  A pessoa I estará dizendo a verdade.
  A pessoa II estará dizendo a verdade.
  A pessoa III estará mentindo.
  Teste válido!

- Considere que o número mostrado é o **4**.
  A pessoa I estará mentindo.
  A pessoa II estará mentindo.
  A pessoa III estará mentindo.
  Teste inválido!

Capítulo 6 – Verdades e Mentiras

- Considere que o número mostrado é o **5**.
  A pessoa I estará dizendo a verdade.
  A pessoa II estará dizendo a verdade.
  A pessoa III estará dizendo a verdade.
  Teste inválido!

- Considere que o número mostrado é o **6**.
  A pessoa I estará mentindo.
  A pessoa II estará mentindo.
  A pessoa III estará mentindo.
  Teste inválido!

- Considere que o número mostrado é o **7**.
  A pessoa I estará dizendo a verdade.
  A pessoa II estará dizendo a verdade.
  A pessoa III estará mentindo.
  Teste válido!

- Considere que o número mostrado é o **8**.
  A pessoa I estará mentindo.
  A pessoa II estará mentindo.
  A pessoa III estará mentindo.
  Teste inválido!

- Considere que o número mostrado é o **9**.
  A pessoa I estará mentindo.
  A pessoa II estará dizendo a verdade.
  A pessoa III estará mentindo.
  Teste inválido!

- Considere que o número mostrado é o **10**.
  A pessoa I estará mentindo.
  A pessoa II estará mentindo.
  A pessoa II estará dizendo a verdade.
  Teste inválido!

Os testes foram válidos apenas para os números 1, 3 e 7, portanto há **três números** distintos que podem ter sido mostrados às três pessoas.

Resposta: Alternativa B.

16. (FCC) Três amigos têm o hábito de almoçar em um certo restaurante no período de segunda à sexta-feira e, em cada um destes dias, pelo menos um deles almoça nesse local. Consultados sobre tal hábito, eles fizeram as seguintes afirmações:
- Antônio: "Não é verdade que vou às terças, quartas ou quintas-feiras."
- Bento: "Não é verdade que vou às quartas ou sextas-feiras."
- Carlos: "Não é verdade que vou às segundas ou terças-feiras."

Se somente um deles está mentindo, então o dia da semana em que os três costumam almoçar nesse restaurante é
a) sexta-feira;
b) quinta-feira;
c) quarta-feira;
d) terça-feira;
e) segunda-feira.

Solução:

Nas três declarações, aparece o termo "Não é verdade que", e ensinamos que ele significa que devemos negar tudo o que vem depois dele. E o que vem depois? Em cada uma das declarações vem uma disjunção. Faremos, então, a negação de cada uma das disjunções. Como? Negando os seus termos e trocando o OU pelo E. Teremos:

Antônio: "não vou às terças e não vou às quartas e não vou às quintas".
Bento: "não vou às quartas e não vou às sextas".
Carlos: "não vou às segundas e não vou às terças".

Pelo enunciado, somente um dos amigos mente. Vamos estabelecer hipóteses e depois testá-las.

1ª hipótese: Antônio mente!

Marcaremos os dias em que Bento e Carlos **não almoçam**, de acordo com as suas declarações. Marcados esses dias, nos dias restantes eles devem almoçar.

	segunda	terça	quarta	quinta	sexta
Antônio					
Bento	almoça	almoça	não almoça	almoça	não almoça
Carlos	não almoça	não almoça	almoça	almoça	almoça

A declaração de Antônio foi: "**Não é verdade que** vou às terças, quartas ou quintas." Como ele mente, então **é verdade que**: "vai às terças, quartas ou quintas".

Capítulo 6 – Verdades e Mentiras

Ou seja, Antônio vai nesses três dias, ou dois desses dias, ou em somente um desses dias. Considere que ele vai aos três dias acima, então o quadro completo fica conforme mostrado abaixo:

	segunda	terça	quarta	quinta	Sexta
Antônio	não almoça	almoça	almoça	almoça	não almoça
Bento	almoça	almoça	não almoça	almoça	não almoça
Carlos	não almoça	não almoça	almoça	almoça	Almoça

Essa hipótese atende a exigência do enunciado de que haja pelo menos uma pessoa almoçando todos os dias? Sim! Então, esta hipótese é aceitável.

Portanto, encontramos que o mentiroso é Antônio, e que o dia em que os três amigos almoçam juntos é a quinta-feira.

Resposta: Alternativa B.

Analisaremos as hipóteses restantes para que não haja dúvidas.

2ª hipótese: Bento mente!

Marcaremos os dias em que Antônio e Carlos **não almoçam**, de acordo com as suas declarações. Marcados esses dias, nos dias restantes eles devem almoçar.

	segunda	terça	quarta	quinta	Sexta
Antônio	almoça	não almoça	não almoça	não almoça	almoça
Bento					
Carlos	não almoça	não almoça	almoça	almoça	almoça

A declaração de Bento foi: "**Não é verdade que** vou às quartas ou sextas-feiras." Como ele mente, então **é verdade que**: "vai às quartas ou sextas-feiras".

Ou seja, Bento vai nesses dois dias, ou em somente um desses dias. Considere que ele vai aos dois dias acima, então o quadro completo fica conforme mostrado abaixo:

	segunda	terça	quarta	quinta	Sexta
Antônio	almoça	não almoça	não almoça	não almoça	almoça
Bento	não almoça	não almoça	almoça	não almoça	almoça
Carlos	não almoça	não almoça	almoça	almoça	almoça

Essa situação atende a exigência do enunciado de que haja pelo menos uma pessoa almoçando todos os dias? Não! Pois na terça ninguém almoça. Então, a 2ª hipótese deve ser descartada.

3ª hipótese: Carlos mente!

Marcaremos os dias em que Antônio e Bento **não almoçam**, de acordo com as suas declarações. Marcados esses dias, nos dias restantes eles devem almoçar!

	segunda	terça	quarta	quinta	Sexta
Antônio	almoça	não almoça	não almoça	não almoça	Almoça
Bento	almoça	almoça	não almoça	almoça	não almoça
Carlos					

A declaração de Carlos foi: "**Não é verdade que** vou às segundas ou terças-feiras." Como ele mente, então **é verdade que**: "vai às segundas ou terças-feiras".

Ou seja, Carlos vai nesses dois dias, ou em somente um desses dias. Considere que ele vai aos dois dias acima, então o quadro completo fica conforme mostrado abaixo:

	segunda	terça	quarta	quinta	Sexta
Antônio	almoça	não almoça	não almoça	não almoça	Almoça
Bento	almoça	almoça	não almoça	almoça	não almoça
Carlos	almoça	almoça	não almoça	não almoça	não almoça

Essa situação atende a exigência do enunciado de que haja pelo menos uma pessoa almoçando todos os dias? Não! Pois na quarta ninguém almoça. Então, a 3ª hipótese deve ser descartada.

17. **(FCC) Cada um dos três participantes de um torneio de xadrez deu uma informação sobre o que ocorreu no evento. João disse que Carlos foi o 3º colocado; Alberto disse que João foi o 2º colocado e Carlos atribuiu a si mesmo a 2ª colocação. Sabendo que só o primeiro colocado disse a verdade, deve-se concluir que:**
   a) Alberto foi o 1º colocado;
   b) João foi o 2º colocado;
   c) Alberto foi o 3º colocado;
   d) Carlos foi o 2º colocado;
   e) João foi o 1º colocado.

Solução:
As declarações de cada um deles foram as seguintes:
João disse: Carlos foi o 3º colocado.
Alberto disse: João foi o 2º colocado.
Carlos disse: eu fui o 2ª colocado.

O enunciado informa que **só o primeiro colocado disse a verdade**.

Formaremos as seguintes hipóteses:
1ª hipótese: Somente João diz a verdade.
2ª hipótese: Somente Alberto diz a verdade.
3ª hipótese: Somente Carlos diz a verdade.

1ª) teste da 1ª hipótese: **Somente João diz a verdade!**
Estabelecida essa hipótese, temos os seguintes resultados:
- Como só o 1º colocado disse a verdade, logo: **João é o 1º colocado!**
- Da declaração de João, temos que: **Carlos foi o 3º colocado!** Só resta a **2ª colocação para o Alberto**!
- Alberto disse: "João foi o 2ª colocado." Ele está mentindo? Sim! Então, a 1ª hipótese, até o momento, está correta!
- Carlos disse: "eu fui o 2ª colocado." Ele está mentindo? Sim! Então, a 1ª hipótese está correta!

Como não houve conflitos, os resultados encontrados acima são válidos. Daí, a alternativa correta é a **letra e**.
Testaremos mais um hipótese para uma melhor compreensão da resolução.

2ª) teste da 2ª hipótese: **Somente Alberto diz a verdade!**
Estabelecida essa hipótese, temos os seguintes resultados:
- Como só o 1º colocado disse a verdade, logo: **Alberto é o 1º colocado!**
- Da declaração de Alberto, temos que: **João foi o 2º colocado!** Só resta a **3ª colocação para Carlos**!
- João disse: "Carlos foi o 3ª colocado". Ele está mentindo? Não, ele diz a verdade! Então, a 2ª hipótese deve ser descartada, pois ela pressupõe que a única pessoa que diz a verdade é Alberto.

18. (FCC) Sobre a mesa de um Agente de Protocolo há três caixas, cada qual pintada com uma das três cores: branca, preta e vermelha. Diariamente, ele usa uma das caixas para colocar apenas os documentos que recebe, outra para colocar apenas os documentos que deve protocolar e a terceira, apenas os que deve encaminhar a outras seções do Tribunal. Certo dia, para brincar com seus colegas, rotulou as três caixas da forma como é mostrado nas figuras abaixo.

Se somente um dos rótulos dizia a verdade, então, em tal dia, os documentos recebidos, os que deveriam ser protocolados e os que deveria encaminhar, poderiam estar respectivamente nas caixas
a) vermelha, preta e branca;
b) vermelha, branca e preta;
c) branca, preta e vermelha;
d) branca, vermelha e preta;
e) preta, branca e vermelha.

Solução:
Como somente um dos rótulos diz a verdade, formaremos as três hipóteses seguintes:
1ª **hipótese:** Somente a caixa preta tem o rótulo que diz a verdade.
2ª **hipótese:** Somente a caixa branca tem o rótulo que diz a verdade.
3ª **hipótese:** Somente a caixa vermelha tem o rótulo que diz a verdade.

- Teste da 1ª hipótese: **Somente a caixa preta tem o rótulo que diz a verdade!**

  Estabelecida essa hipótese, temos os seguintes resultados:
  - Como o rótulo da caixa preta diz a verdade, então temos que: **os documentos recebidos estão na caixa vermelha!**
  - Na caixa branca está escrito: **os documentos recebidos não estão aqui!** Por hipótese: o rótulo mente, logo: **os documentos recebidos estão na caixa branca!** Houve um conflito, pois tínhamos encontrado anteriormente que os documentos recebidos estavam na caixa vermelha. Portanto, devemos descartar a 1ª hipótese.

- Teste da 2ª hipótese: **Somente a caixa branca tem o rótulo que diz a verdade!**

  Estabelecida essa hipótese, temos os seguintes resultados:
  - Como o rótulo da caixa branca diz a verdade, então temos que: **os documentos recebidos não estão na caixa branca!**
  - Na caixa preta está escrito: os documentos recebidos estão na caixa vermelha! Por hipótese: o rótulo mente, logo **os documentos recebidos não estão na caixa vermelha!** Como os documentos recebidos não estão na caixa branca e nem na caixa vermelha, logo: **os documentos recebidos estão na caixa preta!**
  - Na caixa vermelha está escrito: os documentos recebidos estão aqui! Por hipótese: o rótulo mente, logo: **os documentos recebidos não estão na caixa vermelha!** Isso confirma que não há conflitos na 2ª hipótese.

  Portanto, a 2ª hipótese é aceitável! E encontramos que: **os documentos recebidos estão na caixa preta!**
  A única alternativa que afirma que os documentos recebidos estão na caixa preta é a letra **e**.
  Resposta: Alternativa E.

Com as informações dadas no enunciado, não há como encontrar as caixas onde estão os documentos que deveriam ser protocolados e os que deveriam ser encaminhados.

19. (Esaf) O sultão prendeu Aladim em uma sala. Na sala há três portas. Delas, uma e apenas uma conduz à liberdade; as duas outras escondem terríveis dragões. Uma porta é vermelha, outra é azul e a outra branca. Em cada porta há uma inscrição. Na porta vermelha está escrito: "esta porta conduz à liberdade". Na porta azul está escrito: "esta porta não conduz à liberdade". Finalmente, na porta branca está escrito: "a porta azul não conduz à liberdade". Ora, a princesa – que sempre diz a verdade e que sabe

o que há detrás de cada porta – disse a Aladim que pelo menos uma das inscrições é verdadeira, mas não disse nem quantas, nem quais. E disse mais a princesa: que pelo menos uma das inscrições é falsa, mas não disse nem quantas nem quais. Com tais informações, Aladim concluiu corretamente que:

a) a inscrição na porta branca é verdadeira e a porta vermelha conduz à liberdade;
b) a inscrição na porta vermelha é falsa e a porta azul conduz à liberdade;
c) a inscrição na porta azul é verdadeira e a porta vermelha conduz à liberdade;
d) a inscrição na porta branca é falsa e a porta azul conduz à liberdade;
e) a inscrição na porta vermelha é falsa e a porta branca conduz à liberdade.

Solução:

Temos as seguintes inscrições nas portas:
PORTA VERMELHA: "esta porta conduz à liberdade".
PORTA AZUL: "esta porta não conduz à liberdade".
PORTA BRANCA: "a porta azul não conduz à liberdade".

A princesa – que sempre diz a verdade e que sabe o que há detrás de cada porta – disse a Aladim que pelo menos uma das inscrições é verdadeira e que pelo menos uma das inscrições é falsa.

Segundo o enunciado, apenas uma porta conduz à liberdade. Vamos estabelecer a seguinte hipótese: "**A porta vermelha conduz à liberdade**." Assim, as outras duas portas conduzem aos dragões. Para esta situação, vamos verificar agora se as inscrições nas portas são verdadeiras ou falsas.

PORTA VERMELHA: "esta porta conduz à liberdade". → Inscrição Verdadeira!
PORTA AZUL: "esta porta não conduz à liberdade". → Inscrição Verdadeira!
PORTA BRANCA: "a porta azul não conduz à liberdade". → Inscrição Verdadeira!

Segundo a princesa, deve haver pelo menos uma inscrição falsa. Como não tivemos nenhuma falsa, então devemos descartar a hipótese estabelecida acima!

Nova hipótese: "**A porta azul conduz à liberdade**". Assim, as outras duas portas conduzem aos dragões. Para esta situação, vamos verificar agora se as inscrições nas portas são verdadeiras ou falsas.

PORTA VERMELHA: "esta porta conduz à liberdade". → Inscrição Falsa!
PORTA AZUL: "esta porta não conduz à liberdade". → Inscrição Falsa!
PORTA BRANCA: "a porta azul não conduz à liberdade". → Inscrição Falsa!

Segundo a princesa, deve haver pelo menos uma inscrição verdadeira. Como não tivemos nenhuma verdadeira, então devemos descartar a hipótese estabelecida acima!

Como nem a porta vermelha nem a azul conduzem a liberdade, então certamente **a porta branca conduz a liberdade**! Vamos verificar a veracidade das inscrições das portas:

PORTA VERMELHA: "esta porta conduz à liberdade". → Inscrição Falsa!
PORTA AZUL: "esta porta não conduz à liberdade". → Inscrição verdadeira!
PORTA BRANCA: "a porta azul não conduz à liberdade". → Inscrição verdadeira!

A opção correta é a da **alternativa E**.

20. (FCC) Numa ilha dos mares do sul convivem três raças distintas de ilhéus: os zel(s) só mentem, os del(s) só falam a verdade e os mel(s) alternadamente falam verdades e mentiras – ou seja, uma verdade, uma mentira, uma verdade, uma mentira –, mas não se sabe se começaram falando uma ou outra.

Nos encontramos com três nativos, Sr. A, Sr. B, Sr. C, um de cada uma das raças.

Observe bem o diálogo que travamos com o Sr. C

Nós: – Sr. C, o senhor é da raça zel, del ou mel?

Sr. C: – Eu sou mel. (1ª resposta)

Nós: – Sr. C, e o senhor A, de que raça é?

Sr. C: – Ele é zel. (2ª resposta)

Nós: – Mas então o Sr. B é del, não é isso, Sr. C?

Sr. C: – Claro, senhor! (3ª resposta)

Nessas condições, é verdade que os senhores A, B e C são, respectivamente,

a) del, zel, mel;
b) del, mel, zel;
c) mel, del, zel;
d) zel, del, mel;
e) zel, mel, del.

Solução:

Temos as seguintes raças de ilhéus:

os **zel** só mentem;

os **del** só falam a verdade; e

os **mel** alternadamente falam verdades e mentiras, mas não se sabe se começaram falando uma ou outra.

O diálogo é travado com o Sr. C, daí formaremos as seguintes hipóteses:

1ª hipótese: o Sr. C é del (sempre diz a verdade)!
2ª hipótese: o Sr. C é zel (sempre mente)!
3ª hipótese: o Sr. C é mel (alterna verdades e mentiras)!

Estabelecemos essa ordem acima para as hipóteses, porque é sempre mais fácil fazer os testes considerando que a pessoa diz a verdade. E a situação mais difícil é quando ela alterna verdades e mentiras, pois *a priori* não sabemos se o que ela diz é verdade ou mentira.

- **Teste da 1ª hipótese: o Sr. C é del (sempre diz a verdade)!**

  Vejamos a primeira pergunta e resposta do diálogo.

  1ª pergunta: – Sr. C, o senhor é da raça zel, del ou mel?

  Resposta do Sr. C: – Eu sou mel.

Como estamos considerando que o Sr. C é del (só fala a verdade!), a resposta acima deveria ser: "Eu sou del!" Mas não foi essa a resposta, portanto, a 1ª hipótese será descartada!

- **Teste da 2ª hipótese:** o Sr. C é zel (sempre mente)!
  Novamente vejamos a primeira pergunta e resposta do diálogo.
  1ª pergunta: – Sr. C, o senhor é da raça zel, del ou mel?
  Resposta do Sr. C: – Eu sou mel.

A resposta acima é mentira ou verdade? É claro que é mentira! Então está de acordo com a hipótese estabelecida, qual seja, **Sr. C é zel** (sempre mente)
Passemos a próxima pergunta do diálogo.

2ª pergunta: – Sr. C, e o senhor A, de que raça é?
Resposta do Sr. C: – Ele é zel.

A resposta acima é mentira ou verdade? Também é mentira! Pois, pela hipótese, quem é zel é o Sr. C. Até o momento a hipótese permanece válida.
Passemos à última pergunta do diálogo.

3ª pergunta: – Mas então o Sr. B é del, não é isso, Sr. C?
Resposta do Sr. C: – Claro, senhor!

Sabendo que o Sr. C só diz mentiras, a resposta "Sr. B é del" deve ser uma mentira. Logo, a verdade é "Sr. B não é del!" Como o Sr. B não é del e nem zel, só resta: **Sr. B é mel**! Daí, o **Sr. A é del**! Essa 2ª hipótese deu certo, não houve conflitos!
Resposta: Alternativa B.

21. (Esaf) Um professor de Lógica percorre uma estrada que liga, em linha reta, as vilas Alfa, Beta e Gama. Em Alfa, ele avista dois sinais com as seguintes indicações: "Beta a 5km" e "Gama a 7km". Depois, já em Beta, encontra dois sinais com as indicações: "Alfa a 4km" e "Gama a 6km". Ao chegar a Gama, encontra mais dois sinais: "Alfa a 7km" e "Beta a 3km". Soube, então, que, em uma das três vilas, todos os sinais têm indicações erradas; em outra, todos os sinais têm indicações corretas; e na outra um sinal tem indicação correta e outro sinal tem indicação errada (não necessariamente nesta ordem). O professor de Lógica pode concluir, portanto, que as verdadeiras distâncias, em quilômetros, entre Alfa e Beta, e entre Beta e Gama, são, respectivamente:
    a) 5 e 3;
    b) 5 e 6;
    c) 4 e 6;
    d) 4 e 3;
    e) 5 e 2.

Solução:
Temos os seguintes dados:
As vilas são **Alfa**, **Beta** e **Gama**. E faremos o seguinte desenho:

Em **Alfa**, ele avista: "**Beta a 5km**" e "**Gama a 7km**".
Em **Beta**, ele avista: "**Alfa a 4km**" e "**Gama a 6km**".
Em **Gama**, ele avista: "**Alfa a 7km**" e "**Beta a 3km**".
Uma das três vilas, todos os sinais têm indicações **erradas**;
Em outra, todos os sinais têm indicações **corretas**;
E na outra um sinal tem indicação **correta** e outro sinal tem indicação **errada**.

Como temos três tipos de placas, então teremos SEIS possíveis hipóteses:

	HIPÓTESES					
VILAS	1ª	2ª	3ª	4ª	5ª	6ª
Alfa	corretas	corretas	erradas	corretas e erradas	erradas	corretas e erradas
Beta	erradas	corretas e erradas	corretas	corretas	corretas e erradas	erradas
Gama	corretas e erradas	erradas	corretas e erradas	erradas	corretas	corretas

Fazendo uma análise superficial das indicações das placas em cada vila, já poderíamos descartar algumas dessas hipóteses. Porém, testaremos uma a uma até acharmos a hipótese correta, pois os testes são fáceis e rápidos.

• Teste da **1ª hipótese**: Alfa – corretas, Beta – erradas, Gama – corretas e erradas.
1) Em **Alfa**, ele avista: "**Beta a 5km**" e "**Gama a 7km**". Daí, teremos o seguinte desenho:

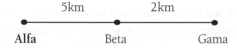

2) Pela **1ª hipótese**: **Beta** tem placas erradas. Vamos verificar se isso ocorre:
Em **Beta**, ele avista: "**Alfa a 4km**" e "**Gama a 6km**". E pelo desenho acima, as duas indicações estão erradas! Ok, não houve contradição!

3) Por esta hipótese: **Gama** tem uma placa correta e uma errada. Vamos verificar se isso ocorre:
Em **Gama**, ele avista: "**Alfa a 7km**" e "**Beta a 3km**". E pelo desenho acima, a indicação **Alfa a 7km** está correta e a indicação **Beta a 3km** está errada! Novamente, não houve contradição!

Capítulo 6 – Verdades e Mentiras   343

Concluímos que esta hipótese está certa, daí a distância entre **Alfa e Beta é de 5km** e a distância entre **Beta a Gama é de 2km**. Não precisamos mais testar as outras hipóteses.
Resposta: Alternativa E.

22. (Esaf) Sócrates encontra-se em viagem por um distante e estranho país, formado por apenas duas aldeias, uma grande e outra pequena. Os habitantes entendem perfeitamente o Português, mas falam apenas no idioma local, desconhecido por Sócrates. Ele sabe, contudo, que os habitantes da aldeia menor sempre dizem a verdade, e os da aldeia maior sempre mentem. Sabe, também, que "Milango" e "Nabungo" são as palavras no idioma local que significam "sim" e "não", mas não sabe qual delas significa "sim" e nem, consequentemente, qual significa "não". Um dia, Sócrates encontra um casal acompanhado de um jovem. Dirigindo-se a ele, e apontando para o casal, Sócrates pergunta:
– Meu bom jovem, é a aldeia desse homem maior do que a dessa mulher?
– Milango – responde o jovem.
– E a tua aldeia é maior do que a desse homem? – voltou Sócrates a perguntar.
– Milango – tornou o jovem a responder.
– E, dize-me ainda, és tu da aldeia maior? – perguntou Sócrates.
– Nabungo – disse o jovem.
Sócrates, sorrindo, concluiu corretamente que:
a) o jovem diz a verdade, e o homem é da aldeia grande e a mulher da grande;
b) o jovem mente, e o homem é da aldeia grande e a mulher da pequena;
c) o jovem mente, e o homem é da aldeia pequena e a mulher da pequena;
d) o jovem diz a verdade, e o homem é da aldeia pequena e a mulher da pequena;
e) o jovem mente, e o homem é da aldeia grande e a mulher da grande.

Solução:
Temos os seguintes dados trazidos no enunciado:
1) Os habitantes da aldeia menor sempre dizem a verdade, e os da aldeia maior sempre mentem.
2) Sabe-se, também, que "Milango" e "Nabungo" são as palavras no idioma local que significam **sim** e **não**, não necessariamente nesta ordem.
3) Um dia, Sócrates encontra um casal acompanhado de um jovem. Dirigindo-se a ele, e apontando para o casal, Sócrates pergunta:
1ª pergunta: – Meu bom jovem, é a aldeia desse homem maior do que a dessa mulher?
– **Milango** – responde o jovem.
2ª pergunta: – E a tua aldeia é maior do que a desse homem?– voltou Sócrates a perguntar.
– **Milango** – tornou o jovem a responder.
3ª pergunta: – E, dize-me ainda, és tu da aldeia maior? – perguntou Sócrates.
– **Nabungo** – disse o jovem.

Vamos iniciar analisando a última pergunta, pois esta envolve somente uma pessoa – o próprio jovem.

É importante saber e lembrar, que quando se pergunta a uma pessoa se ela mente, a resposta sempre será **não**, independentemente se a pessoa sempre mente ou sempre diz a verdade.

A última pergunta feita ao jovem é indagando se ele é da **aldeia maior**, isso é o mesmo que perguntar se **ele mente**, pois quem é da aldeia maior mente. Já sabemos que a resposta a este tipo de pergunta sempre é **não**. Logo, descobrimos que **Nabungo** quer dizer **não**. Resta que **Milango** é **sim**.

Substituindo Nabungo por **não** e Milango por **sim**, reescreveremos as respostas dadas as duas primeiras perguntas:

1ª pergunta: – Meu bom jovem, é a aldeia desse homem maior do que a dessa mulher?
– **Sim** – responde o jovem.
2ª pergunta: – E a tua aldeia é maior do que a desse homem?– voltou Sócrates a perguntar.
– **Sim** – tornou o jovem a responder.

O enunciado não informa se o jovem sempre mente ou sempre diz a verdade. Então estabeleceremos a seguinte hipótese, que será testada posteriormente:

→ **O jovem diz sempre a verdade** (ou seja, é da **aldeia menor**).

Passemos ao teste desta hipótese, através da análise das perguntas e respostas dadas.
Vamos analisar a pergunta que compara o jovem com o homem: é a 2ª pergunta.
2ª pergunta: – E a tua aldeia é maior do que a desse homem? – voltou Sócrates a perguntar.
– **Sim** – tornou o jovem a responder.

Como supomos que o jovem é da aldeia menor, então a resposta do jovem **deveria ser não**, independentemente se o homem é da aldeia menor ou maior. Logo, chegamos a uma **contradição**, portanto, a suposição de que o **jovem diz sempre a verdade** é **falsa**. Obtemos, assim, que o **jovem mente**, ou seja, ele é da **aldeia maior**.

Vamos analisar a segunda pergunta novamente, mas sabendo agora que o **jovem mente e que ele é da aldeia maior**.

Na segunda pergunta, o jovem mentiroso respondeu **sim**, mas ele mente, logo a verdade é **não**. Isto significa que a **aldeia do jovem *não* é maior do que a aldeia do homem**, e, portanto, obtemos que o **homem também é da aldeia maior**.

Passemos à 1ª pergunta para descobrir se a mulher é da aldeia menor ou maior.
1ª pergunta: – Meu bom jovem, é a aldeia desse homem maior do que a dessa mulher?
– **Sim** – responde o jovem.

Sabemos até o momento que o jovem e o homem são da aldeia maior. Como o jovem mente e ele disse sim, então a verdadeira resposta à pergunta acima deveria ser **não**. Isto significa que a mulher também é da aldeia grande, ou seja, a mulher também mente.

Concluímos que o casal (o homem e a mulher) e o jovem são da aldeia maior e que todos mentem!

Resposta: Alternativa E.

Capítulo 6 – Verdades e Mentiras   345

23. (Esaf) Um rei diz a um jovem sábio: "Dizei-me uma frase e se ela for verdadeira prometo que vos darei ou um cavalo veloz, ou uma linda espada, ou a mão da princesa; se ela for falsa, não vos darei nada". O jovem sábio disse, então: "Vossa Majestade não me dará nem o cavalo veloz, nem a linda espada." Para manter a promessa feita, o rei:
   a) deve dar o cavalo veloz e a linda espada;
   b) deve dar a mão da princesa, mas não o cavalo veloz nem a linda espada;
   c) deve dar a mão da princesa e o cavalo veloz ou a linda espada;
   d) deve dar o cavalo veloz ou a linda espada, mas não a mão da princesa;
   e) não deve dar nem o cavalo veloz, nem a linda espada, nem a mão da princesa.

Solução:
A frase que o jovem sábio disse ao rei é a seguinte:
   "Vossa Majestade não me dará nem o cavalo veloz, nem a linda espada."
O enunciado não informa, expressamente, se a frase do jovem é verdadeira ou falsa. Vejamos abaixo o que acontece em ambos os casos.

1ª hipótese: A frase do jovem sábio é falsa!
Se a frase "Vossa Majestade não me dará nem o cavalo veloz, nem a linda espada" é falsa, então a sua negação é verdadeira. Não é verdade?

Antes de passarmos à negação, vamos encontrar uma forma equivalente para a frase do jovem sábio. A forma equivalente é a seguinte:
   "Vossa Majestade não dará o cavalo veloz **e** não dará a linda espada."

A frase acima é uma proposição composta formada por dois termos interligados pelo conectivo E. Logo, a negação será procedida da seguinte forma:
   1º) nega-se o primeiro termo da proposição composta;
   2º) troca-se o conectivo E pelo conectivo OU;
   3º) nega-se o segundo termo da proposição composta.

Procedendo desta forma, teremos que a negação da frase do jovem sábio é a seguinte:
   "Vossa Majestade dará o cavalo veloz **ou** dará a linda espada."
Esta frase é verdadeira, isso significa que o rei dará alguma coisa (o cavalo ou a espada).
O que o rei disse se a frase do jovem sábio fosse falsa?
Ele disse: não vos darei nada!
Observe que houve uma contradição! Ao considerar a frase do jovem como falsa, concluímos que o rei teria que dar o cavalo ou a espada, mas o rei disse que não dará nada.
Portanto, a frase do jovem sábio não pode ser falsa! Agora, consideraremos ela como verdadeira.

2ª hipótese: A frase do jovem sábio é verdadeira!
Considerando que a frase do jovem sábio é verdadeira, então o rei **não dará o cavalo veloz** e **não dará a linda espada**.

O que o rei prometeu dar se a frase fosse verdadeira?

O rei prometeu **dar ou um cavalo veloz, ou dar uma linda espada, ou dar a mão da princesa**.

Observe que o rei usou o conectivo OU, assim para que a promessa seja verdadeira é preciso que pelo menos um dos termos seja verdade.

Afinal, o que o rei dará ao jovem sábio?

Para cumprir a promessa o rei tem que dar a mão da princesa, uma vez que, segundo o jovem sábio que diz a verdade, o rei não vai dar nem o cavalo e nem a espada.

Não houve nenhuma contradição ao considerar a frase do jovem sábio como verdadeira. Logo, a resposta desta questão é a **alternativa B**.

24. (Esaf) Fernanda atrasou-se e chega ao estádio da Ulbra quando o jogo de vôlei já está em andamento. Ela pergunta às suas amigas, que estão assistindo à partida, desde o início, qual o resultado até o momento. Suas amigas dizem-lhe:
 Amanda: "Neste set, o escore está 13 a 12."
 Berenice: "O escore não está 13 a 12, e a Ulbra já ganhou o primeiro set."
 Camila: "Este set está 13 a 12, a favor da Ulbra."
 Denise: "O escore não está 13 a 12, a Ulbra está perdendo este set, e quem vai sacar é a equipe visitante."
 Eunice: "Quem vai sacar é a equipe visitante, e a Ulbra está ganhando este set."
 Conhecendo suas amigas, Fernanda sabe que duas delas estão mentindo e que as demais estão dizendo a verdade. Conclui, então, corretamente, que:
    a) o escore está 13 a 12, e a Ulbra está perdendo este set, e quem vai sacar é a equipe visitante;
    b) o escore está 13 a 12, e a Ulbra está vencendo este set, e quem vai sacar é a equipe visitante;
    c) o escore não está 13 a 12, e a Ulbra está vencendo este set, e quem vai sacar é a equipe visitante;
    d) o escore não está 13 a 12, e a Ulbra não está vencendo este set, e a Ulbra venceu o primeiro set;
    e) o escore está 13 a 12, e a Ulbra vai sacar, e a Ulbra venceu o primeiro set.

Solução:

Entre as cinco amigas de **Fernanda**: Amanda, Berenice, Camila, Denise e Eunice, **duas delas estão mentindo** e as **outras três dizem a verdade**.

Para descobrirmos quem mente e quem diz a verdade, temos que escolher uma das amigas de Fernanda e supor que ela diz a verdade. Escolheremos Denise, pois a sua declaração contém várias informações.

- Teste da hipótese: **"Denise diz a verdade."**

  Considerando que Denise diz a verdade, obtemos da sua declaração:
  - É verdade que: o escore não está 13 a 12!
  - É verdade que: a Ulbra está perdendo este set!
  - É verdade que: quem vai sacar é a equipe visitante!

A partir destes resultados, analisaremos as declarações das quatro outras amigas para identificar quem mente e quem diz a verdade.

Amanda: "Neste set, o escore está 13 a 12."	→ Amanda mente!
Berenice: "O escore não está 13 a 12, e a Ulbra já ganhou o primeiro set."	→ Nada podemos afirmar sobre Berenice!
Camila: "Este set está 13 a 12, a favor da Ulbra."	→ Camila mente!
Eunice: "Quem vai sacar é a equipe visitante, e a Ulbra está ganhando este set."	→ Eunice mente!

Da análise acima, temos que três amigas mentem! Entretanto, isso contradiz o enunciado da questão que afirma que só há duas mentindo! Portanto, a hipótese que Denise diz a verdade está errada! Logo, Denise mente!

Além de Denise, tem outra amiga de Fernanda que mente. Sabendo disso, observaremos as declarações de Amanda, Berenice, Camila e Eunice a fim de encontrar duas declarações que não podem ser ambas verdadeiras!

Observe que as declarações de **Amanda** e **Berenice** não podem, ambas, serem verdadeiras! Pois uma diz que o escore está 13 a 12, e a outra diz que não está 13 a 12! Portanto, uma mente e a outra diz a verdade!

Observe que a declaração de **Berenice** também entra em choque com a declaração de **Camila**! Portanto, uma mente e outra diz a verdade!

Com estes dois resultados, concluímos que Berenice mente!

Como duas mentem e três dizem a verdade, chegamos aos seguintes resultados finais:

    Amanda diz a verdade!
    Berenice mente!
    Camila diz a verdade!
    Denise mente!
    Eunice diz a verdade!

Quais são as respostas às seguintes perguntas?
1) "O escore está 13 a 12?"   → **Amanda** diz que SIM!
2) "A Ulbra está vencendo este set?"   → **Camila** e **Eunice** dizem que SIM!
3) "Quem vai sacar é a equipe visitante?"   → **Eunice** diz que SIM!

    Resposta: Alternativa B.

25. (Esaf) Daniel encontra-se em visita ao país X. Este país é formado por apenas duas tribos, a saber, a tribo dos Nuncamentem e a dos Semprementem. Embora utilizem exatamente a mesma língua, os Nuncamentem sempre dizem a verdade, e os Semprementem jamais dizem a verdade. Daniel ainda não domina o idioma local. Sabe que "balá" e "melé" são as palavras utilizadas para significar "sim" e "não". O que Daniel não sabe é qual delas significa "sim" e qual delas significa "não". Daniel encontra três amigos, habitantes de X, sem saber quantos deles são Nuncamentem e quantos são Semprementem. Daniel pergunta a cada um dos três separadamente: "Os teus dois amigos são Nuncamentem?". A esta pergunta, todos os três respondem "balá". A seguir, Daniel pergunta a cada um dos três separadamente: "Os teus dois amigos são Semprementem?". A esta pergunta, os dois primeiros respondem "balá", enquanto o terceiro responde "melé". Daniel pode, então, concluir corretamente que:

a) exatamente dois amigos são Semprementem e **balá** significa **sim**;
b) exatamente dois amigos são Nuncamentem e **balá** significa **sim**;
c) exatamente dois amigos são Semprementem e **balá** significa **não**;
d) os três amigos são Semprementem e **balá** significa **não**;
e) exatamente dois amigos são Nuncamentem e **balá** significa **não**.

Solução:

Dados fornecidos na questão:

Daniel encontra-se em visita ao **país X**.

O país é formado por apenas duas tribos: a dos **Nuncamentem** (sempre dizem a verdade) e a dos **Semprementem** (jamais dizem a verdade).

balá e **melé** são as palavras utilizadas para significar **sim** e **não**.

E também temos as perguntas e respostas seguintes:

1ª pergunta: Daniel pergunta a 3 habitantes: "Os teus dois amigos sempre dizem a verdade?"
 1º habitante responde: **balá**
 2º habitante responde: **balá**
 3º habitante responde: **balá**

2ª pergunta: Daniel pergunta a 3 habitantes: "Os teus dois amigos sempre mentem?".
 1º habitante responde: **balá**
 2º habitante responde: **balá**
 3º habitante responde: **melé**

Como de praxe, vamos estabelecer as hipóteses! Temos três habitantes e não sabemos se mentem ou dizem a verdade, daí devemos estabelecer **oito hipóteses** mostradas a seguir (**V** simboliza que o habitante diz sempre a verdade e **M**, sempre mente):

	HIPÓTESES							
	1ª	2ª	3ª	4ª	5ª	6ª	7ª	8ª
1º habitante	V	V	V	V	M	M	M	M
2º habitante	V	V	M	M	V	V	M	M
3º habitante	V	M	V	M	V	M	V	M

Não devemos testar todas as hipóteses, pois assim perderíamos muito tempo na solução! O que devemos fazer? Observem as **respostas** da 1ª pergunta e da 2ª pergunta. O **1º habitante** e o **2º habitante** respondem a mesma coisa tanto na primeira pergunta como na segunda pergunta. O **3º habitante** responde o mesmo que os outros dois na primeira pergunta, mas responde diferente na segunda pergunta. Isso nos leva a inferir que os dois primeiros habitantes são de uma mesma tribo, enquanto que o terceiro é de outra tribo.

Considerando essa linha de raciocínio correta, só temos duas hipóteses que podem ser **boas**: a 2ª hipótese e a 7ª hipótese. Vamos testá-las!

- **Teste da 2ª hipótese:** v, v, m

Para testarmos esta hipótese, escreveremos junto a cada habitante se ele diz a verdade ou se ele mente! E procederemos à análise de cada resposta!

1ª pergunta: Daniel pergunta aos 3 habitantes: "Os teus dois amigos sempre dizem a verdade?".

1º habitante (que diz a verdade) responde: balá	O 1º habitante deve responder **NÃO**, porque ele sabe que um deles sempre mente.
2º habitante (que diz a verdade) responde: balá	O 2º habitante também deve responder **NÃO**, porque ele sabe que um deles sempre mente.
3º habitante (que mente) responde: balá	O 3º habitante deveria responder SIM, porque ele sabe que os seus dois amigos dizem a verdade, mas como ele é mentiroso, então ele responde **NÃO**.

Concluímos da análise acima, que **balá** significa **NÃO**, daí **melé** só resta significar **SIM**! E até o momento não houve contradições que descartássemos essa hipótese! Passemos a análise das respostas da outra pergunta.

2ª pergunta: Daniel pergunta aos 3 habitantes: "Os teus dois amigos sempre mentem?".

1º habitante (que diz a verdade) responde: balá	O 1º habitante deve responder **NÃO**, porque ele sabe que um deles sempre diz a verdade.
2º habitante (que diz a verdade) responde: balá	O 2º habitante também deve responder **NÃO**, porque ele sabe que um deles sempre diz a verdade.
3º habitante (que mente) responde: melé	O 3º habitante deveria responder NÃO, porque os seus dois amigos sempre dizem a verdade, mas como ele é mentiroso, então ele responde **SIM**.

Os resultados desta análise concordam com os obtidos na análise anterior: **balá** significa **NÃO** e **melé** significa **SIM**! Também não houve contradições para a hipótese inicialmente estabelecida! Portanto, chegamos aos resultados finais seguintes:

- exatamente **dois** amigos sempre dizem a verdade (tribo dos **Nuncamentem**) e exatamente **um** amigo sempre mente (tribo dos **Semprementem**).
- **balá** significa **NÃO** e **melé** significa **SIM**!

Resposta: Alternativa E.

26. (Esaf) Você está à frente de duas portas. Uma delas conduz a um tesouro; a outra, a uma sala vazia. Cosme guarda uma das portas, enquanto Damião guarda a outra. Cada um dos guardas sempre diz a verdade ou sempre mente, ou seja, ambos os guardas podem sempre mentir, ambos podem sempre dizer a verdade, ou um sempre dizer a verdade e o outro sempre mentir. Você não sabe se ambos são mentirosos, se ambos são verazes, ou se um é veraz e o outro é mentiroso. Mas, para descobrir qual das portas conduz ao tesouro, você pode fazer três (e apenas três) perguntas aos guardas, escolhendo-as da seguinte relação:

P1: O outro guarda é da mesma natureza que você (isto é, se você é mentiroso ele também o é, e se você é veraz ele também o é)?

P2: Você é o guarda da porta que leva ao tesouro?

P3: O outro guarda é mentiroso?

P4: Você é veraz?

Então, uma possível sequência de três perguntas que é logicamente suficiente para assegurar, seja qual for a natureza dos guardas, que você identifique corretamente a porta que leva ao tesouro, é:

a) P2 a Cosme, P2 a Damião, P3 a Damião;
b) P3 a Damião, P2 a Cosme, P3 a Cosme;
c) P3 a Cosme, P2 a Damião, P4 a Cosme;
d) P1 a Cosme, P1 a Damião, P2 a Cosme;
e) P4 a Cosme, P1 a Cosme, P2 a Damião.

Solução:

Esta é mais uma questão que envolve **verdades e mentiras**, mas nela não é fornecida qualquer indício de quem fala a verdade e de quem mente. Também diferentemente das outras questões que já resolvemos, aqui não são feitas declarações, mas sim perguntas aos guardas.

Vamos aos dados trazidos na questão:
- Dados da questão:

Há **duas portas**. Uma delas conduz a um **tesouro** e a outra, a uma **sala vazia**.

Cosme guarda uma das portas, enquanto **Damião** guarda a outra.

Cada um dos guardas **sempre diz a verdade** ou **sempre mente**.

- Perguntas para descobrir a porta do tesouro:

P1: O outro guarda é da mesma natureza que você (isto é, se você é mentiroso ele também o é, e se você é veraz ele também o é)?

P2: Você é o guarda da porta que leva ao tesouro?

P3: O outro guarda é mentiroso?

P4: Você é veraz?

- Pede-se a sequência de 3 perguntas necessárias para identificar a porta que leva ao tesouro!

Da mesma forma que procedemos nas soluções das questões de "verdades e mentiras", estabeleceremos hipóteses.

Capítulo 6 – Verdades e Mentiras

Como temos dois guardas (Cosme e Damião), e não sabemos se mentem ou se dizem a verdade, então devemos estabelecer **quatro hipóteses** possíveis mostradas a seguir:

1ª **Hipótese:** Cosme veraz e Damião veraz.
2ª **Hipótese:** Cosme veraz e Damião mente.
3ª **Hipótese:** Cosme mente e Damião veraz.
4ª **Hipótese:** Cosme mente e Damião mente.

Estabelecidas as hipóteses, temos que testar as alternativas, as quais são compostas por três perguntas. Para ganharmos tempo na solução da questão, podemos tentar descartar algumas alternativas com base nas perguntas que cada uma contém. Nesta questão não tem como descartar as hipóteses, porque não existem declarações!

A **pergunta P4 – Você é veraz?** – não tem valor para a solução da questão, porque se fizermos essa pergunta a uma pessoa que diz sempre a verdade e a uma pessoa que sempre mente, as respostas serão iguais: **SIM**. Então, podemos eliminar as alternativas que contêm essa pergunta P4, que neste caso são as alternativas **C** e **E**. Restando-nos as alternativas **A**, **B** e **D**.

A **pergunta P2 – Você é o guarda da porta que leva ao tesouro?** – só tem sentido de ser feita após descobrirmos qual é o guarda que mente e o guarda que diz a verdade, porque senão a resposta a essa pergunta não fornecerá nenhum subsídio para descobrirmos a porta do tesouro. Portanto, esta pergunta deve ser deixada por último! As únicas alternativas que tem P2 como última pergunta são a **D** e a **E**. Mas, a **E** já foi descartada anteriormente, então resta-nos somente a **D**. Vamos testar esta alternativa para termos certeza!

- Testaremos cada uma das perguntas da **alternativa D**:
  P1 a Cosme, P1 a Damião, P2 a Cosme.
  Teste das duas primeiras perguntas: **P1 a Cosme e P1 a Damião**.

HIPÓTESES	Resposta de Cosme à pergunta P1	Resposta de Damião à pergunta P1
1ª **Hipótese:** Cosme veraz e Damião veraz	Cosme responde **SIM**	Damião responde **SIM**
2ª **Hipótese:** Cosme veraz e Damião mente	Cosme responde **NÃO**	Damião responde **SIM**
3ª **Hipótese:** Cosme mente e Damião veraz	Cosme responde **SIM**	Damião responde **NÃO**
4ª **Hipótese:** Cosme mente e Damião mente	Cosme responde **NÃO**	Damião responde **NÃO**

Observemos, na tabela acima, que cada hipótese tem um par de respostas diferentes. Desta maneira, saberemos se os guardas mentem ou dizem a verdade de acordo com o par de respostas. Por exemplo: caso Cosme responda **SIM** e Damião responda **SIM**, logo saberemos que Cosme e Damião falam sempre a verdade (1ª **hipótese**); caso Cosme responda **NÃO** e Damião responda **SIM**, logo saberemos que Cosme fala sempre a verdade e Damião sempre mente (2ª **hipótese**).

Agora só falta analisar a terceira pergunta da alternativa **d**: **P2 a Cosme**.

Concluímos que pelo par de respostas, referente às duas primeiras perguntas da alternativa **d**, que temos condições de descobrir se **Cosme** é mentiroso ou veraz. Portanto, após ser realizada a última pergunta (**P2 a Cosme**), saberemos onde está o tesouro.

Exemplificando: suponha que a partir das duas primeiras perguntas, da alternativa d, encontramos que Cosme é mentiroso. Caso Cosme responda NÃO à pergunta P2, então saberemos que o tesouro estará sim sob a sua guarda; e caso ele responda SIM, então o tesouro não estará sob a sua guarda, logo estará sob a guarda de Damião.

Concluímos que a alternativa **D** traz as perguntas necessárias para identificarmos a porta que leva ao tesouro.

Resposta: Alternativa D.

27. (Esaf) Beatriz encontrava-se em viagem por um país distante, habitado pelos vingos e pelos mingos. Os vingos sempre dizem a verdade; já os mingos sempre mentem. Certo dia, vendo-se perdida em uma estrada, Beatriz dirigiu-se a um jovem que por ali passava e perguntou-lhe: "Esta estrada leva à Aldeia Azul?". O jovem respondeu-lhe: "Sim, esta estrada leva à Aldeia Azul." Como não soubesse se o jovem era vingo ou mingo, Beatriz fez-lhe outra pergunta: "E se eu te perguntasse se és mingo, o que me responderias?". E o jovem respondeu: "Responderia que sim." Dadas as respostas do jovem, Beatriz pôde concluir corretamente que:
   a) o jovem era mingo e a estrada não levava à Aldeia Azul;
   b) o jovem era mingo e a estrada levava à Aldeia Azul;
   c) o jovem era vingo e a estrada não levava à Aldeia Azul;
   d) o jovem era vingo e a estrada levava à Aldeia Azul;
   e) o jovem poderia ser vingo ou mingo, e a estrada levava à Aldeia Azul.

Solução:
Temos as seguintes informações trazidas no enunciado da questão:
1) Um país distante é habitado pelos **vingos** e pelos **mingos**.
2) Os **vingos** sempre **dizem a verdade**; já os **mingos** sempre **mentem**.

Beatriz faz duas perguntas a um jovem:
1ª) Esta estrada leva à Aldeia Azul?
Resposta: "Sim, esta estrada leva à Aldeia Azul."

2ª) E se eu te perguntasse se és mingo, o que me responderias?
Resposta: "Responderia que sim."

Até o momento não sabemos se o jovem é vingo ou mingo! Vamos supor que **ele seja vingo**, e analisaremos as perguntas e respostas acima para testar esta suposição!

- **Análise da 1ª pergunta e resposta:**
  Esta estrada leva à Aldeia Azul? "Sim, esta estrada leva à Aldeia Azul."

Como supomos que o jovem é vingo, logo a sua resposta é verdadeira, e obtemos que é **verdade** que **a estrada leva à Aldeia Azul**!
Vamos analisar a outra pergunta!

- **Análise da 2ª pergunta e resposta:**
  E se eu te perguntasse se és mingo, o que me responderias? "Responderia que sim."

Como supomos que o jovem é vingo, a resposta a pergunta acima deve ser NÃO! Entretanto, o jovem respondeu SIM! Ou seja, ocorreu uma contradição, daí a suposição inicial de que o jovem é vingo não é correta! Então, o jovem é mingo!

Sabendo que o jovem é mingo (mentiroso), vamos analisar novamente as perguntas e respostas para descobrir se a estrada leva, ou não, a aldeia azul!

- **Análise da 1ª pergunta e resposta:**
  Esta estrada leva à Aldeia Azul? "Sim, esta estrada leva à Aldeia Azul."

Já sabemos que o jovem mente, portanto quando ele diz **SIM** na resposta acima, significa que a resposta verdadeira (correta) é **NÃO**! Assim, **a estrada não leva à Aldeia Azul**!
Assim, obtemos:
O jovem é mingo!
A estrada não leva à Aldeia Azul!
Resposta: Alternativa A.

ATENÇÃO: Talvez alguém nos pergunte por que o jovem mingo (sempre mente) responde **sim** à **segunda** pergunta da Beatriz?

A Esaf parece fazer uma diferenciação entre as seguintes perguntas:
1ª pergunta: Tu és mingo?
2ª pergunta: E se eu te perguntasse se és mingo, o que me responderias?

A diferença entre as perguntas é bem sutil. A resposta que o mingo dá para a primeira pergunta é NÃO, porque ele é mentiroso. Já a segunda pergunta é diferente da primeira, por causa da expressão "se eu te perguntasse". Essa expressão significa que a Beatriz não está exatamente perguntando se ele é mingo, por isso que o mingo responde SIM.

28. (FJG) Juca, João e José fizeram as seguintes afirmações:
    Juca: "Eu fui aprovado no concurso ou José foi aprovado no concurso."

João: "Se José não foi aprovado no concurso, então eu fui aprovado no concurso."
José: "Eu fui aprovado no concurso ou João foi aprovado no concurso."
Admitindo-se que apenas uma das três afirmações acima seja verdadeira, é correto concluir que:
a) José foi aprovado no concurso;
b) Juca foi aprovado no concurso;
c) Juca e João foram aprovados no concurso;
d) José e João foram aprovados no concurso.

Solução:
De acordo com os dados fornecidos na questão, temos três hipóteses possíveis:

	1ª hipótese	2ª hipótese	3ª hipótese
A afirmação de Juca é	verdadeira	falsa	falsa
A afirmação de João é	falsa	verdadeira	falsa
A afirmação de José é	falsa	falsa	verdadeira

- Vamos testar a 1ª hipótese:

Segundo a 1ª hipótese, temos que:

1ª) O valor lógico da declaração de **Juca**: "Eu fui aprovado no concurso **ou** José foi aprovado no concurso" é verdade!

2ª) O valor lógico da declaração de **João**: "**Se** José não foi aprovado no concurso, **então** eu fui aprovado no concurso" é falso.

3ª) O valor lógico da declaração de **José**: "Eu fui aprovado no concurso **ou** João foi aprovado no concurso" é falso.

A **afirmação de João** é uma condicional, e para que ela seja falsa, é necessário que a 1ª parte da condicional seja verdadeira e a segunda seja falsa, ou seja:
"José não foi aprovado no concurso" é verdade!
"Eu (João) fui aprovado no concurso" é falso!

A **afirmação de José** é uma disjunção, e para que ela seja falsa, é necessário que ambas as partes sejam falsas, ou seja:
"Eu (José) fui aprovado no concurso" é falso!
"João foi aprovado no concurso" é falso!

Até o momento não houve contradições, e já obtemos que:
"José *não* foi aprovado no concurso" é verdade!
"João *não* foi aprovado no concurso" é verdade!

Passemos a analisar a **afirmação de Juca**. A segunda parte da sua afirmação é falsa, então, para que a afirmação como um todo seja verdadeira, é necessário que a primeira parte seja verdadeira, ou seja: "**Eu (Juca) fui aprovado no concurso**" é verdade!

Finalizamos o teste da 1ª hipótese e não encontramos contradições nela, daí esta hipótese está correta! E os resultados obtidos para esta hipótese foram:
"José *não* foi aprovado no concurso" é verdade!
"João *não* foi aprovado no concurso" é verdade!
"Juca foi aprovado no concurso" é verdade!
Resposta: Alternativa B.

29. (FCC) Você é o diretor de um colégio e recebe a reclamação sobre dois alunos. Junto com a reclamação, o professor informa que um dos alunos sempre mente, o Joãozinho, e que o outro sempre diz a verdade, o Pedrinho. Então, você manda chamar os dois alunos para ter uma conversa reservada e dispensa o professor. Quando os alunos chegam e a secretária os anuncia, você percebe que esqueceu qual dos dois é o mentiroso e qual fala sempre a verdade. Para descobrir quem foi o responsável pela traquinagem com apenas uma pergunta (contando que apenas um seja o responsável), você deve perguntar:
   a)   para o Joãozinho: o Pedrinho foi o responsável?
   b)   para o Joãozinho: quem você acha que foi o responsável?
   c)   para o Pedrinho: o Joãozinho foi o responsável?
   d)   para o Pedrinho: qual dos dois foi o responsável?
   e)   para qualquer um dos dois: quem o outro diria que foi o responsável?

Solução:
Do enunciado temos:
   Joãozinho sempre mente.
   Pedrinho sempre diz a verdade.

O diretor deseja descobrir quem é o responsável pela traquinagem: Joãozinho ou Pedrinho? E o diretor sabe que um mente e outro diz sempre a verdade, mas não sabe qual deles. Após uma análise dos itens: **A, B, C e D**, constata-se que nenhuma dessas perguntas fornece subsídios para que o diretor descubra quem é o responsável pela traquinagem. O item **E** refere-se a uma pergunta que merece uma análise mais detalhada, com base nisso já poderíamos marcar o item **E** como resposta da questão. Mas analisemos ele.

• Análise do item **E**:
Para realizar esta análise devemos supor que um dos meninos é o responsável, vamos considerar que o Pedrinho foi o responsável, e vamos aos testes.

1º teste) O diretor pergunta a **Pedrinho**: quem **Joãozinho** diria que foi o responsável?
O Pedrinho responderá: Joãozinho diria que o responsável é ele próprio.

Explicação da resposta: Joãozinho deveria responder que Pedrinho é o responsável (suposição inicial), mas como Pedrinho sabe que Joãozinho sempre mente, então Pedrinho responde ao diretor que Joãozinho vai se declarar como sendo o responsável.

2º teste) O diretor pergunta a **Joãozinho**: quem **Pedrinho** diria que foi o responsável?
O Joãozinho responderá: Pedrinho diria que o responsável sou eu (Joãozinho).

Explicação da resposta: Pedrinho como sempre diz a verdade, diria que ele mesmo é o responsável, mas como Joãozinho sempre mente, este responderá ao diretor que Pedrinho diria que o responsável é o Joãozinho.

Observe que a resposta à pergunta do diretor no 1º teste e no 2º teste foi a mesma: "Joãozinho foi o responsável." Se antes de iniciarmos os testes, considerássemos que o Joãozinho era o responsável, encontraríamos como resposta à pergunta do diretor, também nos dois testes, que o "Pedrinho foi o responsável." Então, concluímos que a resposta à pergunta do diretor será sempre o nome de quem não é o responsável, e assim o diretor facilmente descobrirá quem é o responsável.

6.3. Exercícios Propostos

01. **(TST Téc. Jud. 2012 FCC)** Huguinho, Zezinho e Luizinho, três irmãos gêmeos, estavam brincando na casa de seu tio quando um deles quebrou seu vaso de estimação. Ao saber do ocorrido, o tio perguntou a cada um deles quem havia quebrado o vaso. Leia as respostas de cada um.
Huguinho → "Eu não quebrei o vaso!"
Zezinho → "Foi o Luizinho quem quebrou o vaso!"
Luizinho → "O Zezinho está mentindo!"
Sabendo que somente um dos três falou a verdade, conclui-se que o sobrinho que quebrou o vaso e o que disse a verdade são, respectivamente,
 a) Huguinho e Luizinho.
 b) Huguinho e Zezinho.
 c) Zezinho e Huguinho.
 d) Luizinho e Zezinho.
 e) Luizinho e Huguinho.

02. **(TRT-Pará Anal. Jud. 2010 FCC)** Se Ana diz a verdade, Beto também fala a verdade, caso contrário Beto pode dizer a verdade ou mentir. Se Cléo mentir, David dirá a verdade, caso contrário ele mentirá. Beto e Cléo dizem ambos a verdade, ou ambos mentem. Ana, Beto, Cléo e David responderam, nessa ordem, se há ou não um cachorro em uma sala. Se há um cachorro nessa sala, uma possibilidade de resposta de Ana, Beto, Cléo e David, nessa ordem, é (Adote: S: há cachorro na sala, N: não há cachorro na sala)
 a) N, N, S, N.
 b) N, S, N, N.
 c) S, N, S, N.
 d) S, S, S, N.
 e) N, N, S, S.

03. **(TRT-AM 2012 FCC)** Quatro mulheres estão sentadas em uma mesa redonda, de forma que cada uma tem uma pessoa à sua frente, outra à sua esquerda e uma terceira à sua direita. Num dado instante, cada uma faz uma afirmação.
Cláudia: estou à direita da Flávia.
Cecília: estou entre a Marina e a Cláudia.
Marina: estou entre a Cecília e a Cláudia.
Flávia: está chovendo.
Sabendo que uma única das quatro afirmações é falsa, pode-se afirmar que a autora dessa afirmação
   a) tanto pode ser a Cecília quanto a Marina.
   b) tanto pode ser a Cecília quanto a Flávia.
   c) certamente é a Cláudia.
   d) certamente é a Flávia.
   e) certamente é a Cecília.

04. **(TRT-AM Téc. Jud. 2012 FCC)** Quando somente três times (Arrankatoko, Kanelafina e Espantassapo) ainda tinham chances matemáticas de ganhar o campeonato do bairro de 2011, três torcedores fizeram as suas previsões.
Torcedor 1: O campeão será o Arrankatoko ou o Kanelafina.
Torcedor 2: O campeão será o Kanelafina ou o Espantassapo.
Torcedor 3: O campeão não será o Kanelafina.
Seja n o número de torcedores, dentre os três citados acima, que acertaram suas previsões após o término do campeonato. Somente com as informações fornecidas,
   a) conclui-se que n = 0.
   b) conclui-se que n = 1.
   c) conclui-se que n = 2.
   d) conclui-se que n = 3.
   e) não se pode descobrir o valor de n.

05. **(TJ-Amapá Anal. Jud. 2014 FCC)** Um torneio de futebol foi disputado por dez times, entre eles Grêmio, Bahia, Cruzeiro, Avaí e Goiás. Veja o que declararam quatro analistas esportivos antes do início do torneio.
Analista 1: o Grêmio montou um excelente time e será o campeão.
Analista 2: o Bahia não será o campeão, pois tem enfrentado muitas dificuldades.
Analista 3: o Cruzeiro tem um time muito forte e, por isso, será o campeão.
Analista 4: como o Avaí não tem um bom elenco, não será o campeão.
Sabendo que apenas um dos quatro analistas acertou a previsão, é correto concluir que, necessariamente, o campeão do torneio foi o
   a) Goiás.
   b) Bahia ou o Avaí.
   c) Grêmio ou o Bahia.
   d) Cruzeiro ou o Avaí.
   e) Grêmio ou o Cruzeiro.

06. **(CEAL Alagoas 2005 FCC)** Uma pessoa X foi morta a tiros e, após uma investigação, a polícia local deteve 5 suspeitos que foram levados à presença de um delegado para serem submetidos a um interrogatório. Quando o delegado lhes perguntou o que tinham a declarar em sua defesa, cada um dos suspeitos fez apenas três declarações:
Aranha: *Não sou o assassino de X. Nunca tive um revólver. Quem matou X foi Doninha.*
Boizão: *Não matei X. Nunca tive um revólver. O matador de X não foi Carcará.*
Carcará: *Sou inocente dessa acusação. Nunca vi o Marmota antes. Doninha é o culpado.*
Doninha: *Eu não matei X. Marmota foi quem o matou. Aranha mentiu quando disse que fui eu.*
Marmota: *Não matei X. Boizão é o culpado. Carcará e eu já fizemos um assalto juntos.*

Considerando que apenas um dos suspeitos matou X e que das três declarações que cada um fez, apenas uma era falsa, o delegado pôde então concluir com certeza que o criminoso era
a) Marmota.
b) Doninha.
c) Carcará.
d) Boizão.
e) Aranha.

07. (PC-MA Delegado 2006 FCC) Pesquisados sobre o hábito de tomar café no horário do almoço, no período de segunda a sexta-feira, três colegas afirmaram:
Euclides: "Não tomo café às terças nem às sextas-feiras".
Luís: "Tomo café todas as terças, quintas e sextas-feiras e não tomo nos demais dias".
Francisco: "Tomo café todas as segundas e quartas-feiras e não tomo nos demais dias".
Sabe-se que todos os dias pelo menos um deles toma café no almoço e há um dia em que os três tomam café juntos. Se apenas Francisco não falou a verdade, então os três tomam café juntos na
a) sexta-feira.
b) quinta-feira.
c) quarta-feira.
d) terça-feira.
e) segunda-feira.

08. (OBM 1998) Pedro e Maria formam um estranho casal. Pedro mente às quartas, quintas e sextas-feiras, dizendo a verdade no resto da semana. Maria mente aos domingos, segundas e terças-feiras, dizendo a verdade no resto da semana. Certo dia, ambos dizem: "Amanhã é dia de mentir". O dia em que foi feita essa afirmação era:
a) segunda-feira
b) terça-feira
c) sexta-feira
d) sábado
e) domingo

09. (TJ-PE Oficial de Justiça 2006 FCC) Suponha que exista uma pessoa que só fala mentiras às terças, quartas e quintas-feiras, enquanto que, nos demais dias da semana, só fala a verdade. Nessas condições, somente em quais dias da semana seria possível ela fazer a afirmação "Eu menti ontem e também mentirei amanhã."?
a) Terça e quinta-feira.
b) Terça e sexta-feira.
c) Quarta e quinta-feira.
d) Quarta-feira e sábado.
e) Quinta-feira e domingo.

10. (SEFAZ-PE JATTE 2015 FCC) Em um país, todo habitante pertence a uma única dentre três tribos: os Autênticos, que sempre dizem a verdade, os Dissimulados, que sempre mentem, e os Volúveis, que sempre alternam uma fala verdadeira e uma mentirosa, não necessariamente nessa ordem. As autoridades alfandegárias fizeram três perguntas a um grupo de habitantes desse país que chegou ao Brasil em um avião. A primeira pergunta, que foi "Você é um Autêntico?", foi respondida afirmativamente por 53 integrantes do grupo. A segunda, que foi "Você é um Volúvel?", foi respondida afirmativamente por 38 deles. E 18 integrantes responderam "sim" à última pergunta, que foi "Você é um Dissimulado?". O número de Autênticos nesse grupo é igual a
a) 15.
b) 28.
c) 20.
d) 53.
e) 35.

11. (AFC-CGU 2006 ESAF) Um professor de lógica encontra-se em viajem em um país distante, habitado pelos verdamanos e pelos mentimanos. O que os distingue é que os verdamanos sempre dizem a verdade, enquanto os mentimanos sempre mentem. Certo dia, o professor depara-se com um grupo de cinco habitantes locais. Chamemo-los de Alfa, Beta, Gama, Delta e Épsilon. O professor sabe que um e apenas um no grupo é verdamano, mas não sabe qual deles o é. Pergunta, então, a cada um do grupo quem entre eles é verdamano e obtém as seguintes respostas:
    Alfa: "Beta é mentimano"
    Beta: "Gama é mentimano"
    Gama: "Delta é verdamano"
    Delta: "Épsilon é verdamano"
    Épsilon, afônico, fala tão baixo que o professor não consegue ouvir sua resposta. Mesmo assim, o professor de lógica conclui corretamente que o verdamano é:
    a) Delta
    b) Alfa
    c) Gama
    d) Beta
    e) Épsilon

12. (Processo Seletivo – vários ministérios 2008 ESAF) Três amigas, Júlia, Florence e Renata foram assistir a um campeonato de tênis no qual as duplas D1, D2, D3 e D4 foram classificadas nos quatro primeiros lugares, não necessariamente nesta ordem. Magda, que também é amiga de Júlia, Florence e Renata, que não conseguiu assistir ao final do campeonato, telefonou a cada uma delas para perguntar a classificação obtida pelas duplas, recebendo as seguintes declarações: Júlia: D1 ficou em primeiro lugar e D2 ficou em segundo; Florence: D1 ficou em segundo lugar e D4 em terceiro; Renata: D3 ficou em segundo lugar e D4 em quarto. Sabendo-se que não houve empates e que cada amiga fez duas afirmações, sendo uma delas verdadeira e a outra falsa, então Magda, com certeza, concluiu que as duplas classificadas em primeiro e quarto lugar foram, respectivamente:
    a) D1 e D2
    b) D1 e D3
    c) D2 e D
    d) D2 e D1
    e) D4 e D2

13. (Fiscal do Trabalho 2006 ESAF) Ana encontra-se à frente de três salas cujas portas estão pintadas de verde, azul e rosa. Em cada uma das três salas encontra-se uma e somente uma pessoa – em uma delas encontra-se Luís; em outra, encontra-se Carla; em outra, encontra-se Diana. Na porta de cada uma das salas existe uma inscrição, a saber:
    Sala verde: "Luís está na sala de porta rosa"
    Sala azul: "Carla está na sala de porta verde"
    Sala rosa: "Luís está aqui".
    Ana sabe que a inscrição na porta da sala onde Luís se encontra pode ser verdadeira ou falsa. Sabe, ainda, que a inscrição na porta da sala onde Carla se encontra é falsa, e que a inscrição na porta da sala em que Diana se encontra é verdadeira. Com tais informações, Ana conclui corretamente que nas salas de portas verde, azul e rosa encontram-se, respectivamente,
    a) Diana, Luís, Carla
    b) Luís, Diana, Carla
    c) Diana, Carla, Luís
    d) Carla, Diana, Luís
    e) Luís, Carla, Diana

14. **(AFC-CGU 2006 ESAF)** Pedro encontra-se à frente de três caixas, numeradas de 1 a 3. Cada uma das três caixas contém um e somente um objeto. Uma delas contém um livro; outra, uma caneta; outra, um diamante. Em cada uma das caixas existe uma inscrição, a saber:
    Caixa 1: "O livro está na caixa 3."
    Caixa 2: "A caneta está na caixa 1."
    Caixa 3: "O livro está aqui."
    Pedro sabe que a inscrição da caixa que contém o livro pode ser verdadeira ou falsa. Sabe, ainda, que a inscrição da caixa que contém a caneta é falsa, e que a inscrição da caixa que contém o diamante é verdadeira. Com tais informações, Pedro conclui corretamente que nas caixas 1, 2 e 3 estão, respectivamente,
    a) a caneta, o diamante, o livro.
    b) o livro, o diamante, a caneta.
    c) o diamante, a caneta, o livro.
    d) o diamante, o livro, a caneta.
    e) o livro, a caneta, o diamante.

15. **(MPOG 2005 ESAF)** Você está à frente de três urnas, cada uma delas contendo duas bolas. Você não pode ver o interior das urnas, mas sabe que em uma delas há duas bolas azuis. Sabe, ainda, que em uma outra urna há duas bolas vermelhas. E sabe, finalmente, que na outra urna há uma bola azul e uma vermelha. Cada urna possui uma etiqueta indicando seu conteúdo, "AA", "VV", "AV" (sendo "A" para bola azul, e "V" para bola vermelha). Ocorre que – e isto você também sabe – alguém trocou as etiquetas de tal forma que todas as urnas estão, agora, etiquetadas erradamente. Você pode retirar uma bola de cada vez, da urna que bem entender, olhar a sua cor, e recolocá-la novamente na urna. E você pode fazer isto quantas vezes quiser. O seu desafio é determinar, por meio desse procedimento, o conteúdo exato de cada urna, fazendo o menor número de retiradas logicamente possível. O número mínimo de retiradas necessárias para você determinar logicamente o conteúdo exato de cada uma das três urnas é:
    a) 1
    b) 2
    c) 3
    d) 4
    e) 5

16. **(TRE-GO Téc. Jud. 2015 Cespe)** Um eleitor deverá escolher um entre os candidatos A, B, C e D. Ele recebeu, de seus amigos, as quatro seguintes mensagens a respeito desses candidatos:
    • Os candidatos A e B são empresários.
    • Exatamente dois entre os candidatos A, B e C são empresários.
    • O candidato A é empresário.
    • O candidato C é empresário.
    Com base nas informações apresentadas, julgue os próximos itens, considerando que o eleitor sabe que exatamente uma das mensagens é falsa e que exatamente um dos candidatos não é empresário.
    1. As informações são suficientes para se concluir que o candidato D é empresário.
    2. O candidato A é empresário.

17. **(DETRAN-ES 2010 Cespe)** Durante *blitz de rotina, um agente de trânsito notou um* veículo que havia parado a distância, no qual o condutor trocou de lugar com um dos passageiros. Diante dessa situação, o agente resolveu parar o veículo para inspeção. Ao observar o interior do veículo e constatar que havia uma lata de cerveja no console, indagou aos quatro ocupantes sobre quem teria bebido a cerveja e obteve as seguintes respostas:

Capítulo 6 – Verdades e Mentiras

— Não fui eu, disse Ricardo, o motorista.
— Foi o Lucas, disse Marcelo.
— Foi o Rafael, disse Lucas.
— Marcelo está mentindo, disse Rafael.

Considerando a situação hipotética acima, bem como o fato de que apenas um dos ocupantes do veículo bebeu a cerveja, julgue os itens subsequentes.
1. Considerando-se que apenas um dos ocupantes do carro estivesse mentindo, é correto afirmar que Rafael foi quem bebeu a cerveja.
2. Em face dessa situação, é correto afirmar que Marcelo e Rafael mentiram.

18. (Papiloscopista 2004 Cespe) Um líder criminoso foi morto por um de seus quatro asseclas: A, B, C e D. Durante o interrogatório, esses indivíduos fizeram as seguintes declarações.
   • A afirmou que C matou o líder.
   • B afirmou que D não matou o líder.
   • C disse que D estava jogando dardos com A quando o líder foi morto e, por isso, não tiveram participação no crime.
   • D disse que C não matou o líder.
   Considerando a situação hipotética apresentada acima e sabendo que três dos comparsas mentiram em suas declarações, enquanto um deles falou a verdade, julgue os itens seguintes.
   1. A declaração de C não pode ser verdadeira.
   2. D matou o líder.

19. (Petrobras 2007 Cespe) Julgue o item seguinte.
   1. Considere que duas gêmeas idênticas — Bella e Linda — tenham sido acusadas de se fazerem passar uma pela outra. Considere ainda que uma delas sempre minta e que a outra seja sempre honesta. Supondo que Bella tenha confessado: "Pelo menos uma de nós mente", então está correto concluir que a gêmea honesta é Linda.

20. (Papiloscopista 2004 Cespe) Julgue o item que se segue.
   1. Considere que, em um pequeno grupo de pessoas — G — envolvidas em um acidente, haja apenas dois tipos de indivíduos: aqueles que sempre falam a verdade e os que sempre mentem. Se, do conjunto G, o indivíduo P afirmar que o indivíduo Q fala a verdade, e Q afirmar que P e ele são tipos opostos de indivíduos, então, nesse caso, é correto concluir que P e Q mentem.

21. (TCE-Acre 2009 Cespe) Leonardo, Caio e Márcio são considerados suspeitos de praticar um crime. Ao serem interrogados por um delegado, Márcio disse que era inocente e que Leonardo e Caio não falavam a verdade. Leonardo disse que Caio não falava a verdade, e Caio disse que Márcio não falava a verdade.
   A partir das informações dessa situação hipotética, é correto afirmar que
   a) os três rapazes mentem.
   b) dois rapazes falam a verdade.
   c) nenhuma afirmação feita por Márcio é verdadeira.
   d) Márcio mente, e Caio fala a verdade.
   e) Márcio é inocente e fala a verdade.

22. (BB1 2007 Cespe) No livro Alice no País dos Enigmas, o professor de matemática e lógica Raymond Smullyan apresenta vários desafios ao raciocínio lógico que têm como objetivo distinguir-se entre verdadeiro e falso. Considere o seguinte desafio inspirado nos enigmas de Smullyan.
   Duas pessoas carregam fichas nas cores branca e preta. Quando a primeira pessoa carrega a ficha branca, ela fala somente a verdade, mas, quando carrega a ficha preta, ela fala somente mentiras. Por outro lado, quando a segunda pessoa carrega a ficha branca, ela fala somente mentira, mas, quando carrega a ficha preta, fala somente verdades.

Com base no texto acima, julgue o item a seguir.

1. Se a primeira pessoa diz "Nossas fichas não são da mesma cor" e a segunda pessoa diz "Nossas fichas são da mesma cor", então, pode-se concluir que a segunda pessoa está dizendo a verdade.

23. (OBM 2003) Você está em um país estrangeiro, a LUCIÂNIA, e não conhece o idioma, o LUCIANÊS, mas sabe que as palavras "BAK" e "KAB" significam *sim* e *não*, porém não sabe qual é qual. Você encontra uma pessoa que entende português e pergunta: "KAB significa *sim*?" A pessoa responde "KAB". Pode-se deduzir que:
    a) KAB significa *sim*.
    b) KAB significa *não*.
    c) A pessoa que respondeu mentiu.
    d) A pessoa que respondeu disse a verdade.
    e) Não é possível determinar sem um dicionário LUCIANÊS–PORTUGUÊS.

24. (Livro do Jonofon Sérates) Um matemático apaixonou-se por duas gêmeas Anabela e Analinda. Anabela e Analinda eram completamente idênticas e vestiam-se igualmente. Anabela sempre dizia verdades e Analinda sempre dizia mentiras. O matemático casou-se com uma delas, mas esqueceu de perguntar o nome da sua esposa. Depois da festa de casamento, o matemático foi chamar a sua esposa para a lua-de-mel e procedeu da seguinte forma; Dirigindo-se a uma delas perguntou:
    – Anabela é casada?
    A resposta foi sim.
    Perguntou novamente:
    – Você é casada?
    A resposta foi não.
    Baseando-se nessas respostas, qual é o nome da gêmea a quem o matemático dirigiu-se e quem é a esposa do matemático?
    a) Anabela / Anabela
    b) Anabela / Analinda
    c) Analinda / Analinda
    d) Analinda / Anabela
    e) Não é possível decidir quem é a esposa

Capítulo 7

Associação Lógica

7.1. Introdução

Trata este capítulo de tema eminentemente lúdico.

Questões de associação lógica são aquelas que apresentam conjuntos de dados que devem ser associados uns aos outros, mediante informações do enunciado, a fim de se chegar a uma determinada conclusão.

Assim, associaremos o tipo de carro a seu proprietário, o nome da pessoa à cidade em que nasceu, nome do marido ao da esposa, nome da criança ao do pai, e uma infinidade de outras relações.

Esse tipo de questão é, inclusive, encontrado com frequência em revistas de passatempo.

Dada a exiguidade de tempo disponível na hora da prova, é muitíssimo indicado que se conheça a técnica aplicada a esta espécie de problema.

Vamos, pois, aprendê-la, por meio os exercícios resolvidos que veremos a seguir.

7.2. Exercícios Resolvidos

1. (Esaf) Os carros de Artur, Bernardo e César são, não necessariamente nesta ordem, uma Brasília, uma Parati e um Santana. Um dos carros é cinza, um outro é verde, e o outro é azul. O carro de Artur é cinza; o carro de César é o Santana; o carro de Bernardo não é verde e não é a Brasília. As cores da Brasília, da Parati e do Santana são, respectivamente:
   a) cinza, verde e azul;
   b) azul, cinza e verde;
   c) azul, verde e cinza;
   d) cinza, azul e verde;
   e) verde, azul e cinza.

Solução:
No enunciado, há três grupos de informações: nomes das pessoas, modelos de carro e cores dos carros.

E esses três grupos são constituídos da seguinte forma:
- nomes das pessoas: **Artur, Bernardo e César**.
- modelos de carro: Brasília, Parati e Santana.
- cores dos carros: cinza, verde e azul.

Devemos eleger um desses grupos como cabeçalho da tabela que construiremos. Normalmente escolhe-se o grupo dos nomes das pessoas, pois este é geralmente tido como principal (referência). Assim, colocaremos os nomes **Artur, Bernardo** e **César** na primeira linha da tabela.

Artur	Bernardo	César

O próximo passo é acrescentar à tabela, na coluna da esquerda, os elementos dos outros dois grupos. Podemos escolher qualquer um deles para começar, visto que a ordem não vai interferir na solução. O mais importante é escolha do grupo que ficará no cabeçalho, pois todos se referenciam a ele.

Acrescentemos primeiramente os modelos de carro:

	Artur	Bernardo	César
Brasília			
Parati			
Santana			

E depois o grupo das cores dos carros:

	Artur	Bernardo	César
Brasília			
Parati			
Santana			
cinza			
verde			
azul			

Pronto, a tabela principal foi construída.

Observe que esta tabela está dividida em duas partes: uma para correspondência entre o nome da pessoa e o modelo de carro, e a outra para correspondência entre o nome da pessoa e a cor do carro.

Podemos ainda construir uma pequena tabela chamada **tabela de resultados**. Nesta se deve colocar todas as correspondências que forem sendo encontradas. A tabela de resultados será utilizada em paralelo com a tabela principal. Mas esta tabela não servirá apenas para guardar os resultados, ela se mostra muitas vezes como um meio para se chegar a mais resultados que permitirão à resolução completa da questão.

Para esta questão a tabela de resultados é dada por:

	Artur	Bernardo	César
Modelos de carro			
Cores dos carros			

Agora daremos início ao preenchimento das tabelas (a principal e a de resultados) a partir das afirmações trazidas no enunciado.

Capítulo 7 – Associação Lógica

São feitas as seguintes afirmações:

1ª) O carro de Artur é cinza;

2ª) O carro de César é o Santana;

3ª) O carro de Bernardo não é verde e não é a Brasília.

Agora vamos colocar um **X** nas células da tabela principal quando houver uma correspondência correta, e um **n** quando incorreta.

Em cada parte da tabela, devemos ter somente um **X** em cada linha e também somente um **X** em cada coluna. Sempre é assim! Pois se tivermos, por exemplo, dois **X** na 1ª coluna da primeira parte da tabela, isto significará que Artur tem dois carros. E se não tivermos **X** nessa coluna, significará que Artur não tem carro. Ambas as situações não interessam às questões do tipo associação. Portanto, sempre que colocarmos um **X** em uma célula, podemos completar o restante da linha e da coluna com **n**!

Passemos a analisar as afirmações trazidas no enunciado.

1ª afirmação: O carro de Artur é cinza!

Marcaremos um **X** na célula correspondente a **Artur** e **cinza**. Automaticamente, marcamos **n** nas outras células da mesma linha e da mesma coluna.

	Artur	Bernardo	César
Brasília			
Parati			
Santana			
cinza	X	n	n
verde	n		
azul	n		

	Artur	Bernardo	César
Modelos de carro			
Cores dos carros	cinza		

2ª afirmação: O carro de César é o Santana!

Marcaremos um **X** na célula correspondente a **César** e **Santana**. Automaticamente, marcamos **n** nas outras células da mesma linha e da mesma coluna.

	Artur	Bernardo	César
Brasília			n
Parati			n
Santana	n	n	X
cinza	X	n	n
verde	n		
azul	n		

	Artur	Bernardo	César
Modelos			Santana
Cores	cinza		

3ª afirmação: O carro de Bernardo não é verde e não é a Brasília!

Marcaremos um n na célula correspondente a **Bernardo** e **verde**, e outro n na célula correspondente a **Bernardo** e **Brasília**.

	Artur	Bernardo	César
Brasília		n	n
Parati			n
Santana	n	n	X
cinza	X	n	n
verde	n	n	
azul	n		

Cada linha e coluna devem conter uma célula marcada com X! Assim, marcaremos X na célula que resta da linha (ou coluna).

	Artur	Bernardo	César
Brasília	X	n	n
Parati		X	n
Santana	n	n	X
cinza	X	n	n
verde	n	n	X
azul	n	X	

Depois, marcaremos n para completar as linhas (ou colunas).

	Artur	Bernardo	César
Brasília	X	n	n
Parati	n	X	n
Santana	n	n	X
cinza	X	n	n
verde	n	n	X
azul	n	X	n

	Artur	Bernardo	César
Modelos	Brasília	Parati	Santana
Cores	cinza	azul	verde

Conclusão: Artur tem uma **Brasília cinza**!
            Bernardo tem uma **Parati azul**!
            César tem um **Santana verde**!
Resposta: Alternativa D.

2. (Esaf) Três amigas encontram-se em uma festa. O vestido de uma delas é azul, o de outra é preto, e o da outra é branco. Elas calçam pares de sapatos destas mesmas três cores, mas somente Ana está com vestido e sapatos de mesma cor. Nem o vestido nem os sapatos de Júlia são brancos. Marisa está com sapatos azuis. Desse modo:

Capítulo 7 – Associação Lógica

a) o vestido de Júlia é azul e o de Ana é preto;
b) o vestido de Júlia é branco e seus sapatos são pretos;
c) os sapatos de Júlia são pretos e os de Ana são brancos;
d) os sapatos de Ana são pretos e o vestido de Marisa é branco;
e) o vestido de Ana é preto e os sapatos de Marisa são azuis.

Solução:

Os dados com os quais trabalharemos são os seguintes:
- Nomes das amigas: **Ana, Júlia e Marisa**;
- Cores dos vestidos: azul, preto e branco;
- Cores dos sapatos: azul preto e branco.

São fornecidas ainda as seguintes informações:
- somente Ana tem vestido e sapatos da mesma cor;
- Júlia não usa nem vestido e nem sapatos brancos;
- Marisa usa sapatos azuis.

De posse desses dados, construiremos a seguinte tabela:

	Ana	Júlia	Marisa
Vestido azul			
Vestido preto			
Vestido branco			
Sapatos azuis			
Sapatos pretos			
Sapatos brancos			

Da mesma forma que na questão anterior, colocaremos um X nas células da tabela quando houver uma correspondência correta, e um n quando incorreta.

1º passo: Marisa usa sapatos azuis.

Marcaremos um X na célula correspondente a **Marisa** e **sapatos azuis**. Automaticamente, marcaremos n nas outras células da mesma linha e da mesma coluna.

	Ana	Júlia	Marisa
Vestido azul			
Vestido preto			
Vestido branco			
Sapatos azuis	n	n	X
Sapatos pretos			n
Sapatos brancos			n

2º passo: Júlia não usa nem vestidos e nem sapatos brancos.

Marcaremos um n nas células que referenciam Júlia com vestido branco e com sapato branco. Teremos:

	Ana	Júlia	Marisa
Vestido azul			
Vestido preto			
Vestido branco		n	
Sapatos azuis	n	n	X
Sapatos pretos			n
Sapatos brancos		n	n

Daí, sabendo que cada linha e cada coluna devem apresentar um **X**, completaremos, na tabela abaixo, a linha dos sapatos brancos e a coluna da Júlia com um **X**. Teremos:

	Ana	Júlia	Marisa
Vestido azul			
Vestido preto			
Vestido branco		n	
Sapatos azuis	n	n	X
Sapatos pretos	n	X	n
Sapatos brancos	X	n	n

Encontramos assim que:
- Ana usa sapatos brancos;
- Júlia usa sapatos pretos;
- Marisa usa sapatos azuis.

3º passo: Somente Ana tem vestido e sapatos da mesma cor.

Como Ana tem vestido e sapatos da mesma cor, então o vestido de Ana é branco! Daí, marcaremos um **X** na **esquina** entre Ana e vestido branco (e completaremos a linha e a coluna com **n**). Teremos:

	Ana	Júlia	Marisa
Vestido azul	n		
Vestido preto	n		
Vestido branco	X	n	n
Sapatos azuis	n	n	X
Sapatos pretos	n	X	n
Sapatos brancos	X	n	n

A tabela de resultados por enquanto é esta:

	Ana	Júlia	Marisa
Vestidos	brancos		
Sapatos	brancos	pretos	azuis

Como é somente Ana que tem vestido e sapatos da mesma cor, então as outras duas moças (Júlia e Marisa) devem possuir vestido e sapato de cores diferentes.

Sabemos que Júlia usa sapatos pretos, então o seu vestido não pode ser preto. Como não é preto e nem é branco, então o vestido de Júlia é azul. E logo o vestido de Marisa é preto.

Capítulo 7 – Associação Lógica

Completando a tabela, teremos:

	Ana	Júlia	Marisa
Vestido azul	n	X	n
Vestido preto	n	n	X
Vestido branco	X	n	n
Sapatos azuis	n	n	X
Sapatos pretos	n	X	n
Sapatos brancos	X	n	n

	Ana	Júlia	Marisa
Vestidos	brancos	azuis	pretos
Sapatos	brancos	pretos	azuis

Resposta: Alternativa C.

3. (Esaf) Os cursos de Márcia, Berenice e Priscila são, não necessariamente nesta ordem, Medicina, Biologia e Psicologia. Uma delas realizou seu curso em Belo Horizonte, a outra em Florianópolis, e a outra em São Paulo. Márcia realizou seu curso em Belo Horizonte. Priscila cursou Psicologia. Berenice não realizou seu curso em São Paulo e não fez Medicina. Assim, os cursos e os respectivos locais de estudo de Márcia, Berenice e Priscila são, pela ordem:
   a) Medicina em Belo Horizonte, Psicologia em Florianópolis, Biologia em São Paulo;
   b) Psicologia em Belo Horizonte, Biologia em Florianópolis, Medicina em São Paulo;
   c) Medicina em Belo Horizonte, Biologia em Florianópolis, Psicologia em São Paulo;
   d) Biologia em Belo Horizonte, Medicina em São Paulo, Psicologia em Florianópolis;
   e) Medicina em Belo Horizonte, Biologia em São Paulo, Psicologia em Florianópolis.

Solução:

Os dados envolvidos neste enunciado são os seguintes:
- Pessoas: **Márcia, Berenice e Priscila**;
- Cursos: Medicina, Biologia e Psicologia;
- Cidades: Belo Horizonte, Florianópolis e São Paulo.

Há ainda, as seguintes informações:
- Márcia estudou em Belo Horizonte;
- Priscila estudou Psicologia;
- Berenice nem estudou em São Paulo e nem fez Medicina.

Construiremos a seguinte tabela:

	Márcia	Berenice	Priscila
Belo Horizonte			
Florianópolis			
São Paulo			
Medicina			
Biologia			
Psicologia			

1º passo: Márcia estudou em Belo Horizonte.

Marcaremos um **X** na célula correspondente a **Márcia** e a **Belo Horizonte**. Automaticamente, marcaremos **n** nas outras células da mesma linha e da mesma coluna.

	Márcia	Berenice	Priscila
Belo Horizonte	X	n	n
Florianópolis	n		
São Paulo	n		
Medicina			
Biologia			
Psicologia			

2º passo: Priscila estudou psicologia.

Marcaremos um **X** na célula correspondente a **Priscila** e a **Psicologia**. Automaticamente, marcaremos **n** nas outras células da mesma linha e da mesma coluna.

	Márcia	Berenice	Priscila
Belo Horizonte	X	n	n
Florianópolis	n		
São Paulo	n		
Medicina			n
Biologia			n
Psicologia	n	n	X

3º passo: Berenice não estudou em São Paulo e nem fez Medicina.

Marcaremos um **n** nas células que ligam Berenice a São Paulo e à Medicina. Teremos:

	Márcia	Berenice	Priscila
Belo Horizonte	X	n	n
Florianópolis	n		
São Paulo	n	n	
Medicina		n	n
Biologia			n
Psicologia	n	n	X

Ora, lembrando apenas que em cada linha deve haver um **X**, o mesmo se dando com cada coluna, faremos:

	Márcia	Berenice	Priscila
Belo Horizonte	X	n	n
Florianópolis	n	X	n
São Paulo	n	n	X
Medicina	X	n	n
Biologia	n	X	n
Psicologia	n	n	X

Capítulo 7 – Associação Lógica

Daí, finalmente, completamos as tabelas:

	Márcia	Berenice	Priscila
Belo Horizonte	X	n	n
Florianópolis	n	X	n
São Paulo	n	n	X
Medicina	X	n	n
Biologia	n	X	n
Psicologia	n	n	X

Conclusão: Márcia estudou Medicina, na cidade de Belo Horizonte;
Berenice estudou Biologia, na cidade de Florianópolis;
Priscila estudou Psicologia, na cidade de São Paulo.

Resposta: Alternativa c.

4. (Esaf) Fátima, Beatriz, Gina, Sílvia e Carla são atrizes de teatro infantil, e vão participar de uma peça em que representarão, não necessariamente nesta ordem, os papéis de fada, bruxa, rainha, princesa e governanta. Como todas são atrizes versáteis, o diretor da peça realizou um sorteio para determinar a qual delas caberia cada papel. Antes de anunciar o resultado, o diretor reuniu-as e pediu que cada uma desse seu palpite sobre qual havia sido o resultado do sorteio.
Disse Fátima: "Acho que eu sou a governanta, Beatriz é a fada, Sílvia é a bruxa e Carla é a princesa".
Disse Beatriz: "Acho que Fátima é a princesa ou a bruxa."
Disse Gina: "Acho que Silvia é a governanta ou a rainha."
Disse Sílvia: "Acho que eu sou a princesa."
Disse Carla: "Acho que a bruxa sou eu ou Beatriz."
Neste ponto, o diretor falou: "Todos os palpites estão completamente errados; nenhuma de vocês acertou sequer um dos resultados do sorteio!"
Um estudante de Lógica, que a tudo assistia, concluiu então, corretamente, que os papéis sorteados para Fátima, Beatriz, Gina e Sílvia foram, respectivamente,
a) rainha, bruxa, princesa, fada;
b) rainha, princesa, governanta, fada;
c) fada, bruxa, governanta, princesa;
d) rainha, princesa, bruxa, fada;
e) fada, bruxa, rainha, princesa.

Solução: Temos as seguintes pessoas: **Fátima, Beatriz, Gina, Sílvia e Carla**.
Temos os seguintes papéis da peça de teatro: **fada, bruxa, rainha, princesa e governanta**.
São feitas as seguintes afirmações:
1. Disse Fátima: "Acho que eu sou a governanta, Beatriz é a fada, Sílvia é a bruxa e Carla é a princesa." (**Palpites errados!**)
Daí, é **verdade** que: **Fátima não é a governanta**, e **Beatriz não é a fada**, e **Sílvia não é a bruxa**, e **Carla não é a princesa**!

2. Disse Beatriz: "Acho que Fátima é a princesa ou a bruxa." (**Palpites errados!**)
   Daí, é **verdade** que: **Fátima não é a princesa** e **Fátima não é a bruxa**!
3. Disse Gina: "Acho que Sílvia é a governanta ou a rainha." (**Palpites errados!**)
   Daí, é **verdade** que: **Sílvia não é a governanta** e **Sílvia não é a rainha**!
4. Disse Sílvia: "Acho que eu sou a princesa." (**Palpite errado!**)
   Daí, é **verdade** que: **Sílvia não é a princesa**!
5. Disse Carla: "Acho que a Bruxa sou eu ou Beatriz." (**Palpites errados!**)
   Daí, é **verdade** que: **Carla não é a bruxa** e **Beatriz não é a bruxa**!

A questão pede a associação entre os nomes das pessoas e os respectivos papéis de teatro.

Vamos fazer uma tabela relacionando os **nomes das pessoas** com os **respectivos papéis de teatro**.

	Fátima	Beatriz	Gina	Sílvia	Carla
Fada					
Bruxa					
Rainha					
Princesa					
Governanta					

Agora vamos colocar um **X** nas células da tabela quando houver uma associação correta, e um **n** quando incorreta.

Devemos ter somente um **X** em cada linha e também somente um **X** em cada coluna. Se tivermos, por exemplo, dois **X** na 1ª coluna, significará que Fátima tem dois papéis. E se não tivermos **X** nessa coluna, significará que Fátima não tem um papel de teatro.

1º passo: **Fátima não é a governanta**, e **Beatriz não é a fada**, e **Sílvia não é a bruxa**, e **Carla não é a princesa**!

Marcaremos um **n** na célula correspondente a **Fátima** e **governanta**, outro **n** na célula correspondente a **Beatriz** e **fada**, outro **n** na célula correspondente a **Sílvia** e **bruxa**, e finalmente um **n** na célula correspondente a **Carla** e **princesa**.

	Fátima	Beatriz	Gina	Sílvia	Carla
Fada		n			
Bruxa				n	
Rainha					
Princesa					n
Governanta	n				

2º passo: **Fátima não é a princesa** e **Fátima não é a bruxa**!

Marcaremos um **n** na célula correspondente a **Fátima** e **princesa**, e outro **n** na célula correspondente a **Fátima** e **bruxa**.

	Fátima	Beatriz	Gina	Sílvia	Carla
Fada		n			
Bruxa	n			n	
Rainha					
Princesa	n				n
Governanta	n				

3º passo: Sílvia não é a governanta e Sílvia não é a rainha!

Marcaremos um **n** na célula correspondente a **Sílvia** e **governanta**, e outro **n** na célula correspondente a **Sílvia** e **rainha**.

	Fátima	Beatriz	Gina	Sílvia	Carla
Fada		n			
Bruxa	n			n	
Rainha				n	
Princesa	n				n
Governanta	n			n	

4º passo: Sílvia não é a princesa!

Marcaremos um **n** na célula correspondente a **Sílvia** e **princesa**.

	Fátima	Beatriz	Gina	Sílvia	Carla
Fada		n			
Bruxa	n			n	
Rainha				n	
Princesa	n			n	n
Governanta	n			n	

5º passo: Carla não é a Bruxa e Beatriz não é a bruxa!

Marcaremos um **n** na célula correspondente a **Carla** e **bruxa**, e outro **n** na célula correspondente a **Beatriz** e **bruxa**.

	Fátima	Beatriz	Gina	Sílvia	Carla
Fada		n			
Bruxa	n	n		n	n
Rainha				n	
Princesa	n			n	n
Governanta	n			n	

6º passo: Cada linha e coluna devem conter uma célula marcada com X!

Assim, marcaremos **X** na célula vazia da linha (ou coluna) que tem **n** em todas as outras células.

	Fátima	Beatriz	Gina	Sílvia	Carla
Fada		n		X	
Bruxa	n	n	X	n	n
Rainha				n	
Princesa	n			n	n
Governanta	n			n	

Depois, marcaremos **n** para completar as linhas (ou colunas) que já possui um **X**.

	Fátima	Beatriz	Gina	Sílvia	Carla
Fada	n	n	n	X	n
Bruxa	n	n	X	n	n
Rainha			n	n	
Princesa	n		n	n	n
Governanta	n		n	n	

Novamente, marcaremos **X** na célula vazia da linha (ou coluna) que tem **n** em todas as outras células.

	Fátima	Beatriz	Gina	Sílvia	Carla
Fada	n	n	n	X	n
Bruxa	n	n	X	n	n
Rainha	X		n	n	
Princesa	n	X	n	n	n
Governanta	n			n	

Novamente, marcaremos **n** para completar as linhas (ou colunas) que já possui um **X**.

	Fátima	Beatriz	Gina	Sílvia	Carla
Fada	n	n	n	X	n
Bruxa	n	n	X	n	n
Rainha	X	n	n	n	n
Princesa	n	X	n	n	n
Governanta	n	n	n	n	

Novamente, marcaremos **X** na célula vazia da linha (ou coluna) que tem **n** em todas as outras células.

	Fátima	Beatriz	Gina	Sílvia	Carla
Fada	n	n	n	X	n
Bruxa	n	n	X	n	n
Rainha	X	n	n	n	n
Princesa	n	X	n	n	n
Governanta	n	n	n	n	X

Conclusão: Fátima é a rainha!
Beatriz é a princesa!
Gina é a bruxa!
Sílvia é a fada!
Carla é a governanta!
Resposta: Alternativa D.

5. (Esaf) Um agente de viagens atende a três amigas. Uma delas é loura, outra é morena e a outra é ruiva. O agente sabe que uma delas se chama Bete, outra se chama Elza e a outra se chama Sara. Sabe, ainda, que cada uma delas fará uma viagem a um país diferente da Europa: uma delas irá à Alemanha, outra irá à França e a outra irá à Espanha. Ao agente de viagens, que queria identificar o nome e o destino de cada uma, elas deram as seguintes informações:
A loura: "Não vou à França nem à Espanha."
A morena: "Meu nome não é Elza nem Sara."
A ruiva: "Nem eu nem Elza vamos à França."
O agente de viagens concluiu, então, acertadamente, que:

Capítulo 7 – Associação Lógica

a) a loura é Sara e vai à Espanha;
b) a ruiva é Sara e vai à França;
c) a ruiva é Bete e vai à Espanha;
d) a morena é Bete e vai à Espanha;
e) a loura é Elza e vai à Alemanha.

Solução:

Temos as seguintes amigas: Bete, Elza e Sara.
Características de cor de cada uma delas: **loura**, **morena** e **ruiva**.
Elas viajaram para os seguintes países: Alemanha, França e Espanha.
São feitas as seguintes afirmações verdadeiras:
1. A **loura**: "Não vou à França nem à Espanha."
2. A **morena**: "Meu nome não é Elza nem Sara."
3. A **ruiva**: "Nem eu nem Elza vamos à França."

Vamos colocar no cabeçalho da tabela os nomes: loura, morena e ruiva, porque as declarações são feitas a partir desses nomes. Caso optássemos por colocar os nomes das pessoas no cabeçalho, sentiríamos mais dificuldade no preenchimento da tabela.

	Loura	Morena	Ruiva
Bete			
Elza			
Sara			
Alemanha			
França			
Espanha			

1º passo: A loura: "Não vou à França nem à Espanha!"

Marcaremos um **n** na célula correspondente à **loura** e à **França**, e outro **n** na célula correspondente à **loura** e à **Espanha**.

	Loura	Morena	Ruiva
Bete			
Elza			
Sara			
Alemanha			
França	n		
Espanha	n		

Daí, já podemos marcar um **X** na célula vazia da 1ª coluna da tabela, e consequentemente marcamos **n** para completar a linha.

	Loura	Morena	Ruiva
Bete			
Elza			
Sara			
Alemanha	X	n	n
França	n		
Espanha	n		

2º passo: A morena: "Meu nome não é Elza nem Sara!"

Marcaremos um **n** na célula correspondente à **morena** e a **Elza**, e outro **n** na célula correspondente à **morena** e a **Sara**.

	Loura	Morena	Ruiva
Bete			
Elza		n	
Sara		n	
Alemanha	X	n	n
França	n		
Espanha	n		

Daí, já podemos marcar um **X** na célula vazia da 2ª coluna, e consequentemente marcamos **n** para completar a linha.

	Loura	Morena	Ruiva
Bete	n	X	n
Elza		n	
Sara		n	
Alemanha	X	n	n
França	n		
Espanha	n		

3º passo: A ruiva: "Nem eu nem Elza vamos à França!"

Marcamos um **n** na célula correspondente à **ruiva** e à **França**, e outro **n** na célula correspondente a **Elza** e à **França** (na verdade, não temos essa correspondência na tabela, então guarde este resultado). Observe que podemos obter mais uma informação da afirmação acima: A ruiva não é Elza! Assim, marcamos um **n** na célula correspondente à **ruiva** e a **Elza**.

	Loura	Morena	Ruiva
Bete	n	X	n
Elza		n	n
Sara		n	
Alemanha	X	n	n
França	n		n
Espanha	n		

Daí, já podemos marcar um **X** nas células vazias das linhas e colunas, e depois completar com **n** as células das linhas e colunas que já tem **X**.

	Loura	Morena	Ruiva
Bete	n	X	n
Elza		n	n
Sara	n	n	X
Alemanha	X	n	n
França	n		n
Espanha	n	n	X

E finalmente:

	Loura	Morena	Ruiva
Bete	n	X	n
Elza	X	n	n
Sara	n	n	X
Alemanha	X	n	n
França	n	X	n
Espanha	n	n	X

Conclusão:
Da parte superior da tabela, temos: Bete é morena.
　　　　　　　　　　　　　　　　　Elza é loura.
　　　　　　　　　　　　　　　　　Sara é ruiva.
Da parte inferior da tabela, temos: A loura vai à Alemanha.
　　　　　　　　　　　　　　　　　A morena vai à França.
　　　　　　　　　　　　　　　　　A ruiva vai à Espanha.
Assim, temos que: Bete é morena e vai à França.
　　　　　　　　　Elza é loura e vai à Alemanha.
　　　　　　　　　Sara é ruiva e vai à Espanha.
Resposta: Alternativa E.

6. (Esaf) Quatro casais reúnem-se para jogar xadrez. Como há apenas um tabuleiro, eles combinam que:
   a) nenhuma pessoa pode jogar duas partidas seguidas;
   b) marido e esposa não jogam entre si.
   Na primeira partida, Celina joga contra Alberto. Na segunda, Ana joga contra o marido de Júlia. Na terceira, a esposa de Alberto joga contra o marido de Ana. Na quarta, Celina joga contra Carlos. E na quinta, a esposa de Gustavo joga contra Alberto. A esposa de Tiago e o marido de Helena são, respectivamente:
   a) Celina e Alberto;
   b) Ana e Carlos;
   c) Júlia e Gustavo;
   d) Ana e Alberto;
   e) Celina e Gustavo.

Solução:
Temos as seguintes mulheres: **Celina, Ana, Júlia** e **Helena**.
Temos os seguintes homens: **Alberto, Carlos, Gustavo** e **Tiago**.
Eles combinam que:
   a) **nenhuma pessoa pode jogar duas partidas seguidas;**
   b) **marido e esposa não jogam entre si.**

Temos a seguinte sequência de partidas:

	MULHERES		HOMENS
1ª partida:	Celina	x	Alberto
2ª partida:	Ana	x	_____
			(marido de Júlia)
3ª partida:	_____	x	_____
	(esposa de Alberto)		(marido de Ana)
4ª partida:	Celina	x	Carlos
5ª partida:	_____	x	Alberto
	(esposa de Gustavo)		

Devemos fazer uma associação entre os maridos (homens) e esposas (mulheres). Daí, faremos a tabela seguinte:

	Celina	Ana	Júlia	Helena
Alberto				
Carlos				
Gustavo				
Tiago				

Agora vamos colocar um **X** nas células da tabela quando houver uma associação correta, e um **n** quando incorreta.

1º passo: Segundo o enunciado, **marido e esposa não jogam entre si**. Assim, chegaremos aos resultados seguintes:

Da **1ª** partida: Celina não é esposa de Alberto.

Da **4ª** partida: Celina não é esposa de Carlos.

Marcamos um **n** na célula correspondente a **Celina** e **Alberto**, e outro **n** na célula correspondente a **Celina** e **Carlos**.

	Celina	Ana	Júlia	Helena
Alberto	n			
Carlos	n			
Gustavo				
Tiago				

2º passo: Segundo o enunciado, **nenhuma pessoa pode jogar duas partidas seguidas**. Com essa informação e observando a sequência de jogos obteremos vários resultados.

Como Alberto jogou a 1ª partida, então ele não pode jogar a 2ª partida. Quem está jogando a 2ª partida é o marido de Júlia, daí:

- **Alberto não é o marido de Júlia!**

Como Ana jogou a 2ª partida, então ela não pode jogar a 3ª partida. Quem está jogando a 3ª partida é a esposa de Alberto, daí:

- **Ana não é a esposa de Alberto!**

Como o marido de Ana jogou a 3ª partida, então ele não pode jogar a 4ª partida. Quem está jogando a 4ª partida é Carlos, daí:
- **Carlos não é o marido de Ana**!

Como Celina jogou a 4ª partida, então ela não pode jogar a 5ª partida. Quem está jogando a 5ª partida é a esposa de Gustavo, daí:
- **Celina não é a esposa de Gustavo**!

Portanto, marcaremos um **n** na célula correspondente a **Alberto** e **Julia**, um **n** na célula correspondente a **Ana** e **Alberto**, outro **n** na célula correspondente a **Carlos** e **Ana**, e um último **n** na célula correspondente a **Celina** e **Gustavo**.

	Celina	Ana	Júlia	Helena
Alberto	n	n	n	
Carlos	n	n		
Gustavo	n			
Tiago				

Cada linha e coluna devem conter uma célula marcada com **X**! Assim, devemos marcar um **X** na célula vazia da 1ª linha, e também na célula vazia da 1ª coluna. Teremos:

	Celina	Ana	Júlia	Helena
Alberto	n	n	n	X
Carlos	n	n		
Gustavo	n			
Tiago	X			

Vamos completar com **n** as células das linhas e colunas que já têm um **X**. Teremos:

	Celina	Ana	Júlia	Helena
Alberto	n	n	n	X
Carlos	n	n		n
Gustavo	n			n
Tiago	X	n	n	n

Devemos marcar um **X** na célula vazia da 2ª coluna e também da 2ª linha.

	Celina	Ana	Júlia	Helena
Alberto	n	n	n	X
Carlos	n	n	X	n
Gustavo	n	X		n
Tiago	X	n	n	n

Finalmente:

	Celina	Ana	Júlia	Helena
Alberto	n	n	n	X
Carlos	n	n	X	n
Gustavo	n	X	n	n
Tiago	X	n	n	n

Deste modo, a esposa de Tiago e o marido de Helena são Celina e Alberto.
Resposta: Alternativa A.

7. (FCC) Cinco amigos, que estudaram juntos no colégio, estão reunidos num jantar. São eles: Almir, Branco, Caio, Danilo e Edílson. Atualmente, eles moram nas cidades de Atibaia, Batatais, Catanduva, Dracena e Embu, onde exercem as seguintes profissões: advogado, bibliotecário, contabilista, dentista e engenheiro. Considere que:
    I.   Nenhum deles vive na cidade que tem a mesma letra inicial de seu nome, nem o nome de sua ocupação tem a mesma inicial de seu nome nem da cidade em que vive.
    II. Almir não reside em Batatais e Edílson, que não é bibliotecário e nem dentista, tampouco aí vive.
    III. Branco, que não é contabilista e nem dentista, não mora em Catanduva e nem em Dracena.
    IV. Danilo vive em Embu, não é bibliotecário e nem advogado.
    V.   O bibliotecário não mora em Catanduva.

    Nessas condições, é verdade que:
    a) Almir é contabilista e reside em Dracena;
    b) Branco é advogado e reside em Atibaia;
    c) Caio é dentista e reside em Catanduva;
    d) Danilo é dentista e reside em Embu;
    e) Edílson é advogado e reside em Catanduva.

Solução:
Os dados envolvidos neste enunciado são os seguintes:
- Cinco amigos: **Almir, Branco, Caio, Danilo e Edílson**;
- Cidades onde residem: **Atibaia, Batatais, Catanduva, Dracena e Embu**;
- Profissões: **advogado, bibliotecário, contabilista, dentista e engenheiro**.

Há, ainda, as seguintes afirmações:
1ª. Nenhum deles vive na cidade que tem a mesma letra inicial de seu nome, nem o nome de sua ocupação tem a mesma inicial de seu nome nem da cidade em que vive;
2ª. Almir não reside em Batatais e Edílson, que não é bibliotecário e nem dentista, tampouco aí vive;
3ª. Branco, que não é contabilista e nem dentista, não mora em Catanduva e nem em Dracena;
4ª. Danilo vive em Embu, não é bibliotecário e nem advogado;
5ª. O bibliotecário não mora em Catanduva.

Construiremos a seguinte tabela:

	Almir	Branco	Caio	Danilo	Edílson
Atibaia					
Batatais					
Catanduva					
Dracena					
Embu					
advogado					
bibliotecário					
contabilista					
dentista					
engenheiro					

Passaremos à análise das considerações feitas no enunciado, e à marcação da tabela acima.

1º) "**Nenhum deles vive na cidade que tem a mesma letra inicial de seu nome, nem o nome de sua ocupação tem a mesma inicial de seu nome nem da cidade em que vive.**"

A partir da informação: "Nenhum deles vive na cidade que tem a mesma letra inicial de seu nome", podemos marcar com **n** as células correspondentes ao amigo e cidade que iniciam com a mesma letra.

E a partir da informação: "Nem o nome de sua ocupação tem a mesma inicial de seu nome", podemos marcar com **n** nas células correspondentes ao amigo e profissão que iniciam com a mesma letra.

	Almir	Branco	Caio	Danilo	Edílson
Atibaia	n				
Batatais		n			
Catanduva			n		
Dracena				n	
Embu					n
advogado	n				
bibliotecário		n			
contabilista			n		
dentista				n	
engenheiro					n

Tem mais uma informação que podemos retirar da 1ª afirmação: "**nem o nome de sua ocupação tem a mesma inicial da cidade em que vive**". Nesse momento não temos como marcar essa informação na tabela, mas deixaremos ela guardada.

2º) "**Almir não reside em Batatais e Edílson, que não é bibliotecário e nem dentista, tampouco aí vive.**"

Marcaremos **n** nas células correspondentes a **Almir** e **Batatais**, e a **Edílson** e **Batatais**.

Marcaremos **n** nas células correspondentes a **Edílson** e **bibliotecário**, e a **Edílson** e **dentista**.

	Almir	Branco	Caio	Danilo	Edílson
Atibaia	n				
Batatais	n	n			n
Catanduva			n		
Dracena				n	
Embu					n
advogado	n				
bibliotecário		n			n
contabilista			n		
dentista				n	n
engenheiro					n

3º) "Branco, que não é contabilista e nem dentista, não mora em Catanduva e nem em Dracena."

Marcaremos **n** nas células correspondentes a **Branco** e **Catanduva**, e a **Branco** e **Dracena**.

Marcaremos **n** nas células correspondentes a **Branco** e **contabilista**, e a **Branco** e **dentista**.

	Almir	Branco	Caio	Danilo	Edílson
Atibaia	n				
Batatais	n	n			n
Catanduva		n	n		
Dracena		n		n	
Embu					n
advogado	n				
bibliotecário		n			n
contabilista		n	n		
dentista		n		n	n
engenheiro					n

4º) "Danilo vive em Embu, não é bibliotecário e nem advogado."

Marcaremos **X** na célula correspondente a **Danilo** e **Embu** (e **n** no restante da linha e da coluna). Também marcaremos **n** nas células correspondentes a **Danilo** e **bibliotecário**, e a **Danilo** e **advogado**.

	Almir	Branco	Caio	Danilo	Edílson
Atibaia	n			n	
Batatais	n	n		n	n
Catanduva		n	n	n	
Dracena		n		n	
Embu	n	n	n	X	n
advogado	n			n	
bibliotecário		n		n	n
contabilista		n	n		
dentista		n		n	n
engenheiro					n

A linha correspondente à cidade de Batatais, só tem uma célula vazia e não tem nenhum X. O mesmo ocorre com a coluna do Branco. Devemos marcar um X nestas células vazias, e completar a linha e a coluna com n.

	Almir	Branco	Caio	Danilo	Edílson
Atibaia	n	X	n	n	n
Batatais	n	n	X	n	n
Catanduva		n	n	n	
Dracena		n	n	n	
Embu	n	n	n	X	n
advogado	n				
bibliotecário		n			n
contabilista		n	n		
dentista				n	n
engenheiro					n

Havíamos deixado uma informação guardada: "**nem o nome de sua ocupação tem a mesma inicial da cidade em que vive**". Vamos usá-la agora!

- Branco mora em **A**tibaia, logo ele não pode ser **A**dvogado. Então, devemos marcar **n** na célula correspondente a **Branco** e **advogado**.
- Caio mora em **B**atatais, logo ele não pode ser **B**ibliotecário. Então, devemos marcar **n** na célula correspondente a **Caio** e **bibliotecário**.
- Danilo mora em **E**mbu, logo ele não pode ser **E**ngenheiro. Então, devemos marcar **n** na célula correspondente a **Danilo** e **engenheiro**.

	Almir	Branco	Caio	Danilo	Edílson
Atibaia	n	X	n	n	n
Batatais	n	n	X	n	n
Catanduva		n	n	n	
Dracena		n	n	n	
Embu	n	n	n	X	n
advogado	n	n		n	
bibliotecário		n	n		n
contabilista		n	n		
dentista				n	n
engenheiro				n	n

Sabendo que em cada linha e em cada coluna deve haver apenas um **X** e o restante das células **n**, faremos as devidas marcações e obteremos:

	Almir	Branco	Caio	Danilo	Edílson
Atibaia	n	X	n	n	n
Batatais	n	n	X	n	n
Catanduva	n	n	n	n	
Dracena	n	n	n	n	
Embu	n	n	n	X	n
advogado	n	n	n	n	X
bibliotecário	X	n	n	n	n
contabilista	n	n	n	X	n
dentista	n	n	X	n	n
engenheiro	n	X	n	n	n

5º) "O bibliotecário não mora em Catanduva."

Quem é o bibliotecário? Da tabela anterior, o bibliotecário é o Almir. Logo, Almir não mora em Catanduva. Marca-se um n na célula correspondente a **Almir** e **Catanduva**. Depois dessa marcação, completaremos as células da tabela.

	Almir	Branco	Caio	Danilo	Edílson
Atibaia	n	X	n	n	n
Batatais	n	n	X	n	n
Catanduva	n	n	n	n	X
Dracena	X	n	n	n	n
Embu	n	n	n	X	n
advogado	n	n	n	n	X
bibliotecário	X	n	n	n	n
contabilista	n	n	n	X	n
dentista	n	n	X	n	n
engenheiro	n	X	n	n	n

Resposta: Alternativa E.

8. (Esaf) Cinco irmãos exercem, cada um, uma profissão diferente. Luís é paulista, como o agrônomo, e é mais moço do que o engenheiro e mais velho do que Oscar. O agrônomo, o economista e Mário residem no mesmo bairro. O economista, o matemático e Luís são, todos, torcedores do Flamengo. O matemático costuma ir ao cinema com Mário e Nédio. O economista é mais velho do que Nédio e mais moço do que Pedro; este, por sua vez, é mais moço do que o arquiteto. Logo,

a) Mário é engenheiro, e o matemático é mais velho do que o agrônomo, e o economista é mais novo do que Luís.

b) Oscar é engenheiro, e o matemático é mais velho do que o agrônomo, e Luís é mais velho do que o matemático.

c) Pedro é matemático, e o arquiteto é mais velho do que o engenheiro, e Oscar é mais velho do que o agrônomo.

d) Luís é arquiteto, e o engenheiro é mais velho do que o agrônomo, e Pedro é mais velho do que o matemático.

e) Nédio é engenheiro, e o arquiteto é mais velho do que o matemático, e Mário é mais velho do que o economista.

Solução:

Temos cincos irmãos: **Luís, Oscar, Mário, Pedro e Nédio**.

E as profissões são: **engenheiro, matemático, arquiteto, agrônomo e economista**.

O enunciado traz as seguintes afirmações:

1ª. Luís é paulista, como o agrônomo, e é mais moço do que o engenheiro e mais velho do que Oscar.

2ª. O agrônomo, o economista e Mário residem no mesmo bairro.

3ª. O economista, o matemático e Luís são, todos, torcedores do Flamengo.

4ª. O matemático costuma ir ao cinema com Mário e Nédio.

5ª. O economista é mais velho do que Nédio e mais moço do que Pedro; este, por sua vez, é mais moço do que o arquiteto.

Vamos fazer uma tabela relacionando os **nomes dos irmãos** com as **profissões**.

	Luís	Oscar	Mário	Pedro	Nédio
engenheiro					
matemático					
arquiteto					
agrônomo					
economista					

Agora, vamos colocar um **X** nas células da tabela quando houver uma associação correta, e um **n** quando incorreta.

Vamos analisar as afirmações dadas na questão através dos passos abaixo, mas procuraremos avaliar somente a correspondência entre os nomes dos irmãos e a profissão, e não nos preocuparemos agora em saber quem é o mais velho ou o mais novo.

1º passo: Luís é paulista, como o agrônomo, e é mais moço do que o engenheiro e mais velho do que Oscar!

Desta afirmação, obtemos que **Luís não é agrônomo** e também **não é engenheiro**. Também obtemos que **Oscar não é engenheiro**. Assim, marcaremos um **n** na célula correspondente a **Luís** e **agrônomo**, outro **n** na célula correspondente a **Luís** e **engenheiro**, e outro **n** na célula correspondente a **Oscar** e **engenheiro**.

	Luís	Oscar	Mário	Pedro	Nédio
engenheiro	n	n			
matemático					
arquiteto					
agrônomo	n				
economista					

2º passo: O agrônomo, o economista e Mário residem no mesmo bairro!

Desta afirmação, obtemos que **Mário não é agrônomo** e também **não é economista**. Assim, marcaremos um **n** na célula correspondente a **Mário** e **agrônomo**, e outro **n** na célula correspondente a **Mário** e **economista**.

	Luís	Oscar	Mário	Pedro	Nédio
engenheiro	n	n			
matemático					
arquiteto					
agrônomo	n		n		
economista			n		

3º passo: O economista, o matemático e Luís são, todos, torcedores do Flamengo!

Desta afirmação, obtemos que **Luís não é economista** e **não é matemático**. Assim, marcaremos um **n** na célula correspondente a **Luís** e **economista**, e um **n** na célula correspondente a **Luís** e **matemático**.

	Luís	Oscar	Mário	Pedro	Nédio
engenheiro	n	n			
matemático	n				
arquiteto					
agrônomo	n	n	n		
economista	n		n		

Marcaremos um **X** na célula vazia da primeira coluna, e completaremos o restante da linha com **n**:

	Luís	Oscar	Mário	Pedro	Nédio
engenheiro	n	n			
matemático	n				
arquiteto	X	n	n	n	n
agrônomo	n	n	n		
economista	n		n		

4º passo: O matemático costuma ir ao cinema com Mário e Nédio!

Desta afirmação, obtemos que **Mário não é matemático** e **Nédio não é matemático**. Assim, marcaremos um **n** na célula correspondente a **Mário** e **matemático**, e outro **n** na célula correspondente a **Nédio** e **matemático**.

	Luís	Oscar	Mário	Pedro	Nédio
engenheiro	n	n			
matemático	n		n		n
arquiteto	X	n	n	n	n
agrônomo	n	n	n		
economista	n		n		

Observe que na 3ª coluna há somente uma célula sem marcação, então marcaremos um **X**, e completaremos o restante da linha com **n**:

	Luís	Oscar	Mário	Pedro	Nédio
engenheiro	n	n	X	n	n
matemático	n		n		n
arquiteto	X	n	n	n	n
agrônomo	n	n	n		
economista	n		n		

5º passo: O economista é mais velho do que Nédio e mais moço do que Pedro; este, por sua vez, é mais moço do que o arquiteto!

Desta afirmação, obtemos que **Nédio não é economista**, **Pedro não é economista**, **Pedro não é arquiteto** e **Nédio não é arquiteto**.

Assim, marcaremos um **n** na célula correspondente a **Nédio** e **economista**, outro **n** na célula correspondente a **Pedro** e **economista**, outro **n** na célula correspondente a **Pedro** e **arquiteto**, e outro **n** na célula correspondente a **Nédio** e **arquiteto**. Estes dois últimos já haviam sido marcados.

	Luís	Oscar	Mário	Pedro	Nédio
engenheiro	n	n	X	n	n
matemático	n		n		n
arquiteto	X	n	n	n	n
agrônomo	n	n	n		
economista	n		n	n	n

Observe que na última coluna e na última linha há somente uma célula sem marcação, então marcaremos um **X** nestas células, e completaremos o restante da linha e coluna com **n**.

	Luís	Oscar	Mário	Pedro	Nédio
engenheiro	n	n	X	n	n
matemático	n	n	n		n
arquiteto	X	n	n	n	n
agrônomo	n	n	n	n	X
economista	n	X	n	n	n

E finalmente:

	Luís	Oscar	Mário	Pedro	Nédio
engenheiro	n	n	X	n	n
matemático	n	n	n	X	n
arquiteto	X	n	n	n	n
agrônomo	n	n	n	n	X
economista	n	X	n	n	n

Portanto, as profissões correspondentes a cada irmão são:

Luís é arquiteto.
Oscar é economista.
Mário é engenheiro.
Pedro é matemático.
Nédio é agrônomo.

Com estes resultados ainda não temos condições de marcar a alternativa correta, precisamos avaliar a relação entre as idades dos irmãos.

Das cinco afirmações que foram escritas no início desta solução, somente duas, a **1ª** e a **5ª**, trazem dados sobre as idades dos irmãos. Vejamos elas duas:

1ª. Luís é paulista, como o agrônomo, e é mais moço do que o engenheiro e mais velho do que Oscar.
5ª. O economista é mais velho do que Nédio e mais moço do que Pedro; este, por sua vez, é mais moço do que o arquiteto.

- **Da 1ª afirmação, obtemos:**
  Luís (arquiteto) é mais moço que Mário (engenheiro), e mais velho que Oscar (economista).

  Da 5ª afirmação, obtemos:
  Oscar (economista) é mais velho que Nédio (agrônomo), e mais moço que Pedro (matemático). E Pedro (matemático) é mais moço que Luís (arquiteto).

  Nédio   Oscar   Pedro   Luís
  ───────────────────────────────▶ (mais velho)

  Juntando os resultados obtidos nas duas afirmações acima, teremos:

  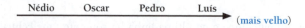

  Agora, com mais estes resultados já podemos marcar a alternativa A.
  Resposta: Alternativa A.

9. (Esaf) Caio, Décio, Éder, Felipe e Gil compraram, cada um, um barco. Combinaram, então, dar aos barcos os nomes de suas filhas. Cada um tem uma única filha, e todas têm nomes diferentes. Ficou acertado que nenhum deles poderia dar a seu barco o nome da própria filha e que a cada nome das filhas corresponderia um e apenas um barco. Décio e Éder desejavam, ambos, dar a seus barcos o nome de Laís, mas acabaram entrando em um acordo: o nome de Laís ficou para o barco de Décio e Éder deu a seu barco o nome de Mara. Gil convenceu o pai de Olga a pôr o nome de Paula em seu barco (isto é, no barco dele, pai de Olga). Ao barco de Caio, coube o nome de Nair, e ao barco do pai de Nair, coube o nome de Olga. As filhas de Caio, Décio, Éder, Felipe e Gil são, respectivamente:
   a) Mara, Nair, Paula, Olga, Laís;
   b) Laís, Mara, Olga, Nair, Paula;
   c) Nair, Laís, Mara, Paula, Olga;
   d) Paula, Olga, Laís, Nair, Mara;
   e) Laís, Mara, Paula, Olga, Nair.

Solução:
   Trabalharemos aqui com os seguintes dados:
   - Nomes dos pais: Caio, Décio, Éder, Felipe e Gil;
   - Nomes das filhas: Laís, Mara, Nair, Olga e Paula.
   As informações adicionais desta questão são as seguintes:
1ª) Os pais irão **batizar** seus respectivos barcos, mas não podem usar o nome da própria filha, e sim a da filha de outrem;

Capítulo 7 – Associação Lógica

2ª) Décio e Éder queriam usar o nome de Laís;
3ª) Décio usou o nome de Laís e Éder usou o nome de Mara.
4ª) Gil convenceu o pai de Olga;
5ª) O pai de Olga pôs o nome de Paula em seu barco;
6ª) Caio usou o nome de Nair;
7ª) O pai de Nair usou o nome de Olga.

Construiremos uma tabela de forma que associemos os **nomes dos homens** aos **nomes que usaram nos barcos**, e aos nomes de suas respectivas **filhas**. Teremos:

	Caio	Décio	Éder	Felipe	Gil
Barco Laís					
Barco Mara					
Barco Nair					
Barco Olga					
Barco Paula					
filha Laís					
filha Mara					
filha Nair					
filha Olga					
filha Paula					

1º passo: Da 2ª e da 3ª informações acima, temos que **Décio** usou o nome **Laís** no barco, e que **Éder** usou o nome **Mara** no barco. Daí, nas células que relacionam **Décio** com **barco Laís**, e **Éder** com **barco Mara**, marcaremos um **X** (e completaremos com **n** as células restantes da linha e da coluna).

Também, da 2ª e da 3ª informações acima, concluímos que **Décio** não é pai de **Laís**, e que **Éder** não é pai de **Laís** e nem de **Mara**. Daí, nas células que relacionam **Décio** com **filha Laís**, e **Éder** com **filha Laís** e com **filha Mara**, marcaremos um **n**.

Então, teremos:

	Caio	Décio	Éder	Felipe	Gil
Barco Laís	n	X	n	n	n
Barco Mara	n	n	X	n	n
Barco Nair		n	n		
Barco Olga		n	n		
Barco Paula		n	n		
filha Laís		n	n		
filha Mara			n		
filha Nair					
filha Olga					
filha Paula					

2º passo: Da 6ª informação, **Caio** usou o nome **Nair** no barco. Daí, na célula que relaciona **Caio** com **barco Nair** marcaremos um **X** (e completaremos com **n** as células restantes da linha e da coluna).

Da 4ª informação, concluímos que **Gil** não é pai de **Olga**. E da 6ª, que **Caio** não é pai de **Nair**. Daí, nas células que relacionam **Gil** com **filha Olga**, e **Caio** com **filha Nair** marcaremos um **n**.

Daí, teremos:

	Caio	Décio	Éder	Felipe	Gil
Barco Laís	n	X	n	n	n
Barco Mara	n	n	X	n	n
Barco Nair	X	n	n	n	n
Barco Olga	n	n	n		
Barco Paula	n	n	n		
filha Laís		n	n		
filha Mara			n		
filha Nair	n				
filha Olga					n
filha Paula					

3º passo: Da 5ª informação, o **pai de Olga** usou o nome **Paula** no barco. Observe na tabela que quem usou o **nome Paula no barco** foi o **Felipe** ou o **Gil**. Daí, temos que o **pai de Olga** é **Felipe** ou **Gil**.

Contudo, temos na tabela que **Gil não** pode ser o **pai de Olga**, portanto o **pai de Olga** só resta ser o **Felipe**. Marcaremos X na célula que relaciona **Felipe** com a **filha Olga**. E marcaremos n na célula que relaciona **Felipe** com o **barco Olga**.

	Caio	Décio	Éder	Felipe	Gil
Barco Laís	n	X	n	n	n
Barco Mara	n	n	X	n	n
Barco Nair	X	n	n	n	n
Barco Olga	n	n	n	n	
Barco Paula	n	n	n		
filha Laís		n	n		
filha Mara			n		
filha Nair	n				
filha Olga				X	n
filha Paula					

Completando as linhas e as colunas com **n** e **X**, obteremos:

	Caio	Décio	Éder	Felipe	Gil
Barco Laís	n	X	n	n	n
Barco Mara	n	n	X	n	n
Barco Nair	X	n	n	n	n
Barco Olga	n	n	n	n	X
Barco Paula	n	n	n	X	n
filha Laís		n	n	n	
filha Mara			n	n	
filha Nair	n			n	
filha Olga	n	n	n	X	n
filha Paula				n	

4º passo: Da 7ª informação, o **pai de Nair** usou o nome **Olga** no barco. Pela tabela, quem usou o nome **Olga** no barco foi **Gil**, daí **Gil** é o **pai de Nair**. Marcaremos X na célula que relaciona **Gil** com a **filha Nair** (e completaremos o restante da linha e coluna com n).

	Caio	Décio	Éder	Felipe	Gil
Barco Laís	n	X	n	n	n
Barco Mara	n	n	X	n	n
Barco Nair	X	n	n	n	n
Barco Olga	n	n	n	n	X
Barco Paula	n	n	n	X	n
filha Laís		n	n	n	n
filha Mara			n	n	n
filha Nair	n	n	n	n	X
filha Olga	n	n	n	X	n
filha Paula				n	n

Podemos agora completar a tabela toda:

	Caio	Décio	Éder	Felipe	Gil
Barco Laís	n	X	n	n	n
Barco Mara	n	n	X	n	n
Barco Nair	X	n	n	n	n
Barco Olga	n	n	n	n	X
Barco Paula	n	n	n	X	n
filha Laís	X	n	n	n	n
filha Mara	n	X	n	n	n
filha Nair	n	n	n	n	X
filha Olga	n	n	n	X	n
filha Paula	n	n	X	n	n

Conclusões finais: **A filha de Caio é Laís.**
A filha de Décio é Mara.
A filha de Éder é Paula.
A filha de Felipe é Olga.
A filha de Gil é Nair.

Resposta: Alternativa E.

7.3. Exercícios Propostos

01. **(TJ-Amapá Téc. Jud. 2014 FCC)** Quatro senhoras trabalham em uma seção e seus nomes são Marina, Cleuza, Lúcia e Débora. Cada uma está calçando um tipo de calçado diferente e que são: tênis, sandália, sapato de salto alto e sapato baixo, não necessariamente nessa ordem. Sabe-se que Marina não está calçando sandália e que Débora só usa sapato de salto alto. Lúcia é amiga da senhora que está com sapato baixo e nenhuma delas é amiga de Marina. Sendo assim, pode-se concluir corretamente que
    a) Marina está com sapato baixo e Débora com sapato de salto alto.
    b) Lúcia está com tênis ou Cleuza está com sandália.
    c) Débora não está com sapato de salto alto ou Cleuza está com sapato baixo.
    d) Marina não está com sandália e Lúcia não está com sandália.
    e) Ou Cleuza está com sapato de salto alto ou Débora está com tênis.

02. (TRT-Alagoas 2011 FCC) Ricardo, Mateus e Lucas são três amigos que cursam faculdades de medicina, engenharia e direito. Cada um dos três usa um meio diferente de transporte para chegar à faculdade: ônibus, automóvel e bicicleta. Para descobrir o que cada um cursa e o meio de transporte que utilizam, temos o seguinte:
- Mateus anda de bicicleta;
- Quem anda de ônibus não faz medicina;
- Ricardo não cursa engenharia e Lucas estuda direito.

Considerando as conclusões:
I. Lucas vai de ônibus para a faculdade de direito.
II. Mateus estuda medicina.
III. Ricardo vai de automóvel para a faculdade.

Está correto o que consta em
a) I, apenas.
b) III, apenas.
c) II e III, apenas.
d) I e III, apenas.
e) I, II e III.

03. (TCE-SE Téc. de Controle Externo 2011 FCC) André, Bernardo e Carlos, candidatos a um emprego, são submetidos a uma prova e o resultado apresentou as seguintes informações:
I. André não foi o primeiro colocado.
II. Bernardo não foi o segundo colocado.
III. Carlos não foi o terceiro colocado.

Sabendo-se que não houve empates, é verdade que
a) André obteve a pior nota.
b) Carlos foi o segundo colocado.
c) a nota de Bernardo foi superior à nota de André.
d) a nota de Carlos foi superior à nota de André.
e) a nota de Bernardo não foi superior à nota de Carlos.

04. (ANEEL 2006 ESAF) Os filhos de Matilde, Benta e Penélope são, não necessariamente nesta ordem, Marcos, Beto e Paulo. Uma delas é irmã de Oscar, a outra é irmã de Fernando, e a outra é irmã de Sérgio. Matilde é irmã de Oscar. Penélope é mãe de Paulo. Benta não é irmã de Sérgio e não é mãe de Marcos. Assim, os filhos e os irmãos de Benta e Penélope são, respectivamente,
a) Beto e Sérgio, Paulo e Fernando.
b) Beto e Fernando, Marcos e Sérgio.
c) Paulo e Fernando, Beto e Sérgio.
d) Marcos e Sérgio, Paulo e Fernando.
e) Beto e Fernando, Paulo e Sérgio.

05. (TRF 3ª Região Anal. Jud. 2007 FCC) Nos Jogos Panamericanos de 1971, na cidade de Cali, um quadro de resultados parciais apresentava os três países com maior número de medalhas de ouro (105, 31 e 19), de prata (73, 49 e 20) e de bronze (41, 40 25): Canadá, Cuba e EUA. Em relação a esse quadro, sabe-se que
- os EUA obtiveram 105 medalhas de ouro e 73 de prata;
- Cuba recebeu a menor quantidade de medalhas de bronze;
- Canadá recebeu um total de 80 medalhas.

Nessas condições, esse quadro informava que o número de medalhas recebidas
a) por Cuba foi 120.
b) por Cuba foi 115.
c) pelos EUA foi 220.
d) pelos EUA foi 219.
e) pelos EUA foi 218.

06. (TCE-Amapá Téc. de Controle Externo 2012 FCC) O funcionário de uma pizzaria que fornece em domicílio registrou os pedidos de três clientes regulares. Cada um pediu uma única pizza, de um único sabor, sendo uma de massa fina, uma de massa média e uma de massa grossa. Uma falha no computador, porém, apagou o registro dos pedidos e o funcionário teve de usar o conhecimento que tinha do gosto dos clientes, além do que se lembrava dos pedidos, para deduzir o que cada um solicitou.
- O Sr. Pedro não pode ter pedido a pizza com borda recheada, pois não aprecia esse opcional.
- Um dos sabores pedidos, banana, só é feita com massa média.
- A única pizza que teve como opcional cobertura extra de queijo foi a de frango, que não tinha borda recheada.
- O Sr. Jorge só pede pizza de massa fina e não gosta de cobertura extra de queijo.
- Apenas uma das pizzas pedidas não tinha qualquer opcional.
- A Sra. Estela não pediu a pizza de massa média.

Uma das pizzas pedidas foi de calabresa. Essa pizza foi pedida
a) pelo Sr. Pedro e tinha borda recheada.
b) pelo Sr. Pedro e não tinha qualquer opcional.
c) pela Sra. Estela e não tinha qualquer opcional.
d) pelo Sr. Jorge e tinha borda recheada.
e) pelo Sr. Jorge e não tinha qualquer opcional.

07. (TRT-MS 2011 FCC) Amália, Berenice, Carmela, Doroti e Paulete vivem nas cidades de Amambaí, Bonito, Campo Grande, Dourados e Ponta Porã, onde exercem as profissões de advogada, bailarina, cabeleireira, dentista e professora. Considere como verdadeiras as seguintes afirmações:
- a letra inicial do nome de cada uma delas, bem como as iniciais de suas respectivas profissão e cidade onde vivem, são duas a duas distintas entre si;
- a bailarina não vive em Campo Grande;
- Berenice não é cabeleireira e nem professora; também não vive em Campo Grande e nem em Dourados;
- Doroti vive em Ponta Porã, não é bailarina e tampouco advogada;
- Amália e Paulete não vivem em Bonito;
- Paulete não é bailarina e nem dentista.

Com base nas informações dadas, é correto concluir que Carmela
a) vive em Bonito.
b) é advogada.
c) vive em Dourados.
d) é bailarina.
e) vive em Ponta Porã.

08. (TRT-Pará Anal. Jud. 2010 FCC) Quatro casais vão jogar uma partida de buraco, formando quatro duplas. As regras para formação de duplas exigem que não sejam de marido com esposa. A respeito das duplas formadas, sabe-se que:
- Tarsila faz dupla com Rafael;
- Julia não faz dupla com o marido de Carolina;
- Amanda faz dupla com o marido de Julia;
- Rafael faz dupla com a esposa de Breno;
- Lucas faz dupla com Julia;
- Nem Rafael, nem Lucas fazem dupla com Amanda;
- Carolina faz dupla com o marido de Tarsila;
- Pedro é um dos participantes.

Com base nas informações, é correto afirmar que
a) Carolina não é esposa de Breno, nem de Lucas, nem de Pedro.
b) Amanda não é esposa de Lucas, nem de Rafael, nem de Pedro.
c) Tarsila é esposa de Lucas.
d) Rafael é marido de Julia.
e) Pedro é marido de Carolina.

09. **(TJ-Amapá Téc. Jud. 2014 FCC)** Três amigos exercem profissões diferentes e praticam esportes diferentes. As profissões exercidas por eles são: advocacia, engenharia e medicina. Os esportes praticados são: futebol, basquetebol e voleibol. Sabe-se que Alberto não é médico e Carlos não é médico. Ou o Bruno pratica voleibol ou o Bruno pratica basquetebol. Se o Bruno não pratica futebol, então Alberto não é advogado. Carlos pratica voleibol. Com essas informações é possível determinar corretamente que
   a) Bruno pratica voleibol e exerce a engenharia.
   b) Carlos exerce a advocacia e pratica voleibol.
   c) Alberto exerce a advocacia e pratica basquetebol.
   d) Bruno exerce a medicina e pratica futebol.
   e) Alberto exerce a engenharia e pratica basquetebol.

10. **(TRE-MS Téc. Jud. 2007 FCC)** Certo dia, três técnicos judiciários – Altamiro, Benevides e Corifeu – receberam, cada um, um lote de processos para arquivar e um lote de correspondências a serem expedidas. Considere que:
   – tanto a tarefa de arquivamento dos processos, quanto a de expedição das correspondências foram executadas no mesmo dia e em um dos seguintes horários: das 10 às 12 horas, das 14 às 16 horas e das 16 às 18 horas;
   – apenas Altamiro arquivou os processos e expediu as correspondências que recebeu em um mesmo horário;
   – nem os processos arquivados e nem as correspondências expedidas por Benevides ocorreram das 10 às 12 horas;
   – Corifeu expediu toda a correspondência de seu respectivo lote das 16 às 18 horas.
   Nessas condições, é verdade que
   a) os processos dos lotes de Altamiro e Corifeu foram arquivados das 16 às 18 horas e das 14 às 16 horas, respectivamente.
   b) as correspondências dos lotes de Altamiro e Benevides foram expedidas das 14 às 16 horas e das 10 às 12 horas, respectivamente.
   c) Benevides arquivou os processos de seu lote das 14 às 16 horas e expediu as correspondências do lote que lhe coube das 16 às 18 horas.
   d) o lote de processos que coube a Benevides foi arquivado das 14 às 16 horas e Altamiro expediu as correspondências de seu lote das 10 às 12 horas.
   e) Altamiro expediu as correspondências de seu lote das 10 às 12 horas e Corifeu arquivou os processos de seu lote das 14 às 16 horas.

11. **(TRT-SP Téc. Jud. 2008 FCC)** Certo dia, três técnicos judiciários digitaram três relatórios: (M), referente á manutenção de programas, (S), referente à codificação de sistemas e (P), sobre a pesquisa de novas técnicas operacionais. Sabe-se que:
   – cada relatório foi digitado em folhas nas cores branca, azul ou verde, e, em seguida, colocado em uma única pasta que tinha somente uma destas mesmas três cores;
   – apenas (M) foi colocado em uma pasta que tinha a mesma cor das folhas em que foi digitado;
   – (S) não foi colocado na pasta branca e tampouco digitado em folhas brancas;
   – (P) foi colocado na pasta azul.
   Nessas condições, pode-se concluir corretamente que
   a) (S) foi colocado em uma pasta branca e digitado em folhas azuis.
   b) (M) foi digitado em folhas brancas e (P) em folhas azuis.
   c) (P) foi digitado em folhas azuis e (S) foi colocado em uma pasta verde.
   d) (M) foi digitado em folhas azuis e (P) em folhas brancas.
   e) (S) foi colocado em uma pasta verde e (M) em uma pasta branca.

Capítulo 7 – Associação Lógica   395

12. **(TRF 4ª região Tec. Jud. 2007 FCC)** No dia 29 de dezembro de 2006 quatro técnicos judiciários de uma mesma Secretaria da Justiça Federal – Eugênio, Nair, Raul e Virgínio – entregaram seu relatório mensal de atividades, não necessariamente nessa ordem. Considere as informações seguintes:
    - as funções que esses técnicos desempenham na Secretaria são: manutenção de computadores, motorista, operador de computadores e segurança;
    - a última pessoa a entregar o relatório não nasceu em Maringá;
    - após Virgínio, que é motorista, entregar seu relatório, o operador de computadores entregou o dele;
    - Eugênio, que nasceu em Londrina, entregou seu relatório depois de Raul, que faz a manutenção de computadores;
    - o segurança não foi o primeiro a entregar o relatório;
    - o técnico que nasceu em Cascavel entregou seu relatório logo depois de Nair, que nasceu em Bagé.

    Com base nessas informações, é correto afirmar que
    a) Eugênio foi o primeiro a entregar o relatório.
    b) Nair é operadora de computadores.
    c) Raul nasceu em Maringá.
    d) Virgínio foi o último a entregar o relatório.
    e) a pessoa que nasceu em Londrina foi a segunda a entregar o relatório

13. **(TRT-SP Anal. Jud. 2008 FCC)** Amaro, Benito, Corifeu e Delúbio são funcionários de uma mesma unidade do Tribunal de uma mesma unidade do Tribunal Regional do Trabalho e cada um deles participou de apenas um entre quatro cursos de informática, realizados em janeiro, fevereiro, março e abril de 2008. Sabe-se também que:
    - tais funcionários trabalham no Tribunal há 1, 2, 4 e 5 anos;
    - os cursos tiveram durações de 20, 30, 40 e 50 horas;
    - Delúbio participou do curso realizado no mês de março;
    - Corifeu, que é funcionário há mais de 1 ano, fez o curso no mês de janeiro, com a duração de 30 horas;
    - Benito, funcionário há 2 anos, fez o curso cuja duração era maior do que a do curso feito por aquele que é funcionário há 5 anos e menor do que a do curso feito pelo que é funcionário há 4 anos;
    - o funcionário que tem 1 ano de serviço, que não é Delúbio, fez seu curso antes do mês de abril;
    - Amaro fez seu curso após o funcionário que trabalha há 5 anos no Tribunal ter feito o dele.

    Com base nessas informações, é correto afirmar que
    a) Amara é funcionário do Tribunal há 2 anos.
    b) a duração do curso feito por Benito foi de 40 horas.
    c) Corifeu é funcionário do Tribunal há 4 anos.
    d) Benito fez o curso em março.
    e) a duração do curso feito por Delúbio foi de 40 horas.

Instrução: Use o texto seguinte para responder às duas próximas questões. Quatro médicos de especialidades distintas cumprem plantões de segunda à quinta-feira em um posto de assistência aos funcionários do Tribunal de Contas do Estado da Paraíba. Considere que:
- cada médico cumpre plantão em um dia fixo da semana e, nesse dia, seu plantão sempre ocorre no mesmo horário: das 8 às 10 horas, das 10 às 12 horas, das 14 às 16 horas ou das 16 às 18 horas;
- nos demais dias da semana não há plantões de tais médicos;
- o oftalmologista cumpre seu plantão um dia após o Dr. Amaro, que é dermatologista;
- o Dr. Pacheco cumpre seu plantão das 16 às 18 horas e um dia após o da Dra. Amália, que é cardiologista;
- o plantão do ortopedista ocorre às quintas-feiras;
- o médico que cumpre plantão das 14 às 16 horas o faz no dia seguinte ao plantão do Dr. Fortes, que ocorre das 10 às 12 horas.

14. **(TCE-PB 2006 FCC)** Os médicos que cumprem seus plantões nas terças e nas quartas-feiras são, respectivamente, os doutores
    a) Amaro e Fortes.
    b) Amaro e Amália.
    c) Fortes e Pacheco.
    d) Fortes e Amália.
    e) Amália e Pacheco.

15. **(TCE-PB 2006 FCC)** O horário do plantão do Dr. Amaro e a especialidade do Dr. Pacheco são, respectivamente,
    a) das 8 às 10 horas – oftalmologia.
    b) das 8 às 10 horas – ortopedia.
    c) das 14 às 16 horas – oftalmologia.
    d) das 14 às 16 horas – ortopedia.
    e) das 16 às 18 horas – oftalmologia

16. **(TRF 4ª Região Anal. Jud. 2007 FCC)** Cinco amigos – Américo, Basílio, Carlito, Dante e Eliseu – se cotizaram para comprar um presente de casamento, contribuindo com R$ 50,00, R$ 60,00, R$ 80,00, R$ 100,00 e R$ 150,00, não necessariamente na ordem dada de seus nomes. Sabe-se que:
    – suas profissões são analista judiciário, professor, advogado, dentista e médico; suas idades são 25, 28, 30, 32 e 33 anos, não respectivamente;
    – o analista judiciário, que não é Basílio, tem 30 anos e contribuiu com R$ 50,00;
    – o advogado contribuiu com menos de R$ 150,00;
    – Dante, que não tem 30 anos, contribuiu com R$ 60,00;
    – aquele que tem 32 anos não é advogado e nem dentista;
    – Eliseu tem 33 anos, é médico e contribuiu com mais de R$ 60,00;
    – Américo é dentista e contribuiu com R$ 80,00;
    – aquele que tem 25 anos não é professor e nem advogado;
    – Nem Basílio e nem Carlito têm 32 anos.
    Com base nessas informações, é correto afirmar que
    a) Américo tem 28 anos.
    b) Basílio contribuiu com R$ 150,00.
    c) Carlito é analista judiciário.
    d) Dante tem 25 anos.
    e) Eliseu contribuiu com R$ 100,00.

17. **(Câmara dos deputados 2007 FCC)** Segundo dados de uma pesquisa, em 2006 cinco deputados – cujas letras iniciais dos nomes eram A, B, C, D e E – encaminharam à Mesa da Câmara, 9, 12, 14, 15 e 18 projetos, não respectivamente. Constam também nessa pesquisa as seguintes informações:
    – tais deputados tinham 28, 36, 42, 45 e 56 anos de idade e eram filiados ao PT, PSDB, PFL, PSOL e PTB, não necessariamente nesta ordem;
    – o deputado mais idoso era filiado ao PSDB;
    – o deputado mais jovem era filiado ao PSOL e a letra inicial do seu nome não é B;
    – o deputado filiado ao PT tinha 42 anos e a letra inicial do seu nome não é D e nem C;
    – tanto o deputado cujo nome começa por E, que apresentou 18 projetos, como o deputado cujo nome começa por C, que apresentou 15 projetos, não eram filiados ao PSDB e nem ao PFL;
    – o deputado cujo nome começa por D apresentou 12 projetos: dois a menos que o filiado ao PTB, cuja letra inicial do nome não é B;
    – o deputado cuja letra inicial do nome é A não era filiado ao PSDB;
    – o deputado que tinha 36 anos não foi aquele que apresentou 14 projetos;
    – o deputado cuja letra inicial do nome é D não tinha 56 anos.

Com base nas afirmações dadas, é correto afirmar que o deputado filiado ao
a) PTB tinha 36 anos.
b) PSDB apresentou 12 projetos.
c) PSOL tem por inicial de seu nome a letra C.
d) PFL tinha 45 anos.
e) PT apresentou 15 projetos.

18. (Processo seletivo interno do MF 2008 Esaf) Três amigas, uma mineira, outra paulista e outra gaúcha seguem diferentes religiões. Uma delas é católica, outra protestante e a outra evangélica. Todas moram em localidades diferentes: uma mora em Anápolis, outra em Florianópolis e a outra em Encantado. Em uma festa, Ana teve a oportunidade de encontrá-las todas juntas conversando. Ana, que nada sabia sobre as três amigas, ouviu as seguintes declarações. A mineira: não moro em Florianópolis nem em Encantado; a paulista: não sou protestante nem evangélica; a gaúcha: nem eu nem a protestante moramos em Florianópolis. Com estas declarações, Ana concluiu que a
a) paulista é católica e mora em Encantado.
b) gaúcha é evangélica e mora em Florianópolis.
c) gaúcha é católica e mora em Encantado.
d) mineira é evangélica e mora em Encantado.
e) mineira é protestante e mora em Anápolis.

19. (AFC-CGU 2006 ESAF) Cinco irmãs nasceram, cada uma, em um Estado diferente do Brasil. Lúcia é morena como a cearense, é mais moça do que a gaúcha e mais velha do que Maria. A cearense, a paulista e Helena gostam de teatro tanto quanto Norma. A paulista, a mineira e Lúcia são, todas, psicólogas. A mineira costuma ir ao cinema com Helena e Paula. A paulista é mais moça do que a goiana, mas é mais velha do que a mineira; esta, por sua vez, é mais velha do que Paula. Logo:
a) Norma é gaúcha, a goiana é mais velha do que a mineira, e Helena é mais moça do que a paulista.
b) Paula é gaúcha, Lúcia é mais velha do que Helena, e a mineira é mais velha do que Maria.
c) Norma é mineira, a goiana é mais velha do que a gaúcha, e Maria é mais moça do que a cearense.
d) Lúcia é goiana, a gaúcha é mais moça do que a cearense, e Norma é mais velha do que a mineira.
e) Paula é cearense, Lúcia é mais velha do que a paulista, e Norma é mais moça do que a gaúcha.

20. (AFRFB 2009 ESAF) Três meninos, Zezé, Zozó e Zuzu, todos vizinhos, moram na mesma rua em três casas contíguas. Todos os três meninos possuem animais de estimação de raças diferentes e de cores também diferentes. Sabe-se que o cão mora em uma casa contígua à casa de Zozó; a calopsita é amarela; Zezé tem um animal de duas cores – branco e laranja – ; a cobra vive na casa do meio. Assim, os animais de estimação de Zezé, Zozó e Zuzu são, respectivamente:
a) calopsita, cobra, cão.
b) cão, calopsita, cobra.
c) cão, cobra, calopsita.
d) calopsita, cão, cobra.
e) cobra, cão, calopsita.

21. Quatro casais seguem juntos para uma festa de casamento. Os nomes deles são: Alice, Bárbara, Carla, Daniela, Antônio, Bernardo, Carlos e Dário. Em um dado momento da festa tínhamos que:
    - A esposa de Dário não dança com o marido, mas com o de Alice.
    - Daniela e Carlos estão sentados.
    - Antônio e Carla estão bebendo vinho e conversando com os noivos.
    - Daniela não é esposa de Antônio.
    Quem é a esposa de Carlos?
    a) Carla
    b) Daniela
    c) Bárbara
    d) Alice

22. (ANAC 2009 Cespe) Paulo, Mauro e Arnaldo estão embarcando em um voo para Londres. Sabe-se que:
    - os números de suas poltronas são C2, C3 e C4;
    - a idade de um deles é 35 anos e a de outro, 22 anos;
    - Paulo é o mais velho dos três e sua poltrona não é C4;
    - a poltrona C3 pertence ao de idade intermediária;
    - a idade de Arnaldo não é 22 anos.
    Com base nessas informações, julgue os itens seguintes.
    1. Se a soma das idades dos três passageiros for 75 anos, então as idades de Paulo, Mauro e Arnaldo serão, respectivamente, 35, 22 e 18 anos.
    2. Se a soma das idades dos três passageiros for igual a 100 anos, então a poltrona de numero C4 pertencerá a Mauro, que terá 35 anos.

23. (INPI 2012 Cespe) No Festival Internacional de Campos do Jordão, estiveram presentes os músicos Carlos, Francisco, Maria e Isabel. Um deles é brasileiro, outro é mexicano, outro é chileno e outro, peruano. Um deles tem 18 anos de idade, outro, 20, outro, 21 e o outro, 23. Cada um desses músicos é especialista em um dos instrumentos: flauta, violino, clarinete e oboé. Sabe-se que Carlos não é brasileiro, tem 18 anos de idade e não é flautista; Francisco é chileno, não tem 20 anos de idade e é especialista em oboé; Maria tem 23 anos de idade e não é clarinetista; Isabel é mexicana e não é clarinetista; e o flautista tem mais de 20 anos de idade.
    Com base nessas informações, julgue os itens a seguir.
    1. Carlos é mexicano.
    2. Maria é flautista.
    3. Isabel tem 20 anos de idade.
    4. O flautista é brasileiro.

24. (Auditor Fiscal de Vitória-ES 2007 Cespe) Quatro amigos de infância — André, Bruno, Carlos e Davi — resolveram reunir-se novamente depois de muitos anos de separação. Todos têm profissões diferentes — advogado, arquiteto, engenheiro e médico —, moram em cidades diferentes — Brasília, Campinas, Goiânia e Vitória — e possuem diferentes passatempos — violão, xadrez, pintura e artesanato. Além disso, sabe-se que André mora em Goiânia, não é arquiteto e não joga xadrez como passatempo. Bruno tem por passatempo o violão, não mora em Brasília e é médico. Carlos não tem o artesanato como passatempo, é engenheiro e não mora em Campinas. Sabe-se que o passatempo do arquiteto é a pintura e que ele mora em Brasília.
    Com base nessas informações, julgue os itens seguintes.
    1. André é advogado.
    2. Bruno mora em Vitória.
    3. Carlos tem o xadrez por passatempo.
    4. Davi é arquiteto.
    5. O advogado mora em Goiânia.

25. (Agente de Polícia Federal 2014 Cespe) Em um restaurante, João, Pedro e Rodrigo pediram pratos de carne, frango e peixe, não necessariamente nessa ordem, mas cada um pediu um único prato. As cores de suas camisas eram azul, branco e verde; Pedro usava camisa azul; a pessoa de camisa verde pediu carne e Rodrigo não pediu frango. Essas informações podem ser visualizadas na tabela abaixo, em que, no cruzamento de uma linha com uma coluna, V corresponde a fato verdadeiro e F, a fato falso.

	carne	frango	peixe	João	Pedro	Rodrigo
azul					V	
branca						
verde	V					
João						
Pedro						
Rodrigo		F				

Considerando a situação apresentada e, no que couber, o preenchimento da tabela acima, julgue os itens seguintes.
1. Se João pediu peixe, então Rodrigo não usava camisa branca.
2. Das informações apresentadas, é possível inferir que Pedro pediu frango.
3. As informações apresentadas na situação em apreço e o fato de João ter pedido peixe não são suficientes para se identificarem a cor da camisa de cada uma dessas pessoas e o prato que cada uma delas pediu.
4. Se Pedro e Rodrigo não são irmãos, mas dois dos três são filhos da mesma mãe, então é correto concluir que Pedro é irmão de João.
5. Considere que Rodrigo não seja o mais velho dos três, que Pedro tenha nascido 8 anos antes de Rodrigo e que, no final de 2015, apenas dois dos três terão completado 40 anos de idade. Nesse caso, é correto afirmar que Pedro nasceu entre 1967 e 1975.

26. (Escriturário BRB 2005 Cespe) Antônio, Benedito e Camilo são clientes de uma agência bancária. Certo dia, os três entraram na agência e pegaram senhas para atendimento no caixa. Cada um deles realizou exatamente uma das seguintes tarefas: fazer um depósito, pagar uma fatura, liquidar uma hipoteca. Nas linhas e colunas da tabela abaixo, são dados os nomes dos três clientes, as tarefas que eles realizaram e a ordem em que foram atendidos, em relação aos outros dois.

	primeiro	segundo	terceiro	depósito	fatura	hipoteca
Antônio						
Benedito						
Camilo						
depósito						
fatura						
hipoteca						

Sabendo que Camilo não foi o segundo nem o terceiro a ser atendido, que Antônio foi liquidar a hipoteca e que o segundo que foi atendido foi pagar uma fatura, marque, em cada célula da tabela acima, V ou F conforme o cruzamento das informações das respectivas linha e coluna seja verdadeiro (V) ou falso (F). Com base nas informações acima, julgue os itens subsequentes, acerca da situação hipotética apresentada.

1. Antônio foi o terceiro atendido e não foi fazer o depósito bancário na agência.
2. Benedito não foi pagar a fatura na agência bancária.
3. Se um dos clientes não foi o primeiro a ser atendido ou não foi fazer o depósito, então ele não se chama Camilo.

27. (ANCINE 2006 Cespe) Na tabela abaixo estão especificados três filmes, três diretores e três distribuidoras de filmes. Marque com V (verdadeiro) as células que correspondem ao cruzamento correto das informações das respectivas linhas e colunas e com F (falso) as demais. Para isso, considere as seguintes observações. < O filme O Coronel e o Lobisomem foi distribuído pela Fox. < Sérgio Goldenberg foi o diretor de Bendito Fruto, que não foi distribuído pela Columbia.

	Casa de Areia	O Coronel e o Lobisomem	Bendito Fruto	Columbia	Fox	Paris/Riofilme
Andrucha Waddington						
Maurício Farias						
Sérgio Goldenberg						
Columbia						
Fox						
Paris/Riofilme						

Considere que as correspondências entre filmes e diretores e, entre filmes e distribuidoras, seja uma correspondência biunívoca, isto é, cada filme teve um único diretor e uma única distribuidora, e vice-versa. Por dedução lógica, marque na tabela acima com V ou F as células possíveis de serem preenchidas e julgue os seguintes itens.

1. Se for verdade que o filme dirigido por Andrucha Waddington foi distribuído pela Fox, então é verdade que o filme dirigido por Maurício Farias foi distribuído pela Columbia.
2. Se for verdade que Maurício Farias dirigiu Casa de Areia, então é verdade que Andrucha Waddington dirigiu O Coronel e o Lobisomem.
3. É verdadeiro que o filme dirigido por Sérgio Goldenberg não foi distribuído pela Paris/Riofilme e que o filme Casa de Areia foi distribuído pela Columbia.

28. (TCU Analista de Controle Externo 2008 Cespe) Mateus, Marcos, Pedro e Paulo são funcionários do TCU e encontram-se uma vez por mês para exercitarem seus dotes musicais. Nesse quarteto, há um guitarrista, um flautista, um baterista e um baixista, e cada um toca somente um instrumento. Nesse grupo de amigos, tem-se um auditor (AUD), um analista de controle externo (ACE), um procurador do Ministério Público (PMP) e um técnico de controle externo (TCE), todos com idades diferentes, de 25, 27, 30 e 38 anos. Além disso, sabe-se que:

- Mateus não tem 30 anos de idade, toca guitarra e não é procurador do Ministério Público;
- o baterista é o analista de controle externo, tem 27 anos de idade e não é Marcos;
- Paulo é técnico de controle externo, tem 25 anos de idade e não é flautista;
- o procurador do Ministério Público não é baixista e não se chama Pedro;
- o auditor tem 38 anos de idade e não é baixista.

Algumas das informações acima apresentadas estão contempladas na tabela a seguir, em que cada célula corresponde ao cruzamento de uma linha com uma coluna preenchida com S (sim), no caso de haver uma afirmação, e com N (não), no caso de haver uma negação.

		guitarrista	baterista	baixista	flautista	25	27	30	38	AUD	ACE	PMP	TCE
	Mateus	S						N			N		
	Marcos		N										
	Pedro											N	
	Paulo			N	S								S
	AUD		N						S				
	ACE		S										
	PMP		N										
	TCE												
IDADE	25												
	27		S										
	30												
	38												

Com base nas informações apresentadas, é correto afirmar que
1. Mateus tem 38 anos de idade.
2. Paulo é o baixista.
3. Pedro tem 25 anos de idade.
4. o auditor é o flautista.
5. o procurador do Ministério Público é Mateus.

Capítulo 8

Conjuntos

8.1. Introdução

Desde do início deste Curso fazemos uso de **conjuntos**: no capítulo inicial, vimos que a conjunção equivale a uma intersecção entre eles; a disjunção, a uma união entre conjuntos; a condicional representa uma relação de inclusão, e a bicondicional é ilustrada como uma igualdade de conjuntos. No capítulo de Diagramas Lógicos, fizemos extenso uso de conjuntos nas resoluções dos problemas. Também no capítulo de Argumentos, para verificar se eram válidos ou inválidos, usamos por vezes representações circulares.

Percebemos, assim, a importância da teoria dos conjuntos dentro da Lógica.

Veremos, nesse estudo, dois tipos de questão de conjuntos: um mais formal, que envolve operações matemáticas; outro que se baseia no uso de círculos para a representação dos grupos.

Sobretudo para o primeiro tipo de questão, faz-se necessário uma revisão da teoria dos conjuntos.

8.2. Teoria dos conjuntos

A seguir, veremos uma breve revisão da teoria dos conjuntos, que nos será útil para resolver as questões de concursos.

8.2.1. Relações de pertinência

Relacionam elemento com conjunto. E a indicação de que o elemento pertence ou não pertence a um conjunto é feita pelos símbolos: $\in$ (pertence) e $\notin$ (não pertence).

Exemplo 1: a) $2 \in \{0, 1, 2\}$
b) $4 \notin \{0, 1, 2\}$

8.2.2. Relações de inclusão

Relacionam um conjunto com outro conjunto. Temos a seguinte simbologia de inclusão: $\subset$ (está contido), $\not\subset$ (não está contido), $\supset$ (contém) e $\not\supset$ (não contém).

Exemplo 2: a) $\{2, 5\} \subset \{0, 1, 2, 5\}$
b) $\{2, 7\} \not\subset \{0, 1, 2, 5\}$
c) $\{0, 1, 2, 5\} \supset \{2, 5\}$
d) $\{0, 1, 2, 5\} \not\supset \{2, 7\}$

8.2.3. Subconjunto

Diz-se que A é subconjunto de B se todo elemento de A é também elemento de B.

Exemplo 3: a) $\{2\}$ é subconjunto de $\{1, 2, 3\}$
b) $\{1, 3\}$ é subconjunto de $\{1, 3, 5\}$

8.2.4. Conjunto das Partes de um Conjunto

O conjunto das partes de um conjunto A, simbolizado por P(A), é o conjunto cujos elementos são todos partes (subconjuntos) de A.

O número de partes (subconjuntos) de um conjunto A é dado por 2^n, em que n é o número de elementos de A.

Exemplo 4: Dado o conjunto A = $\{1, 2, 3\}$, encontrar o conjunto das partes de A.

Solução:

Como A tem 3 elementos, P(A) terá 8 elementos (=2^3).

O conjunto P(A) é $\{ \{1\}, \{2\}, \{3\}, \{1, 2\}, \{1, 3\}, \{2, 3\}, \{1, 2, 3\}, \emptyset \}$. Onde o símbolo $\emptyset$ representa o conjunto vazio. Este é sempre subconjunto de qualquer conjunto.

8.2.5. Operações com Conjuntos

Considerando os conjuntos A, B e o conjunto-universo U, daremos a definição de cada operação com conjuntos:

8.2.5.1. União ($\cup$)

A união entre dois conjuntos, A$\cup$B, é o conjunto formado pela reunião dos elementos de A e de B. Simbolicamente: A$\cup$B = $\{x \mid x \in A \text{ ou } x \in B\}$.

Exemplo 5: $\{1, 2, 3\} \cup \{2, 5, 8\} = \{1, 2, 3, 5, 8\}$ (Resposta!)

A representação gráfica da união entre dois conjuntos é dada pelo seguinte desenho:

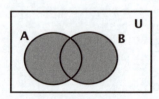

8.2.5.2. Interseção (∩)

A intersecção entre dois conjuntos, A∩B, é o conjunto formado pelos elementos que são comuns aos dois conjuntos. Simbolicamente: A∩B = {x | x∈A e x∈B}.

Exemplo 6: {1, 2, 3} ∩ {2, 5, 8} = {2} (Resposta!)

A representação gráfica da intersecção entre dois conjuntos é dada pelo seguinte desenho:

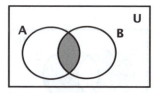

8.2.5.3. Diferença (–)

A diferença entre dois conjuntos, B – A, é o conjunto formado pelos elementos de B que não pertencem a A. Simbolicamente: B – A = {x | x∈B e x∉A}.

Exemplo 7: {1, 2, 3} – {2, 5, 8} = {1, 3} (Resposta!)

A representação gráfica da diferença entre dois conjuntos (B-A) é dada pelo seguinte desenho:

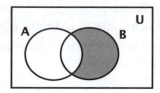

8.2.5.4. Complementar ($\overline{A}$)

O complementar do conjunto A, simbolizado por A', é o conjunto formado pelos elementos do conjunto universo (U) que não pertencem a A. Simbolicamente: $\overline{A}$={x∈U|x∉A}.

A representação gráfica do complementar do conjunto A é dada pelo seguinte desenho:

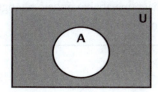

8.2.5.5. Diferença simétrica entre dois conjuntos (Δ)

A diferença simétrica entre dois conjuntos é definida por: AΔB = (A∪B)–(A∩B).

Exemplo 8: Considerando os conjuntos A={1, 2, 3} e B={2, 5, 8}, encontre AΔB.

Solução:

$(A \cup B) = \{1, 2, 3\} - \{2, 5, 8\} = \{1, 2, 3, 5, 8\}$
$(A \cap B) = \{1, 2, 3\} - \{2, 5, 8\} = \{2\}$
$A \Delta B = (A \cup B) - (A \cap B) = \{1, 2, 3, 5, 8\} - \{2\} = \{1, 3, 5, 8\}$ (Resposta!)

A representação gráfica da diferença simétrica entre dois conjuntos $(A \Delta B)$ é dada pelo seguinte desenho:

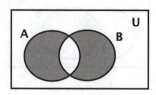

8.2.5.6. Fórmula da União

Existe uma fórmula que relaciona o número de elementos da união, da intersecção e dos conjuntos individuais. A fórmula é dada por:

- $n(A \cup B) = n(A) + n(B) - n(A \cap B)$

Se forem três conjuntos a fórmula será:

- $n(A \cup B \cup C) = n(A) + n(B) + n(C) - n(A \cap B) - n(A \cap C) - n(B \cap C) + n(A \cap B \cap C)$

Exemplo 9: Calcule o número de elementos da união dos conjuntos A e B a partir dos seguintes dados: $n(A) = 10$, $n(B) = 7$, $n(A \cap B) = 5$.

Solução:

Substituiremos os dados na fórmula da união. Teremos:

- $n(A \cup B) = n(A) + n(B) - n(A \cap B) = 10+7-5$
- $n(A \cup B) = 12$ (Resposta!)

Esta não é a única maneira de se chegar à resposta. Fazendo o desenho dos círculos e escrevendo nestes os dados fornecidos, facilmente chegaremos à mesma resposta!

Exemplo 10: Considere o diagrama abaixo onde o retângulo representa o conjunto-universo U e os círculos representam os conjuntos A e B.

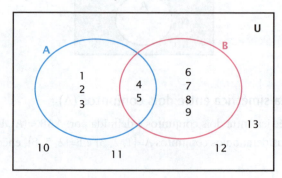

Com base no desenho, determine:

a) O conjunto A
Solução: A = {1, 2, 3, 4, 5} e n(A) = 5

b) O conjunto B
Solução: B = {4, 5, 6, 7, 8,9} e n(B) = 6

c) O número de subconjuntos de A
Solução: $2^n = 2^5 = 32$ subconjuntos

d) O número de subconjuntos de B
Solução: $2^n = 2^6 = 64$ subconjuntos

e) A união de A e B
Solução: A∪B = {1, 2, 3, 4, 5, 6, 7, 8, 9}

f) A intersecção entre A e B
Solução: A∩B = {4, 5}

g) A diferença A – B
Solução: A – B = {1, 2, 3}

h) A diferença B – A
Solução: B – A = {6, 7, 8, 9}

i) O complementar de A
Solução: $\overline{A}$ = U – A = {6, 7, 8, 9, 10, 11, 12, 13}

j) O complementar de B
Solução: $\overline{B}$ = U – B = {1, 2, 3, 10, 11, 12, 13}

l) Diferença simétrica entre A e B
Solução: A∆B = (A∪B) – (A∩B) = {1, 2, 3, 6, 7, 8, 9}

8.3. Exercícios Resolvidos

1. (Esaf) Considere dois conjuntos, A e B, tais que A = {4, 8, x, 9, 6} e B = {1, 3, x, 10, y, 6}. Sabendo que a intersecção dos conjuntos A e B é dada pelo conjunto {2, 9, 6}, o valor da expressão y – (3x + 3) é igual a:
   a) -28;
   b) -19;
   c) 32;
   d) 6;
   e) 0.

Solução: O conjunto resultante da intersecção de A e B é igual a: A∩B = {2, 9, 6}.

Agora, devemos descobrir os valores de x e de y presentes nos conjuntos A e B.

Observe que o número 2 é o primeiro elemento da intersecção entre A e B. Como o número 2 faz parte da intersecção, então ele tem que estar presente nos conjuntos A e B. Mas veja que o elemento 2 não está presente no conjunto A, então devemos fazer x igual a 2. Acabamos, então, de descobrir que x é 2!

O número **9** é o segundo elemento da intersecção entre A e B. Como ele faz parte da intersecção, então ele tem que estar presente nos conjuntos A e B. No conjunto A temos o elemento 9, mas no conjunto B não aparece o elemento 9, então devemos fazer y igual a 9. Acabamos de descobrir o valor de y!

Encontramos que: **x = 2 e y = 9**.

O enunciado solicita o valor da expressão **y − (3 x +3)**, substituindo x e y por 2 e 9, respectivamente, obteremos:

- 9 − (3.2 + 3) = 9 − (9) = **0** (resposta).

2. (Esaf) X e Y são dois conjuntos não vazios. O conjunto X possui 64 subconjuntos. O conjunto Y, por sua vez, possui 256 subconjuntos. Sabe-se, também, que o conjunto Z = X∩Y possui 2 elementos. Desse modo, conclui-se que o número de elementos do conjunto P = Y − X é igual a:
   a) 4;
   b) 6;
   c) 8;
   d) vazio;
   e) 1.

Solução: O número de subconjuntos de um dado conjunto é calculado por 2^n, onde n é o número de elementos do conjunto. Como o conjunto **X** tem 64 subconjuntos, então o número de elementos de X pode ser obtido a partir da igualdade: $2^n = 64$. Resolvendo, vem:

- $2^n = 64$ → $2^n = 2^6$ → **n = 6**

   Portanto, o **conjunto X tem 6 elementos**.

   O conjunto **Y** tem 256 subconjuntos, então o número de elementos de Y pode ser obtido a partir da igualdade: $2^n = 256$. Resolvendo, vem:

- $2^n = 256$ → $2^n = 2^8$ → **n = 8**

   Portanto, o **conjunto Y tem 8 elementos**.

   Agora, dos conjuntos X e Y sabemos que:
- n(X) = 6;
- n(Y) = 8;
- n(X∩Y) = 2.

Vamos lançar esses dados no desenho dos círculos X e Y.

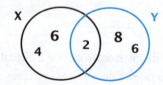

A quantidade 4, dentro do círculo X, foi obtida da diferença entre 6 e 2. E ela significa que há 4 elementos apenas em X. E a quantidade 6, dentro do círculo Y, foi obtida da diferença entre 8 e 2. E ela significa que há 6 elementos apenas em Y.

Capítulo 8 – Conjuntos   409

A questão pede o número de elementos do conjunto diferença **Y – X**. A região dos círculos correspondente a diferença **Y – X** é a região do círculo Y que está fora da intersecção. E nesta região há **6 elementos**.
Resposta: Alternativa B.

3. (Esaf) Considere dois conjuntos, A e B, onde A = {X1, X2, X3, X4} e B = {X1, X5, X6, X4}. Sabendo-se que a operação Ψ é definida por AΨB = (A – B)∪(B – A), então a expressão (AΨB)ΨB é dada por:
   a) { X1, X5, X4};
   b) { X1, X2};
   c) { X1, X2, X3, X4};
   d) {X4, X6, X5};
   e) { X1, X6}.

Solução: O enunciado pede o conjunto referente à expressão **(AΨB)ΨB**. Por primeiro, calcularemos **(AΨB)**.

Segundo o enunciado, **AΨB = (A – B)∪(B – A)**. Vamos calcular **(A – B)** e **(B – A)**.

- **(A – B)** = {X1, X2, X3, X4} – {X1, X5, X6, X4}
- **(A – B)** = {X2, X3}

- **(B – A)** = {X1, X5, X6, X4} – {X1, X2, X3, X4}
- **(B – A)** = {X5, X6}

Agora a união **(A – B)∪(B – A)**:
- **(A – B)∪(B – A)** = {X2, X3}∪{X5, X6} = {X2, X3, X5, X6}

Logo:
- **(AΨB)** = {X2, X3, X5, X6}

Substituiremos este resultado na expressão **(AΨB)ΨB**. Teremos:
- **(AΨB)ΨB** = {X2, X3, X5, X6}ΨB
  = {X2, X3, X5, X6}Ψ{X1, X5, X6, X4}

A operação Ψ significa: AΨB = (A – B)∪(B – A). Vamos, então, encontrar as duas diferenças e depois fazer a união entre elas.

- {X2, X3, X5, X6} – {X1, X5, X6, X4} = **{X2, X3}**

- {X1, X5, X6, X4} – {X2, X3, X5, X6} = **{X1, X4}**

Agora a união entre os resultados acima:

- {X2, X3}∪**{X1, X4}** = {X1, X2, X3, X4}

Portanto:
- $(A\Psi B)\Psi B = \{X1, X2, X3, X4\}$

Resposta: Alternativa C.

4. (Esaf) Se $A = \{x \in R \mid -1<x<3\}$ e $B = \{x \in R \mid -1 \leq x < 3\}$ e $C=\{x \in R \mid 1 \leq x \leq 3\}$, então o conjunto $B - (A \cap C)$ é dado por:
   a) φ;
   b) $[0; 1]$;
   c) $[-1; 1)$;
   d) $[0; 1)$;
   e) $(0; 1]$.

Solução: O conjunto **A** é o intervalo formado pelos números reais maiores do que **-1** e menores do que **3**. Representaremos A graficamente por:

$A = \{x \in R \mid -1 < x < 3\}$ ⎯⎯⎯○⎯⎯⎯⎯⎯⎯⎯○⎯⎯⎯→
                                    -1   3

O **conjunto B** é o intervalo formado pelos números reais maiores ou iguais a **-1** e menores do que **3**. Representaremos B graficamente por:

$B = \{x \in R \mid -1 \leq x < 3\}$ ⎯⎯⎯●⎯⎯⎯⎯⎯⎯⎯○⎯⎯⎯→
                                     -1   3

O **conjunto C** é o intervalo formado pelos números reais maiores ou iguais a **1** e menores ou iguais a **3**. Representaremos C graficamente por:

$C = \{x \in R \mid 1 \leq x \leq 3\}$ ⎯⎯⎯⎯⎯⎯●⎯⎯⎯●⎯⎯⎯→
                                         1   3

O enunciado solicita o conjunto **B − (A∩C)**.

Primeiramente, calcularemos **(A∩C)**. Desenharemos A e C novamente, e verificaremos a intersecção (o que há em comum) entre A e C.

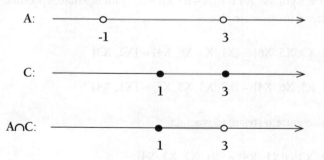

O intervalo de intersecção entre **A** e **C** está representado acima, na cor vermelha. E os limites deste intervalo são abertos ou fechados? Como estamos interessados na intersecção, então o limite só será fechado se ele pertencer a ambos os conjuntos A e C. O limite inferior **1** pertence a ambos os conjuntos A e C, então ele será fechado (bolinha preta). O limite superior 3 está presente em C, mas não está presente em A, então ele será aberto (bolinha branca).

Agora, buscaremos por **B – (A∩C)**. Desenharemos o conjunto B e o conjunto (A∩C), e verificaremos a diferença entre os dois conjuntos.

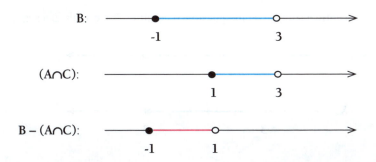

A diferença **B – (A∩C)** corresponde ao intervalo dos elementos de B que não estão presentes em (A∩C). A diferença entre **B** e (**A∩C**) está representada acima, na cor vermelha. Os limites serão abertos ou fechados? O limite inferior **-1** pertence a B e não pertence a (A∩C), então -1 será fechado. O limite superior **1** pertence a B, mas como também pertence a (A∩C), então deve ser descartado, logo o limite 1 será aberto.

Portanto, a resposta da questão é o intervalo: **-1≤ x <1**, que pode ser representado da seguinte forma: **[-1; 1)**.
Resposta: Alternativa C.

5. (MPOG) Indicando por R o conjunto dos números reais, a diferença entre a solução da inequação (1 - x) > - 2 e o conjunto X = {x ε R |- 3 ≤ x ≤ 3} é dada por:
   a) {x ε R | – 1/3 ≤ x ≤ 1/3};
   b) {x ε R | x ≠ – 3};
   c) {x ε R | x > – 3};
   d) {x ε R | x = – 3};
   e) {x ε R | x < – 3}.

Solução: Vamos procurar a solução da inequação: (1 - x) > - 2. Para isso, devemos isolar a variável x. Resolvendo, vem:
   (1 - x) > - 2   →   - x > - 2 – 1   →   - x > - 3   →   x < 3

Representando graficamente esta solução da inequação, teremos:

x < 3:

O conjunto X, fornecido no enunciado, é representado graficamente por:

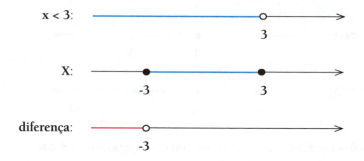

A diferença entre a solução da inequação e o conjunto X é calculada a seguir.

O resultado da diferença entre os conjuntos acima será o intervalo de valores menores do que 3, mas que não estão presentes no intervalo -3≤ x ≤3. Esta diferença está representada acima, na cor vermelha. Os limites serão abertos ou fechados? O limite superior −3 pertence a **x < 3**, mas como também pertence a **X**, então deve ser descartado, logo o limite -3 será aberto.

Portanto, a resposta da questão é o intervalo: **x < −3**.

Resposta: Alternativa E.

6. (Esaf) Se A = {x ∈ R | -1 < x < 1}, B = {x ∈ R | 0 ≤ x < 2} e C = {x ∈ R | -1 ≤ x <3}, então o conjunto (A∩B) − (B∩C) é dado por:
   a) {x ∈ R | -1 ≤ x <0};
   b) {x ∈ R | 0 ≤ x <1};
   c) ∅;
   d) {x ∈ R | 0 ≤ x <3};
   e) {x ∈ R | 2 < x <3}.

Solução: O **conjunto A** é o intervalo formado pelos números reais que são maiores do que -1 e menores do que 1. Representaremos A graficamente por:

A = {x ∈ R | -1< x <1}

O **conjunto B** é o intervalo formado pelos números reais que são maiores ou iguais a **0** e menores do que **2**. Representaremos B graficamente por:

B = {x ∈ R | 0≤ x <2}   ────●────────○────→
                          0   2

O **conjunto C** é o intervalo formado pelos números reais que são maiores ou iguais a **-1** e menores do que **3**. Representaremos C graficamente por:

C = {x ∈ R | -1≤ x <3}   ────●─────────────●────→
                           -1   3

O enunciado solicita o conjunto (A∩B) – (B∩C). Primeiramente, passemos ao cálculo de (A∩B). Desenharemos A e B novamente, e verificaremos a intersecção (o que há em comum) entre eles.

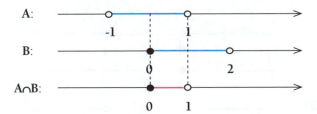

O intervalo da intersecção entre **A** e **B** está representado acima, na cor vermelha. E os limites do intervalo são abertos ou fechados? Como estamos interessados na intersecção, então o limite só será fechado se ele pertencer a ambos os conjuntos A e B. O limite inferior **1** pertence a ambos os conjuntos A e C, então ele será fechado (bolinha preta); o limite superior **3** está presente em C, mas não está presente em A, então ele será aberto (bolinha branca).

Agora, passemos ao cálculo de **(B∩C)**. Desenharemos B e C, e verificaremos o que há em comum entre eles.

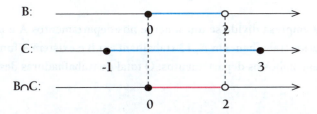

O intervalo da intersecção entre **B** e **C** está representado acima, na cor vermelha. Os limites desse intervalo são: fechado em **0** (bolinha preta), pois o 0 pertence a ambos os conjuntos B e C; e aberto em 2 (bolinha branca), pois o 2 não pertence a B.

Agora, buscaremos por **(A∩B) – (B∩C)**. Desenharemos o conjunto **(A∩B)** e o conjunto **(B∩C)**, e verificaremos a diferença entre os dois conjuntos.

(A∩B): ────────●─○────────→
             0 1

(B∩C): ────────●────○────→
             0   2

(A∩B) – (B∩C): ──────────────────→

A diferença (A∩B) – (B∩C) corresponde ao intervalo dos elementos de (A∩B) que não estão presentes em (B∩C). Como o conjunto (A∩B) está contido em (B∩C), então a diferença (A∩B) – (B∩C) é igual ao conjunto **vazio**.

Resposta: (A∩B) – (B∩C) = ∅ (Alternativa C.)

Como acréscimo a esta questão, vamos calcular a diferença **(B∩C) – (A∩B)**. Teremos:

(B∩C): ────────●────○────→
             0   2

(A∩B): ────────●─○────────→
             0 1

(B∩C) – (A∩B): ──────────●─○────→
                        1 2

A diferença (B∩C) – (A∩B) corresponde ao intervalo dos elementos de (B∩C) que não estão presentes em (A∩B). A diferença (B∩C) – (A∩B) está representada acima, na cor vermelha. Os limites serão abertos ou fechados? O limite inferior **1** pertence a (B∩C), e não pertence a (A∩B), então o limite 1 será fechado (bolinha preta). O limite superior **2** não pertence a (B∩C), logo o limite 2 será aberto (bolinha branca).

Portanto, a resposta para este último caso é o intervalo: **1≤ x <2**, que pode ser representado da seguinte forma: **[1; 2)**.

7. (FCC) Uma empresa divide-se unicamente nos departamentos A e B. Sabe-se que 19 funcionários trabalham em A, 13 trabalham em B e existem 4 funcionários que trabalham em ambos os departamentos. O total de trabalhadores dessa empresa é:
   a) 36;
   b) 32;
   c) 30;
   d) 28;
   e) 24.

Solução: Temos os seguintes dados trazidos no enunciado:
- Uma empresa divide-se unicamente nos departamento **A** e **B**;
- **19** funcionários trabalham em **A**;
- **13** trabalham em **B**;
- **4** funcionários que trabalham em ambos os departamentos.

Na solução desta questão e das próximas, consideraremos os grupos como conjuntos, em seguida faremos os desenhos deles por meio de círculos (chamados de **diagramas de Venn**), mostrando as intersecções entre eles, e acrescentando as quantidades informadas no enunciado. Após isso, efetuaremos alguns desenvolvimentos aritméticos simples para encontrarmos a solução da questão.

Agora, definiremos os seguintes conjuntos:

A = conjuntos dos funcionários que trabalham no departamento **A**.

B = conjuntos dos funcionários que trabalham no departamento **B**.

Representaremos por um retângulo o conjunto universo da questão, que é formado por todos os funcionários da empresa. E dentro dele, desenharemos os conjuntos **A** e **B**.

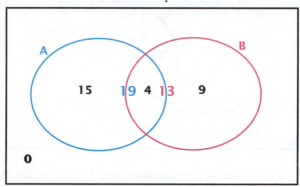

Acrescentamos na figura acima os valores informados no enunciado, e também outros que deduzimos:

1) O valor **0** fora dos círculos é porque não há funcionários nesta parte, visto que na empresa só há dois departamentos: A e B.

2) O número de funcionários que trabalham **apenas em A** é igual a **15** (= 19 – 4).

3) O número de funcionários que trabalham **apenas em B** é igual a **9** (= 13 – 4).

Encontraremos o total de funcionários da empresa, por meio da soma dos valores que estão em **cada região** do desenho:
- Total de funcionários = 15 + 4 + 9 + 0 = **28**

Resposta: Alternativa D.

8. (Esaf) Em uma pesquisa de mercado verificou-se que 300 pessoas não consomem o produto A, 200 não consomem o produto B, 100 não consomem A ou B e 50 consomem A e B. O número de consumidores consultados é igual a:
a) 250;
b) 350;
c) 450;
d) 550;
e) 650.

Solução: Estabeleceremos os seguintes conjuntos:
A: conjunto dos que consomem o produto A.
B: conjunto dos que consomem o produto B.
Faremos o desenho dos dois conjuntos e anotaremos os dados fornecidos na questão:

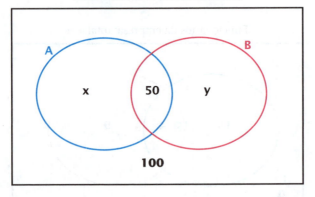

Designamos por **n** o número de consumidores consultados. Por **x**, o número de consumidores consultados que gostam **apenas do produto A**. Por **y**, o número de consumidores consultados que gostam **apenas do produto B**. O número **100**, fora dos círculos, indica o número de consumidores que não gostam dos produtos A e B.

Temos no enunciado que **300** pessoas **não consomem o produto A**. Da figura acima, o número de consumidores consultados que **não consomem** o produto A é dado pela soma dos valores que estão fora do círculo A, ou seja: **y + 100**. Daí, faremos a seguinte igualdade:
• y + 100 = 300 → **y = 200**

Também, temos no enunciado que **200** pessoas **não consomem o produto B**. Da figura acima, o número de consumidores consultados que **não consomem** o produto B é dado pela soma dos valores que estão fora do círculo B, ou seja: **x+100**. Daí, faremos a seguinte igualdade:
• x + 100 = 200 → **x = 100**

O total **n** de consumidores consultados é igual a soma das regiões do desenho:
- n = x + y + 50 + 100

Substituindo x por 100 e y por 200, teremos:
- n = 100 + 200 + 50 + 100 = **450 (Alternativa C)**.

9. **(FCC)** Em uma turma de 32 alunos, o número de alunos que praticam futebol é o triplo da quantidade de alunos que só praticam natação. Metade dos alunos dessa turma não pratica nenhum desses dois esportes. A porcentagem dos alunos da turma que praticam somente natação é:
   a) 10,0%;
   b) 12,5%;
   c) 17,0%;
   d) 22,5%;
   e) 25,0%.

Solução: Temos os seguintes dados:
- a turma tem **32** alunos;
- o número de alunos que praticam futebol é o triplo da quantidade de alunos que só praticam natação;
- metade dos alunos dessa turma não pratica nenhum desses dois esportes.

Definiremos os seguintes conjuntos:
   F = conjunto dos alunos que praticam **F**utebol.
   N = conjunto dos alunos que praticam **N**atação.

O conjunto universo é formado pela turma de 32 alunos.

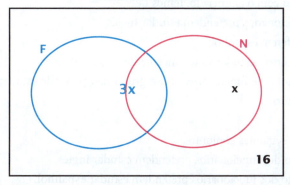

Turma de **32** alunos

Como metade dos alunos dessa turma não praticam nenhum desses esportes, então existem **16** (= 32/2) alunos fora dos círculos.

Designamos por **x** o número de alunos que praticam **apenas natação**. Logo, o número de alunos que **praticam futebol** é igual a **3x**.

Se somarmos a quantidade de pessoas que **praticam futebol** (círculo azul) com a quantidade de pessoas que **não praticam futebol** (fora do círculo azul), o resultado deve ser igual ao total de alunos da turma: 32 alunos. Temos que:
- Pessoas que praticam futebol = **3x**
- Pessoas que **não** praticam futebol = **x + 16**

Somando as quantidades acima tem que dar 32, então:
- 3x + (x + 16) = 32

Resolvendo, vem:
- 4x = 16 → **x = 4** (logo, 4 praticam apenas natação!)

A porcentagem dos alunos da turma que praticam apenas natação é igual à razão entre o número de alunos que praticam apenas natação e o número total de alunos. Assim, teremos:
- 4/32 = 1/8 = 0,125 = **12,5%**

Resposta: Alternativa B.

10. **(FCC)** Para um grupo de funcionários, uma empresa oferece cursos para somente dois idiomas estrangeiros: inglês e espanhol. Há 105 funcionários que pretendem estudar inglês, 118 que preferem espanhol e 37 que pretendem estudar simultaneamente os dois idiomas. Se 1/7 do total de funcionários desse grupo não pretende estudar qualquer idioma estrangeiro, então o número de elementos do grupo é:
   a)   245;
   b)   238;
   c)   231;
   d)   224;
   e)   217.

Solução: De acordo com o enunciado, temos que:
- 105 funcionários pretendem estudar Inglês;
- 118 preferem espanhol;
- 37 pretendem estudar simultaneamente os dois idiomas;
- 1/7 do total de funcionários desse grupo não pretende estudar qualquer idioma estrangeiro.

Definiremos os seguintes conjuntos:
   I = conjunto dos funcionários pretendem estudar **inglês**.
   E = conjunto dos funcionários pretendem estudar **espanhol**.

Representaremos por um retângulo o conjunto universo da questão, que é formado pelo grupo de funcionários da empresa a quem são oferecidos os cursos. E dentro dele, desenharemos os conjuntos **I** e **E**.

Grupo de funcionários da empresa: total = **n**

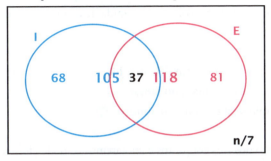

Acrescentamos na figura acima os valores informados no enunciado, e também outros que deduzimos:

1) O número de funcionários que estão **apenas em I** é igual a **68** (= 105-37).

2) O número de funcionários que estão **apenas em E** é igual a **81** (= 118-37).

O número de elementos do grupo (**n**) é igual à soma dos valores que estão em cada região da figura acima:

- n = 68 + 37 + 81 + n/7

Resolvendo, vem:

- n − n/7 = 68 + 37 + 81 → 6n/7 = 186 → n = 217

Resposta: Alternativa E.

11. (FCC) Em uma pesquisa sobre hábitos alimentares realizada com empregados de um Tribunal Regional, verificou-se que todos se alimentam ao menos uma vez ao dia, e que os únicos momentos de alimentação são: manhã, almoço e jantar. Alguns dados tabelados dessa pesquisa são:

5 se alimentam apenas pela manhã;

12 se alimentam apenas no jantar;

53 se alimentam no almoço;

30 se alimentam pela manhã e no almoço;

28 se alimentam pela manhã e no jantar;

26 se alimentam no almoço e no jantar;

18 se alimentam pela manhã, no almoço e no jantar.

Dos funcionários pesquisados, o número daqueles que se alimentam apenas no almoço é:

a) 80% dos que se alimentam apenas no jantar;

b) o triplo dos que se alimentam apenas pela manhã;

c) a terça parte dos que fazem as três refeições;
d) a metade dos funcionários pesquisados;
e) 30% dos que se alimentam no almoço.

Solução: Este tipo de questão se resolve com a ajuda de diagramas de conjuntos. Estabeleceremos os seguintes conjuntos:

M: conjunto dos que se alimentam pela **manhã**.
J: conjunto dos que se alimentam no **jantar**.
A: conjunto dos que se alimentam no **almoço**.

Faremos o desenho dos três conjuntos e anotaremos os dados fornecidos na questão:

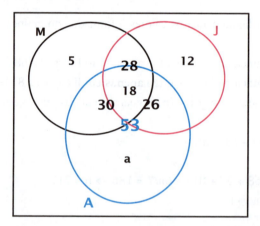

Designamos por **a** o número de pessoas que se alimentam **apenas** no almoço.

O número de pessoas que se alimentam **de manhã e no almoço** é de 30 pessoas. Destas 30 pessoas, **18** se alimentam nos três horários. Daí, temos que **12** pessoas (= 30 – 18) se alimentam *apenas* de manhã e no almoço (e, não jantam).

O número de pessoas que se alimentam **no jantar e no almoço** é de **26** pessoas. Destas 26 pessoas, **18** se alimentam nos três horários. Daí, temos que **8** pessoas (= 26 – 18) se alimentam *apenas* no jantar e no almoço (e, não se alimentam de manhã).

O número de pessoas que se alimentam **de manhã e no jantar** é de **28** pessoas. Destas 28 pessoas, **18** se alimentam nos três horários. Daí, temos que **10** pessoas (= 28 – 18) se alimentam *apenas* de manhã e no jantar (e, não almoçam).

Acrescentando ao desenho anterior essas novas informações, teremos:

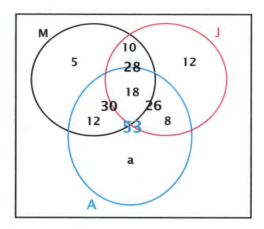

A partir do desenho acima, podemos encontrar o número de pessoas que se alimentam **apenas pela manhã**. Basta somar cada uma das pequenas regiões do **círculo A** e igualar essa soma à quantidade de elementos de A, que é 53. Teremos:
- a + 12 + 18 + 8 = 53

Resolvendo, vem:
- a = 53 – 38 → **a = 15**

Resposta: Alternativa B.

12. (Esaf) Um colégio oferece a seus alunos a prática de um ou mais dos seguintes esportes: futebol, basquete e vôlei. Sabe-se que, no atual semestre:
    20 alunos praticam vôlei e basquete;
    60 alunos praticam futebol e 65 praticam basquete;
    21 alunos não praticam nem futebol nem vôlei;
    o número de alunos que praticam só futebol é idêntico ao de alunos que praticam só vôlei;
    17 alunos praticam futebol e vôlei;
    45 alunos praticam futebol e basquete; 30, entre os 45, não praticam vôlei.
    O número total de alunos do colégio, no atual semestre, é igual a:
    a) 93;
    b) 110;
    c) 103;
    d) 99;
    e) 114;

Solução: Estabeleceremos os seguintes conjuntos:
   V: conjunto dos que praticam **v**ôlei.
   B: conjunto dos que praticam **b**asquete.
   F: conjunto dos que praticam **f**utebol.

Faremos o desenho dos três conjuntos e anotaremos os dados fornecidos:

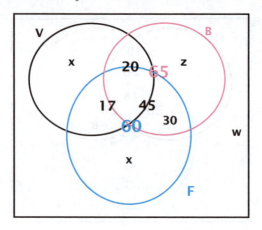

Designamos por **x** o número de alunos que praticam **apenas futebol**. O valor **x** indica também os que praticam **apenas vôlei**. Designamos por **z**, o número de alunos que praticam **apenas basquete**. E por **w**, o número de alunos que **não praticam nenhum dos três esportes**.

Veja a região de intersecção de **B** e **F**: há 45 alunos que praticam futebol e basquete (não é apenas futebol e basquete!). Destes 45 alunos, 30 não praticam vôlei, então teremos **15** (= 45 − 30) alunos praticando os três esportes.

Veja a região de intersecção de **F** e **V**: há 17 alunos que praticam futebol e vôlei (não é apenas futebol e vôlei!). Sabemos que 15 praticam os três esportes. Daí, **2** (= 17 − 15) praticam **apenas** vôlei e futebol.

Veja a região de intersecção de **B** e **V**: há 20 alunos que praticam vôlei e basquete (não é apenas vôlei e basquete!). Sabemos que 15 praticam os três esportes. Daí, **5** (= 20 − 15) praticam **apenas** vôlei e basquete.

Substituindo esses resultados nos diagramas, teremos:

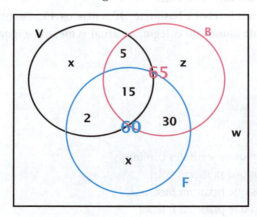

Se somarmos cada uma das pequenas regiões do círculo F e igualarmos essa soma à quantidade de elementos de F (60), teremos a seguinte igualdade:
- $2 + 15 + 30 + x = 60$

Resolvendo, vem: $x = 13$.

Se somarmos cada uma das pequenas regiões do círculo B e igualarmos essa soma à quantidade de elementos de B (65), teremos a seguinte igualdade:
- $5 + 15 + 30 + z = 65$

Resolvendo, vem: $z = 15$.

Ainda não usamos a informação: "**21 alunos não praticam nem futebol nem vôlei**".

Quem são esses alunos? São todos aqueles que estão fora dos círculos do futebol e do vôlei, ou seja, são os que praticam apenas basquete ou que não praticam nenhum dos três esportes.

Igualaremos a quantidade de 21 alunos à soma das regiçoes que estão fora dos círculos do futebol e do vôlei, teremos:
- $z + w = 21$

Já sabemos que z é 15. O valor de w é, então:
- $15 + w = 21 \rightarrow w = 6$

Vamos atualizar o desenho:

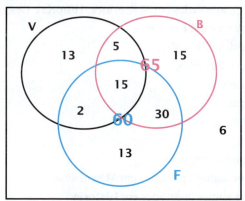

O número total de alunos do colégio pode ser obtido pela soma de todas as regiões que aparecem no último desenho. Em vez de somar cada pequena região do desenho, é melhor escolhermos um dos círculos e somar a quantidade que está dentro dele com a que está fora dele. Escolhamos o círculo vermelho (que é o maior):

- Dentro do círculo vermelho = **65**
- Fora do círculo vermelho = 13 + 2 + 13 + 6 = **34**

Portanto, o total de alunos no colégio é:
- 65 + 34 = **99**

Resposta: Alternativa D.

13. (FCC) Numa sala de 30 alunos, 17 foram aprovados em Matemática, 10 em História, 9 em Desenho, 7 em Matemática e em História, 5 em Matemática e Desenho, 3 em História e Desenho e 2 em Matemática, História e Desenho. Sejam:
    v o número de aprovados em pelo menos uma das três disciplinas;
    w o número de aprovados em pelo menos duas das três disciplinas;
    x o número de aprovados em uma e uma só das três disciplinas;
    y o número de aprovados em duas e somente duas das três disciplinas;
    z o número dos que não foram aprovados em qualquer uma das três disciplinas.
    Os valores de v, w, x, y, z são, respectivamente:
    a) 30, 17, 9, 7, 2;
    b) 30, 12, 23, 3, 2;
    c) 23, 12, 11, 9, 7;
    d) 23, 11, 12, 9, 7;
    e) 23, 11, 9, 7, 2.

Solução: De acordo com o enunciado, temos:
- 30 alunos na sala;
- 2 alunos foram aprovados em Matemática, História e Desenho;
- 7 em Matemática e em História;
- 5 em Matemática e Desenho;
- 3 em História e Desenho;
- 17 em Matemática;
- 10 em História;
- 9 em Desenho.

Definiremos os seguintes conjuntos:
   M = conjunto dos alunos aprovados em **Matemática**.
   H = conjunto dos alunos aprovados em **História**.
   D = conjunto dos alunos aprovados em **Desenho**.

Representaremos por um retângulo o conjunto universo da questão, que é formado pelos 30 alunos que estão na sala. E dentro dele, desenharemos os conjuntos **M**, **H** e **D**.

Sala de 30 alunos

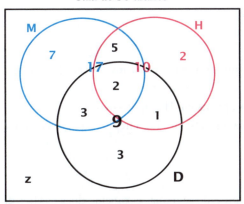

Acrescentamos na figura acima os valores informados no enunciado, e também outros que deduzimos:

1) O número de alunos que estão **apenas em** M é igual a 7 (= 17 − (2 + 5 + 3)).
2) O número de alunos que estão **apenas em** H é igual a 2 (= 10 − (2 + 5 + 1)).
3) O número de alunos que estão **apenas em D** é igual a 3 (= 9 − (2 + 3 + 1)).

E **z** é o número de alunos que estão fora dos círculos, ou seja, que não foram aprovados em qualquer uma das três disciplinas. Vamos encontrar o valor de **z**!

Sabemos que a soma das regiões do desenho é igual ao todo. Podemos somar as regiões da seguinte forma: **(alunos que estão *dentro* do círculo M) + (alunos que estão *fora* do círculo M)**. Teremos: **(17) + (2 + 1 + 3 + z)**. O resultado é **(23 + z)**.

Igualando a soma obtida **(23 + z)** com o total de alunos da sala **(30)** formaremos a igualdade:

- (23 + z) = 30

Resolvendo, vem: z = 30 − 23 → z = 7

Agora, encontraremos as outras letras definidas no enunciado: **v, w, x, y**.

1º) **v** = número de aprovados em pelo menos uma das três disciplinas = ?
Podemos encontrar o **v** através de duas formas diferentes:
- **v** é igual à soma das pessoas de dentro dos círculos:

v = (17) + (2 + 1 + 3) = 23

- **v** é igual à diferença entre o total de alunos na sala e o número de alunos fora dos círculos:

v = 30 − 7 = 23 (deu o mesmo resultado anterior)

2º) **w** = número de aprovados em pelo menos duas das três disciplinas = ?
Podemos encontrar o **w** da seguinte forma:

w = aprovados em somente 2 disciplinas + aprovados nas 3 disciplinas

De acordo com os dados presentes nos círculos, teremos:
w = (5 + 3 + 1) + (2)
Daí: **w = 11**

3º) **x** = número de aprovados em uma e uma só das três disciplinas = ?
Podemos encontrar o **x** da seguinte forma:
x = apenas em M + apenas em H + apenas em D
De acordo com os dados presentes nos círculos da figura anterior, teremos:
x = 7 + 2 + 3
Daí: **x = 12**

4º) **y** = número de aprovados em duas e somente duas das três disciplinas = ?
Podemos encontrar o **y** da seguinte forma:
y = apenas em M e H + apenas em M e D + apenas em H e D
De acordo com os dados presentes nos círculos da figura anterior, teremos:
y = 5 + 3 + 1
Daí: **y = 9**
Pronto! Encontramos os valores de todas as letras:
v = 23, w = 11, x = 12, y = 9, z = 7
Resposta: Alternativa D.

14. (FCC) Um seminário foi constituído de um ciclo de três conferências: uma de manhã, outra à tarde e a terceira à noite. Do total de inscritos, 144 compareceram de manhã, 168 à tarde e 180 à noite. Dentre os que compareceram de manhã, 54 não voltaram mais para o seminário, 16 compareceram às três conferências e 22 compareceram também à tarde, mas não compareceram à noite. Sabe-se também que 8 pessoas compareceram à tarde e à noite, mas não de manhã. Constatou-se que o número de ausentes no seminário foi de um oitavo do total de inscritos. Nessas condições, é verdade que:
   a) 387 pessoas compareceram a pelo menos uma das conferências;
   b) 282 pessoas compareceram a somente uma das conferências;
   c) 108 pessoas compareceram a pelo menos duas conferências;
   d) 54 pessoas inscritas não compareceram ao seminário;
   e) o número de inscritos no seminário foi menor que 420.

Solução: De acordo com o enunciado, temos:
- 144 compareceram de manhã;
- 168 à tarde;
- 180 à noite;

Capítulo 8 – Conjuntos

- Dentre os que compareceram de manhã:

  54 não voltaram mais para o seminário;

  16 compareceram às três conferências; e

  22 compareceram também à tarde, mas não compareceram à noite.

- **8** pessoas compareceram à tarde e à noite, mas não de manhã;

- o número de ausentes no seminário foi de **um oitavo do total** de inscritos.

Definiremos os seguintes conjuntos:

M = conjunto das pessoas que compareceram ao seminário de **m**anhã.

T = conjunto das pessoas que compareceram ao seminário de **t**arde.

N = conjunto das pessoas que compareceram ao seminário de **n**oite.

Representaremos por um retângulo o conjunto universo da questão, que é formado pelas pessoas inscritas no seminário. E dentro dele, desenharemos os conjuntos **M**, **T** e **N**.

Pessoas inscritas no seminário: total = **n**

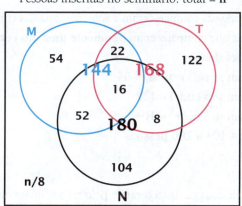

Acrescentamos na figura acima os valores informados no enunciado, e também outros que deduzimos:

1) O número de pessoas que compareceram **apenas de manhã e de noite** é igual a **52** (= 144 – (54 + 22 + 16)).

2) O número de pessoas que compareceram **apenas à tarde** é igual a **122** (= 168 – (16 + 22 + 8)).

3) O número de pessoas que compareceram **apenas à noite** é igual a **104** (= 180 – (16 + 52 + 8)).

O número de pessoas inscritas no seminário (**n**) é igual à soma dos valores que estão em cada região do desenho acima. Para obter esse resultado de forma mais rápida, igualaremos o

n à seguinte soma: (quantidade dentro do círculo preto) + (quantidade fora do círculo preto). Ou seja:

- n = (180) + (54 + 22 + 122 + n/8)

Resolvendo, vem:

- n = 378 + n/8 → n – n/8 = 378 → 7n/8 = 378 → **n = 432**

Passemos à análise das alternativas:

- **Alternativa A.** 387 pessoas compareceram a pelo menos uma das conferências.

O número de pessoas que compareceram a pelo menos uma das conferências é igual à diferença entre as duas quantidades abaixo:

- total de inscritos = 432
- número de pessoas inscritas que não compareceram a nenhuma conferência = n/8 = 432/8 = 54.

Resultado: 432 – 54 = **378 pessoas**.

Portanto, a alternativa A está errada!

- **Alternativa B.** 282 pessoas compareceram a somente uma das conferências.

O número de pessoas que compareceram a **somente uma das conferências** é dado pela soma das três quantidades abaixo:

- (compareceram só pela manhã) = 54
- (compareceram só à tarde) = 122
- (compareceram só à noite) = 104

Resultado: 54 + 122 + 104 = **280 pessoas**

Portanto, a alternativa B está errada!

- **Alternativa C.** 108 pessoas compareceram a pelo menos duas conferências.

O número de pessoas que compareceram a **pelo menos duas conferências** é dado pela soma das duas quantidades abaixo:

- (compareceram a **exatamente duas conferências**) = 22 + 52 + 8 = 82
- (compareceram a **exatamente três conferências**) = 16

Resultado: 82 + 16 = **98 pessoas**.

Portanto, a alternativa C está errada!

- **Alternativa D.** 54 pessoas inscritas não compareceram ao seminário.

O número de pessoas que **não compareceram ao seminário** é igual a:
n/8 = 432/8 = **54 pessoas**.

Portanto, a alternativa D está certa!

Resposta: Alternativa D.

Capítulo 8 – Conjuntos

15. (Esaf) Uma escola de idiomas oferece apenas três cursos: um curso de alemão, um curso de francês e um curso de inglês. A escola possui 200 alunos e cada aluno pode matricular-se em quantos cursos desejar. No corrente ano, 50% dos alunos estão matriculados no curso de alemão, 30% no curso de francês e 40% no de inglês. Sabendo-se que 5% dos alunos estão matriculados em todos os três cursos, o número de alunos matriculados em mais de um curso é igual a:
   a) 30;
   b) 10;
   c) 15;
   d) 5;
   e) 20.

Solução:
   Definiremos os seguintes conjuntos:
   A: conjuntos dos alunos matriculados em alemão.
   F: conjuntos dos alunos matriculados em francês.
   I: conjuntos dos alunos matriculados em inglês.
   Temos os seguintes dados trazidos no enunciado:
   - A escola possui **200** alunos;
   - **100** (= 50% x 200) alunos matriculados em alemão;
   - **60** (= 30% x 200) alunos matriculados em francês;
   - **80** (= 40% x 200) alunos matriculados em inglês;
   - **10** (= 5% x 200) alunos matriculados nos três cursos.
   Desenho dos três conjuntos:

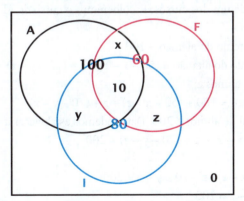

   Não há alunos fora dos círculos, pois os alunos estão matriculados em pelo menos um dos três cursos.
   Designamos por x o número de alunos matriculados em apenas alemão e francês. Por y, o número de alunos matriculados em apenas Alemão e inglês. E por z, o número de alunos matriculados em apenas Francês e inglês.

O número de alunos que estudam apenas Alemão é igual a: 100 − (x + y + 10), que simplificando fica **90 − x − y**.

O número de alunos que estudam apenas Francês é igual a: 60 − (x + z + 10), que simplificando fica **50 − x − z**.

O número de alunos que estudam apenas inglês é igual a: 80 − (y + z + 10), que simplificando fica **70 − y − z**.

Colocando esses valores no desenho anterior, teremos:

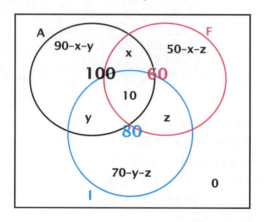

Temos que encontrar uma relação com x, y e z. Podemos obter esta relação somando o número de alunos que estão presentes no desenho acima e igualando ao total de alunos fornecido no enunciado: 200 alunos.

Podemos encontrar o total de alunos que estão no desenho acima, por meio da soma dos valores que estão em cada região do desenho. Mas obteremos este total mais rápido se usarmos o total de alunos de um dos cursos. Escolheremos o curso de Alemão! Dentro e fora do círculo do Alemão, temos:

- dentro do círculo do alemão = 100
- fora do círculo do alemão = (50 − x − z) + z + (70 − y − z) + 0

Portanto, o total de alunos é:

- total de alunos = 100 + (50 − x − z) + z + (70 − y − z)

Sabemos que o total de alunos é 200. Daí, podemos estabelecer a seguinte igualdade:

- 100 + (50 − x − z) + z + (70 − y − z) = 200

Resolvendo, vem:

- 100 + 50 − x − z + z + 70 − y − z = 200
- 220 − x − y − z = 200
- **x + y + z = 20**

A questão quer o número de alunos matriculados em mais de um curso. Observando o desenho dos conjuntos, percebemos que essa quantidade é igual a: **x + y + z + 10**.

Obtemos anteriormente que a soma **x + y + z** é igual a **20**. Logo, a resposta da questão será:

- x + y + z + 10 = 20 + 10 = 30

Resposta: Alternativa A.

16. (Esaf) Em um grupo de 30 crianças, 16 têm olhos azuis e 20 estudam canto. O número de crianças deste grupo que têm olhos azuis e estudam canto é:
a) exatamente 16;
b) no mínimo 6;
c) exatamente 10;
d) no máximo 6;
e) exatamente 6.

Solução:

Formaremos dois conjuntos:

1º) O conjunto das crianças de olhos azuis.

2º) O conjunto das crianças que estudam canto.

Representaremos esses conjuntos por círculos, e o grupo das **30 crianças** por um retângulo, conforme mostrado abaixo:

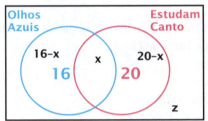

Designamos por **x** o número de crianças do grupo que têm olhos azuis e estudam canto. Assim, o número de crianças de olhos azuis que não estudam canto é igual a **16 − x**. E o número de crianças que estudam canto e não têm olhos azuis é igual a **20 − x**.

E designamos por **z** o número de crianças do grupo que não têm olhos azuis ou não estudam canto.

Somando as regiões do desenho e igualando ao total, formaremos a igualdade:
- $(16 - x) + x + (20 - x) + z = 30$

Isolando o valor de x:
- $x = 6 + z$

O valor de x é dependente do valor de z, e x será mínimo quando z for mínimo, e x será máximo quando z for máximo.

O menor valor que z pode assumir é zero, significando que todas as 30 crianças do grupo têm olhos azuis ou estudam canto. O valor de x correspondente a z = 0 é igual a:
- $x = 6 + z = 6 + 0 = 6$

Esse resultado significa que o número de crianças deste grupo que têm olhos azuis e estudam canto é no **mínimo 6**.

Resposta: Alternativa B.

E qual seria o valor máximo para x? Observe que dentro dos círculos temos duas diferenças: (16 – x) e (20 – x). Esses valores não podem ser negativos, para tanto o valor de x não pode ser maior do que 16. Portanto, o máximo valor para x é 16!

17. (FCC) Em uma universidade, setorizada por cursos, os alunos de cada curso podem cursar disciplinas de outros cursos para integralização de seus currículos. Por solicitação da diretoria, o secretário do curso de Matemática informou que, dos 200 alunos desse curso, 80 cursam disciplinas do curso de Física; 90, do curso de Biologia; 55, do curso de Química; 32, dos cursos de Biologia e Física; 23, dos cursos de Química e Física; 16, dos cursos de Biologia e Química; e 8 cursam disciplinas desses três cursos. O secretário informou, ainda, que essa distribuição inclui todos os alunos do curso de Matemática. Com relação a essa situação, julgue o item seguinte.

item 1. De acordo com os dados da situação em apreço, as informações do secretário estão realmente corretas.

Solução:

O secretário do curso de Matemática informou que, dos 200 alunos desse curso:
80 cursam disciplinas do curso de Física;
90, do curso de Biologia;
55, do curso de Química;
32, dos cursos de Biologia e Física;
23, dos cursos de Química e Física;
16, dos cursos de Biologia e Química; e
8 cursam disciplinas desses três cursos.

O secretário informou, ainda, que essa distribuição inclui todos os alunos do curso de Matemática.

Utilizaremos esses dados nos desenhos dos círculos:

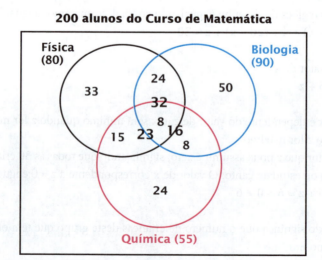

Somando a quantidade de pessoas presentes em cada uma das partes do desenho, encontraremos a quantidade de pessoas do curso de Matemática que também fazem outros cursos. O total é dado pela soma:

- 90 + 33 + 15 + 24 = **162 pessoas**

Portanto, há **38 pessoas** (= 200 − 162) que fazem apenas Matemática. Estas 38 pessoas estão fora dos três círculos do Desenho, mas dentro do retângulo da Matemática.

Mas o secretário havia informado que a distribuição informada no enunciado incluía todos os alunos do curso de Matemática. Isso não é verdade! Incluiu apenas 162 pessoas! Item errado.

8.4. Exercícios Propostos

01. Dados o conjunto A = {1, 2, 3, 4, 5} e o conjunto B = {3, 4, 5, 6, 7}, julgue os itens a seguir como Certo (C) ou Errado (E):
  i. ( ) 2 ∈ A
  ii. ( ) 2 ⊂ A
  iii. ( ) {3} ∈ A
  iv. ( ) {3} ⊂ A
  v. ( ) {4, 5} ⊂ (A ∩ B)
  vi. ( ) {1, 2} ∈ P(A)
  vii. ( ) {1, 2} ⊂ P(A)
  viii. ( ) A ⊂ (A ∪ B)
  ix. ( ) A ⊃ (A ∩ B)
  x. ( ) A − B = (A ∪ B) − B

02. (AOCP/2012) Sejam A, B e C conjuntos quaisquer. Qual das afirmações é verdadeira?
  a) (A ∪ ∅ = A) e (A ∩ ∅ = A)
  b) (A ∪ B ∩ A) = B
  c) A ⊂ B ↔ (A ∪ B = B)
  d) (C ⊂ (A ∩ C))
  e) (A ∪ B) ⊂ B

03. (AOCP/2012) Sejam A, B e C conjuntos quaisquer, assinale abaixo a alternativa INCORRETA.
  a) A ∪ (B ∪ C) = (A ∪ B) ∪ C
  b) A ∩ (B ∩ C) = (A ∩ B) ∩ C
  c) A ∪ (B ∩ C) = (A ∪ B) ∩ (A ∪ C)
  d) A ∩ (B ∪ C) = (A ∩ B) ∪ (A ∩ C)
  e) B ∪ (A ∩ C) = (B ∩ A) ∪ (B ∩ C)

04. (DNIT 2013 ESAF) Uma escola oferece reforço escolar em todas as disciplinas. No mês passado, dos 100 alunos que fizeram reforço escolar nessa escola, 50 fizeram reforço em Matemática, 25 fizeram reforço em Português e 10 fizeram reforço em Matemática e Português. Então, é correto afirmar que, no mês passado, desses 100 alunos, os que não fizeram reforço em Matemática e nem em Português é igual a:
  a) 15
  b) 35
  c) 20
  d) 30
  e) 25

05. **(TCE-SE Téc. de Controle Externo 2011 FCC)** Duas modalidades de esporte são oferecidas para os 200 alunos de um colégio: basquete e futebol. Sabe-se que 140 alunos praticam basquete, 100 praticam futebol e 20 não praticam nenhuma destas modalidades. O número de alunos que praticam uma e somente uma destas modalidades é
    a) 120.
    b) 100.
    c) 80.
    d) 60.
    e) 40.

06. Uma grande empresa possui 84 funcionários e sabe-se que cada funcionário fala pelo menos uma das línguas entre Português e Inglês. Além disso, 20% dos que falam Português também falam Inglês e 80% dos que falam Inglês também falam Português. Quantos funcionários falam as duas línguas?
    a) 12
    b) 14
    c) 15
    d) 16
    e) 18

07. **(Departamento de Polícia Federal – Administrativo 2013 Cespe)** A partir de uma amostra de 1.200 candidatos a cargos em determinado concurso, verificou-se que 600 deles se inscreveram para o cargo A, 400 se inscreveram para o cargo B e 400, para cargos distintos de A e de B. Alguns que se inscreveram para o cargo A também se inscreveram para o cargo B.
    A respeito dessa situação hipotética, julgue o item subsecutivo.
    1. Menos de 180 candidatos se inscreveram no concurso para os cargos A e B.

08. **(Agente da PF 2012 Cespe)** Em uma página da Polícia Federal, na Internet, é possível denunciar crimes contra os direitos humanos. Esses crimes incluem o tráfico de pessoas — aliciamento de homens, mulheres e crianças para exploração sexual — e a pornografia infantil — envolvimento de menores de 18 anos de idade em atividades sexuais explícitas, reais ou simuladas, ou exibição dos órgãos genitais do menor para fins sexuais.
    Com referência a essa situação hipotética e considerando que, após a análise de 100 denúncias, tenha-se constatado que 30 delas se enquadravam como tráfico de pessoas e como pornografia infantil; outras 30 não se enquadravam em nenhum desses dois crimes e que, em relação a 60 dessas denúncias, havia apenas a certeza de que se tratava de pornografia infantil, julgue os itens subsequentes, acerca dessas 100 denúncias analisadas.
    1. Dez denúncias foram classificadas apenas como crime de tráfico de pessoas.
    2. Os crimes de tráfico de pessoas foram mais denunciados que os de pornografia infantil.

09. Em um grupo de 35 crianças, 16 têm cabelos pretos e 24 têm menos de 7 anos. O número de crianças deste grupo que têm cabelos pretos e menos de 7 anos é
    a) exatamente 5
    b) no mínimo 5
    c) exatamente 10
    d) no máximo 5
    e) no mínimo 6

10. Em um grupo de 50 crianças, 16 têm cabelos pretos e 24 têm menos de 7 anos. O número de crianças deste grupo que têm cabelos pretos e menos de 7 anos é
    a) exatamente 10
    b) no mínimo 10
    c) exatamente 5
    d) no máximo 16
    e) no máximo 24

11. **(MPU Técnico 2013 Cespe)** Uma pesquisa realizada com um grupo de 35 técnicos do MPU a respeito da atividade I — planejamento estratégico institucional — e da atividade II — realizar estudos, pesquisas e levantamento de dados — revelou que 29 gostam da atividade I e 28 gostam da atividade II. Com base nessas informações, julgue os itens que se seguem.
    1. Se 4 técnicos desse grupo não gostam de nenhuma das atividades citadas, então mais de 25 técnicos gostam das duas atividades.
    2. A quantidade máxima de técnicos desse grupo que não gosta de nenhuma das duas atividades é inferior a 7.
    3. Infere-se dos dados que a quantidade mínima de técnicos desse grupo que gostam das duas atividades é superior a 20.

12. **(ANTT 2013 Cespe)**

resposta	viaja de avião?	viaja de ônibus?
sim	850	800
não	150	200

    A tabela acima apresenta o resultado de uma pesquisa, da qual participaram 1.000 pessoas, a respeito do uso de meios de transporte na locomoção entre as cidades brasileiras. Com base nessa tabela, julgue os itens seguintes.
    1. No máximo, 50 pessoas entre as pesquisadas não utilizam nenhum dos dois meios de transporte em suas viagens.
    2. No mínimo, 650 pessoas, entre as pesquisadas, utilizam os dois meios de transporte em suas viagens.
    3. A probabilidade de uma pessoa selecionada ao acaso entre as participantes da pesquisa não utilizar o avião em sua locomoção entre as cidades brasileiras é de 15%.

13. **(TRT Alagoas Téc. Jud. 2014 FCC)** Dos 46 técnicos que estão aptos para arquivar documentos 15 deles também estão aptos para classificar processos e os demais estão aptos para atender ao público. Há outros 11 técnicos que estão aptos para atender ao público, mas não são capazes de arquivar documentos. Dentre esses últimos técnicos mencionados, 4 deles também são capazes de classificar processos. Sabe-se que aqueles que classificam processos são, ao todo, 27 técnicos. Considerando que todos os técnicos que executam essas três tarefas foram citados anteriormente, eles somam um total de
    a) 58.
    b) 65.
    c) 76.
    d) 53.
    e) 95.

14. **(Especialista em Políticas Públicas SP 2009 FCC)** Em uma cidade em que existem apenas as marcas de sabonete X, Y e Z tem-se que 10% da população usa somente a marca X, 15% usa somente Y e 10% usa somente Z. Sabe-se também que 30% da população usa as marcas X e Y, 25% usa as marcas X e Z e 20% usa as marcas Y e Z. Se qualquer habitante desta cidade usa pelo menos uma marca de sabonete, então a porcentagem da população que usa as três marcas é
    a) 25%
    b) 20%
    c) 15%
    d) 10%
    e) 5%

15. (ATRFB 2009 ESAF) Uma escola para filhos de estrangeiros oferece cursos de idiomas estrangeiros para seus alunos. Em uma determinada série, 30 alunos estudam francês, 45 estudam inglês, e 40, espanhol. Dos alunos que estudam francês, 12 estudam também inglês e 3 estudam também espanhol. Dos alunos que estudam inglês, 7 estudam também espanhol e desses 7 alunos que estudam inglês e espanhol, 3 estudam também francês. Por fim, há 10 alunos que estudam apenas alemão. Não sendo oferecidos outros idiomas e sabendo-se que todos os alunos dessa série devem estudar pelo menos um idioma estrangeiro, quantos alunos dessa série estudam nessa escola?
    a) 96.
    b) 100.
    c) 125.
    d) 115.
    e) 106.

16. (AFC-CGU 2012 ESAF) Em um grupo de 120 empresas, 57 estão situadas na Região Nordeste, 48 são empresas familiares, 44 são empresas exportadoras e 19 não se enquadram em nenhuma das classificações acima. Das empresas do Nordeste, 19 são familiares e 20 são exportadoras. Das empresas familiares, 21 são exportadoras. O número de empresas do Nordeste que são ao mesmo tempo familiares e exportadoras é
    a) 21.
    b) 14.
    c) 16.
    d) 19.
    e) 12.

17. (TRT-Alagoas Anal. Jud. 2014 FCC) Mapeando 21 funcionários quanto ao domínio das habilidades A, B e C, descobriu-se que nenhum deles dominava, simultaneamente, as três habilidades. Já com domínio de duas habilidades simultâneas há, pelo menos, uma pessoa em todas as possibilidades. Também há quem domine apenas uma dessas habilidades seja qual habilidade for. O intrigante no mapeamento é que em nenhum grupo, seja de domínio de uma ou de duas habilidades, há número igual de pessoas. Sabendo-se que o total daqueles que dominam a habilidade A são 12 pessoas e que o total daqueles que dominam a habilidade B também são 12 pessoas, o maior número possível daqueles que só dominam a habilidade C é igual a
    a) 3.
    b) 1.
    c) 2.
    d) 4.
    e) 5.

18. (AFC-CGU 2006 ESAF) Uma escola de idiomas oferece apenas três cursos: um curso de alemão, um curso de francês e um curso de inglês. A escola possui 200 alunos e cada aluno pode matricular-se em quantos cursos desejar. No corrente ano, 50% dos alunos estão matriculados no curso de alemão, 30% no curso de francês e 40% no de inglês. Sabendo-se que 5% dos alunos estão matriculados em todos os três cursos, o número de alunos matriculados em mais de um curso é igual a:
    a) 30;
    b) 10;
    c) 15;
    d) 5;
    e) 20.

19. **(ATA-MF 2009 ESAF)** Em um determinado curso de pós-graduação, 1/4 dos participantes são graduados em Matemática, 2/5 dos participantes são graduados em Geologia, 1/3 dos participantes são graduados em Economia, 1/4 dos participantes são graduados em Biologia e 1/3 dos participantes são graduados em Química. Sabe-se que não há participantes do curso com outras graduações além dessas, e que não há participantes com três ou mais graduações. Assim, qual é o número mais próximo da porcentagem de participantes com duas graduações?
    a) 40%;
    b) 33%;
    c) 57%;
    d) 50%;
    e) 25%.

20. **(PM-CE 2013 Cespe)** Uma pesquisa realizada com um grupo de turistas que visitaram, em Fortaleza, a praia do Futuro (PF), o teatro José Alencar (TJA) e a catedral Metropolitana (CM) apresentou as seguintes informações:
    - 70 turistas visitaram a PF;
    - 80 turistas visitaram o TJA;
    - 70 turistas visitaram a CM;
    - 30 turistas visitaram apenas a PF;
    - 50 turistas visitaram a CM e o TJA;
    - 25 turistas visitaram a PF e a CM;
    - 20 turistas visitaram esses três pontos turísticos;
    - cada um dos turistas visitou pelo menos um dos três pontos turísticos.
    Com base nessas informações, julgue os itens a seguir.
    1. O número de turistas que visitou a PF e o TJA é superior a 30.
    2. O número de turistas que visitou apenas a CM é inferior a 10.
    3. O número de turistas que visitou pelo menos dois dos três pontos turísticos é superior a 75.
    4. A probabilidade de que um turista do referido grupo escolhido ao acaso tenha visitado os três pontos turísticos é superior a 0,14.

21. **(ANTAQ 2014 Cespe)** Uma pesquisa sobre o objeto de atividade de 600 empresas apresentou o seguinte resultado:
    - 5/6 dessas empresas atuam no mercado de transporte fluvial de cargas;
    - 1/3 dessas empresas atuam no mercado de transporte fluvial de passageiros;
    - 50 dessas empresas não atuam com transporte fluvial, nem de cargas, nem de passageiros;
    Com base nessa situação hipotética e sabendo-se que as 600 empresas pesquisadas se enquadram em, pelo menos, uma das 3 opções acima, julgue os itens a seguir.
    1. A partir do resultado da pesquisa, é correto concluir que 1/4 dessas empresas atuam tanto no mercado de transporte fluvial de cargas quanto no de passageiros.
    2. O número de empresas que atuam somente no mercado de transporte fluvial de passageiros é superior ao número de empresas que não atuam com transporte fluvial, nem de cargas, nem de passageiros.
    3. Selecionada, ao acaso, uma dessas empresas, a probabilidade de que ela não atue com transporte fluvial de cargas nem de passageiros é inferior a 10%.

22. **(SEFAZ-ES 2010 Cespe)** Em 2009, o Programa de Educação Fiscal da SEFAZ realizou 48 eventos, entre reuniões, seminários, palestras, capacitações de professores e treinamento de servidores. A atuação abrangeu 27 municípios capixabas.

Suponha que todos os eventos mencionados no texto acima atraíram público e que, entre os participantes, 2 mil pessoas compareceram às palestras, 1.500 pessoas, aos seminários e 500 pessoas, aos demais eventos. Considere também que 500 pessoas participaram de palestras e seminários, 800 pessoas participaram apenas de seminários, 200 pessoas não participaram de palestras ou seminários e 25 pessoas participaram de todos os tipos de eventos. De acordo com essa situação hipotética e com o texto acima, julgue os itens a seguir.
1. Menos de 1.400 pessoas participaram apenas de palestras.
2. Mais de 750 pessoas participaram de dois ou mais tipos de eventos.

23. (MEC 2011 Cespe) Um instituto de ensino oferece três cursos profissionalizantes: de contabilidade, de informática e de administração. As matrículas dos alunos desse instituto estão assim distribuídas: 100 em contabilidade, 70 em informática, 55 em administração, 30 em contabilidade e informática e 25 em informática e administração.
Com base nessas informações e sabendo que nenhum aluno está matriculado, ao mesmo tempo, nos cursos de contabilidade e administração, julgue os itens que se seguem.
1. A quantidade de alunos matriculados apenas no curso de administração é igual ao dobro da de alunos matriculados apenas em informática.
2. O instituto possui mais de 200 alunos matriculados nos três cursos.
3. Se 15 alunos matriculados apenas em contabilidade trocarem de curso e se matricularem apenas em administração e se 10 alunos matriculados apenas em contabilidade se matricularem também em informática, então informática será o curso com o maior número de alunos matriculados.

24. (Agente de Polícia Civil do ES 2009 Cespe) Considere que em um canil estejam abrigados 48 cães, dos quais:
   - 24 são pretos;
   - 12 têm rabos curtos;
   - 30 têm pêlos longos;
   - 4 são pretos, têm rabos curtos e não têm pêlos longos;
   - 4 têm rabos curtos e pêlos longos e não são pretos;
   - 2 são pretos, têm rabos curtos e pêlos longos.
   Julgue o item seguinte.
   1. Nesse canil, o número de cães abrigados que são pretos, têm pêlos longos mas não têm rabos curtos é superior a 3 e inferior a 8.

25. (Polícia Civil-ES 2010 Cespe) Julgue o item seguinte:
   1. Considere que os conjuntos A, B e C tenham o mesmo número de elementos, que A e B sejam disjuntos, que a união dos três possuía 150 elementos e que a interseção entre B e C possuía o dobro de elementos da interseção entre A e C. Nesse caso, se a interseção entre B e C possui 20 elementos, então B tem menos de 60 elementos.

26. (TRT-BA Téc. Jud. 2008 Cespe) No curso de línguas Esperanto, os 180 alunos estudam inglês, espanhol ou grego. Sabe-se que 60 alunos estudam espanhol e que 40 estudam somente inglês e espanhol. Com base nessa situação, julgue os itens que se seguem.
   1. Se 40 alunos estudam somente grego, então mais de 90 alunos estudam somente inglês.
   2. Se os alunos que estudam grego estudam também espanhol e nenhuma outra língua mais, então há mais alunos estudando inglês do que espanhol.
   3. Se os 60 alunos que estudam grego estudam também inglês e nenhuma outra língua mais, então há mais alunos estudando somente inglês do que espanhol.

27. (BB 2011 FCC) Dos 36 funcionários de uma Agência do Banco do Brasil, sabe-se que: apenas 7 são fumantes, 22 são do sexo masculino e 11 são mulheres que não fumam. Com base nessas afirmações, é correto afirmar que o
a) número de homens que não fumam é 18.
b) número de homens fumantes é 5.
c) número de mulheres fumantes é 4.
d) total de funcionários do sexo feminino é 15.
e) total de funcionários não fumantes é 28.

28. (BB 2010 FCC) Das 87 pessoas que participaram de um seminário sobre A Segurança no Trabalho, sabe-se que:
- 43 eram do sexo masculino;
- 27 tinham menos de 30 anos de idade;
- 36 eram mulheres com 30 anos ou mais de 30 anos de idade.

Nessas condições, é correto afirmar que
a) 16 homens tinham menos de 30 anos.
b) 8 mulheres tinham menos de 30 anos.
c) o número de homens era 90% do de mulheres.
d) 25 homens tinham 30 anos ou mais de 30 anos de idade.
e) o número de homens excedia o de mulheres em 11 unidades.

29. (DETRAN-DF 2009 Cespe) Sabendo-se que dos 110 empregados de uma empresa, 80 são casados, 70 possuem casa própria e 30 são solteiros e possuem casa própria, julgue os itens seguintes.
1. Mais da metade dos empregados casados possui casa própria.
2. Dos empregados que possuem casa própria há mais solteiros que casados.

30. (Polícia Civil-ES 2010 Cespe) No ano de 2002, o estado do Espírito Santo registrou um total de 953 vítimas de acidentes de trânsito, sendo que 177 eram do sexo feminino e 331 eram jovens de 15 a 29 anos de idade. Entre os jovens de 15 a 29 anos de idade, o número de vítimas do sexo masculino totalizava 283 pessoas. Internet: <www.ipeadata.gov.br> (com adaptações).
De acordo com as informações do texto acima, julgue os itens que se seguem.
1. O número de vítimas do sexo feminino que tem menos de 15 anos ou mais de 29 anos de idade é maior que 125.
2. O número de vítimas do sexo feminino ou de jovens de 15 a 29 anos de idade é inferior a 500.
3. O número de vítimas jovens de 15 a 29 anos de idade do sexo masculino é maior que seis vezes o número de vítimas do sexo feminino da mesma faixa etária.

31. (ICMS/SP 2006 FCC) O sangue humano admite uma dupla classificação:
- fator RH
  RH+ se tiver o antígeno RH
  RH− se não tiver o antígeno RH
- Grupo sanguíneo
  A se tiver o antígeno A e não tiver o B
  B se tiver o antígeno B e não tiver o A
  AB se tiver ambos os antígenos, A e B
  O se não tiver o antígeno A nem o B

Sejam os conjuntos
H = {x | x é uma pessoa com sangue Rh+}
A = {x | x é uma pessoa com sangue do grupo A}
B = {x | x é uma pessoa com sangue do grupo B}
M = H ∩ (A △ B)
N = $\overline{H}$ ∩ $(\overline{A \triangle B})$

(Se X e Y são conjuntos, $\overline{X}$ é o complementar de X, e X Δ Y é a diferença simétrica entre X e Y).
Os conjuntos M e N são os conjuntos dos X tais que X é uma pessoa com sangue.

	M	N
a)	do grupo AB e RH+	de grupo diferente de AB e RH−
b)	do grupo A ou do grupo B, com RH−	do grupo O com RH+
c)	do grupo A ou do grupo B, com RH+	do grupo O ou do grupo AB, com RH−
d)	do grupo A ou do B ou do AB, com RH+	do grupo A ou do B com RH−
e)	todos os grupos e RH+	todos os grupos e RH−

32. (TRE/RJ 2012 Cespe) Para cada subconjunto A de S = {1, 2, 3, 4, 5, 6, 7, 8, 9, 10}, defina P(A) como o produto dos elementos de A e adote a convenção P(∅) = 1. Com base nessa situação, julgue os itens a seguir.
    1. Se A = {1, 3, 4, 6}, então P(A) = 72.
    2. Se A e B são subconjuntos de S e A ⊂ B, então P(A) ≤ P(B).
    3. Se A ⊂ S e se algum elemento de A é um número ímpar, então P(A) será, necessariamente, um número ímpar.

33. (Polícia Civil do Distrito Federal – Agente 2013 Cespe) O Instituto de Pesquisa Econômica Aplicada (IPEA) divulgou, em 2013, dados a respeito da violência contra a mulher no país. Com base em dados do Sistema de Informações sobre Mortalidade, do Ministério da Saúde, o instituto apresentou uma estimativa de mulheres mortas em razão de violência doméstica.
    Alguns dos dados apresentados nesse estudo são os seguintes:
    – mais da metade das vítimas eram mulheres jovens, ou seja, mulheres com idade entre 20 e 39 anos: 31% estavam na faixa etária de 20 a 29 anos e 23% na faixa etária de 30 a 39 anos;
    – 61% das vítimas eram mulheres negras;
    – grande parte das vítimas tinha baixa escolaridade: 48% cursaram até o 8º ano.
    Com base nessas informações e considerando que V seja o conjunto formado por todas as mulheres incluídas no estudo do IPEA; A ⊂ V, o conjunto das vítimas jovens; B ⊂ V, o conjunto das vítimas negras; e C ⊂ V, o conjunto das vítimas de baixa escolaridade — vítimas que cursaram até o 8.o ano —, julgue os itens que se seguem.
    1. Se V\A for o conjunto complementar de A em V, então 46% das vítimas pertencerão a V\A.
    2. Se V\C for o conjunto complementar de C em V, então (V\C) ∩ A será um conjunto não vazio.
    3. Se 15% das vítimas forem mulheres negras e com baixa escolaridade, então V= B∪C.

34. (SEGER/ES 2013 Cespe) Considere que, em um conjunto U de homens, está indicado por A o conjunto daqueles que têm mais de 1,85 m de altura e por B, o conjunto dos que pesam mais de 85 kg. Considere, ainda, uma empresa de segurança verificou que havia erro no seguinte trecho de um anúncio publicado: "Contratam-se homens com mais de 1,85 m de altura ou com mais de 85 kg". Assim, fez a devida correção e publicou um segundo anúncio com a seguinte forma: "Contratam-se homens com mais de 1,85 m e mais de 85 kg".
    Considerando que C_U (X) seja o conjunto dos elementos que pertencem a U e não pertencem a X, assinale a opção que apresenta um subconjunto de U cujos elementos satisfazem os requisitos de apenas um anúncio.
    a) A ∩ B − A ∪ B
    b) A ∩ B.
    c) A ∪ B

d) $C_U (A \cap B)$
e) $A \cup B - A \cap B$

35. **(Auditor Fiscal de Natal 2008 ESAF)** Os conjuntos X, Y e Z são respectivamente iguais a {a, b, c, d, e}, {d, e} e {a, b, f}. Sabendo-se que $A = \lambda \cap Y = \emptyset$ e $B = \lambda \cup Y = X \cup Z$, então, o total de subconjuntos do conjunto λ é igual a:
    a) 20
    b) 15
    c) 14
    d) 18
    e) 16

36. **(TRE-MG Téc. Jud. 2008 Cespe)** Considere que A = {1, 2, 3, 4, 5} e B é o subconjunto de pares ordenados (x, y) $\in A \times A$ tais que x - y seja múltiplo de 2. Nessa situação, a quantidade de elementos do conjunto B é igual a
    a) 0.
    b) 2.
    c) 5.
    d) 13.
    e) 25.

37. Se $W = \{x \in R \mid -3 \leq x < 3\}$ e $P = \{x \in R \mid -2 \leq x < 2\}$ e $Q = \{x \in R \mid x \leq -1 \text{ ou } x > 1\}$, então o conjunto $(W \cap Q) - P$ é dado por:
    a) ϕ
    b) $[-3\,;\,-2] \cup [2\,;\,3)$
    c) $[-3\,;\,-2) \cup (2\,;\,3)$
    d) $[-3\,;\,-2) \cup [2\,;\,3)$
    e) $[-3\,;\,-2) \cup (1\,;\,2]$

38. A diferença entre o conjunto $A = \{x \in R \mid -1 \leq x \leq 1\}$ e o conjunto solução da inequação: $0,5(1 - x) \geq 1$ é dada por:
    a) $\{x \in R / x \leq 1\}$
    b) $\{x \in R / -1 \leq x \leq 1\}$
    c) $\{x \in R / -1 < x < 1\}$
    d) $\{x \in R / -1 < x \leq 1\}$
    e) $\{x \in R / x \geq 1\}$

39. **(AFRFB 2009 ESAF)** Considere as inequações dadas por:
    $f(x) = x^2 - 2x + 1 \leq 0$ e $g(x) = -2x^2 + 3x + 2 \geq 0$
    Sabendo-se que A é o conjunto solução de f(x) e B o conjunto solução de g(x), então o conjunto $Y = A \cap B$ é igual a:
    a) $Y = \{x \in R \mid x \leq 0\}$
    b) $Y = \{x \in R \mid -1/2 \leq x \leq 2\}$
    c) $Y = \{x \in R \mid -1/2 < x \leq 2\}$
    d) $Y = \{x \in R \mid x \geq 0\}$
    e) $Y = \{x \in R \mid x = 1\}$

40. **(AFRFB 2012 ESAF)** Sabendo-se que o conjunto X é dado por
    $X = \{x \in R \mid x^2 - 9 = 0 \text{ ou } 2x - 1 = 9\}$
    e o que o conjunto Y é dado por
    $Y = \{y \in R \mid 2y + 1 = 0 \text{ e } 2y^2 - y - 1 = 0\}$,
    onde R é o conjunto dos números reais, então pode-se afirmar que:
    a) $X \cup Y = \{-3;\ -0,5;\ 1;\ 3;\ 5\}$.
    b) $X - Y = \{-3;\ 3\}$.
    c) $X \cup Y = \{-3;\ -0,5;\ 3;\ 5\}$.
    d) $Y = \{-0,5;\ 1\}$.
    e) $Y = \{-1\}$.

Capítulo 9

Quantificadores

9.1. Introdução

O assunto de **quantificadores** é mais exigido em concursos organizados pela UnB/Cespe, por isso veremos que a maioria dos exercícios de concurso apresentados neste capítulo são dessa banca.

O assunto de quantificadores pode vir explícito no programa do edital ou através da expressão: **Lógica de Primeira Ordem**.

Este capítulo envolverá proposições, conectivos, equivalência, negação e proposições categóricas, assuntos vistos nos capítulos iniciais do livro.

9.2. Sentenças Abertas

No capítulo um, comentamos sobre as **sentenças abertas**, que são sentenças do tipo:
a) $x + 3 = 10$
b) $x > 5$
c) $(x+1)^2 - 5 = x^2$
d) $x - y = 20$
e) Em 2004 foram registrados 800+z acidentes de trânsito em São Paulo.
f) Ele é o juiz do TRT da 5ª Região.

Tais sentenças não são consideradas proposições porque seu valor lógico (V ou F) depende do valor atribuído à variável (x, y, z,...). O pronome **ele** que aparece na última sentença acima, funciona como uma variável, a qual se pode atribuir nomes de pessoas.

Há, entretanto, duas maneiras de transformar sentenças abertas em proposições:
1ª) atribuir valor às variáveis;
2ª) utilizar quantificadores.

A primeira maneira foi mostrada no capítulo 1, mas vejamos outros exemplos:

Ao atribuir a **x** o valor **5** na sentença aberta **x + 3 = 10**, esta transforma-se na proposição **5 + 3 = 10**, cujo valor lógico é F.

Ao atribuir a **x** o valor **2** na sentença aberta $(x+1)^2 - 5 = x^2$, esta transforma-se na proposição $(2+1)^2 - 5 = 2^2$, que resulta em 4 = 4, tendo, portanto, valor lógico V.

A seguir, veremos a transformação de uma sentença aberta em uma proposição por meio de quantificadores.

9.3. Quantificadores

Consideremos as afirmações:
a) Todo sangue é vermelho.
b) Cada um dos alunos participará da excursão.
c) Algum animal é selvagem.
d) Pelo menos um professor não é rico.
e) Existe uma pessoa que é poliglota.
f) Nenhum crime é perfeito.

Expressões como "todo", "cada um", "algum", "pelo menos um", "existe", "nenhum" são **quantificadores**.

Há fundamentalmente dois tipos de quantificadores: **Universal** e **Existencial**.

9.3.1. O Quantificador Universal

O quantificador universal é indicado pelo símbolo $\forall$ que se lê: **para todo**, **para cada**, **qualquer que seja**.

Veremos agora exemplos de transformações de sentenças abertas em proposições:

1) $(\forall x)(x \in N)(x + 3 = 10)$

O símbolo $\forall$ é o quantificador universal, **x** é a variável, **N** é o conjunto dos números naturais e **x + 3 = 10** é a sentença aberta. (É frequente em questões de concurso a sentença aberta ser chamada de **predicado** ou **propriedade**.)

A proposição $(\forall x)(x \in N)(x^2 = 4)$ se lê da seguinte maneira: "Para todo elemento x do conjunto dos números naturais, temos que x + 3 = 10".

Qual o valor lógico dessa proposição? É claro que é Falso, pois se fizermos, por exemplo, o x igual ao número natural 1, teremos 1 + 3 = 10 (resultado falso!).

2) $(\forall x)(x \in Z)(x^2 \geq x)$

O símbolo $\forall$ é o quantificador universal, **x** é a variável, **Z** é o conjunto dos números inteiros e $x^2 \geq x$ é a sentença aberta.

A proposição $(\forall x)(x \in Z)(x^2 \geq x)$ se lê da seguinte maneira: "Para todo elemento x do conjunto dos números inteiros, temos que $x^2 \geq x$".

Qual o valor lógico dessa proposição? Os números inteiros são {... -3, -2, -1, 0, 1, 2, 3...}. Se substituirmos qualquer um desses números na sentença $x^2 \geq x$, o resultado será sempre verdadeiro. Portanto, o valor lógico da proposição é Verdade.

Se mudássemos do conjunto dos inteiros (Z) para o conjunto dos números racionais (Q), a proposição $(\forall x)(x \in Q)(x^2 \geq x)$ tornar-se-ia Falsa. Pois, se substituirmos **x** por **1/2**, teremos $(1/2)^2 \geq 1/2$, que resulta em $1/4 \geq 1/2$ (resultado falso!).

3) $(\forall a)(a \in R)((a + 1)(a - 1) = a^2 - 1)$

O símbolo $\forall$ é o quantificador universal, **a** é a variável, **R** é o conjunto dos números reais e $(a+1)(a-1) = a^2-1$ é a sentença aberta.

A proposição $(\forall a)(a \in R)((a+1)(a-1) = a^2-1)$ se lê da seguinte maneira: "Para todo elemento **a** do conjunto dos números reais, temos que $(a+1)(a-1) = a^2-1$".

Qual o valor lógico dessa proposição? Vamos desenvolver a expressão $(a + 1)(a - 1)$:
$(a + 1)(a - 1) = a^2 - a + a - 1 = a^2 - 1$

Está provado que $(a + 1)(a - 1) = a^2 - 1$, independentemente de qual seja o conjunto ao qual pertence a variável **a**. Por isso, o valor lógico da proposição é Verdade.

Podemos simplificar a notação simbólica das proposições, conforme mostrado abaixo:
- $(\forall x)(x \in N)(x + 3 = 10)$ pode ser escrita como $(\forall x \in N)(x + 3 = 10)$;
- $(\forall x)(x \in Z)(x^2 \geq x)$ pode ser escrita como $(\forall x \in Z)(x^2 \geq x)$.

9.3.2. O Quantificador Existencial

O quantificador existencial é indicado pelo símbolo $\exists$ que se lê: **existe pelo menos um**, **existe um**, **existe**, **para algum**.

Passemos a exemplos de transformações de sentenças abertas em proposições usando o quantificador existencial:

1) $(\exists x)(x \in N)(x^2 = 4)$

O símbolo $\exists$ é o quantificador existencial, **x** é a variável, **N** é o conjunto dos números naturais e $x^2 = 4$ é a sentença aberta.

A proposição $(\exists x)(x \in N)(x^2 = 4)$ se lê da seguinte maneira: "Existe pelo menos um x pertencente ao conjunto dos números naturais tal que $x^2 = 4$".

Qual o valor lógico dessa proposição? Ao resolver a equação $x^2 = 4$, encontramos como raízes os valores 2 e -2, sendo apenas o primeiro um número natural. Como existe uma raiz que é um número natural, então a proposição tem valor lógico Verdade.

2) $(\exists y)(y \in R)(y + 1 = y + 2)$

O símbolo $\exists$ é o quantificador existencial, **y** é a variável, **R** é o conjunto dos números reais e $y + 1 = y + 2$ é a sentença aberta.

A proposição $(\exists y)(y \in R)(y + 1 = y + 2)$ se lê da seguinte maneira: "Existe pelo menos um y pertencente ao conjunto dos números reais tal que $y + 1 = y + 2$".

Podemos simplificar a sentença $y + 1 = y + 2$, cortando o y de cada lado da igualdade, resultando em $1 = 2$. Não há y que dê jeito de fazer 1 igual a 2, portanto a proposição é Falsa.

3) $(\exists x)(x \in Z)(x^3 = 5x^2)$

O símbolo $\exists$ é o quantificador existencial, **x** é a variável, **Z** é o conjunto dos números inteiros e $x^3 = 5x^2$ é a sentença aberta.

A proposição $(\exists x)(x \in Z)(x^3 = 5x^2)$ se lê da seguinte maneira: "Existe pelo menos um x pertencente ao conjunto dos números inteiros tal que $x^3 = 5x^2$".

Percebe-se logo que x igual a zero satisfaz a sentença $x^3 = 5x^2$. Então, existe um número inteiro! Portanto, a proposição tem valor lógico Verdade.

Há outro quantificador que deriva do quantificador existencial, ele é chamado de **quantificador existencial de unicidade**, simbolizado por $\exists|$ que se lê: **existe um único, existe um e um só**. Exemplos:

1) (∃| x)(x ∈ N)(x + 5 = 7) que se lê: "existe um único número x pertencente ao conjunto dos números naturais tal que x + 5 = 7". Realmente, só existe o número 2 que satisfaz essa sentença, daí a proposição tem valor lógico Verdade.
2) (∃| x)(x ∈ Z)(x^2 = 4) que se lê: "existe um único número x pertencente ao conjunto dos números inteiros tal que x^2 = 4". Essa equação tem duas raízes: 2 e -2. Esses dois números são inteiros; portanto, não existe um único, mas, sim, dois valores. Daí, a proposição é Falsa.

Da mesma forma que o quantificador universal, também podemos simplificar a representação simbólica das proposições com quantificador existencial, por exemplo:
- (∃x)(x∈Z)(x^3 = $5x^2$) pode ser escrita como (∃x ∈ N)(x^3 = $5x^2$);
- (∃| x)(x ∈ N)(x + 5 = 7) pode ser escrita como (∃| x ∈ N)(x + 5 = 7).

9.4. Negação de Proposições Quantificadas

9.4.1. Negação do Quantificador Universal

No Capítulo 2, aprendemos como fazer a negação de proposições que iniciam pela palavra **todo**. Por exemplo:
- A negação de "Todo poeta é artista" é a proposição: "Algum poeta não é artista".

Ou seja, devemos trocar a palavra Todo por Algum e acrescentar o não antes do verbo.

Aprendemos também que **Algum** é sinônimo de **Existe um**; assim, podemos também afirmar que:

- A negação de "Todo poeta é artista" é a proposição: "Existe um poeta que não é artista".

De forma semelhante, faremos a negação do quantificador universal ∀: primeiro substituiremos o ∀ (para todo) pelo ∃ (existe um), e depois negaremos a sentença aberta. Simbolicamente, podemos escrever:

- A **negação de (∀x)(P(x))** é a sentença **(∃x)(¬P(x))**. Onde P(x) representa a sentença aberta.

Passemos a alguns exemplos de negação do quantificador universal:
1) proposição: (∀x)(x ∈ N)(x + 1 > 4)
   negação: **(∃x)**(x ∈ N)(x + 1 ≤ 4)

2) proposição: (∀x)(x ∈ R)(x(x-2) = x^2 − 2x)
   negação: **(∃x)**(x ∈ R)(x(x-2) ≠ x^2 − 2x)

3) proposição: (∀x)(x ∈ {2, 3, 5, 7, 11})(x é um número primo)
   negação: **(∃x)**(x ∈ {2, 3, 5, 7, 11})(x não é um número primo)

9.4.2. Negação do Quantificador Existencial

No capítulo 2, vimos como se faz a negação de proposições que iniciam pela palavra **Algum (Existe)**. Por exemplo:

A negação de "Existe chocolate que é gostoso" é a proposição:

"Nenhum chocolate é gostoso".

Ou seja, devemos simplesmente trocar a palavra Existe por Nenhum.

Você se lembra, na parte de equivalência lógica, que **Nenhum A é B** é o mesmo que **Todo A não é B**? É claro, como você poderia esquecer. Pois bem, aplicando esta equivalência, teremos:

"Todo chocolate não é gostoso".

Concluindo, quer dizer que podemos fazer a negação do Existe substituindo-o pela palavra Todo e acrescentando um não antes do verbo da frase.

De forma semelhante, faremos a negação do quantificador existencial ∃: primeiro substitui-se o ∃ (existe) pelo ∀ (para todo), e depois se nega a sentença aberta. Simbolicamente, podemos escrever:

- A **negação de ($\exists x)(P(x))$** é a sentença $(\forall x)(\neg P(x))$. Onde P(x) representa a sentença aberta.

Passemos a alguns exemplos de negação do quantificador existencial:

1) proposição: $(\exists x)(x \in R)(x^2 \geq x)$
   negação: $(\forall x)(x \in R)(x^2 < x)$

2) proposição: $(\exists x)(x \in Q)(1/x$ é um número natural$)$
   negação: $(\forall x)(x \in Q)(1/x$ não é um número natural$)$

3) proposição: $(\exists x)(x \in N)(x$ não é negativo$)$
   negação: $(\forall x)(x \in N)(x$ é negativo$)$

Também é possível fazer a negação do quantificador existencial de outra forma: a negação de **Existe** pode ser **Não existe**, que simbolizamos por ~∃. Por esta forma de negar o quantificador existencial, não é preciso negar a sentença aberta. Exemplos:

1) proposição: $(\exists x)(x \in R)(x^2 \geq x)$
   negação: $(\sim\exists x)(x \in R)(x^2 \geq x)$

2) proposição: $(\exists x)(x \in Q)(1/x$ é um número natural$)$
   negação: $(\sim\exists x)(x \in Q)(1/x$ é um número natural$)$

9.5. Representação Simbólica das Proposições Categóricas

A tabela abaixo mostra a representação simbólica (na linguagem da lógica de 1ª ordem) de cada uma das proposições categóricas.

Proposição Categórica	Representação Simbólica
Todo A é B	$(\forall x)(A(x) \to B(x))$
Algum A é B	$(\exists x)(A(x) \text{ e } B(x))$
Nenhum A é B	$(\sim\exists x)(A(x) \text{ e } B(x))$
Algum A não é B	$(\exists x)(A(x) \text{ e } \sim B(x))$

Como era de se esperar a representação do **Todo A é B** é uma condicional. O **Algum A é B** significa intersecção entre A e B, portanto é representado pela conjunção. O **Nenhum A é B** é a negação do **Algum A é B**, por isso que sua representação é a do algum com um til (~) na frente. E por último, o **Algum A não é B** é a negação de **Todo A é B**. Poder-se-ia colocar apenas um til (~) na frente, mas optou-se por negar o quantificador $\forall$, que é feita pela troca do $\forall$ pelo $\exists$ e a negação da sentença aberta (a negação de A→ B é A e ~B).

9.6. Exercícios Resolvidos

1. Considerando que P(x) equivale a "x é animal e x é mamífero", traduza as seguintes sentenças simbólicas para linguagem corrente:

   a) $(\exists x) P(x)$

Solução:
A sentença $(\exists x) P(x)$ pode ser traduzida como "Existe um x tal que x é animal e x é mamífero". Esta frase na linguagem corrente pode ser expressa por:
   Existe um animal que é mamífero.

   b) $(\forall x) P(x)$

Solução:
A sentença $(\forall x) P(x)$ pode ser traduzida como "Para todo x, temos que x é animal e x é mamífero". Esta frase na linguagem corrente pode ser expressa por:
   Todo animal é mamífero.

   c) $(\exists | x) P(x)$

Solução:
A sentença $(\exists | x) P(x)$ pode ser traduzida como "Existe um único x tal que x é animal e x é mamífero". Esta frase na linguagem corrente pode ser expressa por:
   Existe um único animal que é mamífero.

   d) $(\forall x) \sim P(x)$

Solução:
Como a sentença traz **~P(x)**, então temos que negar P(x), ou seja, negar "x é animal e x é mamífero".

A sentença "x é animal e x é mamífero" é uma conjunção, e sua negação é dada por:
1º) nega-se o primeiro termo: x não é animal.
2º) nega-se o segundo termo: x não é mamífero.
3º) troca-se o E pelo OU.

O resultado é: "x não é animal ou x não é mamífero".

Para transformar numa proposição com quantificador, nunca devemos partir de uma disjunção. Portanto, transformaremos essa disjunção em uma condicional, utilizando a seguinte regra de equivalência: p ou q = ~p → q. Ou seja:
1º) nega-se o primeiro termo: x é animal.
2º) repete o segundo termo: x não é mamífero.
3º) troca-se o OU pelo Se... então.

O resultado é: "Se x é animal, então x não é mamífero".
Acrescentando o quantificador universal (para todo) na frente da sentença negada, teremos:
"Para todo x, se x é animal, então x não é mamífero"
Esta frase na linguagem corrente pode ser expressa por:
Todo animal não é mamífero. (**Resposta!**)
Teria sido mais fácil fazer a negação da sentença (∀x) ~P(x), em seguida encontrar a frase na linguagem corrente, e por fim efetuar uma nova negação nessa frase. (Lembre que uma dupla negação não modifica o sentido da sentença.)

A negação de (∀x) ~P(x) é feita pela troca do quantificador ∀ pelo quantificador ∃ e pela **negação** do que vem em seguida (~P(x)), que resulta em P(x). Ou seja: **negação** de (∀x) ~P(x) é igual a (∃x) P(x).

A frase correspondente a (∃x)P(x) foi obtida no item A, e havíamos encontrado a frase: **Existe um animal que é mamífero.**

Fazendo a negação dessa frase, a fim de anular a primeira negação, teremos:
Nenhum animal é mamífero. (**Resposta!**)
Esta resposta não está diferente da que encontramos por primeiro, é só aplicar a regra de equivalência "Todo... não = Nenhum" para que elas fiquem iguais.

2. (Esaf) Dizer que é verdade "para todo x, se x é uma rã e x é verde, então x está saltando" é logicamente equivalente a dizer que não é verdade que:
   a) algumas rãs que não são verdes estão saltando;
   b) algumas rãs verdes estão saltando;
   c) nenhuma rã verde não está saltando;
   d) existe uma rã verde que não está saltando;
   e) algo que não seja uma rã verde está saltando.

Solução:
Dizer que uma sentença **não é verdade** significa que temos que negar a sentença.
Mas antes de efetuar a negação da sentença é aconselhável traduzi-la para a linguagem corrente.

A sentença "Para todo x, se x é uma rã e x é verde, então x está saltando" pode ser simplificada para:

"Para todo x, se x é uma rã verde, então x está saltando".

E esta última pode ser traduzida para a linguagem corrente como:

"Toda rã verde está saltando".

Somente agora efetuaremos a negação da sentença. A negação de uma proposição categórica que inicia pela palavra **todo** é feita trocando-se **todo** por **algum** e acrescentando um **não** antes do verbo. Teremos:

"Alguma rã verde não está saltando"

Não há opção de resposta que seja idêntica a frase acima, mas da equivalência entre **algum** e **existe**, chega-se à frase:

Existe uma rã verde que não está saltando.

Resposta: Alternativa D.

3. (Cespe) Na lógica de primeira ordem, uma proposição é funcional quando é expressa por um predicado que contém um número finito de variáveis e é interpretada como verdadeira (V) ou falsa (F) quando são atribuídos valores às variáveis e um significado ao predicado. Por exemplo, a proposição "Para qualquer x, tem-se que x – 2 > 0" possui interpretação V quando x é um número real maior do que 2 e possui interpretação F quando x pertence, por exemplo, ao conjunto {-4, -3, -2, -1, 0}.
Com base nessas informações, julgue os próximos itens.
Item 1. A proposição funcional "Para qualquer x, tem-se que $x^2 > x$" é verdadeira para todos os valores de x que estão no conjunto $5, \frac{5}{2}, 3, \frac{3}{2}, 2, \frac{1}{2}$.

Solução:

A proposição utiliza o **quantificador universal** (para qualquer = para todo); portanto, para que a proposição seja verdadeira é necessário que **todos os valores** que estão no conjunto satisfaçam a sentença $x^2 > x$.

Vamos testar cada número do conjunto:

Para x = 5, temos: $5^2 > 5$. Proposição verdadeira!
Para x = 5/2, temos: $(5/2)^2 > 5/2$. Proposição verdadeira!
Para x = 3, temos: $3^2 > 3$. Proposição verdadeira!
Para x = 3/2, temos: $(3/2)^2 > 3/2$. Proposição verdadeira!
Para x = 2, temos: $2^2 > 2$. Proposição verdadeira!
Para x = 1/2, temos: $(1/2)^2 > 1/2$. Proposição falsa!

O item afirmou que a proposição é verdadeira, mas isso não é verdade, pois houve um elemento do conjunto A que não satisfez a sentença $x^2 > x$. Item Errado.

Item 2. A proposição funcional "Existem números que são divisíveis por 2 e por 3" é verdadeira para elementos do conjunto {2, 3, 9, 10, 15, 16}.

Solução:

A proposição utiliza o **quantificador existencial** (existe); portanto, para que a proposição seja verdadeira é preciso **apenas um número do conjunto** satisfazendo a sentença: "número é divisível por 2 e por 3".

Vamos testar cada número do conjunto:
Número 2: é divisível por 2, mas não é por 3!
Número 3: é divisível por 3, mas não é por 2!
Número 9: é divisível por 3, mas não é por 2!
Número 10: é divisível por 2, mas não é por 3!
Número 15: é divisível por 3, mas não é por 2!
Número 16: é divisível por 2, mas não é por 3!

O item afirmou que a proposição é verdadeira, mas isso não é verdade, pois concluímos que nenhum número do conjunto é divisível por 2 e 3 ao mesmo tempo. Item Errado!

4. **(Cespe) Uma proposição funcional simbólica é uma expressão que contém variáveis x, y, z, ... e predicados P, Q, R, ..., que dizem respeito às variáveis, e pode ou não conter os símbolos quantificadores denotados por ∀ (para todo) e ∃ (existe) que atuam sobre as variáveis. Uma proposição funcional pode ser julgada como verdadeira (V) ou falsa (F), dependendo do conjunto de valores que são atribuídos às variáveis e à interpretação dada aos predicados.**
Proposições funcionais são expressões, por exemplo, do tipo $(\forall x)P(x)$, $(\exists y)Q(y)$, $(\forall x)(\exists y)P(x, y)$ etc.
A partir das informações acima, julgue o item a seguir.
Item 1. Se as variáveis x e y pertencem ao conjunto A = {2, 3, 4} e o predicado P(x, y) é interpretado como $x^2 \leq y + 2$, então a proposição funcional $(\exists x)(\forall y)P(x, y)$ é avaliada como verdadeira.

Solução:

Temos que verificar se a proposição $(\exists x)(\forall y)(x^2 \leq y + 2)$, definida no conjunto A = {2, 3, 4}, é verdadeira ou falsa.

Esta proposição é diferente das que vimos até o momento, pois ela tem duas variáveis: x e y.

Podemos ler a proposição $(\exists x)(\forall y)(x^2 \leq y+2)$ do seguinte modo: existe um x para todo y tal que $x^2 \leq y + 2$. Onde as variáveis x e y assumem os valores que estão no conjunto **A = {2, 3, 4}**.

Será que existe mesmo um x para todo y, no conjunto A, que satisfaça $x^2 \leq y + 2$? Como é para todo y, devemos testar todos os valores que y pode assumir:

- Para y = 2 existe um x que satisfaz a sentença $x^2 \leq y+2$? Mantendo y = 2, vamos variar o x para testar:

    Teste do y = 2 e x = 2 $\Rightarrow$ $2^2 \leq 2+2$ $\Rightarrow$ $4 \leq 4$ (verdade!). Pronto, já sabemos que existe um x, quando y = 2. Passemos para outro valor de y.

- Para y = 3 existe um x que satisfaz a sentença $x^2 \leq y+2$? Mantendo y=3, vamos variar o x para testar:

    Teste do y = 3 e x = 2 $\Rightarrow$ $2^2 \leq 3+2$ $\Rightarrow$ $4 \leq 5$ (verdade!). Pronto, já sabemos que existe um x, quando y=3. Passemos para o último valor de y.

- Para y=4 existe um x que satisfaz a sentença $x^2 \leq y+2$? Mantendo y=4, vamos variar o x para testar:

    Teste do y = 4 e x = 2 $\Rightarrow$ $2^2 \leq 4+2$ $\Rightarrow$ $4 \leq 6$ (verdade!). Pronto, já sabemos que existe um x, quando y = 4.

Conclui-se, então, que existe um x para todo y que satisfaz a sentença $x^2 \leq y+2$. Portanto, a proposição $(\exists x)(\forall y)(x^2 \leq y + 2)$ é verdadeira! O item está Certo!

9.7. Exercícios Propostos

01. Julgue as proposições seguintes quanto ao seu valor lógico (verdadeiro ou falso):
1) $(\forall x \in R)(x - 4 > 9)$
2) $(\exists x \in R)(x - 4 > 9)$
3) $(\forall x \in R)(|x| = x)$
4) $(\exists x \in N)(x^2 - 4x + 4 = 0)$
5) $(\exists x \in N)(2x + 4 = x + 3)$
6) $(\neg \exists x \in R)(x + 3 = x + 7)$
7) $(\exists | x \in R)(5^x = 1)$
8) $(\exists | x \in R)(x^2 - 9 = 0)$
9) $(\forall x \in Z)((x > 0) \rightarrow (x + 2) \text{ é par})$
10) $(\forall x \in Z)(\exists y \in N)(y < x)$

02. Considere o conjunto A={1, 2, 3, 4, 5}. Determine o valor lógico das proposições a seguir:
1) $(\exists x \in A)(x+4=7)$
2) $(\exists y \in A)(y+3<5)$
3) $(\exists z \in A)(3z>12)$
4) $(\forall x \in A)(x<7)$
5) $(\forall y \in A)(y+2<7)$
6) $(\forall z \in A)(4z - z^2 \neq 0)$

03. (AOCP/2012) No universo dos números inteiros, qual das proposições abaixo é verdadeira?
a) $(\forall x)(\forall y)(3x + y = 30)$
b) $(\forall x)(x^2 = 0)$
c) $(\forall y)(\exists x)(2x + y = 30)$
d) $(\forall x)(\exists y)(2x + y = 30)$
e) $(\forall x)(\forall y)(2x + y = 30)$

04. (AOCP/2012) Considerando a proposição "Todo carro faz parada em algum posto ao longo do percurso", tal proposição pode ser escrita em termos de dois quantificadores, se considerarmos A o universo dos carros e B o universo dos postos do percurso e P(x,y): x faz parada em y, com x em A e y em B. Qual alternativa descreve corretamente a proposição?
a) (∃x)(∃y)(P(x, y))
b) (∀x)(∀y)(P(x, y))
c) (∀x)(∃y)(P(x, y))
d) (∀y)(∃x)(P(x, y))
e) (∀A)(∀B)(P(x, y))

05. (AOCP/2012) A proposição "Todas as pessoas têm emprego" é escrita como (∀x)(p(x)). Qual das seguintes proposições é equivalente à sua negação?
a) Todas as pessoas não têm emprego.
b) Algumas pessoas têm emprego.
c) Ninguém tem emprego.
d) Algumas pessoas não têm emprego.
e) Todas as pessoas são desempregadas.

06. (AOCP/2012) Seja p(x) uma proposição com uma variável x em um universo de discurso. Qual dos itens a seguir define a negação dos quantificadores?
I. ~[(∀x)(p(x))] ⇔ (∃x)(~ p(x))
II. ~[(∃x)(p(x))] ⇔ (∃x)(~ p(x))
III. ~[(∃x)(p(x))] ⇔ (∀x)(~ p(x))
a) Apenas I.
b) Apenas I e III.
c) Apenas III.
d) Apenas II.
e) Apenas II e III.

07. (AFTN 1998 ESAF) Indique qual das opções abaixo é verdadeira.
a) Para algum número real x, tem-se que x < 4 e que x > 5
b) Para todo número real y, tem-se que y < 3 e que y > 2
c) Para algum número real x, tem-se que x < 4 e que $x^2 + 5x = 0$
d) Para algum número real k, tem-se que k > 5 e que $k^2 - 5k = 0$
e) Para todo número real positivo x, tem-se que $x^2 > x$

08. (TCM-RJ 2003 FGV) Considere os conjuntos A={1 , 3 , 5} e B={1 , 2 , 4 , 6}. A partir destes dados, é correto concluir que:
a) todo elemento de A é maior que algum elemento de B
b) todo elemento de A não é menor que algum elemento de B
c) todo elemento de A não é menor que qualquer elemento de B
d) todo elemento de A é menor ou igual a qualquer elemento de B

09. (TCM-RJ 2003 FGV) Uma afirmação verdadeira a respeito do conjunto U= {-1 , 0 , 1} é:
a) para todo x, existe y tal que x+y = 0
b) existe x tal que para cada y, x+y = 0
c) existe x tal que para todo y, x>y
d) para todo x e todo y, x+y ∈ U

10. (PM-Ceará 2008 Cespe) Julgue os itens a seguir.
1. Se Q é o conjunto dos números racionais, então a proposição (∃x)(x∈Q)($x^2+x-1 = 0$) é julgada como V.
2. Se N é o conjunto dos números inteiros, então a proposição (∀x)(x∈N)[(x-1) x(x+1) é divisível por 3] é julgada como V.

11. (TRT 5ª região 2008 Cespe) Julgue os seguintes itens.

   1. Se Q é o conjunto dos números racionais, então a proposição (∀x)(x∈Q e x > 0)(x² > x) é valorada como F.

   2. Se Q é o conjunto dos números racionais, então a proposição (∃x)(x∈Q)(x² = 2) é valorada como V.

12. (TRT 5ª Região Téc. Jud. 2008 Cespe)

   1. Se R é o conjunto dos números reais, então a proposição (∀x)(x∈R)(∃y)(y∈R) (x+y=x) é valorada como V.

13. (INSS Analista 2008 Cespe) Algumas sentenças são chamadas abertas porque são passíveis de interpretação para que possam ser julgadas como verdadeiras (V) ou falsas (F). Se a sentença aberta for uma expressão da forma ∀xP(x), lida como "para todo x, P(x)", em que x é um elemento qualquer de um conjunto U, e P(x) é uma propriedade a respeito dos elementos de U, então é preciso explicitar U e P para que seja possível fazer o julgamento como V ou como F. A partir das definições acima, julgue os itens a seguir.

   1. Se U for o conjunto de todos os funcionários públicos e P(x) for a propriedade "x é funcionário do INSS", então é falsa a sentença ∀xP(x).

   2. Considere-se que U seja o conjunto dos funcionários do INSS, P(x) seja a propriedade "x é funcionário do INSS" e Q(x) seja a propriedade "x tem mais de 35 anos de idade". Desse modo, é correto afirmar que duas das formas apresentadas na lista abaixo simbolizam a proposição Todos os funcionários do INSS têm mais de 35 anos de idade.

   (i) ∀x(se Q(x) então P(x))

   (ii) ∀x(P(x) ou Q(x))

   (iii) ∀x(se P(x) então Q(x))

14. (MPE-Tocantins Técnico 2006 Cespe) Uma proposição pode ser expressa em função de uma ou mais variáveis. Por exemplo, afirmativas tais como "para cada x, P(x)" ou "existe x, P(x)" são proposições que podem ser interpretadas como V ou F, de acordo com o conjunto de valores assumidos pela variável x e da interpretação dada ao predicado P.
A negação da proposição "para cada x, P(x)" é "existe x, ¬P(x)". A negação da proposição "existe x, P(x)" é "para cada x, ¬P(x)".
Considerando as informações apresentadas acima, julgue os itens subsequentes.

   1. A proposição "para cada x, (x + 2) > 7" é interpretada como V para x pertencente ao conjunto {6, 7, 8, 9}.

   2. Se x pertence ao conjunto {0, 1, 2, 3, 4, 5, 6, 7, 8, 9}, então a proposição "existe x, (x + 6) < 4" é V.

   3. A negação das proposições "para cada x, (x + 4) ≠ 10" e "existe x, (x + 3) < 8" é verdadeira para x pertencente ao conjunto {2, 4, 6, 8, 10}.

15. (MPE-Tocantins Analista 2006 Cespe) Proposições também são definidas por predicados que dependem de variáveis e, nesse caso, avaliar uma proposição como V ou F vai depender do conjunto onde essas variáveis assumem valores. Por exemplo, a proposição "Todos os advogados são homens", que pode ser simbolizada por (∀x)(A(x) → H(x)), em que A(x) representa "x é advogado" e H(x) representa "x é homem", será V se x pertencer a um conjunto de pessoas que torne a implicação V; caso contrário, será F. Para expressar simbolicamente a proposição "Algum advogado é homem", escreve-se (∃x)(A(x) ∧ H(x)). Nesse caso, considerando que x pertença ao conjunto de todas as pessoas do mundo, essa proposição é V.

Na tabela abaixo, em que A e B simbolizam predicados, estão simbolizadas algumas formas de proposições.

proposição	forma simbólica
todo A é B	($\forall x$)(A(x) $\rightarrow$ B(x))
nenhum A é B	$\neg$($\exists x$)(A(x)$\wedge$B(x))

A partir das informações dos textos I e II, julgue os itens subsequentes.
1. A proposição "Nenhum pavão é misterioso" está corretamente simbolizada por $\neg$($\exists$x)(P(x)$\wedge$M(x)), se P(x) representa "x é um pavão" e M(x) representa "x é misterioso".
2. Considerando que ($\forall$x)A(x) e ($\exists$x)A(x) são proposições, é correto afirmar que a proposição ($\forall$x)A(x) $\rightarrow$ ($\exists$x)A(x) é avaliada como V em qualquer conjunto em que x assuma valores.
3. A proposição ($\forall$x) ((x > 0) $\rightarrow$ (x + 2) é par) é V se x é um número inteiro.

16. (TCE-ES 2004 Cespe) Considere as seguintes afirmativas.
I. $\forall$x, se x(x + 1) > 0, então x > 0 ou x < -1.
II. $\forall$n, se n é divisível por 2, então n é par.
Acerca dessas informações, julgue os itens que se seguem.
1. A negação da afirmativa II pode ser escrita da seguinte forma: $\exists$n tal que n é divisível por 2 ou n não é par.
2. A afirmativa I é verdadeira para x pertencente ao conjunto dos números reais.

17. (SERPRO 2004 Cespe) A expressão ($\exists$y)($\forall$x) P(x, y) é uma fórmula sintaticamente correta da lógica de predicados clássica. Diz-se que uma tal fórmula é semanticamente válida quando as suas variáveis x e y e o predicado P têm alguma interpretação que os verifique. Quanto a esse assunto, julgue o item subsequente.
1. Se x e y assumem valores no conjunto dos números inteiros e o predicado P(x, y) é interpretado como x<y, então a fórmula é semanticamente válida.

18. (Papiloscopista 2004 Cespe) Considere as quatro sentenças enumeradas a seguir.
I. Para cada y, existe algum x, tal que x < y.
II. Para cada x e para cada y, se x < y então existe algum z, tal que x < z e z < y.
III. Para cada x, se 0 < x, então existe algum y tal que x = y × y.
IV. Existe algum x tal que, para cada y, x < y.
Suponha que, nessas sentenças, x, y e z sejam variáveis que podem assumir valores no conjunto dos números naturais (*N*), no dos números inteiros (*Z*), no dos números racionais (*Q*) ou no conjunto dos números reais (*R*).
Em cada linha da tabela a seguir, são atribuídas valorações V e F, para cada uma das quatro sentenças enumeradas acima, de acordo com o conjunto no qual as variáveis x, y e z assumem valores.

sentença	N	Z	Q	R
I	F	V	F	V
II	F	F	V	V
III	V	F	F	V
IV	F	F	F	F

Julgue os itens subsequentes, a respeito dessas sentenças.
1. As avaliações dadas para as sentenças I e III estão corretas.
2. As avaliações dadas para as sentenças II e IV estão corretas.

Gabaritos dos Exercícios Propostos

Capítulo 01

01 C
02 E
03 1. C
04 A
05 1. E
06 1.E 2.C 3.C 4.C 5.E
07 1.E 2.C 3.E 4.E
08 1.E
09 1.E 2.C
10 1.E 2.C 3.C
11 1.C 2.C 3.E
12 D
13 E
14 D
15 1.C 2.E 3.E 4.C
16 1.E
17 a) M ∨ J (OU exclusivo)
    b) ~M ∧ ~P
    c) ~J ∨ ~M
    d) ~(M → P ∧ J)
18 a) ~A ∧ ~B
    b) ~A ∧ ~B
    c) ~(A ∧ B)
    d) ~A ∧ ~B
    e) ~(A ∧ B)
    f) ~A ∧ B
19 a) Se Helena viaja, então Paulo trabalha.
    b) Se Helena viaja, então Paulo trabalha.
    c) Se Helena viaja, então Paulo trabalha.
    d) Se a inflação subir, então a cotação do dólar aumenta.
    e) Se os juros baixar, então há aumento das exportações.
    f) Se o piloto é destemido, então o carro é veloz.
    g) Se estiver com a documentação fiscal, então o combustível será vendido.
    h) Se o combustível é vendido, então está com a documentação fiscal.
20 E
21 D
22 E
23 1.C 2.E 3.E 4.C
24 1.C 2.E
25 1.C 2.E 3.E 4.C 5.C
26 1.C 2.E
27 A
28 B
29 1.C 2.E
30 1.C 2.C 3.E
31 1.E
32 C
33 A
34 D
35 1.E 2.C 3.C
36 1.C
37 1.C
38 1.C 2.C
39 1.E 2.E 3.C
40 1.E 2.E 3.C 4.E
41 1.C 2.E 3.E
42 C
43 1.E 2.C 3.E
44 D
45 A
46 1.E 2.E 3.C
47 1.E
48 1.C
49 1.E 2.C 3.E
50 1.E 2.C 3.C 4.E
51 1.E 2.C
52 E
53 B
54 A
55 C
56 1.E
57 1.E
58 1.C
59 1.E
60 1.C 2.E 3.E 4.E
61 1.E 2.C 3.C 4.C
62 1.E
63 1.C
64 1.C 2.C 3.E
65 T T T G C G C T

Capítulo 02

01	C	22	B	43	D	64	1.E 2.C 3.E
02	A	23	1.E 2.C	44	A	65	1.E 2.C 3.C 4.E
03	D	24	1.E	45	B	66	1.C 2.E
04	A	25	1.E	46	D	67	1.E 2.C 3.C 4.C
05	C	26	B	47	D	68	1.C
06	B	27	1.E 2.C	48	D	69	2.E
07	B	28	1.E	49	A	70	1.C 2.C 3.E
08	A	29	1.C 2.E	50	C	71	1.C 2.C
09	E	30	1.E	51	E	72	1,C
10	B	31	1.C	52	A	73	1.C
11	B	32	1.E 2.C	53	C	74	1.C
12	B	33	C	54	C	75	1.C 2.C
13	D	34	A	55	C	76	1.C
14	A	35	E	56	E	77	1.C
15	D	36	B	57	A	78	1.C 2.E 3.C 4.E
16	E	37	D	58	E	79	1.C
17	C	38	C	59	A	80	1.C
18	C	39	A	60	A		
19	A	40	E	61	E		
20	C	41	E	62	E		
21	C	42	C	63	1.C 2.E 3.E		

Capítulo 03

01	A	09	C	17	B	25	D
02	1.E 2.C 3.X	10	E	18	A	26	D
03	A	11	D	19	B	27	D
04	D	12	1.E	20	B	28	D
05	B	13	B	21	A	29	C
06	E	14	E	22	A	30	E
07	D	15	A	23	E		
08	C	16	A	24	E		

Capítulo 04

01	1.E 2.E 3.C	09	1.C	15	1.C 2.E 3.C 4.C 5.C 6.E	21	1.C 2.E 3.E 4.C 5.C
02	C	10	B	16	1.C	22	1.C 2.C 3.E
03	1.C 2.C 3.C	11	1.C 2.C	17	1.C	23	1.C
04	1.E 2.E	12	1.E 2.E 3.C 4.E 5.C	18	1.E 2.C 3.C	24	1.E
05	C						
06	1.E 2.C	13	1.E 2.E	19	1.E	25	1.C 2.E
07	A	14	1.E	20	1.C 2.E	26	1.E 2.E
08	1.C					27	1.E 2.E

Capítulo 05

01	E	14	B	27	A	40	A
02	C	15	B	28	B	41	C
03	C	16	C	29	B	42	E
04	B	17	B	30	E C	43	A
05	B	18	C E C C	31	A	44	1.C
06	B	19	E	32	B	45	D
07	D	20	D	33	A	46	A
08	X	21	E	34	E	47	E
09	C	22	D	35	D	48	E
10	C	23	A	36	C		
11	E	24	D	37	B		
12	C	25	C	38	A		
13	E	26	B	39	B		

Capítulo 06

01	A	08	B	15	A	22	1.C
02	D	09	A	16	E C	23	D
03	A	10	A	17	C E	24	C
04	C	11	D	18	C C		
05	B	12	A	19	1.E		
06	D	13	C	20	1.C		
07	B	14	C	21	D		

Capítulo 07

01	C	10	E	19	E	26	1.C 2.E 3.C
02	D	11	E	20	C	27	1.C 2.C 3.E
03	D	12	B	21	B	28	1.C 2.C 3.E 4.E
04	E	13	B	22	1.C 2.E		5.E
05	E	14	D	23	1.E 2.C 3.C 4.C		
06	D	15	B	24	1.C 2.E 3.C 4.C		
07	A	16	C		5.C		
08	A	17	C	25	1.C 2.E 3.E 4.X		
09	B	18	X		5.X		

Capítulo 08

01	C E E C C C E C	06	D	12	1.E 2.C 3.C	18	A
	C C	07	1.E	13	B	19	C
02	C	08	1.C 2.E	14	E	20	1.C 2.E 3.E 4.C
03	E	09	B	15	E	21	1.C 2.E 3.C
04	B	10	D	16	E	22	1.E 2.C
05	A	11	1.C 2.C 3.C	17	A	23	1.C 2.E 3.E

24	1.C	29	1.E 2.E	34	E	39	E
25	1.E	30	1.C 2.C 3.E	35	E	40	C
26	1.E 2.C 3.E	31	C	36	D		
27	A	32	1.C 2.C 3.E	37	D		
28	B	33	1.C 2.C 3.E	38	D		

Capítulo 09

01	F V F V F V V F F F	05	D	10	1.E 2.C	15	1.C 2.C 3.E
		06	B	11	1.C 2.E	16	1.E 2.C
02	V V V V F F	07	C	12	1.C	17	1.E
03	D	08	B	13	1.C 2.E	18	1.E 2.C
04	C	09	A	14	1.C 2.E 3.E		

Bibliografia

ALENCAR FILHO, Edgard de. *Iniciação à Lógica Matemática*. São Paulo: Nobel, 1999.
IEZZI, Gelson; MURAKAMI, Carlos. *Fundamentos de Matemática Elementar*. Vol. 1. 8. ed., São Paulo: Atual, 2004.
SÉRATES, Jonofon. *Raciocínio Lógico*. 8. ed., Brasília: Jonofon, 1998.

www.editorajuspodivm.com.br

Impressão e acabamento: BMF Gráfica e Editora